比较私法译丛·瑞士私法系列

瑞士债务法

修订截止至2016年1月1日

戴永盛 ◎ 译

SCHWEIZERISCHES
OBLIGATIONENRECHT

中国政法大学出版社

2016·北京

声　　明　1. 版权所有，侵权必究。

2. 如有缺页、倒装问题，由出版社负责退换。

图书在版编目（ＣＩＰ）数据

瑞士债务法/戴永盛译.—北京：中国政法大学出版社，2016.7
ISBN 978-7-5620-6884-6

Ⅰ.①瑞… Ⅱ.①戴… Ⅲ.①债权法－研究－瑞士 Ⅳ.①D952.23

中国版本图书馆CIP数据核字(2016)第166200号

出　版　者	中国政法大学出版社
地　　　址	北京市海淀区西土城路 25 号
邮寄地址	北京 100088 信箱 8034 分箱　邮编 100088
网　　　址	http://www.cuplpress.com （网络实名：中国政法大学出版社）
电　　　话	010-58908437(编辑室)　58908334(邮购部)
承　　　印	北京华联印刷有限公司
开　　　本	720mm×960mm　1/16
印　　　张	38.75
字　　　数	650 千字
版　　　次	2016 年 9 月第 1 版
印　　　次	2016 年 9 月第 1 次印刷
定　　　价	129.00 元

比较私法译丛编委会

比较私法译丛·总序

今日之民法学者，首要当知旧与新、中与西之关系。古罗马以来，民法学历经两千余年之生发，多少高人志士，皓首穷经、呕心沥血，毕生浸淫徘徊于其中，精思妙想层出不穷，方有今日博大精深之体系。故今日治民法学者，须注重把握传统之学说脉络，力戒全盘推翻、立异求新，当知毁其成易，传承却难，当知彼之旧者，多有于我为新者！且我国现代法制之肇始，系为社会之革新，变祖宗之成法，而借镜于法制发达国家，即至今日，仍须空虚怀抱，取其精密、先进之法技术，切不可以国情、本土资源为由而闭目塞听。因法律之技术与思维方法，实非中西之别，但有粗精之分也；明其理后而弃之，为超越之智者；不得其法即拒之，乃自囿之愚人。是为序！

比较私法译丛编委会　谨识

二零一五年五月二十日

比较私法译丛·瑞士私法系列·序

瑞士民法对中国法之影响，最早或可溯至《大清民律草案》之编纂。清末立法者以"注重世界最普遍之法则"及"原本后出最精确之法理"为秉持之理念，着力于取法欧亚诸国之先进。《瑞士民法典》（下称"瑞民"，《瑞士债法典》下称"瑞债"）系欧陆当时"后出"之重要民法典，遂成立法者主要借镜之一。故《大清民律草案》不乏取诸"瑞民"之条文，如其开篇设"法例"，首条规定"民事，本律所未规定者，依习惯法；无习惯法者，依法理"；第二、三条分别规定诚实信用原则及善意推定原则，即从"瑞民"第一、二、三条移植而来；又其《总则》第二章"人"之第五节"人格保护"，亦直接仿自"瑞民"第二十七条以下。唯《大清民律草案》未及颁布，便因清王朝灭亡而束之高阁。

北洋政府之《民国民律草案》，体系上参照《德国民法典》（下称"德民"）之框架者更多，虽未于开篇设"法例"，但仍不乏采自"瑞民"之内容。如该草案第十六条以下，仍保留"瑞民"上述人格保护之一般规定。

及至《中华民国民法典》，虽仍以"德民"为基本框架，但采瑞士立法例者反有增加。诸如于开篇设"法例"，于第十六条以下对人格权保护一般规定，第一六五条"悬赏广告之撤销"（仿"瑞债"第八条第二款），第二九五条第二款"未支付之利息，推定其随同原本移转于受让人"（仿"瑞债"第一七〇条第三款），等等，不一而足。故梅仲协先生言："现行民法，采德国立法例者，十之六七，瑞士立法例者，十之三四，而法日苏联之成规，亦尝撷取一二。"

改革开放后，我国法学界，对瑞士民法均未予充分关注。三十余年来，有关瑞士民法之著作与文章，似不多见，瑞士民法之经典体系教科书被译为中文者，至今仍未见于学界；瑞民之最新译本，仍系依瑞士联邦委员会1996年公布版本而译，此后之重大修正、发展，诸如瑞民对于"监护制度"之彻底变革，鲜有译介者。然此种状况，与瑞士民法在大陆法系民法中之地位，难谓相称。

立法上，"瑞民"与"瑞债"语言简洁、通俗易懂，技术上为了避免繁复及过于细致僵硬，常以一般条款赋予法官较多自由裁量权，屡为欧洲学界所称道；如茨威格特、克茨于《比较法总论》一书中甚至断言，若"欧洲民法典"未来真能制订，当非瑞式立法风格莫属。又如其损害赔偿法上，一反德国法上过错责任"全有或全无"原则，允许法官斟酌案件之具体情形与过错大小（"瑞债"第四十三条第一款）及行为人是否纯出于利他目的（"瑞债"第九十九条第二款）等因素，灵活确定损害赔偿额，颇为独到。其于立法风格与技术上，可为我国民法典借镜之处，着实颇多。

瑞士之民事判决及其说理，技术水平颇高。瑞士联邦法院对于立法中某些抽象概念，以系列判决将之具体化、类型化，尤多匠心独具之处。

即学界而言，就同一问题，瑞士法上常有不同之解决方案，可资研究视角之扩展。瑞士民法学发展至今，亦已形成一套完善的理论体系，颇有自成一家之特色，自其百年学说传统中汲取营养，亦为我国民法学术发展之不可或缺。

鉴此，"比较私法译丛编委会"定于"译丛"中下设"瑞士私法系列"，以期推动瑞士民事立法、学说与司法实践之译介。"瑞士私法系列"之现行出版计划，暂包括：一、瑞士民法经典教科书选译。经瑞士弗里堡大学 Hubert Stöckli 教授推荐，编委会最终择定 Schulthess 出版社之民法教科书系列，包括《瑞士民法：基本原则与人法》、《瑞士物权法》、《瑞士债法总论》、《瑞士债法分论》与《瑞士侵权责任法》。Schulthess 是瑞士专营法学类文献之著名出版社，本套教材集瑞士多所大学教授合力而成，在瑞士使用广泛，多有反复再版者，堪以一窥瑞士民法之精粹。二、"瑞民"与"瑞债"之重译。瑞士民法二十年来修订频频，现行译本虽堪称精到，唯其内容已不能反映瑞士民法之新貌，编委会亦不揣力薄，寻访学界先进，拟予重译。

大道至简，进步与发展，必在点滴之间。若此系列，于民法学术之发展，有些许裨益，当足慰初心。

金可可　谨识

二零一五年五月二十五日佛诞日

目　录

第一分编　通　则

第二分编　各种契约

第三分编　商事组织与合作社

第四分编　商事登记簿、商号名称和商业会计

第五分编　有价证券

附　录

关于补充瑞士民法典的联邦法律

（第五编：债务法）

1911 年 3 月 30 日

（修订截止至 2016 年 1 月 1 日）

瑞士联邦国民院和联邦院的联席会议，经审读联邦委员会 1905 年 3 月 3 日和 1909 年 6 月 1 日的公告后，[1] 表决通过：

---

〔1〕 1905 年《联邦法律公报》第 II 卷，第 1 页；1909 年《联邦法律公报》第 III 卷，第 725 页；1911 年《联邦法律公报》第 I 卷，第 845 页。

第一分编

通　则

第一章　债的发生

第一节　契约之债

第1条

A. 契约的订立
I. 意思表示一致
1. 一般规定

1 契约的订立，以当事人相互间意思表示一致[1]为必要。

2 意思表示，得以明示或默示为之。

第2条

2. 非必要之点

1 当事人对于必要之点意思表示一致，而对于非必要之点，未经表示意思者，应推定契约具有拘束力。

2 关于非必要之点，当事人意思不一致时，法院[2]应依行为性质裁判之。

3 关于契约形式的规定，不受影响。

第3条

II. 要约和承诺
1. 定有承诺期限的要约

1 一方为订立契约，向他方发出要约，且定有承诺期限者，该承诺期限届满前，要约对要约人有拘束力。

---

〔1〕　当事人相互间意思表示一致，原文 die übereinstimmende gegenseitige Willensäusserung der Parteien，瑞士官方英译为 a mutual expression of intent by the parties。——译注

〔2〕　法院，原文 Richter。需要说明的是，德文版《瑞士债务法》中的 Richter，译者均译作"法院"。德文 Richter，依其词义，本应译作"法官"，译者将 Richter 译作"法院"，主要基于以下两点：①瑞士在 1998 年 6 月 26 日的联邦法律中明确规定，《瑞士民法典》中凡原来使用"法官"（Richter）者，均修改为"法院"（Gericht），并自 2000 年 1 月 1 日起生效（参见《瑞士民法典》第 1 条所在页脚注 4 的说明）。而依瑞士的私法体系，所称《瑞士债务法》为《瑞士民法典》第五编。②在瑞士官方英译的《瑞士债务法》（The Code of Obligations）文本中，德文版中的 Richter 均译作 court。——译注

² 承诺的意思表示，未在承诺期限届满前到达要约人者，要约失其拘束力。

第 4 条

2. 未定承诺期
   限的要约
a. 对话要约

¹ 要约人以对话方式，向相对人发出未定承诺期限之要约者，如相对人未立即表示承诺，要约失其拘束力。

² 订约人或其代理人亲自以电话订立契约者，视为以对话方式订立契约。

第 5 条

b. 非对话要约

¹ 要约人以非对话方式，向相对人发出未定承诺期限之要约者，自发出要约后，至相对人在合理期间内发出的承诺，按其传达方法，通常可在要约人所期待的合理期间内到达要约人时止，要约人应受要约的拘束。

² 在前款情形，要约人得假定其要约在合理期间内到达受约人。

³ 受约人在合理期间内发出承诺，但未在合理期间内到达要约人者，如要约人不欲受其拘束，应将迟到立即通知相对人。

第 6 条

3. 默示承诺

依行为的特别性质或依情事，无须期待明示之承诺者，如要约未在合理期间内被拒绝，视为已订立契约。

第 6a 条[1]

3a. 未经订购而
    寄送物品

¹ 未经订购而寄送物品者，非为要约。

² 受寄人无寄回或保管寄送物的义务。

³ 显因错误而寄送物品者，受寄人应通知寄送人。

---

[1] 依 1990 年 10 月 5 日的联邦法律第 I 项增订，自 1991 年 7 月 1 日起生效。

第 7 条

4. 无拘束力的
要约、价格
宣传、商品
陈列

¹ 要约人在要约中附加不受要约拘束的声明，或者依行为性质或依情事可知要约人有此种意思者，要约对要约人无拘束力。

² 收费表、价目表或类似表单的寄送，不成立要约。

³ 但标价陈列商品，通常构成要约。

第 8 条

5. 悬奖广告和
悬赏广告

¹ 以悬奖广告〔1〕或悬赏广告声明，对完成一定行为的人，给与报酬者，对于完成行为的人，应依其声明支付报酬。

² 广告人如在行为完成前撤回广告，除证明行为人不能完成其行为外，对于行为人因该广告善意支出的费用，应负赔偿责任，但以不超过预定报酬额为限。

第 9 条

6. 要约和承诺
的撤回

¹ 撤回要约的通知，先于要约或与要约同时到达受约人，或者虽迟于要约到达受约人，但撤回通知先于要约为受约人所知者，视为要约未曾发出。

² 前款规定，适用于承诺的撤回。

第 10 条

III. 非对话方式
订立的契约
的生效

¹ 契约，以非对话方式订立者，自承诺发出时生效。

² 无须明示为承诺者，契约自受约人收到要约时生效。

第 11 条

B. 契约的形式

¹ 契约，仅在法律规定须采用特定形式时，为使其有效，

---

〔1〕 悬奖广告，原文 Preisausschreiben，词义为悬奖征求答案的竞赛、有奖竞赛、有奖征文。——译注

I. 形式要件及
其一般意义

始须采用该特定形式。

² 契约，不符合法定形式者，不生效力，但关于法定形式的意义或效力，法律另有规定者，不在此限。

第 12 条

II. 书面形式
1. 法定形式
a. 意义

法律规定契约须采用书面形式者，契约的变更，亦须采用书面形式，但补充性、非实质性的变更，如不与契约原本内容相抵触，不在此限。

第 13 条

b. 要件

¹ 依法律规定须采用书面形式的契约，因该契约而负义务的全体当事人，均应在契约中签名。

² ……〔1〕

第 14 条

c. 签名

¹ 签名，应由契约当事人亲笔书写之。

² 通过机械方式复制亲笔签名，用以代替亲笔签名，仅在其为交易上惯常使用，特别是用于大量发行的有价证券时，始得采用。

2bis经 2003 年 12 月 19 日《关于电子签名的联邦法律》〔2〕意义上的认证服务提供者所签发的证书确认并经证明属实的电子签名，视同亲笔签名。但法律另有规定或契约另有订定者，不在此限。〔3〕

³ 盲人的签名，仅在经认证或证明系盲人在知悉契约内容之情形下所为者，始对该盲人有拘束力。

---

〔1〕 依 2003 年 12 月 19 日《关于电子签名的联邦法律》（Bundesgesetz vom 19. Dez. 2003 über die elektronische Signatur）附录第 2 项废止，自 2005 年 1 月 1 日起失效。

〔2〕 Bundesgesetz vom 19. Dezember 2003 über die elektronische Signatur.

〔3〕 依 2003 年 12 月 19 日《关于电子签名的联邦法律》（Bundesgesetz vom 19. Dez. 2003 über die elektronische Signatur）附录第 2 项增订，自 2005 年 1 月 1 日起生效。

第 15 条

d. 签名的代替   不能亲笔为签名者，得以经认证的自书符号[1]或以公证书，代替签名，但关于汇票签名的规定[2]，不受影响。

第 16 条

2. 约定形式   ¹ 法律未规定契约须采用特定形式，而契约当事人约定采用特定形式者，应推定，在契约具备约定的形式前，当事人无契约上的义务。

    ² 当事人约定采用书面形式，但对书面形式的要求未明确约定者，适用关于法定书面形式的规定。

第 17 条

C. 债务原因   未表明债务原因的债务承认，仍为有效。

第 18 条

D. 契约的解释、虚伪表示   ¹ 判断契约的内容和形式时，应探求当事人共同的真意，而不应拘泥于当事人因错误或故意隐藏契约真实内容而使用的不正确词句或表达方式。

    ² 第三人，因信赖书面的债务承认而取得债权者，债务人不得以虚伪表示的抗辩权，对抗之。

第 19 条

E. 契约内容
I. 契约内容的订定   ¹ 契约的内容，得在法律许可的限度内，自由订定之。

    ² 背离法律规定的约定，仅在该法律规定非为强制性规定，或者其约定不违反公序良俗及不侵害人格权时，始被准许。

---

[1] 自书符号，原文 Handzeichen，亦译画押。——译注
[2] 关于汇票签名的规定，见第 1085 条和 1143 条。——译注

第 20 条

Ⅱ. 无效

¹ 契约，其内容不能或违法，或者违反善良风俗者，无效。

² 契约仅部分内容具有前款瑕疵者，仅该部分无效，如契约欠缺该无效部分将根本不可能订立时，契约全部无效。

第 21 条

Ⅲ. 显失公平[1]

¹ 契约系乘人危难、无经验或轻率而订立，且基于该契约而发生的给付与对待给付显然不对等者，受害人得在一年内表示撤销契约，并请求返还已为之给付。

² 前款一年期限，自契约订立时起算。

第 22 条

Ⅳ. 预约

¹ 得依契约，使当事人负担在将来订立一定契约的义务。

² 法律为保护契约当事人而规定将来所要订立的契约须采用一定形式始生效力者，订立预约亦应采用该形式。

第 23 条

F. 缔约上的瑕疵

Ⅰ. 错误

1. 效力

契约，对于在订约时有重大错误的当事人，无约束力。

第 24 条

2. 错误的形态

¹ 特别是，下列情形，为重大错误：

　　1. 所订立的契约，不是错误订约人实际表示同意订立的契约，而是另一契约；

---

〔1〕 显失公平，原文 Übervorteilung，亦译暴利。此条内容，与《德国民法典》第 138 条第 2 条关于暴利（Wucher）的规定相当。Vgl. *Eugen Bucher*, Schweizerisches Obligationenrecht － Allgemeiner Teil ohne Deliktsrecht, Schulthess Polygraphischer Verlag, 2. Aufl. , Zürich, 1988, S. 229. 类似立法例亦见于《奥地利民法典》第 934 条和第 935 条关于短少逾半（德 Verkürzung über die Hälfte，拉 laesio enormis）的规定。——译注

2. 契约标的物，不是错误订约人实际表示同意的物，而是另一物，或者契约相对人，不是错误订约人实际表示同意的人，而是另一人；

3. 错误订约人承诺的给付远高于其预期程度，或者所受承诺的对待给付远低于其预期程度；

4. 错误订约人本于交易上的诚信，以某一特定事实作为契约的必要基础，但事实上并非如此。

[2] 仅就订约动机有错误者，非为重大错误。

[3] 单纯的计算错误，不影响契约的约束力，但得更正之。

第 25 条

3. 不得违反诚信而主张错误

[1] 错误之主张，不得违反诚实信用。

[2] 特别是，相对人对于因错误而订立的契约，同意按错误订约人理解的内容履行时，错误订约人应受该契约的约束。

第 26 条

4. 有过失的错误

[1] 错误订约人以错误为理由撤销契约，而其对错误有过失者，应赔偿相对人因契约无效所受之损害，但其错误，为相对人所知或可得而知者，不在此限。

[2] 法院得依公平原则，判决赔偿其他损害。

第 27 条

5. 传达错误

契约，因传达人或其他媒介传达不实的要约或承诺而订立者，准用关于错误的规定。

第 28 条

II. 恶意欺诈

[1] 当事人一方，因受他方恶意欺诈而订立契约者，不受契约的约束，其错误内容非为重大者，亦同。

[2] 恶意欺诈系由第三人所为者，以他方在订约时对欺诈之事实明知或可得而知为限，契约对被欺诈人无约束力。

11

第 29 条

Ⅲ. 胁迫

1. 因胁迫而订立的契约

^{1} 当事人一方，因受他方或第三人不法胁迫而订立契约者，被胁迫人不受契约的约束。

^{2} 胁迫系由第三人所为者，被胁迫人如撤销契约，应向他方给付合理的赔偿，但他方对胁迫之事实明知或可得而知者，不在此限。

第 30 条

2. 胁迫的构成

^{1} 行为人的行为，足以使他人在特定情形下认为其本人或其密切关系人的身体、生命、荣誉或财产受到急迫和重大之危险者，构成胁迫。

^{2} 因行使权利而使他人陷于恐惧者，不构成胁迫，但乘人危难而行使权利，意图使他人同意给与不合理之利益者，不在此限。

第 31 条

Ⅳ. 瑕疵契约因承认而治愈

^{1} 因错误、受欺诈或受胁迫而订立契约的一方，未在一年内向他方表示撤销契约或请求返还给付者，视为契约已被承认。

^{2} 前款一年期限，在错误和欺诈之情形，自发现错误和欺诈时起算，在胁迫之情形，自胁迫终止时起算。

^{3} 对于因受欺诈或受胁迫而订立的得撤销契约为承认，不当然排除损害赔偿请求权。

第 32 条

G. 代理

I. 有权代理

1. 一般规定

a. 代理的效力

^{1} 被授与代理权的人，以授权人的名义，订立契约者，由被代理人，而非代理人，取得权利和负担义务。

^{2} 代理人在订立契约时未表明其为被代理人者，仅在第三人依具体情事可推知存在代理关系而订立契约，或者第三人并不在意订约相对人时，始由被代理人直接取得权利和负担义务。

³　在前款以外之其他情形，应依关于债权让与或债务承
　担的规定，由被代理人取得权利和负担义务。[1]

第 33 条

b. 代理权限

¹　基于公法上的关系而得以他人的名义实施法律上之行
　为[2]者，其代理权限，依联邦或州的公法，确定之。

²　以法律行为授与代理权者，其代理权限，依法律行
　为[3]的内容，确定之。

³　授权人将授与代理权的事实通知第三人者，其代理权
　限，依通知内容，确定之。

第 34 条

2. 关于代理权
　的法律行为

a. 代理权的限
　制和撤回

¹　授权人，以法律行为授与代理权者，得随时限制或撤回
　之，但授权人与代理人间基于诸如个人劳务契约[4]、
　合伙契约或委任契约等另一法律关系而产生的权利，
　不受影响。[5]

²　授权人预先表示放弃前款权利者，其放弃，无效。

³　被代理人，明示或事实上为代理权授与之通知后，又
　全部或部分撤回者，仅在其以相同方式通知善意第三
　人时，始得对抗之。[6]

---

〔1〕　本款系关于间接代理（indirekte stellvertretung）的规定。——译注

〔2〕　法律上之行为，原文 Rechtshandlung。——译注

〔3〕　法律行为，原文 Rechtsgeschäft。——译注

〔4〕　个人劳务契约（Einzelarbeitsvertrag），系相对于集体劳务契约（Gesamtarbeitsvertrag）的概念。关于个人劳务契约的规定，见第 319 条以下，关于集体劳务契约的规定，见第 356 条以下。——译注

〔5〕　依 1971 年 6 月 25 日的联邦法律第 Ⅱ 目第 1 条第 1 项修正，自 1972 年 1 月 1 日起生效。另见《关于第十章的最终条款和过渡性条款》（Die Schluss- und Übergangsbestimmungen des X. Titel）。

〔6〕　本条第 1 款和第 2 款译文中的"授权人"，原文 Vollmachtgeber，字义为"代理权的授与人"；第 3 款译文中的"被代理人"，原文 der Vertretene。——译注

第 35 条

b. 死亡、丧失
行为能力等
事项对代理
权的影响

¹ 以法律行为授与的代理权，在授权人或代理人丧失相
应行为能力或被宣告破产、死亡、被宣告死亡时消灭，
但当事人有反对之约定，或者代理权因交易性质不应
消灭者，不在此限。[1]

² 法人、登记于商事登记簿的公司或合伙[2]解散时，
亦同。

³ 当事人相互间的请求权，不受影响。

第 36 条

c. 代理证书的
返还

¹ 代理人受有代理证书者，在代理权消灭后，应返还代
理证书，或者将代理证书呈交于法院。

² 授权人或其权利继受人，怠于请求返还代理证书者，
对善意第三人所受之损害，应负责任。

第 37 条

d. 代理权消灭
的生效时间

¹ 代理人知悉代理权消灭前，授权人或其权利继受人，
视同代理权仍存在，取得权利和负担义务。

² 第三人明知代理权已消灭者，前款规定不适用之。

第 38 条

II. 无权代理
1. 追认

¹ 未被授与代理权而以代理人身份订立契约者，仅在契
约被追认后，被代理人成为债权人或债务人。

² 第三人得定相当期限，催告被代理人确答是否追认，
被代理人未在该期限内为确答者，第三人不再受契约
的拘束。

---

〔1〕 依 2008 年 12 月 19 日的联邦法律（成年人保护法、人法和儿童法，Erwachsenenschutz, Personenrecht und Kindesrecht）附录第 10 项修正，自 2013 年 1 月 1 日起生效。

〔2〕 登记于商事登记簿的公司或合伙，原文 eine in das Handelsregister eingetragenen Gesellschaft，瑞士官方英译为 a company or partnership entered in the commercial register。——译注

第 39 条

2. 拒绝追认

¹ 被代理人明示或默示拒绝追认者，以代理人身份实施行为的人，对于因契约无效而发生的损害应负赔偿义务，但其证明第三人明知或可得而知其无代理权者，不在此限。

² 代理人有重大过失者，法院得依公平原则，判决赔偿其他损害[1]。

³ 不当得利返还请求权，在任何情形下，均不受影响。

第 40 条

Ⅲ. 特别规定的保留

关于公司或合伙的代理人或其管理机关的代理权、经理人或其他商业代理人的代理权，有特别规定者，从其规定。

第 40a 条[2]

H. 门对门交易及类似契约的撤回
Ⅰ. 适用范围

¹ 旨在为顾客个人或其家庭使用而提供商品和服务的契约，如具备下列特征，适用本条以下各条的规定：

　　a. 商品或服务的提供，属于提供人职业上或营业上的行为，且

　　b. 顾客所应支付的金额超过一百瑞士法郎。

² 前款规定，不适用于保险契约。

³ 货币购买力发生重大变化时，联邦委员会应适当修改第 1 款第 2 项所规定的金额。

第 40b 条[3]

Ⅱ. 原则

顾客在下列情形之一，因受提供商品或服务的要约邀请或要约，而作出要约或承诺之表示者，得撤回其要约或承诺：

---

[1]　其他损害，原文 Weiter Schaden，指因契约而发生的损害（第 1 款）以外的损害。

[2]　依 1990 年 10 月 5 日的联邦法律第 I 项增订，自 1991 年 7 月 1 日起生效。

[3]　依 1990 年 10 月 5 日的联邦法律第 I 项增订，自 1991 年 7 月 1 日起生效。

  a. 在顾客的工作场所、住宅或其附近场所中；[1]

  b. 在公共交通工具、公共道路和广场中；

  c. 在为推销远程旅游而举办的活动或类似的活动中；

  d. 双方使用电话或类似的现代通讯手段，以口头交谈方式为交易行为者。[2]

第 40c 条[3]

Ⅲ. 例外

在下列情形，顾客无撤回权：

  a. 订约磋商由顾客明示提出者；

  b. 顾客向市场货摊或博览会展台作出要约或承诺者。

第 40d 条[4]

Ⅳ. 提供人的说明义务

1 提供人须以书面或其他具有书面性质的方式，告知顾客撤回权、行使撤回权的形式和期限以及提供人的地址。[5]

2 提供人须在书面告知书中注明告知日期，并应允许顾客将该告知书与契约进行核对。

3 向顾客作出的书面告知，应使顾客能知悉其作出要约或承诺的时间。[6]

---

 [1] 依 1993 年 6 月 18 日的联邦法律第 Ⅰ 项修正，自 1994 年 1 月 1 日起生效。

 [2] 依 2015 年 6 月 19 日的联邦法律（关于撤销权的修正，Revision des Widerrufsrechts）增订，自 2016 年 1 月 1 日起生效。

 [3] 依 1990 年 10 月 5 日的联邦法律第 Ⅰ 项增订。又依 1993 年 6 月 18 日的联邦法律修正，自 1994 年 1 月 1 日起生效。

 [4] 依 1990 年 10 月 5 日的联邦法律第 Ⅰ 项增订。又依 1993 年 6 月 18 日的联邦法律修正，自 1994 年 1 月 1 日起生效。

 [5] 依 2015 年 6 月 19 日的联邦法律（关于撤销权的修正，Revision des Widerrufsrechts）修正，自 2016 年 1 月 1 日起生效。

 [6] 依 2015 年 6 月 19 日的联邦法律（关于撤销权的修正，Revision des Widerrufsrechts）修正，自 2016 年 1 月 1 日起生效。

第 40e 条[1]

V. 撤回

1. 形式和期限

1 撤回，无须采用特定形式。但顾客应就其符合期限的撤回负举证责任。[2]

2 撤回权的行使期限为十四日，自顾客

    a. 发出要约或承诺，且

    b. 知悉第 40d 条所列各项信息时起算。[3]

3 顾客明知第 40d 条所列各项信息的日期，由提供人证明之。

4 顾客在撤回期限之末日，将其撤回通知提供人，或者将撤回之表示交由邮局送递者，应认为符合本条所规定的期限。[4]

第 40f 条[5]

2. 后果

1 顾客行使撤回权者，双方当事人应返还其已受领的给付。

2 顾客已使用其物者，应向提供人支付合理的租金。

3 提供人已向顾客提供服务者，顾客应依关于委任的规定（第 402 条），补偿提供人所支出的垫款和费用。

4 顾客对提供人无其他补偿义务。

第 40g 条[6]

VI. ……

———————————

〔1〕 依 1990 年 10 月 5 日的联邦法律第 I 项增订。又依 1993 年 6 月 18 日的联邦法律修正，自 1994 年 1 月 1 日起生效。

〔2〕 依 2015 年 6 月 19 日的联邦法律（关于撤销权的修正，Revision des Widerrufsrechts）修正，自 2016 年 1 月 1 日起生效。

〔3〕 依 2015 年 6 月 19 日的联邦法律（关于撤销权的修正，Revision des Widerrufsrechts）修正，自 2016 年 1 月 1 日起生效。

〔4〕 依 2015 年 6 月 19 日的联邦法律（关于撤销权的修正，Revision des Widerrufsrechts）修正，自 2016 年 1 月 1 日起生效。

〔5〕 依 1990 年 10 月 5 日的联邦法律第 I 项增订。又依 1993 年 6 月 18 日的联邦法律修正，自 1994 年 1 月 1 日起生效。

〔6〕 依 1990 年 10 月 5 日的联邦法律第 I 项增订。又依 2000 年 3 月 24 日《审判籍法》（Gerichtsstandsgesetz vom 24. März 2000）附录第 5 项废止，自 2001 年 1 月 1 日起失效。

第二节　侵权行为之债

第 41 条

A. 关于责任的
　　一般规定

I. 责任要件

¹ 因故意或过失，不法致他人损害者，应负赔偿责任。

² 故意以违反善良风俗的方法，致他人损害者，应负赔偿责任。

第 42 条

II. 损害的确定

¹ 损害赔偿的请求人，应证明其损害。

² 不能确切证明损害额时，法院得依其衡量，综合考虑事件的通常过程和被害人所采取的措施，估算其损害额。

³ 动物受伤害时，如该动物为宠物且非用于经营或商业目的者，其所有人得在合理限度内，请求赔偿因治疗动物所支出的费用，其费用超过动物本身价值者，仍得请求之。[1]

第 43 条

III. 赔偿额的
　　 确定

¹ 损害赔偿的方法和范围，由法院裁判之，法院为裁判时，应衡量发生损害的具体情况及过错程度。

¹ᵇⁱˢ 动物受伤害或死亡时，如该动物为宠物且非用于经营或商业目的者，法院得考虑该宠物对于所有人或其家庭成员所具有的情感价值，判决侵权人承担合理赔偿的责任。[2]

² 赔偿义务人，被判决以定期金的方式履行赔偿义务者，须同时提供担保。

---

〔1〕 依 2002 年 10 月 4 日的联邦法律（关于动物的原则性条文，Grundsatzartikel Tiere）第 II 项增订，自 2003 年 4 月 1 日起生效。

〔2〕 依 2002 年 10 月 4 日的联邦法律（关于动物的原则性条文，Grundsatzartikel Tiere）第 II 项增订，自 2003 年 4 月 1 日起生效。

第 44 条

Ⅳ. 减免事由

¹ 损害行为的实施为被害人所同意者，或者损害的发生或加重系因可归责于被害人的事由所致者，或者有其他因素加重赔偿义务人之责任者，法院得减轻或免除赔偿义务。

² 损害赔偿的执行，如会导致赔偿义务人陷于穷困，法院得减轻其赔偿义务，但赔偿义务人，对于损害的发生，有故意或重大过失者，不在此限。

第 45 条

Ⅴ. 特别情形
1. 死亡和伤害
a. 死亡时的损
　 害赔偿

¹ 被害人死亡时，须赔偿所发生的一切费用，特别是死者的丧葬费。

² 被害人未当场死亡时，尚须赔偿治疗费和因丧失劳动能力而发生的利益损失。

³ 因被害人死亡，其他人丧失生活来源时，尚须赔偿扶养费。

第 46 条

b. 伤害时的损
　 害赔偿

¹ 身体被伤害时，被害人得请求赔偿所发生的一切费用、劳动能力全部或部分丧失的损害和将来经济收入减少的损失。

² 法院在判决时，尚不能充分确定伤害结果者，得在作出判决后两年内，变更其判决内容。

第 47 条

c. 给付慰抚金

被害人死亡或身体受伤害时，法院得衡量具体情事，判决慰抚金，由加害人向被害人或死者的家属给付合理数额的金钱。

第 48 条[1]

2.……

第 49 条[2]

3. 侵害人格权 　　[1] 人格权被不法侵害时，被害人得请求慰抚金，但以侵权行为情节严重，且无其他慰抚方式，基于正义原则而必须得到金钱慰抚者为限。

　　[2] 法院得不判决慰抚金，而判决其他慰抚方式，或者同时判决慰抚金和其他慰抚方式。

第 50 条

VI. 数人之责任
1. 在侵权行为[3]
　　之情形

　　[1] 数人因过错，共同致他人损害者，对于被害人，应连带负赔偿责任，教唆人、造意人或帮助人，视为共同行为人。

　　[2] 法院得依其衡量，裁判行为人相互间能否行使求偿权及行使求偿权的数额。

　　[3] 受益人，仅在其所受利益或其参与行为所致损害的范围内，负赔偿责任。

第 51 条

2. 在不同的法
　　律原因之情形

　　[1] 数人因侵权行为、契约或法律规定等不同的法律原因，对同一损害，应向被害人负赔偿责任者，该数人间的求偿权，准用关于数人因过错共同致他人损害时相互间求偿权的规定。

　　[2] 对于前款损害赔偿，原则上，实施侵权行为导致损害的人为第一顺位的责任人，无契约上义务且对于损害

---

　　〔1〕　依 1943 年 9 月 30 日《关于防止不正当竞争的联邦法律》（Bundesgesetz über den unlauteren Wettbewerb）第 21 条第 1 款废止，自 1945 年 3 月 1 日起失效。
　　〔2〕　依 1983 年 12 月 16 日的联邦法律第 II 1 项修正，自 1985 年 7 月 1 日起生效。
　　〔3〕　侵权行为，原文 unerlaubter Handlung，瑞士官方英译为 tort。——译注

的发生并无过错，但依法律规定而应承担责任的人，为最后顺位的责任人。

第 52 条

VII. 防卫人、避险人和自助人的责任

[1] 防卫人，为防止侵害，实施正当防卫，因此使被害人受有人身上或财产上之损害者，不负赔偿责任。

[2] 避险人，为防止自己或他人急迫的损害或危险，侵害第三人财产者，法院得依其衡量，判决避险人负赔偿责任。

[3] 自助人，为保全其正当请求权，自己实施保护行为者，在依情事，不及取得公力救助，惟有采取自助行为，才能实现其请求权，或者其权利主张才不会陷于重大困难的限度内，不负赔偿责任。

第 53 条

VIII. 与刑法的关系

[1] 刑法上关于刑事责任能力的规定，以及刑事法院的无罪判决，对民事法院判断当事人有无过错或有无判断能力，无拘束力。

[1] 同样，刑事法院的判决，对民事法院判断过错和认定损害，亦无拘束力。

第 54 条

B. 无判断能力人的责任

[1] 法院得依公平原则，判决无判断能力人，对其所致之损害，负部分或全部的赔偿责任。

[2] 暂时丧失判断能力的人，在暂时丧失判断能力期间致他人损害者，应负赔偿责任，但能证明对暂时丧失判断能力的发生并无过错者，不在此限。

第 55 条

C. 营业主的责任

[1] 营业主，对于受雇人或其他辅助人因执行职务所致之损害，应负赔偿责任，但能证明依其情事，为避免发

生损害，已为相当之注意，或者纵为相当之注意仍不
免发生损害者，不在此限。[1]

² 营业主，对于导致损害的受雇人或其他辅助人，在其
应负赔偿责任的限度内，有求偿权。

第 56 条

D. 动物占有人
的责任

I. 赔偿义务

¹ 动物占有人，对于动物所致之损害，应负赔偿责任，
但能证明依其情事已为相当注意之管束，或者纵为相
当注意之管束仍不免发生损害者，不在此限。

² 动物因第三人或其他动物的挑动而致他人损害者，其
占有人对于第三人或其他动物的占有人，有求偿权。

³ ……[2]

第 57 条

II. 动物的扣留

¹ 土地占有人，得捕捉并关押进入其土地并导致损害的
他人动物，为保全赔偿请求权，得捕获并扣留之，依
情事如认为正当合理，得杀死该动物。

² 土地占有人，应立即通知动物所有人，动物所有人不
明时，应采取必要措施查找所有人。

第 58 条

E. 工作物所有
人的责任

I. 赔偿义务

¹ 建筑物或其他工作物的所有人，对于因修建或营造上
的瑕疵或因管理不善所致之损害，应负赔偿责任。

² 前款损害的发生，如另有应负责任之人时，工作物的
所有人，对于该应负责任之人，有求偿权。

---

[1] 依 1971 年 6 月 25 日的联邦法律第 II 目第 1 条第 2 项修正，自 1972 年 1 月 1 日起生效。另见
《关于第十章的最终条款和过渡性条款》（Die Schluss- und Übergangsbestimmungen des X. Titel）。

[2] 依 1986 年 6 月 20 日《狩猎法》（Jagdgesetz vom 20. Juni 1986）第 27 条第 3 项废止，自 1988
年 4 月 1 日起失效。

第 59 条

Ⅱ. 预防措施

¹ 因他人的建筑物或工作物，有受损害之虞时，得请求采取必要措施，以防止发生损害。

² 前款规定，不妨碍警察为保护人身和财产安全而发布命令。

第 59a 条[1]

F. 关于电子签名的责任

¹ 电子签名密码的持有人，对于第三人因信赖——2003年12月19日《关于电子签名的联邦法律》[2]意义上的认证服务提供者签发的——证书属实、有效所受之损害，应负赔偿责任。

² 电子签名密码的持有人，能证明，为防止电子签名被滥用，已采取必要的安全措施，且已采取的安全措施为当时情形下所能采取者，不负赔偿责任。

³ 第 2 款所称安全措施，由联邦委员会解释之。

第 60 条

G. 时效[3]

¹ 损害赔偿请求权或慰抚金请求权，自被害人知悉损害及赔偿义务人时起，经过一年而罹于时效，但无论情形如何，自损害行为发生时起，经过十年者，亦同。

² 但损害赔偿之诉，基于犯罪行为而提出者，如刑法对该犯罪行为有更长时效之规定时，其规定，亦适用于民法上的请求权。

³ 因侵权行为而对于被害人取得债权者，被害人对该债权的废止请求权，虽罹于时效，仍得拒绝履行。

---

〔1〕 依 2003 年 12 月 19 日《关于电子签名的联邦法律》（Bundesgesetz über die elektronische Signatur）附录第 2 项增订，自 2005 年 1 月 1 日起生效。

〔2〕 Bundesgesetz vom 19. Dezember 2003 über die elektronische Signatur.

〔3〕 依 2003 年 12 月 19 日《关于电子签名的联邦法律》（Bundesgesetz vom 19. Dez. 2003 über die elektronische Signatur）附录第 2 项修正，自 2005 年 1 月 1 日起生效。

第 61 条

H. 公务人员的
　责任[1]

[1] 关于公务人员在执行公务过程中致人损害时的损害赔
偿义务或慰抚金给付义务，联邦和州得通过立法，作
出与本节不同的规定。

[2] 但公务人员所执行的事务具有营业性质者，州不得通
过立法变更本节的规定。

第三节　不当得利之债

第 62 条

A. 要件
I. 一般规定

[1] 以不正当的方式，由他人之财产受有利益者，应返还
其利益。

[2] 特别是，所受利益，无任何有效原因，或者原因未发
生，或者原因嗣后不存在者，受领人应负返还义务。

第 63 条

II. 非债清偿

[1] 无债务而任意为清偿者，不得请求返还，但能证明因
错误而认为负有债务者，不在此限。

[2] 债务已罹于时效而仍为履行，或者为履行道德上之义
务而为给付者，不得请求返还。

[3] 《关于债务追索和破产的法律》中关于非债清偿返还
请求权的规定，不受影响。

第 64 条

B. 返还范围
I. 得利人的
　义务

返还利益之请求，以受领人受返还请求时之现存利益为
限，但受领人恶意让与利益，或者预期应返还利益而让
与利益者，不在此限。

---

　〔1〕　依 2003 年 12 月 19 日《关于电子签名的联邦法律》（Bundesgesetz vom 19. Dez. 2003 über die elektronische Signatur）附录第 2 项修正，自 2005 年 1 月 1 日起生效。

第 65 条

Ⅱ. 费用偿还请
　求权

¹ 受领人得请求偿还所支出的必要费用和有益费用，但
关于有益费用，受领人在取得利益时如为恶意，仅就
受返还请求时现存之增额，得请求偿还。

² 关于其他费用，受领人不得请求偿还，如受领人未受
补偿，得于返还受领物前，将其附加于受领物的物取
回，但以不损害受领物为限。

第 66 条

C. 返还请求权
　的排除

以发生违反法律或善良风俗之效果为目的而为之给付，不
得请求返还。

第 67 条

D. 时效

¹ 不当得利返还请求权，自受损人知有请求权时起，经
过一年而罹于时效，但无论情形如何，自请求权发生
时起，经过十年者，亦同。

² 不当得利对于受损人成立债权者，受损人的不当得利
返还请求权虽已罹于时效，受损人仍得拒绝履行。

第二章　债的效力

第一节　债的履行

第 68 条

A. 一般原则
I. 亲自履行

仅在依给付之性质应由债务人亲自履行之情形，债务人始须亲自履行债务。

第 69 条

II. 给付客体
1. 部分履行

[1] 债务已全部确定且已届清偿期者，债权人得拒绝受领部分给付。

[2] 债权人有意接受部分给付者，债务人对其承诺的部分，不得拒绝履行。

第 70 条

2. 不可分给付

[1] 债权人为多数人，且给付不可分者，债务人应对全体债权人为给付，各债权人得请求对全体债权人为给付。

[2] 债务人为多数人，且给付不可分者，各债务人对全部给付负有义务。

[3] 向债权人清偿债务的债务人，得按比例向其他债务人求偿，并在其已向债权人清偿的限度内，取得已受清偿的债权人的权利。

第 71 条

3. 种类之债

[1] 给付物仅以种类指示者，债务人有选择权，但由法律关系可得出其他结论者，不在此限。

[2] 债务人不得给付低于中等品质的物。

第 72 条

4. 选择之债

在数宗给付中得选定其一者，债务人有选择权，但由法律关系可得出其他结论者，不在此限。

第 73 条

5. 利息

¹ 应支付利息的债务，其利率未经约定，且亦无法律或习惯可据者，年利率为百分之五。

² 公法上关于限制最高利率的规定，不受影响。

第 74 条

B. 清偿地

¹ 清偿地，由当事人以明示或默示的合意，决定之。

² 除另有规定外，适用下列规定：

　　　　1. 金钱债务应在清偿时债权人的住所地支付；

　　　　2. 债务以给付特定物为标的者，在订约时其物所在地交付；

　　　　3. 其他债务应在订约时债务人的住所地履行。

³ 债权人得请求在其住所地履行债务，但债权人在债务发生后变更其住所地，而债务人因此增加重大负担者，债务人得在原住所地履行。

第 75 条

C. 清偿期
I. 未定期限的债务

清偿期，不能依契约或法律关系之性质予以确定者，债务人得随时提出履行，债权人亦得随时请求履行。

第 76 条

II. 定有期限的债务
1. 以特定月份为清偿期者

¹ 清偿期定为月初或月末者，以当月的第一日和最后一日为清偿期。

² 清偿期定为月中者，以当月的第十五日为清偿期。

第 77 条

2. 以其他时间
单位为清偿
期者

1 债务的履行，或者其他法律上之行为[1]，应在订约后一定期间内为之者，适用下列规定：

    1. 以日定期间者，以期间末日的终止，为期间的终止，订约当日不计算在内，[2]期间定为八日或十五日者，非指一星期或两星期，而指八日或十五日之全部。

    2. 以星期定期间者，以最后的星期中，与订约日相应的星期名称之日，为期间的末日。

    3. 以月或以由数月所组成的时间名称（年、半年或季度）定期间者，以最后之月中，与订约日相应之日，为期间的末日；在最后之月，无相应日者，以该月的末日，为期间的末日。

以"半个月"定期间者，按十五日计算，期间定为一个月或一个月以上再附加半个月者，该十五日应最后计算。

2 以订约日以外的日期起算期间者，适用前款规定。

3 债务应在所定期限内履行者，应在该期间届满前履行完毕。

第 78 条

3. 星期日与节
假日

1 清偿日，或者清偿期的最后一日，为星期日，或者为清偿地法定节假日[3]者，以下一个工作日，为清偿日或清偿期的最后一日。

2 当事人得作出与前款规定不同的约定。

---

    [1] 其他法律上之行为，原文 eine andere Rechtshandlung。——译注

    [2] 例如契约订立于 3 月 3 日，约定期间为 8 日，则该期间因 3 月 11 日的结束而终止。——译注

    [3] 关于联邦法律规定的法定期间和公权力机关依联邦法律而规定的期间，星期六现在亦被作为节假日。见 1963 年 6 月 21 日《关于星期六的期限计算的联邦法律》（Bundesgesetz über den Fristenlauf an Samstagen）第 1 条。

第 79 条

Ⅲ. 在营业时间
中履行

应在通常的营业时间中，为履行和接受履行。

第 80 条

Ⅳ. 清偿期的
延长

契约中约定的清偿期被延长者，新清偿期，自原清偿期
届至之次日起算，但由契约可得出其他结论者，不在此
限。

第 81 条

Ⅴ. 期前履行

[1] 债务定有清偿期者，债务人得于期前履行债务，但由
契约的内容或性质，或者依情事，可得出当事人有相
反之意思者，不在此限。

[2] 债务人不得收取贴现，但依约定或惯例，得收取贴现
者，不在此限。

第 82 条

Ⅵ. 双务契约的
履行

1. 履行之先后

双务契约中，当事人一方，自己未为履行或未提出履行
前，不得请求他方履行，但其依契约的内容或性质，得
为后履行者，不在此限。

第 83 条

2. 当事人一方
支付不能

[1] 双务契约中，一方陷于支付不能（特别是被宣告破产
或无可扣押的财产），且因其财产状况恶化，他方请
求权有不能实现之虞者，他方在被提供担保前，得拒
绝履行对待给付。

[2] 陷于支付不能的一方，未依他方请求在合理期限内提
供担保者，他方得解除契约。

第 84 条[1]

D. 支付
I. 本国货币

¹ 金钱债务中所应支付的货币，应以法定的支付手段，支付之。

² 债务中指定应支付的货币，非为支付地的本国货币时，其应支付的总额，得按到期日的债务价格，以本国货币支付之，但使用"确定的货币"或类似词句，要求严格按照文字意义履行契约者，不在此限。

第 85 条

II. 抵充
1. 部分支付

¹ 以债务人未拖欠利息或费用为限，债务人的部分支付，得抵充本金债务。

² 债权人的部分债权，受有保证、扣押物或其他担保者，债务人不得以其部分支付，抵充受有担保或更优担保的部分债权。

第 86 条

2. 数宗债务
a. 依债务人
   或债权人
   的指定

¹ 债务人，对同一债权人负有数宗债务者，得在支付时指定应抵充的债务。

² 债务人未指定者，依债权人在受领证书中的记载，确定其应抵充的债务，但债务人立即提出异议者，不在此限。

第 87 条

b. 依法律规定

¹ 既无债务人关于清偿的有效指定，亦无债权人在受领证书中关于所应清偿债务的记载时，债务人的支付，尽先抵充已届清偿期的债务，债务均已届清偿期者，尽先抵充已被追索的债务，无已被追索的债务时，尽先抵充先届清偿期的债务。

² 数宗债务均已届清偿期者，按比例抵充。

---

〔1〕 依 1999 年 12 月 22 日《关于货币和支付手段的联邦法律》（Bundesgesetz über die Währung und die Zahlungsmitte）附录第 2 项修正，自 2000 年 5 月 1 日起生效。

³ 数宗债务均未届清偿期者，以债务之担保最少者，尽先抵充。

第 88 条

Ⅲ. 受领证书的
给与和债务
证书的返还
1. 债务人的
权利

¹ 债务人，对其所为之给付，得请求给与受领证书；已清偿全部债务者，得请求返还债务证书或使债务证书失效。

² 未为全部给付，或者债务证书中仍记载有债权人的其他权利时，债务人除得请求给与受领证书外，仅得请求将已为之给付记载于债务证书。

第 89 条

2. 效力

¹ 关于利息或其他定期给付，如债权人给与受领一期给付的证书，而未就其他各期为保留者，推定此前已届清偿期的各期债务已被清偿。

² 就本金债务给与受领证书者，推定其利息亦已被清偿。

³ 债务证书被返还于债务人者，推定其债务已被清偿。

第 90 条

3. 返还不能

¹ 债权人声明债务证书已丢失者，债务人得在清偿时，请求债权人以公证或认证的方式声明债务证书已失效和债权已受清偿。

² 关于有价证券无效声明的规定，不受影响。

第 91 条

E. 债权人迟延
Ⅰ. 要件

债权人无正当理由，拒绝受领已适当提出的给付，或者不实施应为受领给付的准备行为，因而使债务人无法清偿债务者，构成债权人迟延。

第 92 条

Ⅱ. 效力

¹ 债权人陷于迟延者，债务人得提存给付物，并因提存

1. 在物的给付 之情形	而免于债务,提存后,给付物的危险和提存费用,由债权人负担。
a. 提存	[2] 提存处所,由法院决定之,但给付物为商品时,得不经法院决定,直接提存于仓库。[1]

第 93 条

b. 变卖权	[1] 给付物依其性质或依交易行为的性质不适于提存,或者给付物有腐败灭失之虞,或者提存需费过巨者,债务人得在向债权人为预告并经法院准许后,公开变卖给付物,并提存其价金。
	[2] 给付物有交易所或公共市场的市价,或者给付物的价值低于变卖费用者,给付物的变卖,得采用公开变卖的方式,法院亦得准许直接变卖,而不要求预告。

第 94 条

c. 提存物的取 回权	[1] 债权人未表示受领给付物前,或者担保物权未因提存而被废止前,债务人得取回提存物。
	[2] 提存物被取回时,债权及其全部从权利回复其效力。

第 95 条

2. 在其他给付 之情形	债务以物的给付以外的给付为内容者,债权人迟延时,债务人得依关于债务人迟延的规定,解除契约。

第 96 条

F. 其他履行 障碍	因可归责于债权人的事由,或者因不能确知谁为债权人,而无法向债权人或其代理人为给付者,与债权人迟延时相同,债务人得为提存或解除契约。

---

〔1〕 依 2000 年 3 月 24 日《审判籍法》(Gerichtsstandsgesetz vom 24. März 2000) 附录第 5 项修正,自 2001 年 1 月 1 日起生效。

第二节 不履行的后果

第97条

A. 未为给付

I. 债务人的赔
偿义务

1. 一般规定

¹ 债务未被履行或履行不当者，债务人应赔偿因此而发生的损害，但债务人能证明其无任何过错者，不在此限。

² 关于债务的强制执行，适用1889年4月11日《关于债务追索和破产的联邦法律》[1]和2008年12月19日《民事诉讼法》的规定。[2]

第98条

2. 作为债务或
不作为债务

¹ 债务人不履行作为义务者，债权人得自为给付，其费用，由债务人负担，债权人的损害赔偿请求权不受影响。

² 债务人不履行不作为义务者，应赔偿因其不履行债务而发生的损害。

³ 此外，债权人得请求除去因债务人不履行债务而形成的不法状态，债务人不为除去者，债权人得自为除去，其费用，由债务人负担。

第99条

II. 责任和损害
赔偿的范围

1. 一般规定

¹ 债务人对其任何过错，一般均应承担责任。

² 所应承担责任的范围，依特定的法律行为性质，确定之，特别是，债务人未因法律行为取得任何利益时，应减轻其责任。

³ 在其他方面，对于违约行为，准用关于侵权行为责任范围的规定。

---

〔1〕 Bundesgesetz vom 11. April 1889 über Schuldbetreibung und Konkurs.

〔2〕 依2008年12月19日《民事诉讼法》（Zivilprozessordnung vom 19. Dezember 2008）附录一第II 5项修正，自2011年1月1日起生效。

第 100 条

2. 责任的排除

¹ 预先排除故意或重过失责任的约定，无效。

² 预先放弃向他方主张轻过失责任的表示，如放弃人在表示放弃时为他方的受雇人，或者其责任系因特许营业而发生者，法院得依其衡量，认定其无效。

³ 关于保险契约的特别规定，不受影响。

第 101 条

3. 因辅助人而负责任

¹ 债务人，指示家属或受雇人或其他人，作为辅助人，代为履行或行使债务关系上之义务或权利者，对于辅助人因执行职务所致之第三人损害，应负赔偿责任。[1]

² 前款责任，得预先约定限制或排除之。

³ 放弃人为他方的受雇人，或者其责任因特许营业而发生者，仅得放弃主张轻过失责任。

第 102 条

B. 债务人迟延
I. 要件

¹ 债务已届清偿期者，债务人因债权人催告而陷于迟延。

² 就履行约定具体的到期日者，或者到期日因有通知终止之保留并经适法之通知终止而确定者，债务人因该到期日的经过而陷于迟延。

第 103 条

II. 效力
1. 意外事件的责任

¹ 债务人迟延者，债权人得请求赔偿因迟延而发生的损害，因意外事件而迟延者，亦同。

² 债务人能证明其对迟延并无过错，或者纵不迟延，债权人仍不免因意外事件而受损害者，债务人免于赔偿责任。

---

〔1〕 依 1971 年 6 月 25 日的联邦法律第 II 目第 1 条第 3 项修正，自 1972 年 1 月 1 日起生效（见《关于第十章的最终条款和过渡性条款》，Schluss- und Übergangsbestimmungen des X. Titel）。

第 104 条

2. 迟延利息
a. 一般规定

¹ 债务人迟延履行金钱债务者，虽有更低利息之约定，仍应按百分之五的年利率，支付迟延利息。

² 约定利率超过百分之五时，不论其为双方直接约定的利率，或者双方约定按银行同期的定期利率，在债务人迟延期间，债权人均得请求该利息。

³ 支付地银行通常的贴现率超过百分之五者，商人间的迟延利息，以该较高利率计算之。

第 105 条

b. 关于利息、定期金、赠与金的利息

¹ 债务人迟延支付利息、定期金或赠与金者，自声请强制执行或起诉之日起，支付迟延利息。

² 有反对之约定者，适用关于违约金的规定。

³ 对迟延利息，不再计算利息。

第 106 条

3. 其他损害

¹ 债权人所受之损害，超过可得的迟延利息时，对超过部分的损害，债务人仍应负赔偿责任，但其能证明无任何过错者，不在此限。

² 前款超过部分的损害，无法预见者，法院得在关于主债权的判决中，确定赔偿额。

第 107 条

4. 契约解除和损害赔偿
a. 须确定期限

¹ 双务契约中，债务人陷于迟延时，债权人得自行或由主管机关规定合理期限，催告债务人履行债务。

² 前款期限届满而债务人仍不履行者，债权人得诉请债务人继续履行并赔偿因迟延履行而发生的损害，亦得立即表示放弃请求继续履行，而请求因不履行债务的损害赔偿或解除契约。

第 108 条

b. 无须确定
期限

有下列情形之一者，无须确定期限：

    1. 债务人的行为表明确定期限为徒劳者；

    2. 因债务人的迟延，其给付对债权人已成为不必
要者；

    3. 由契约可推知，双方当事人有要求在特定时间或
在特定时间之前为给付之意思者。

第 109 条

c. 契约解除的
效力

[1] 解除契约的一方当事人，得拒绝履行对待给付，如已
为给付，得请求返还。

[2] 此外，解约人得请求赔偿因契约解除而发生的损害，
但债务人能证明其不存在任何过错者，不在此限。

第三节　债之涉他关系

第 110 条

A. 第三人之清
偿代位

有下列情形之一者，在第三人向债权人为清偿的限度内，
债权人的权利，法定移转于该第三人：

    1. 该第三人，对用于担保他人债务的担保物有所有
权或限制物权，为涤除该担保物上的担保权，向
债权人为给付者；

    2. 该第三人为清偿后，债务人通知债权人由该第三
人取得债权人之地位者。

第 111 条

B. 第三人负
担之契约

契约当事人之一方，担保由第三人向他方为给付者，在
第三人不为给付时，对于因第三人不为给付而发生的损
害，应负赔偿责任。

第 112 条

C. 利益第三人
之契约

I. 一般规定

1 契约当事人之一方，以自己的名义，与他方约定，由
他方向第三人为给付者，得请求他方向第三人为给付。

2 在契约双方当事人有约定或有习惯时，第三人或其权
利继受人得直接请求给付。

3 在前款情形，第三人向债务人表示欲行使其权利后，
债权人不得再免除债务人的债务。

第 113 条

II. 在责任保险
之情形

雇用人为其受雇人投保法定责任险，而其半数以上保险
费系由受雇人所支付者，受雇人有独立的保险赔偿请求
权。

第三章　债的消灭

第 114 条

A. 从权利消灭

¹ 债务因履行或其他方式消灭者，所有从权利，例如保证或担保物权，亦消灭。

² 已产生的利息，仅在依约定或依情事可得出债权人有权在债务消灭后行使利息债权之情形，始得在债务消灭后请求之。

³ 关于不动产担保物权、有价证券及和解契约[1]的特别规定，不受影响。

第 115 条

B. 债因合意而废止

债权，得依合意，全部或部分废止之；依法律规定或当事人约定，债务的成立须采用特定形式者，其废除合意，仍得不以该特定形式为之。

第 116 条

C. 债的更新
I. 一般规定

¹ 新债务的成立，不得被推定为对旧债务的清偿。

² 特别是，为既存债务而承担汇票债务或签发新的债务证书或订立新的保证契约，不发生使旧债更新的效果，但当事人另有约定者，不在此限。

---

　　[1]　和解契约，原文 Nachlassvertrag，瑞士官方英译为 composition agreement。和解契约，指偿还部分欠款而了结债务的协议。此外，史尚宽先生将 Nachlassvertrag 译作"调协契约"，参见史尚宽：《债法各论》，荣泰印书馆股份有限公司 1981 年印本，第 830 页。——译注

第 117 条

II. 交互计算
关系

¹ 将单项债务记入往来账户，不发生更新的效果。

² 但对债务余额单独列项并为承认者，应视为更新。

³ 某一单项债务有特别担保者，该特别担保因债务余额被单独列项和承认而废止，但当事人另有约定者，不在此限。

第 118 条

D. 混同

¹ 债权人与债务人的资格归于同一人时，债权视为因混同而消灭。

² 混同不复存在时，债权复活。〔1〕

³ 关于不动产担保物权和有价证券的特别规定，不受影响。

第 119 条

E. 给付不能

¹ 因不可归责于债务人的事由，致给付不能者，债务人免于给付义务。

² 双务契约的债务人，因前款规定而免于给付义务者，如已受领对待给付，应依关于不当得利的规定，返还之，其未受清偿的对待债权归于消灭。

³ 依法律规定或契约约定，危险已在履行前移转于债权人者，前款规定不适用之。

第 120 条

F. 抵销
I. 要件
1. 一般规定

¹ 二人互负金钱给付或其他给付的债务，而其给付种类相同，并均已届清偿期者，各得以其债务，与他方债权，互为抵销。

---

〔1〕 例如甲对乙负有债务，甲乙互为法定继承人，甲乙中有一人死亡时，债因混同而消灭。但嗣后，因继承人表示放弃继承或被确定丧失继承权，混同即不复存在，此时，债权复活。——译注

² 反对债权[1]虽存在争议，债务人仍得以之主张抵销。

³ 已罹于时效的债权，如在时效完成前，已适于与其他债权抵销者，亦得抵销。

第 121 条

2. 附有保证时的抵销

主债务人有抵销权者，保证人得拒绝向债权人清偿债务。

第 122 条

3. 利益第三人契约的抵销

依约定应向第三人为给付的债务人，不得以其债务与他方当事人对于自己的债务为抵销。

第 123 条

4. 债务人破产时的抵销

¹ 债务人破产时，债权人对债务人的债权虽未届清偿期，债权人亦得主张以之与破产人对自己的债权为抵销。

² 债务人破产时的抵销之禁止或撤销，适用《关于债务追索和破产的法律》的规定。

第 124 条

II. 抵销的效力

¹ 抵销，仅在债务人行使抵销权的意思表示为债权人所知时，始生效力。

² 因抵销，债权与反对债权间之关系，溯及最初得为抵销时，在抵销数额之限度内消灭。

³ 商事交互计算关系中的特别惯例，不受影响。

---

〔1〕 反对债权（Gegenforderung），指主张抵销一方的债权，即债务人的债权，又称自动债权、抵销债权（德 Aktivforderung, Aufrechnungsforderung, Verrechnungsforderung）。此外，被抵销的债权，即债权人的债权，通常称为受动债权或主债权（Passivforderung；Hauptforderung）。详请参见史尚宽：《债法总论》，荣泰印书馆股份有限公司 1978 年印本，第 802 页。——译注

第 125 条

Ⅲ. 抵销之禁止　　下列债务，非经债权人同意，不得抵销：

1. 以寄托物、不法侵占物或恶意扣留物的返还或赔偿为内容的债务；

2. 因其特殊性质而应向债权人为实际履行的债务，例如债权人用以维持其本人及其家庭生计所需，因而应无条件向债权人支付的生活费和工资；

3. 基于公法对公权力机关所负的债务。

第 126 条

Ⅳ. 放弃　　债务人得预先放弃抵销权。

第 127 条

G. 时效

Ⅰ. 时效期间

1. 十年

所有债权，除联邦民法另有规定外，经过十年而罹于时效。

第 128 条

2. 五年　　下列债权的时效期间为五年：

1. 使用租赁的租金债权、用益租赁的租金债权和资本利息债权，以及其他定期给付的债权；

2. 基于供给食品、提供膳宿而发生的债权；

3. 基于手工业劳动、商品零售、医疗服务而发生的债权，诉讼律师、法律事务代理人、代理人和公证人基于其职业活动而发生的债权，以及受雇人基于劳务关系而发生的债权。[1]

---

〔1〕　依 1971 年 6 月 25 日的联邦法律第 Ⅱ 目第 1 条第 4 项修正，自 1972 年 1 月 1 日起生效。另见《关于第十章的最终条款和过渡性条款》（Die Schluss- und Übergangsbestimmungen des X. Titel）。

第 129 条

3. 时效期间的
不可变更性

本章所规定的时效期间，当事人不得变更之。

第 130 条

4. 时效的开始
a. 一般规定

¹ 时效，自债权的清偿期届至时开始。

² 债权的清偿期，依通知而确定者，其时效，自得为通知之日开始。

第 131 条

b. 在定期给付
之情形

¹ 终身定期金债权或类似的定期给付债权，其全部债权的时效，自第一次被拖欠的给付届其清偿期时开始。

² 全部债权罹于时效者，其各期给付请求权，亦罹于时效。

第 132 条

5. 时效期间的
计算

¹ 计算时效期间时，时效开始之日不计算在内，时效期间之末日结束前，时效不完成。

² 关于时效期间的计算，本章未规定者，适用关于履行期限计算的规定[1]。

第 133 条

II. 对于从请求
权的效力

由主请求权所派生的利息及其他从请求权，与主请求权同时罹于时效。

第 134 条

III. 时效的障碍
与停止

¹ 债权，有下列情形之一者，其时效不开始，已开始者，停止进行：

---

〔1〕 关于履行期限的计算，见第 75 条以下。——译注

1. 子女对父母的债权，在子女受父母照护期间；[1]

2. 无判断能力人对照护受任人的债权，在委任照护期间；[2]

3. 夫妻相互间的债权，在婚姻关系存续期间；

3bis. 登记的同性伴侣相互间的债权，在登记的同性伴侣关系存续期间；[3]

4. 受雇人对与其共同生活的雇用人的债权，在雇佣关系存续期间；[4]

5. 债务人对债权享有用益权期间；

6. 债权人不能向瑞士法院提起诉讼期间。

² 前款时效障碍已消除者，其时效，自消除之次日开始，已开始者，继续之。

³《关于债务追索和破产的法律》对时效的计算有特别规定者，从其规定。

第 135 条

Ⅳ. 时效的中断
1. 中断事由

时效，因下列事由，中断：

1. 债务人承认他方债权，特别是支付利息、清偿部分债务、提供物上担保、提供保证；

2. 债权人声请强制执行、提出和解、提起诉讼、声请仲裁、在诉讼程序或仲裁程序中行使抗辩权、声请破产。[5]

---

〔1〕 依 1998 年 6 月 26 日的联邦法律附录第 2 项修正，自 2000 年 1 月 1 日起生效。

〔2〕 依 2008 年 12 月 19 日的联邦法律（成年人保护法、人法和儿童法，Erwachsenenschutz, Personenrecht und Kindesrecht）附录第 10 项修正，自 2013 年 1 月 1 日起生效。

〔3〕 依 2004 年 6 月 18 日《同性伴侣关系法》（Partnerschaftsgesetz vom 18. Juni 2004）附录第 11 项增订，自 2007 年 1 月 1 日起生效。

〔4〕 依 1971 年 6 月 25 日的联邦法律第Ⅱ目第 1 条第 5 项修正，自 1972 年 1 月 1 日起生效。另见《关于第十章的最终条款和过渡性条款》（Die Schluss- und Übergangsbestimmungen des X. Titel）。

〔5〕 依 2008 年 12 月 19 日《民事诉讼法》（Zivilprozessordnung vom 19. Dezember 2008）附录一第Ⅱ 5 项修正，自 2011 年 1 月 1 日起生效。

第 136 条

2. 时效中断对
共同债务人
的效力

¹ 对连带债务人中一人或对不可分给付中一共同债务人
发生的时效中断，对其他的连带债务人或共同债务人，
亦发生效力。

² 对主债务人的时效中断，对保证人亦发生效力。

³ 但对保证人的时效中断，对主债务人不发生效力。

第 137 条

3. 时效期间的
重新开始
a. 承认和判决

¹ 时效，因中断而重新开始。

² 债权，经证书承认或经法院判决确定者，其新时效期
间一律为十年。

第 138 条

b. 债权人行为

¹ 时效，因提出和解、提起诉讼、声请仲裁、在诉讼程
序或仲裁程序中行使抗辩权而中断者，自受理机关终
结法律争议程序时，重新开始。[1]

² 时效，因强制执行而中断者，自执行程序中每次采取
执行措施时，重新开始。

³ 时效，因声请破产而中断者，自依破产法得再次主张
债权时，重新开始。

第 139 条[2]

V.

---

〔1〕 依 2008 年 12 月 19 日《民事诉讼法》(Zivilprozessordnung vom 19. Dezember 2008) 附录一第
Ⅱ 5 项修正，自 2011 年 1 月 1 日起生效。

〔2〕 依 2008 年 12 月 19 日《民事诉讼法》(Zivilprozessordnung vom 19. Dezember 2008) 附录一第
Ⅱ 5 项废止，自 2011 年 1 月 1 日起失效。

第 140 条

Ⅵ. 债权附有动
产担保物权
时的时效

债权的时效，不因该债权有动产担保物权而停止进行，但时效的完成，不妨碍债权人行使该担保物权。

第 141 条

Ⅶ. 时效利益的
抛弃

¹ 时效，不得预先抛弃之。

² 连带债务人中一人抛弃时效者，其抛弃，对其他连带债务人，不发生效力。

³ 债务人为多数人，且其给付不可分者，其中一人的抛弃，对其他债务人，不发生效力；主债务人抛弃时效者，其抛弃，对保证人，不发生效力。

第 142 条

Ⅷ. 时效的适用

法院，不得依职权适用时效。

第四章　债之特别关系

第一节　连带之债

第 143 条

A. 连带债务
I. 发生

[1] 数人负同一债务，明示对于债权人各负全部给付之责任者，为连带债务。

[2] 无前款明示时，连带债务的成立，以法律有规定者为限。

第 144 条

II. 债权人与
　　债务人间
　　之关系
1. 效力
a. 债务人的责任

[1] 债权人，得任意对于连带债务人中之一人，请求部分或全部给付。

[2] 债权被全部清偿前，全体债务人仍负其义务。

第 145 条

b. 债务人的抗辩权

[1] 连带债务人，仅得以基于其个人与债权人的法律关系而发生的抗辩权或基于连带债务人共同抗辩事由而发生的抗辩权，对抗债权人。

[2] 连带债务人中之一人，不行使全体债务人均得行使之抗辩权者，对于其他连带债务人，应负责任。

第 146 条

c. 连带债务人
的个人行为

除另有规定外，各连带债务人不得以其个人行为恶化其他债务人的地位。

第 147 条

2. 连带债务的
消灭

¹ 连带债务人中之一人，以给付或抵销，使债权人满足时，其他连带债务人，在债权人受满足的范围内，免于责任。

² 连带债务人中之一人，非因债权人满足，而被免除债务责任时，其免除，仅在依情事或债务性质可认为合理的范围内，为其他债务人的利益，发生效力。

第 148 条

III. 连带债务人
间之关系
1. 债务的分担

¹ 对债权人已为之给付，由全体连带债务人平均分担之，但由连带债务人间之法律关系可得出反对之结论者，不在此限。

² 连带债务人中之一人所为之给付，超过其分担额者，就其超过部分，对其他连带债务人，有求偿权。

³ 连带债务人中之一人无力分担的部分，由其他连带债务人平均分担之。

第 149 条

2. 债权人权利
的移转

¹ 有求偿权的连带债务人，在其已向债权人清偿的限度内，取得债权人的权利。

² 债权人，为改善连带债务人中一人的法律地位而致其他连带债务人损害者，应负责任。

第 150 条

B. 连带债权

¹ 数人享有同一债权，依债务人明示或法律规定，债权人各得请求全部给付者，为连带债权。

² 债务人得向连带债权人中之一人为全部给付，而免于对全体连带债权人的债务。

³ 债务人得向连带债权人中之一人为给付，但连带债权人中已有人诉请履行者，不在此限。

第二节　附条件之债

第 151 条

A. 延缓条件
I. 一般规定

[1] 契约，以不确定事实的发生或不发生决定其效力者，为附条件的契约。

[2] 除契约当事人明示有其他意思外，附延缓条件的契约，在条件成就时，发生效力。

第 152 条

II. 条件成就前的拘束力

[1] 附条件之债的债务人，在条件成就前，不得实施任何可能妨碍债务发生的行为。

[2] 附条件之债的债权人，在其权利受到危害时，如同债权未附条件之情形，得请求采取保全措施。

[3] 条件成就前的处分行为，如在条件成就时，有害于附条件契约之效力者，失其效力。

第 153 条

III. 条件成就前的用益

[1] 标的物在条件成就前已转移债权人占有者，如条件成就，债权人得保留条件成就前的用益。

[2] 如条件未成就，债权人应返还其用益。

第 154 条

B. 解除条件

[1] 附解除条件的契约，在条件成就时，失其效力。

[2] 契约的失效，一般无溯及力。

第 155 条

C. 共同的规定
I. 条件的成就

以订约当事人一方的行为为条件者，除其行为须由其本人为之者外，其继承人的行为，亦得使条件成就。

第 156 条

II. 违反诚信阻
碍条件成就

契约当事人之一方，如违反诚实信用阻碍条件成就，视
为条件已成就。

第 157 条

III. 不许条件

以实施违反法律或善良风俗之行为为目的而附条件者，附
条件的债权，无效。

第三节　保证金和解约金、扣减工资、违约金

第 158 条[1]

A. 保证金和
解约金

1 订约时给付的定钱，应视为保证金，而非解约金。

2 除契约另有约定或另有地方习惯外，受领人得保留保
证金，且不因此扣减债权额。

3 当事人约定解约金者，解约金给付人解约者，不得
收回解约金，解约金受领人解约者，应双倍返还解
约金。

第 159 条[2]

B. ……

第 160 条

C. 违约金
I. 债权人的
权利

1 就契约的不履行或不正确履行订有违约金者，除另有
约定外，债权人仅得或者请求履行契约，或者请求违
约金。

---

〔1〕 定钱、保证金、解约金，原文分别为 An- oder Draufgeld、Haftgeld、Reugeld。第 160 条第 1
款中的"违约金"，原文为 Konventionalstrafe。——译注

〔2〕 依 1971 年 6 月 25 日的联邦法律第 II 目第 6 条第 1 项废止，自 1972 年 1 月 1 日起失效。另见
《关于第十章的最终条款和过渡性条款》（Die Schluss- und Übergangsbestimmungen des X. Titel）。

1. 违约金与
   履行契约
   的关系

² 就未按清偿期或清偿地履行订有违约金者，债权人除得请求履行契约外，尚得请求违约金，但债权人明示放弃违约金请求权或在受领给付时未保留违约金请求权者，不在此限。

³ 债务人能证明得以支付违约金为代价而解约者，前款规定不适用之。

第 161 条

2. 违约金与损
   害赔偿的关
   系

¹ 债权人虽未受任何损害，仍得请求违约金。

² 所受之损害超过违约金数额时，债权人得就超过部分，请求损害赔偿，但以债权人证明债务人有过错为限。

第 162 条

3. 部分给付的
   丧失

¹ 当事人约定，解约时，已履行之部分给付，应由债权人保留者，其约定，适用关于违约金的规定。

² ……〔1〕

第 163 条

II. 违约金的
    数额、无效
    和减少

¹ 违约金的数额，得由契约当事人约定之。

² 所为之允诺违反法律或善良风俗，为担保履行承诺而约定违约金者，不得请求违约金；契约因不可归责于债务人的情事而成为履行不能者，除另有约定外，不得请求违约金。

³ 约定的违约金数额过高者，法院得依衡量减少之。

---

〔1〕 依 2001 年 3 月 23 日《关于消费信用的联邦法律》（Bundesgesetz vom 23. März 2001 über den Konsumkredit）附录二第 II 1 项废止，自 2003 年 1 月 1 日起失效。

第五章　债权让与和债务承担

第 164 条

A. 债权让与
I. 要件
1. 让与合意
a. 让与性

[1] 债权人，得不经债务人同意，而让与其债权，但法律另有规定、契约另有约定或依法律关系之性质不得让与者，不在此限。

[2] 书面的债务承认中并无关于禁止让与债权的记载，第三人因此基于信赖而受让债权者，债务人不得以基于禁止让与债权之约定而享有的抗辩权，对抗该第三人。

第 165 条

b. 契约的形式

[1] 债权让与契约，为使其有效，须采用书面形式。

[2] 让与契约的订约义务，其成立，无须采用书面形式。

第 166 条

2. 因法律规定
　 或法院判决
　 而移转

债权因法律规定或法院判决而移转于他人者，其移转，无须采用特别形式，亦无须有原债权人同意移转债权的意思表示，而当然对第三人发生效力。

第 167 条

II. 让与的效力
1. 债务人的地位
a. 善意给付

债务人，在让与人或受让人为通知前，善意向原债权人为给付，或者，在多重让与之情形，善意向在后的受让人为给付者，债务人免于债务。

第 168 条

b. 拒绝给付并
　 提存

[1] 谁为债权人有争议时，债务人得拒绝给付，并得将给付提存法院，以免于债务。

² 债务人明知有争议而仍为给付者，自担其危险。

³ 关于谁为债权人的争议仍在诉讼中而债务已届清偿期者，各方当事人均得请求债务人提存。

第 169 条

c. 债务人的抗辩权

¹ 债务人在知悉债权让与时，所得对抗让与人的抗辩权，均得以之对抗受让人。

² 债务人在知悉债权让与时，对让与人有反对债权者，该反对债权虽未届其清偿期，但如其清偿期不迟于所让与的债权届至，债务人仍得对所让与的债权，主张抵销。

第 170 条

2. 优先权、从权利、证书及证明文件的转移

¹ 让与债权时，该债权的优先权及从权利，随同移转于受让人，但其与让与人本人具有不可分离之关系者，不在此限。

² 让与人应将债权证书及一切现有的证明文件，交付受让人，并应告知关于主张该债权所必要的一切情况。

³ 未支付的利息，推定其随同主债权移转于受让人。

第 171 条

3. 瑕疵担保责任

a. 一般规定

¹ 债权让与为有偿者，让与人应担保债权在让与时有效存在。

² 除另有约定外，让与人对于债务人的支付能力，不负瑕疵担保责任。

³ 债权让与为无偿者，让与人对于债权的有效存在，不负瑕疵担保责任。

第172条

b. 为清偿债务
　　而让与债权

债权人为清偿债务而让与债权，但未明示抵充债务额者，受让人仅须以其自债务人所取得的数额或为相当之注意所能取得的数额，抵充债务额。

第173条

c. 责任范围

[1] 让与人的瑕疵担保责任仅限于所受领的对价及其利息、让与费用和向债务人追索债务无效果的费用[1]。

[2] 债权基于法律规定而移转于他人者，原债权人对于债权的存在和债务人的清偿能力，不负瑕疵担保责任。

第174条

III. 特别规定

法律对于债权移转设有特别规定者，从其规定。

第175条

B. 债务承担
I. 债务人和债
　　务承担人

[1] 约定为债务人承担债务的人，负有向债权人清偿债务，或者使债权人同意其代替债务人，以使债务人免于债务的义务。

[2] 债务人，在依债务承担契约向承担人履行债务前，不得强迫承担人履行债务。

[3] 原债务人，未因债务承担而免于债务者，得请求新债务人提供担保。

第176条

II. 债务承担人
　　与债权人间
　　的承担契约
1. 要约和承诺

[1] 债务承担人与债权人订立债务承担契约者，承担人代替原债务人承受债务关系，原债务人免于债务。

[2] 承担人，或者原债务人经承担人授权，通知债权人由承担人承担债务者，成立承担债务的要约。

---

〔1〕 向债务人追索债务无效果的费用，原文 Kosten des erfolglosen Vorgehens gegen den Schuldner，瑞士官方英译为 costs of any unsuccessful proceedings against the debtor。——译注

³ 同意债务承担的承诺，由债权人明示之，或者依情事推知之；债权人未为任何保留而受领承担人的给付或对承担人其他有关债务的行为表示同意者，推定债权人已作出同意债务承担的承诺。

第 177 条

2. 要约的失效

¹ 债权人得随时为承诺，但承担人和原债务人得对债权人规定承诺的期限，期限届满而债权人未明示承诺者，视为拒绝承诺。

² 债权人为承诺前，债务人又与他人订立债务承担契约，且后承担人已向债权人发出要约者，前承担人免于承担债务。

第 178 条

Ⅲ. 债务人变更的效力

1. 从权利

¹ 从权利，不因债务人变更而受影响，但其与原债务人本人具有不可分离之关系者，不在此限。

² 债务承担未经物上保证人或保证人同意者，物上保证人或保证人对债权人不再承担责任。

第 179 条

2. 抗辩权

¹ 原债务人基于债务关系所得主张的抗辩权，新债务人亦得主张之。

² 原债务人对于债权人的专属抗辩权，新债务人不得主张之，但由与债权人订立的契约可得出反对之结论者，不在此限。

³ 承担人不得以其基于债务承担法律关系所得对抗原债务人的抗辩权，对抗债权人。

第 180 条

IV. 债务承担契约的无效

1　债务承担契约无效时，原债务人的债务及所有从权利回复原状，但已由善意第三人取得的权利，不在此限。

2　此外，债权人对于因丧失原有担保或类似原因而发生的损害，得请求承担人负损害赔偿责任，但承担人证明对于债务承担契约的无效和债权人所受之损害无任何过错者，不在此限。

第 181 条

V. 财产和营业的概括承受

1　就他人的财产或营业、概括承受其资产及负债者，与所承受之财产或营业相结合的债务，自概括承受，由承受人通知债权人，或者发表于公报时起，当然[1]由承受人向债权人负责。

2　前款情形，债务人对于已届清偿期的债权，自通知或公告时起，对于未届清偿期的债权，自其清偿期届至时起，在两年内，与承受人连带负其责任。[2]

3　概括承受的其他效力，与单纯的债务承担相同。

4　商事组织、合作社、社团法人、财团法人和独资企业，已登记于商事登记簿者，其财产或营业上的概括承受，适用 2003 年 10 月 3 日《兼并法》的规定。[3]

---

〔1〕 译文"当然"，原文 ohne weiteres，瑞士官方英译为 automatically，指债务的法定移转。——译注

〔2〕 依 2003 年 10 月 3 日《兼并法》（Fusionsgesetz vom 3. Okt. 2003）附录第 2 项修正，自 2004 年 7 月 1 日起生效。

〔3〕 依 2003 年 10 月 3 日《兼并法》 （Fusionsgesetz vom 3. Okt. 2003）附录第 2 项增订。又依 2005 年 12 月 16 日的联邦法律（有限责任公司法，以及关于股份有限公司法、合作社、商事登记簿法和商号法的修正案，GmbH-Recht sowie Anpassungen im Aktien-, Genossenschafts-, Handelsregister- und Firmenrecht）第 I 3 项修正，自 2008 年 1 月 1 日起生效。

第 182 条[1]

Ⅵ.……

第 183 条

Ⅶ. 遗产分割和　　关于遗产分割或已设定担保的不动产让与时的债务承担，
不动产买卖　　有特别规定者，从其规定。

---

　　[1]　依 2003 年 10 月 3 日《兼并法》（Fusionsgesetz vom 3. Okt. 2003）附录第 2 项废止，自 2004 年 7 月 1 日起失效。

第二分编

各种契约

第六章　买卖和互易

第一节　一般规定

第 184 条

A. 关于权利和
义务的一般
规定

[1] 基于买卖契约，出卖人有交付买卖物于买受人，并使其取得所有权的义务，买受人有支付买卖价金于出卖人的义务。

[2] 除契约另有约定或另有习惯外，出卖人和买受人应同时互为给付。

[3] 买卖价金，依具体情事可确定者，应认为已确定。

第 185 条

B. 用益和危险

[1] 除有特别情况或契约另有约定外，买卖物的用益与危险，于契约订立时移转于买受人。

[2] 买卖物仅以种类指示者，出卖人应负责选定所要交付的买卖物，如须运送，出卖人应办理运送。

[3] 买卖附有停止条件者，在条件成就时，用益与危险移转于买受人。

第 186 条

C. 州立法权的
保留

州法得规定：限制或禁止对因酒类零售而发生的债权，包括因宾馆供应酒类而发生的债权，提起诉讼。

第二节　动产买卖

第 187 条

A. 客体

¹ 动产买卖，指非以土地、土地上的建筑物或作为不动产〔1〕而被登记于土地登记簿的权利为客体的买卖。

² 以土地的成分，例如孳息、建筑拆除后的材料或矿石产品，为买卖客体，且约定在其与土地分离后，作为动产交付于买受人者，为动产买卖。

第 188 条

B. 出卖人的义务
I. 交付标的物
1. 交付费用

除另有约定或另有习惯外，出卖人应负担交付买卖物的费用，特别是买卖物的计量和称量费用，但证书的制作费用和买卖物的受领费用，由买受人负担。

第 189 条

2. 运送费用

¹ 买卖物须送交清偿地以外之处所者，买受人负担运送费用，但另有约定或习惯者，不在此限。

² 约定免费交货者，推定出卖人负担运送费用。

³ 约定免费且免税交货者，运送期间的出口税、过境税和进口税，由出卖人负担，但受领买卖物时应缴纳的消费税，由买受人负担。

第 190 条

3. 迟延交付
a. 商事交易中的解约

¹ 在商事交易之情形，约定特定的交付期限，而出卖人陷于迟延者，推定：买受人得放弃请求交付买卖物，而请求不履行债务的损害赔偿。

² 买受人选择请求交付者，应在交付期限届满后及时通知出卖人。

---

〔1〕 关于不动产和动产的界定，见《瑞士民法典》第 655 条和第 713 条。——译注

第 191 条

b. 损害赔偿义务与损害的计算

¹ 出卖人不履行契约义务者，应赔偿买受人因此而发生的损害。

² 在商事交易之情形，买受人，因出卖人不履行交付买卖物之义务而诚信买受代替物者，得以买卖价金与代替物价款间的差额，作为损害，而请求赔偿。

³ 买卖物有公共市场或交易所之市价者，买受人得不购买代替物，而径以约定之价金与履行时之市价间的差额作为损害而请求赔偿。

第 192 条

II. 权利瑕疵的担保责任

1. 担保义务

¹ 出卖人应担保：对于买卖客体，在契约成立时，不存在第三人得基于法律原因向买受人追夺全部或部分权利的情况。

² 买受人在契约成立时，知有权利瑕疵者，出卖人不负瑕疵担保责任，但出卖人明示负瑕疵担保责任者，不在此限。

³ 出卖人故意隐瞒第三人之权利者，关于排除或限制瑕疵担保责任的约定，无效。

第 193 条〔1〕

2. 程序

a. 告知诉讼

¹ 关于告知诉讼的要件和效力，适用《民事诉讼法》的规定。

² 因不可归责于出卖人的事由，出卖人未受诉讼告知者，出卖人在能证明如及时受诉讼告知将取得更有利之诉讼结果的限度内，免于瑕疵担保责任。

---

〔1〕　依 2008 年 12 月 19 日《民事诉讼法》（Zivilprozessordnung vom 19. Dezember 2008）附录一第 II 5 项修正，自 2011 年 1 月 1 日起生效。

第 194 条

b. 未经法院判
决而交出买
卖物

¹ 买受人在法院作出判决前出于善意而对第三人之权利
为承认者，或者买受人同意提交仲裁，仲裁庭将仲裁
程序通知出卖人，但出卖人拒绝参加仲裁者，出卖人
应负瑕疵担保责任。

² 买受人证明其系出于强制而交出买卖物者，出卖人应
负瑕疵担保责任。

第 195 条

3. 买受人的
权利

a. 在买受人被
追夺全部权
利之情形

¹ 买受人被追夺全部权利者，买卖契约视为已被废止，
买受人因此得请求出卖人：

    1. 返还已支付的买卖价金及其利息，但应扣除买
受人已取得或应取得的孳息或其他收益；

    2. 偿还为标的物所支出的费用，但以不能从第三
人取得补偿为限；

    3. 赔偿因诉讼而发生的诉讼上或诉讼外的费用，
但通过告知诉讼而可避免的费用，不在此限；

    4. 赔偿因权利被追夺而直接发生的其他费用。

² 买受人有其他损害者，出卖人仍应负赔偿责任，但出
卖人能证明其无任何过错者，不在此限。

第 196 条

b. 在买受人被
追夺部分权
利之情形

¹ 买受人在买卖客体上的权利被部分追夺，或者买卖物
上负担有限制物权而出卖人须为此负瑕疵担保责任者，
买受人不得请求废止契约，而仅得请求赔偿因被追夺
而发生的损害。

² 但有情事表明，买受人如预见会被部分追夺就不会订
立买卖契约者，买受人得请求废止买卖契约。

³ 在前款情形，买受人应将未被追夺的买卖客体，连同
在此期间所取得的用益，返还于出卖人。

第 196*a* 条[1]

c. 文物买卖

买卖客体，属于 2003 年 6 月 20 日《文物交易法》第 2 条第 1 款所称之文物者，主张权利瑕疵担保责任的诉权，自买受人知有权利瑕疵时起，经过一年而罹于时效，但无论情形如何，自契约成立时起，经过三十年者，亦同。

第 197 条

Ⅲ. 物的瑕疵担保责任

1. 担保责任的客体

a. 一般规定

¹ 出卖人应担保买卖客体具有所保证的品质，并应担保买卖客体无论在物体上或在法律上，都不存在会导致买卖客体的价值或预定效用完全丧失或显著降低的瑕疵。

² 出卖人虽不知其瑕疵，仍应承担责任。

第 198 条

b. 家畜买卖

在家畜（马、驴、骡子、牛、绵羊、山羊和猪）买卖之情形，出卖人不负瑕疵担保责任，但出卖人对买受人以书面表示负瑕疵担保责任和故意欺诈买受人者，不在此限。

第 199 条

2. 瑕疵担保责任的排除

出卖人对买受人恶意隐瞒瑕疵者，排除或限制瑕疵担保责任的约定，无效。

第 200 条

3. 买受人明知有瑕疵

¹ 买受人在买卖时明知有瑕疵者，出卖人不负瑕疵担保责任。

² 对于买受人以通常之注意即可知悉的瑕疵，出卖人不负瑕疵担保责任，但出卖人担保无瑕疵者，不在此限。

---

　〔1〕　依 2003 年 6 月 20 日《文物交易法》（Kulturgütertransfergesetzes vom 20. Juni 2003）第 32 条第 2 项增订，自 2005 年 6 月 1 日起生效。

第 201 条

4. 瑕疵通知
a. 一般规定

¹ 买受人应按物的性质，依通常程序从速检查受领物，如发现有应由出卖人负担保责任的瑕疵，应立即通知出卖人。

² 买受人怠于为前款通知者，除依通常的检查不能发现的瑕疵外，视为承认受领物。

³ 日后发现有瑕疵时，买受人应在发现后立即通知出卖人，怠于通知者，视为承认受领物。

第 202 条

b. 家畜买卖

¹ 在家畜买卖之情形，书面担保中未规定担保期限且未担保动物产仔者，出卖人对买受人不负瑕疵担保责任，但买受人在出卖人交付后九日内发现并通知瑕疵，或者在交付时通知有瑕疵并在九日内向主管机关声请由专家对动物进行检验者，不在此限。

² 专家的检验报告由法院裁量之。

³ 其他事项的程序，由联邦委员会的法令规定之。

第 203 条

5. 故意欺诈

出卖人故意欺诈买受人者，买受人虽怠于通知瑕疵，出卖人仍应负瑕疵担保责任。

第 204 条

6. 异地送达物的处理办法

¹ 买受人对于由他地送达的物，主张有瑕疵，不愿受领者，如出卖人在受领地无代理人，买受人应暂为保管，而不得即为〔1〕退回出卖人。

² 买受人应及时采取适当方式固定送达物的状态，未为固定者，应提供证据证明其所主张的瑕疵在物送达时即已存在。

---

〔1〕 译文"即为"，原文 ohne weiteres，瑞士官方英译为 simply。

³ 送达物有易于败坏之虞者，买受人为避免被追究损害赔偿责任，有权且有义务，为出卖人的利益考虑，在物之所在地主管机关的参与下，变卖送达物；送达物变卖后，应及时以适当方式通知出卖人。

第 205 条

7. 买受人诉权
  的内容
a. 解约或减价

¹ 出卖人对于物的瑕疵应负担保责任时，买受人得提起解约之诉以解除买卖契约，或者提起减价之诉以请求赔偿买卖物的减值。

² 买受人提起解约之诉时，如依情事可认为，解除买卖契约有失公平合理，法院得判决赔偿减值，而不判决解约。

³ 请求的减价额等于买卖价额者，买受人仅得请求解除契约。

第 206 条

b. 代替给付^{〔1〕}

¹ 买卖以交付一定数量之代替物为内容者，买受人得诉请解除契约，或者赔偿损害，或者交付同种类无瑕疵之他物。

² 买卖物无需由他地送达时，出卖人得立即交付同种类无瑕疵之他物，并赔偿买受人所受之全部损害，以排除买受人的其他请求。

第 207 条

c. 买卖物毁损
  时的解约

¹ 买卖物因其瑕疵或因意外事件而毁损时，买受人得提起解约之诉。

---

〔1〕 代替给付，原文 Ersatzleistung，瑞士官方英译为 substitute performance。Ersatzleistung 亦译赔偿给付，见杜景林、卢谌编：《德汉法律经济词典》，对外经济贸易大学出版社 2011 年版，第 248 页；〔德〕Bernd Götz：《德日汉法律用语辞典》，郑昆山译，五南图书出版公司 2000 年版，第 134 页。——译注

² 在前款情形，买受人仅就现存的买卖物，负返还义务。

³ 买卖物因买受人的过错而毁损，或买卖物已由买受人转卖或改变者，买受人仅得请求赔偿减值。

第 208 条

8. 解约权的
    行使

¹ 买卖契约解除后，买受人应将买卖物连同占有期间所取得的用益返还于出卖人。

a. 一般规定

² 买受人已支付买卖价金者，出卖人应返还价金并支付利息，此外，买受人尚得准用关于权利被全部追夺的规定[1]，请求出卖人赔偿诉讼费用、其他费用以及因交付无瑕疵之物而发生的直接损害。

³ 如有其他损害，出卖人仍应负赔偿责任，但出卖人能证明其对损害无任何过错者，不在此限。

第 209 条

b. 在数物买卖
    之情形

¹ 数物一同出卖，或者买卖物为集合物时，如仅其中个别物有瑕疵，买受人仅得就有瑕疵之物提起解约之诉。

² 对有瑕疵之物与无瑕疵之物实行分离，会导致出卖人或买受人遭受重大不利益者，解约应及于全部的买卖客体。

³ 因主物有瑕疵而解约者，从物虽有单独确定的价金，其效力仍及于从物，反之，从物有瑕疵者，买受人仅得就从物部分为解约，其效力不及于主物。

第 210 条[2]

9. 时效

¹ 买受人在买卖物交付后发现买卖物有瑕疵者，关于买卖物瑕疵担保责任的诉权，自买卖物交付于买受人时

---

〔1〕 关于买卖物上的权利被全部追夺时之责任的规定，见第 195 条。——译注

〔2〕 依 2012 年 3 月 16 日的联邦法律（买卖契约和承揽契约中瑕疵担保责任请求权的时效期间：延长与协调，Verjährungsfristen der Gewährleistungsansprüche im Kauf- und Werkvertrag. Verlängerung und Koordination）第 I 项修正，自 2013 年 1 月 1 日起生效。

起，经过两年而罹于时效，但出卖人应负更长时间之担保责任者，不在此限。

2 物依其性质或用途而附合于不动产者，如因该物有瑕疵而致不动产存在瑕疵，主张瑕疵担保责任的时效期间为五年。

3 买卖物为 2003 年 6 月 20 日《文物交易法》[1]第 2 条第 1 款意义上之文物者，其诉权，自买受人发现瑕疵时起，经过一年而罹于生效，但无论情形如何，自契约成立时起，经过三十年者，亦同。

4 缩短时效期间的约定，有下列情形之一者，无效：

    a. 所约定的时效期间短于两年者，为旧物买卖时，短于一年者；

    b. 买卖物为买受人本人或其家庭所使用者；

    c. 出卖人依职业或营业而出卖其物者。

5 买受人，凡在时效期间内，依规定对出卖人为瑕疵通知者，均有瑕疵抗辩权。

6 出卖人，被证明有故意欺诈买受人者，不得主张时效抗辩权。但第 3 款关于三十年时效的规定，不在此限。

第 211 条

C. 买受人的义务
I. 支付价金和
  受领买卖物

1 买受人应按契约规定的条件支付价金，并应在出卖人依约定交付买卖物时受领买卖物。

2 除另有约定或习惯外，买受人应立即受领买卖物。

第 212 条

II. 买卖价金的
  确定

1 买受人确定购买但未指明价格者，应推定：以履行时履行地的中等市价计算买卖价金。

2 价金依物的重量计算者，应除去其包皮的重量。

---

〔1〕　Kulturgütertransfergesetzes vom 20. Juni 2003.

³ 商事交易中，有从毛重中除去一定重量或一定比例的
重量以计算买卖价金之特别习惯者，从其习惯。

第 213 条

Ⅲ. 清偿期与价
金利息

¹ 除当事人对清偿期另有约定外，买卖价金应在买卖物
移转于买受人占有时支付。

² 不论是否有关于未在确定的清偿期内支付价金即构成
迟延的规定，如有无须经催告即发生利息的习惯，或
者在买受人对于买卖客体能取得孳息或其他收益之情
形，买卖价金无须催告而当然发生利息。

第 214 条

Ⅳ. 买受人迟延
1. 出卖人的解
约权

¹ 在买卖物交付前，应支付全部价金，或者在分期付款
之情形，应支付部分价金，而买受人迟延支付者，出
卖人即可[1]解除契约。

² 出卖人如欲解除契约，应立即通知买受人。

³ 买卖客体在价金支付前已由买受人占有者，出卖人不得
以买受人迟延支付价金为理由，解除契约并请求返还移
转物，但出卖人明示保留其解约权者，不在此限。

第 215 条

2. 损害赔偿和
损害的计算

¹ 商事交易中，买受人不履行价金支付义务者，出卖人
得请求损害赔偿，其损害，以约定价金与出卖人就买
卖物善意再为出卖所得价金间之差额，计算之。

² 买卖物有市场价格或交易所价格者，出卖人得不出卖
买卖物，而以约定价金与履行时市场价格或交易所价
格间之差额作为损害赔偿额。

---

〔1〕 译文"即可"，原文 ohne weiteres，瑞士官方英译为 without further formality，指买受人无须催
告即可解除契约。本条第 1 款系相对于第 107 条第 1 款的特别规定。——译注

第三节　不动产买卖

第 216 条

A. 要式性

1 买卖契约，以不动产为客体者，非经公证，不发生效力。

2 预约及本约，以成立先买权、购买权或买回权为内容者，非经公证，不发生效力。[1]

3 未预定买卖价金的先买权契约，非以书面形式订立，不发生效力。[2]

第 216a 条 [3]

A^{bis}. 期限和预告登记

先买权和买回权的最长期限得约定为二十五年，购买权的最长期限得约定为十年，并得预告登记于土地登记簿。

第 216b 条 [4]

A^{ter}. 继承和让与

1 除另有约定外，契约性的先买权、购买权和买回权，得为继承，但不得让与。

2 依约定得让与者，其让与，应以与成立该权利相同的方式为之。

---

〔1〕 依1991年10月4日《关于部分修正民法典（不动产法）与债务法（不动产买卖）的联邦法律》（Bundesgesetz vom 4. Okt. 1991 über die Teilrevision des Zivilgesetzbuches〔Immobiliarsachenrecht〕und des Obligationenrechts〔Grundstückkauf〕）第Ⅱ项修正，自1994年1月1日起生效。

〔2〕 依1991年10月4日《关于部分修正民法典（不动产法）与债务法（不动产买卖）的联邦法律》（Bundesgesetz vom 4. Okt. 1991 über die Teilrevision des Zivilgesetzbuches〔Immobiliarsachenrecht〕und des Obligationenrechts〔Grundstückkauf〕）第Ⅱ项修正，自1994年1月1日起生效。

〔3〕 依1991年10月4日《关于部分修正民法典（不动产法）与债务法（不动产买卖）的联邦法律》（Bundesgesetz vom 4. Okt. 1991 über die Teilrevision des Zivilgesetzbuches〔Immobiliarsachenrecht〕und des Obligationenrechts〔Grundstückkauf〕）第Ⅱ项增订，自1994年1月1日起生效。

〔4〕 依1991年10月4日《关于部分修正民法典（不动产法）与债务法（不动产买卖）的联邦法律》（Bundesgesetz vom 4. Okt. 1991 über die Teilrevision des Zivilgesetzbuches〔Immobiliarsachenrecht〕und des Obligationenrechts〔Grundstückkauf〕）第Ⅱ项增订，自1994年1月1日起生效。

第 **216c** 条[1]

A^{quater}. 先买权

I. 得主张先买
权之情形

¹ 在不动产买卖，以及在其他任何与不动产买卖具有相同经济性质的法律行为之情形，得主张先买权（得主张先买权之情形）。

² 特别是，遗产继承时向继承人分配遗产、强制拍卖和基于履行公法上之负担而取得等，非为得主张先买权之情形。

第 **216d** 条[2]

II. 先买权情形发
生时的效力、
购买条件

¹ 出卖人，须将买卖契约的订立和内容，通知先买权人。

² 买卖契约在先买权行使后被废止，或者买卖契约须经准许但因买受人本人之原因而被拒绝者，其废止或拒绝，对先买权人不发生效力。[3]

³ 除先买权契约事先另有约定者外，先买权人得以出卖人与第三人所约定的购买条件，取得不动产。

第 **216e** 条[4]

III. 先买权的行
使与失效

先买权人须在三个月内，向出卖人行使其先买权，先买权已预告登记于土地登记簿者，向所有人行使之。其期限，自先买权人知悉买卖契约的订立和内容时起算。

---

〔1〕 依 1991 年 10 月 4 日《关于部分修正民法典（不动产法）与债务法（不动产买卖）的联邦法律》（Bundesgesetz vom 4. Okt. 1991 über die Teilrevision des Zivilgesetzbuches〔Immobiliarsachenrecht〕und des Obligationenrechts〔Grundstückkauf〕）第 II 项增订，自 1994 年 1 月 1 日起生效。

〔2〕 依 1991 年 10 月 4 日《关于部分修正民法典（不动产法）与债务法（不动产买卖）的联邦法律》（Bundesgesetz vom 4. Okt. 1991 über die Teilrevision des Zivilgesetzbuches〔Immobiliarsachenrecht〕und des Obligationenrechts〔Grundstückkauf〕）第 II 项增订，自 1994 年 1 月 1 日起生效。

〔3〕 依本款规定，先买权人行使先买权后，买卖契约之废止，无溯及力。这意味着，买卖契约双方当事人，在明知先买权人已行使其先买权后，不得合意解除（德 Auflösungsvereinbarung，拉 contrarius actus）其买卖契约。同样，买卖契约订立后，买受人因其不具备条件而根本不能购买时，先买权人仍得行使其先买权。——译注

〔4〕 依 1991 年 10 月 4 日《关于部分修正民法典（不动产法）与债务法（不动产买卖）的联邦法律》（Bundesgesetz vom 4. Okt. 1991 über die Teilrevision des Zivilgesetzbuches〔Immobiliarsachenrecht〕und des Obligationenrechts〔Grundstückkauf〕）第 II 项增订，自 1994 年 1 月 1 日起生效。

第 217 条

B. 附条件买卖
和所有权保
留

¹ 不动产买卖附条件者，仅在条件成就时，始得登记于
土地登记簿。

² 所有权保留，不得登记于土地登记簿。

第 218 条〔1〕

C. 农用土地

关于农用土地的让与，适用 1991 年 10 月 4 日《关于农
村土地权的联邦法律》。

第 219 条

D. 瑕疵担保
责任

¹ 除另有约定外，不动产的出卖人，未按买卖契约约定
的面积交付不动产者，应向买受人负赔偿责任。

² 不动产的面积，与官方所测量并在土地登记簿中登记
的面积不相符者，出卖人不负瑕疵担保责任，但出卖
人明示负瑕疵担保责任者，不在此限。

³ 建筑物瑕疵担保责任的时效为五年，自买受人取得所
有权时起算。

第 220 条

E. 用益和危险

契约当事人约定，买受人在特定日期取得不动产者，应
推定：不动产上的用益和危险，在该特定日期移转于买
受人。

第 221 条

F. 准用关于
动产买卖
的规定

关于不动产买卖，本节未规定者，准用关于动产买卖的
规定〔2〕。

---

〔1〕　依 1991 年 10 月 4 日《关于农村土地权的联邦法律》（Bundesgesetz vom 4. Okt. 1991 über das bäuerliche Bodenrecht）第 92 条第 2 项修正，自 1994 年 1 月 1 日起生效。

〔2〕　关于动产买卖的规定，见第 187 条至第 215 条。——译注

第四节　特种买卖

第 222 条

A. 货样买卖

[1] 在货样买卖之情形，货样受托人不负证明其所提示的货样与所受领的货样为同一之义务；以在审判上自为保证为已足，其所提示的货样，虽已非交付时的形态，但其变化系为货样检查之必然结果者，亦同。

[2] 无论何时，相对人均得提出货样不真实的证据。

[3] 货样由买受人占有时，买受人对于货样的毁损或灭失纵无过错，出卖人仍不负证明出卖物符合货样的义务，反之，买受人主张出卖物不符合货样者，应负举证责任。

第 223 条

B. 试验买卖或
　试用买卖
I. 意义

[1] 约定试验买卖或试用买卖[1]者，买受人得任意决定是否购买标的物。

[2] 买受人表示购买前，标的物虽已移转买受人占有，其所有权仍属于出卖人。

第 224 条

II. 在出卖人之
　处所试验

[1] 标的物在出卖人之处所试验者，如买受人未在约定期限或通常期限届满前表示购买，试用买卖对出卖人不再有约束力。

[2] 无前款期限者，出卖人得在合理期限届满后催告买受人为确答，买受人未立即表示购买者，试用买卖对出卖人不再有约束力。

---

〔1〕　试验买卖，原文 Kauf auf Probe；试用买卖，原文 Kauf auf Besicht。——译注

第 225 条

III. 在买受人之
处所试验

1 标的物在试验前已交买受人占有，而买受人在约定期
限或通常期限届满时，既未表示不购买，亦未返还标
的物于出卖人者，视为买受人同意购买；无约定期限
和通常期限者，出卖人为催告时，买受人既未立即表
示不购买，亦未立即返还标的物于出卖人者，亦同。

2 买受人向出卖人支付全部或部分价金而未作任何保留，
或者以非试验所必要之方式处分标的物者，视为买受
人同意购买。

第 226 条[1]

第 226a 条至第 226d 条[2]

C. 分期付款买卖

第 226e 条[3]

第 226f 条至第 226k 条[4]

第 226l 条[5]

---

〔1〕 依 1962 年 3 月 23 日的联邦法律第 I 项废止，自 1963 年 1 月 1 日起失效。

〔2〕 依 1962 年 3 月 23 日的联邦法律第 I 项增订。又依 2001 年 3 月 23 日《关于消费信用的联邦法律》（Bundesgesetz vom 23. März 2001 über den Konsumkredit）附录二第 II 1 项废止，自 2003 年 1 月 1 日起失效。

〔3〕 依 1962 年 3 月 23 日的联邦法律第I项增订。又依 1990 年 12 月 14 日的联邦法律第I项废止。

〔4〕 依 1962 年 3 月 23 日的联邦法律第 I 项增订。又依 2001 年 3 月 23 日《关于消费信用的联邦法律》（Bundesgesetz vom 23. März 2001 über den Konsumkredit）附录二第 II 1 项废止，自 2003 年 1 月 1 日起失效。

〔5〕 依 1962 年 3 月 23 日的联邦法律第 I 项增订。又依 2000 年 3 月 24 日《审判籍法》（Gerichtsstandsgesetz vom 24. März 2000）附录第 5 项废止，自 2001 年 1 月 1 日起失效。

第 226m 条[1]

第 227 条[2]

第 227a 条至第 227i 条[3]

第 228 条[4]

第 229 条

D. 拍卖
I. 买卖的成立

¹ 在强制拍卖之情形，买卖契约因拍卖官以拍板为卖定之表示而成立。

² 在任意拍卖之情形，如公告任何人均可参与竞价，买卖契约因出卖人为卖定之表示而成立。

³ 除出卖人明示有其他意思外，应认为：拍卖人得在拍卖中对出价最高者为卖定之表示。

第 230 条

II. 撤销

¹ 有违反法律或违反善良风俗之行为影响拍卖结果者，利害关系人得在十日内主张撤销之。

² 在强制拍卖之情形，撤销应向监督机关提出，在其他拍卖之情形，应向法院提出。

---

〔1〕 依 1962 年 3 月 23 日的联邦法律第 I 项增订。又依 2001 年 3 月 23 日《关于消费信用的联邦法律》（Bundesgesetz vom 23. März 2001 über den Konsumkredit）附录二第 II 1 项废止，自 2003 年 1 月 1 日起失效。

〔2〕 依 1962 年 3 月 23 日的联邦法律第 I 项废止，自 1963 年 1 月 1 日起失效。

〔3〕 依 1962 年 3 月 23 日的联邦法律第 I 项增订。又依 2013 年 12 月 13 日的联邦法律（废止关于先付款买卖契约的规定，Aufhebung der Bestimmungen zum Vorauszahlungsvertrag）第 I 项废止，自 2014 年 7 月 1 日起失效。

〔4〕 依 2013 年 12 月 13 日的联邦法律（废止关于先付款买卖契约的规定，Aufhebung der Bestimmungen zum Vorauszahlungsvertrag）第 I 项废止，自 2014 年 7 月 1 日起失效。

第 231 条

Ⅲ. 对竞买人的
　 拘束力
1. 一般规定

¹ 竞买人，应依拍卖条件作出竞价，并受其竞价的拘束。

² 竞买人，在有更高竞价作出时，或其竞价在拍卖终了时未被接受者，不再受其竞价的拘束；但拍卖条件另有规定者，不在此限。

第 232 条

2. 不动产拍卖

¹ 在不动产拍卖之情形，对于最高竞价的接受或拒绝，须在拍卖程序中作出。

² 拍卖条件中有使竞买人在拍卖程序结束后仍受其竞价拘束之保留者，其保留无效，但不动产的强制拍卖或不动产的出卖须经主管机关批准者，不在此限。

第 233 条

Ⅳ. 现金支付

¹ 除拍卖条件另有规定外，拍定人应以现金支付买卖价金。

² 未以现金或未依拍卖条件支付买卖价金者，出卖人得立即撤回其拍卖。

第 234 条

Ⅴ. 瑕疵担保
　 责任

¹ 在强制拍卖之情形，除对竞买人有特别保证或故意欺诈者外，出卖人不负瑕疵担保责任。

² 拍定人，以公示的登记簿[1]所记录的或拍卖条件所公告的或经法律程序所确定的状态，取得拍卖物，并承受附从于拍卖物的权利和负担。

³ 在任意、公开的拍卖[2]之情形，出卖人应负与其他买卖的出卖人相同的责任；出卖人得在其所公告的拍

---

〔1〕 公示的登记簿，原文 öffentliches Buch，瑞士官方英译为 public register。——译注

〔2〕 任意、公开的拍卖，原文 freiwillige öffentliche Versteigevung，瑞士官方英译为 voluntary public auction.

卖条件中排除瑕疵担保责任，但出卖人故意欺诈者，不在此限。

第 235 条

Ⅵ. 所有权移转

[1] 动产拍卖的拍定人，在拍定时取得所有权，不动产拍卖的拍定人，在被登记于土地登记簿时取得所有权。

[2] 拍卖机关应依拍卖记录，立即将拍定的事实，通知土地登记簿的管理人，使为登记。

[3] 关于在强制拍卖之情形所有权取得的规定，不受影响。

第 236 条

Ⅶ. 州法的规定

州得在不违反联邦法的范围内，就公开拍卖，制定其他规定。

第五节 互易契约

第 237 条

A. 适用关于买卖的规定

互易契约，于下述意义，适用关于买卖契约的规定：各当事人就其承诺给与他方之物，以出卖人论之，而就其同意接受他方所给与之物，以买受人论之。

第 238 条

B. 瑕疵担保责任

互易当事人之一方，因互易物被第三人追夺，或者因互易物有瑕疵而将互易物返还他方时，得请求他方赔偿损害或返还互易物。

第七章　赠　与

第 239 条

A. 赠与的内容

1　赠与，指一方在生前，将其财产给与他方，而不从他方取得对待给付的单方给与财产的行为。

2　放弃尚未取得的权利，或者拒绝继承，不成立赠与。

3　道德上义务的履行，不以赠与论。

第 240 条

B. 当事人能力
I. 赠与人的
　　能力

1　有行为能力人，得在不违反婚姻财产法和继承法规定的范围内，以赠与的方式，处分其财产。

2　对于无行为能力人的财产，仅得为礼俗上的偶然赠与。法定代理人的责任，不受影响。〔1〕

3　……〔2〕

第 241 条

II. 受赠人的
　　能力

1　无行为能力人，如其有判断能力，得接受赠与，并有效取得赠与。

2　但法定代理人禁止接受赠与或命令返还赠与时，无行为能力人不取得赠与，或者赠与因此被废止。

---

〔1〕　依 2008 年 12 月 19 日的联邦法律（成年人保护法、人法和儿童法，Erwachsenenschutz, Personenrecht und Kindesrecht）附录第 10 项修正，自 2013 年 1 月 1 日起生效。

〔2〕　依 2008 年 12 月 19 日的联邦法律（成年人保护法、人法和儿童法，Erwachsenenschutz, Personenrecht und Kindesrecht）附录第 10 项废止，自 2013 年 1 月 1 日起失效。

第 242 条

C. 赠与的成立
I. 现物赠与

¹ 现物赠与，因赠与人将物交付于受赠人而完成。

² 不动产及不动产物权的赠与，非经登记于土地登记簿，不发生效力。

³ 前款登记，以有效的赠与约定为要件。[1]

第 243 条

II. 赠与约定

¹ 赠与约定，为使其有效，须以书面为之。

² 不动产或不动产物权的赠与约定，为使其有效，须以公证书为之。

³ 赠与约定履行后，其法律关系，适用关于现物赠与的规定。

第 244 条

III. 接受的意义

以赠与之意思给与他人财物之人，虽已自其财产中选定赠与物，仍得在受赠人表示接受前，随时撤回其给与。

第 245 条

D. 条件和负担
I. 一般规定

¹ 赠与，得附条件或附负担。

² 赠与，附以赠与人死亡后执行者，适用关于死因处分的规定。

第 246 条

II. 负担的履行

¹ 赠与人得依契约之内容，诉请受赠人履行其所承诺的负担。

² 负担的履行，涉及公共利益者，在赠与人死亡后，主管机关得请求受赠人履行其负担。

³ 履行负担的费用，超过赠与物的价值时，受赠人得在其超过部分不能得到补偿的限度内，拒绝履行负担。

---

〔1〕 参见《瑞士民法典》第 965 条第 1 款和第 3 款。——译注

第 247 条

Ⅲ. 取回的约定

¹ 赠与人得与受赠人约定，受赠人如先于赠与人死亡，赠与人有权取回赠与物。

² 所赠与者为不动产或不动产物权时，其取回权得预告登记于土地登记簿。

第 248 条

E. 赠与人的责任

¹ 赠与人，仅就其故意或重大过失，对于受赠人因赠与所受之损害，负其责任。

² 赠与人，仅在其有承诺时，对于所赠与的物或所让与的债权，负瑕疵担保责任。

第 249 条

F. 赠与的废止
Ⅰ. 赠与之返还请求权

在现物赠与，或者在赠与约定已被履行时，有下列情形之一者，赠与人得撤回赠与，并在受赠人现存利益的范围内请求返还：

1. 受赠人对于赠与人或其密切关系人，有严重犯罪行为者;[1]

2. 受赠人对于赠与人或受赠与人供养的人，严重违反其应承担的亲属法上之义务者;

3. 受赠人无正当理由而不履行其负担者。

第 250 条

Ⅱ. 赠与约定的撤回和失效

¹ 在赠与约定，有下列情形之一者，赠与人得撤回并拒绝履行：

1. 有现物赠与时得请求返还赠与之原因者;

2. 赠与人在作出赠与约定后财产状况发生显著变化，以至于赠与成为其重大负担者;

---

〔1〕 依 1998 年 6 月 26 日联邦法律附录第 2 项修正，自 2000 年 1 月 1 日起生效。

3. 赠与人在作出赠与约定后需承担此前并不存在的亲属法上的义务，或者亲属法上之义务在作出赠与约定后明显加重者。

² 赠与约定，因赠与人被签发清偿不足证书〔1〕或宣告破产而废止。

第 251 条

Ⅲ. 时效和继承
人的诉权

¹ 赠与的撤回，得在赠与人知有撤回事由时起一年内为之。

² 赠与人在前款期限届满前死亡者，其继承人在剩余期限内有撤回赠与的诉权。

³ 受赠人故意非法杀害赠与人或阻碍赠与人撤回赠与时，赠与人的继承人得撤回赠与。

第 252 条

Ⅳ. 赠与人死亡

赠与人负定期给付义务者，除另有规定外，其义务因赠与人死亡而消灭。

---

〔1〕 清偿不足证书，原文 Verlustschein，瑞士官方英译为 certificate of loss，指债务人不能清偿全部债务时，由执行机关向债权人签发的表明其债权未受完全清偿的书面文件。经查，殷生根译《瑞士民法典》（法律出版社 1987 年版）第 182 条第 2 款和第 186 条第 1 款，以及殷生根、王燕译《瑞士民法典》（中国政法大学出版社 1999 年版）第 480 条、第 524 条第 1 款和第 609 条，均将 Verlustschein 译作"清偿不足证书"。史尚宽先生对于 Verlustschein，或译作"损失凭证"（见氏著《民法总论》，正大印书馆 1980 年印本，第 616 页），或译作"不足证书"（见氏著《亲属法论》，荣泰印书馆股份有限公司 1980 年印行，第 315 页），或译作"财产欠缺证明书"（见氏著《继承法论》，荣泰印书馆股份有限公司 1980 年印行，第 580 页对瑞士民法典第 524 条第 1 款的翻译）。今从殷生根先生的翻译。——译注

第八章　使用租赁[1]

第一节　一般规定

第 253 条

A. 定义与适用
　范围
I. 定义

基于使用租赁契约，出租人有将物交付于承租人使用的义务，而承租人因此有向出租人支付租金的义务。

第 253*a* 条

II. 适用范围
1. 住房与营
　业场所的
　使用租赁

[1] 关于住房和营业场所的使用租赁的规定，亦适用于出租人交付住房和营业场所时随同交付于承租人使用的物。

[2] 前款规定，不适用于租赁期限不超过三个月的假日公寓的使用租赁。

[3] 联邦委员会得制定实施细则。

第 253*b* 条

2. 关于禁止不合
　理租金的规定

[1] 关于禁止不合理租金的规定（第 269 条以下），准用于非农业的用益租赁契约，以及本质上属于有偿移转住房和营业场所使用权的其他契约。

[2] 但不适用于豪华住房和有六个及以上房间（厨房不计在内）单户住房的使用租赁。

[3] 关于不合理租金撤销的规定，不适用于——由公共部门提供并由公权力机关监督确定其租金的——住房。

---

　〔1〕　本章依 1989 年 12 月 15 日的联邦法律第 I 项修正，自 1990 年 7 月 1 日起生效。另见《关于第八章和第八章之一的最终条款》（Die Schlussbestimmungen zu den Titel VIII und VIIIbis）第 5 条。

第 254 条

B. 结合的行为　与住房或营业场所的使用租赁相结合的行为，具有以下性质者，无效：该结合行为被作为订立或延长租赁契约的条件，而承租人因该结合行为对出租人或第三人所负担的义务，与租赁物的使用并无直接关联。

第 255 条

C. 租赁关系的
　　存续期间

1 租赁关系，得以确定期间或不确定期间，订立之。

2 租赁关系有确定期间者，无须通知，在约定的期间届满时终止。

3 其他的租赁关系，视为不确定期间的租赁关系。

第 256 条

D. 出租人的义务
I. 一般规定

1 出租人应在约定的日期，将合于预定使用状态的物，交付于承租人，并应使其保持合于预定使用的状态。

2 下列契约中，有不同于前款规定且不利于承租人之约定者，其约定无效：

    a. 预先拟定的一般交易条件；

    b. 以住房或营业场所为租赁物的使用租赁契约。

第 256a 条

II. 告知义务

1 前租赁关系终止时曾作成租赁物返还之文件者，出租人应依新承租人的请求，在交付租赁物时，将该文件交由新承租人审阅。

2 新承租人尚得请求告知前租赁关系的租金额。

第 256b 条

III. 税捐与负担　租赁物上的负担及税捐，由出租人承担。

第 257 条

E. 承租人的
　义务
I. 租金与从费
　用的支付
1. 租金

租金，指承租人对于出租人移转租赁物使用权而应支付
的报酬。

第 257*a* 条

2. 从费用
a. 一般规定

[1] 从费用，指出租人或第三人为租赁物之使用所支付的费用。

[2] 承租人仅就其与出租人有特别约定的从费用，负有支
付的义务。

第 257*b* 条

b. 住房和营业
　场所的使用
　租赁

[1] 租赁物为住房和营业场所时，从费用，指出租人为租
赁物之使用所实际支付的以下费用：暖气费、热水费
及类似费用，以及因租赁物之使用而发生的税费。

[2] 出租人应依请求，将有关费用凭证交由承租人审阅。

第 257*c* 条

3. 支付时间

除另有约定或地方习惯外，承租人应在每月的最后一日，
最迟应在租赁期间终了时，支付租金以及依约定应支付
的从费用。

第 257*d* 条

4. 承租人拖欠
　租金

[1] 承租人在受领租赁物后拖欠已届清偿期的租金或从费
用者，出租人得定相当期限，以书面催告承租人支付，
并预告承租人，如不在该期限届满前支付，将终止租
赁关系。其期限不得少于十日，如为住房租赁和营业
场所的使用租赁，不得少于三十日。

[2] 承租人未在所定期限内支付者，出租人得立即终止租

赁关系，但在所定期限不少于三十日的住房租赁和营
业场所的使用租赁之情形，不得早于当月的最后一日
终止租赁关系。

第 257e 条

II. 由承租人提
供担保

1 住房或营业场所的承租人，以金钱或有价证券，提供
担保者，出租人应以承租人的名义，将金钱或有价证
券交存于银行中的存款账户或保险箱。

2 在住房的使用租赁之情形，出租人最多得请求三个月
租金的担保。

3 银行，非经双方当事人同意，或者依已发生法律效力
的支付命令，或者依已发生既判力的法院判决，不得
退还担保。出租人未在租赁关系终止后一年内向承租
人依法主张其权利者，承租人得请求银行退还担保。

4 州得制定补充规定。

第 257f 条

III. 必要的注意
义务

1 承租人应谨慎使用租赁物。

2 不动产的承租人应顾及楼房同住人和邻人的利益。

3 承租人不顾出租人的书面警告继续违反其义务，致出
租人或楼房同住人不能忍受其用益租赁关系存续者，
出租人得通知立即终止租赁关系，如为住房租赁和营
业场所的使用租赁，出租人得以不少于三十日为预告
期，通知租赁关系在历月的最后一日终止。

4 但承租人故意致租赁物重大损害者，住房或营业场所
的出租人得通知立即终止租赁关系。

第 257g 条

IV. 通知义务

1 承租人，对于租赁物的瑕疵，无自为排除之义务者，
应通知出租人。

2 承租人怠于通知者，对于出租人因此所受之损害，应
负责任。

第257h条

V. 容忍义务

1 出租人为排除租赁物的瑕疵，或者为除去租赁物所发
生的损害，或者防止租赁物遭受损害，而需对租赁物
实行必要的作业时，承租人应容忍之。

2 出租人为租赁物的保持、出卖或再租赁而对租赁物实
行必要检查时，承租人应准许之。

3 出租人应将所要实行的作业和检查，以合理期间提前
通知[1]承租人，在作业和检查时，应顾及承租人的
利益；承租人因此受有不利益者，得请求减少租金
（第259d条）和赔偿损害（第259e条）。

第258条

F. 租赁物交
付义务的
不履行或
瑕疵履行

1 出租人未按约定的日期交付租赁物，或者所交付的租
赁物有致预定之效用完全丧失或显著降低之瑕疵者，
承租人得依第107条至第109条关于契约不履行的规
定，主张其权利。

2 承租人知有前款瑕疵而仍受领租赁物，并在受领后要求
出租人适当履行契约者，仅得以租赁物在租赁关系存续
期间所发生的瑕疵，主张其权利（第259a条至第259i条）。

3 租赁物交付时有瑕疵，

    a. 其瑕疵，虽未致预定之效用完全丧失或受到重
大减损，但致预定之效用降低，

    b. 对于该瑕疵，承租人须在租赁关系存续期间以
自己费用除去（第259条）者，

承租人亦得依第259a条至第259i条，主张其权利。

---

〔1〕 以合理期间提前通知，原文 rechtzeitig anzeigen，瑞士官方英译为 inform in good time，指出租
人不仅应当提前通知，且所提前的时间量应当合理，以便承租人有充分的准备时间。——译注

85

第 259 条

G. 租赁期间发
生的瑕疵

I. 承租人负简
单的清洁和
修缮义务

租赁物的瑕疵，仅需简单清洁或修缮即可除去，且该简单清洁或修缮属于租赁物通常维护所必要者，承租人应依地方习惯，以自己费用除去之。

第 259a 条

II. 承租人的权利

1. 一般规定

¹ 租赁物瑕疵的发生不可归责于承租人，且承租人对该瑕疵亦无以自己费用除去之义务者，承租人得请求出租人：

    a. 除去该瑕疵；

    b. 适当减少租金；

    c. 赔偿损害；

    d. 向第三人提起诉讼[1]。

² 此外，不动产的承租人得提存其租金。

第 259b 条

2. 瑕疵之除去

a. 原则

出租人知有瑕疵，且未在合理期限内除去者：

    a. 如其瑕疵，致不动产之预定效用完全丧失或受到重大减损，或者致动产之预定效用降低时，承租人得通知立即终止租赁关系；

    b. 如其瑕疵，致租赁物之预定效用降低，但未致其受到重大减损时，承租人得以出租人之费用，除去瑕疵。

第 259c 条

b. 例外

出租人对于租赁物之瑕疵在合理期限内给付完全赔偿者，承租人不得请求除去瑕疵。

---

[1] 参见第 359f 条。——译注

第 259d 条

3. 减少租金　　租赁物之预定效用受到减损或降低时，承租人得请求相应减少自发现瑕疵至瑕疵被除去期间的租金。

第 259e 条

4. 损害赔偿　　承租人因瑕疵受有损害者，出租人应负赔偿责任，但出租人能证明无过错者，不在此限。

第 259f 条

5. 提起诉讼　　承租人的权利因第三人对租赁物主张请求权而受损害时，出租人应依承租人的通知，对第三人提起诉讼。

第 259g 条

6. 租金的提存
a. 原则

[1] 不动产的承租人，请求出租人除去瑕疵者，应定相当期限，以书面催告出租人为之，并预告出租人，如不在期限届满前除去瑕疵，以后的租金，将被提存于州所指定的提存所。承租人应以书面将提存通知出租人。
[2] 提存租金，视为已支付租金。

第 259h 条

b. 所提存租金的交付

[1] 承租人未在第一次所提存租金的清偿期届至后三十日内，通过调解机关，向出租人主张请求权者，所提存的租金，归属于出租人。
[2] 承租人不当提存租金者，出租人得在收到承租人的提存通知后，请求调解机关向自己交付租金。

第 259i 条[1]

c. 程序　　提存程序，适用《民事诉讼法》的规定。

---

〔1〕 依 2008 年 12 月 19 日《民事诉讼法》(Zivilprozessordnung vom 19. Dezember 2008) 附录一第 Ⅱ 5 项修正，自 2011 年 1 月 1 日起生效。

第 260 条

H. 更新与变更
I. 出租人为之

[1] 出租人，仅在不损害承租人利益且不终止租赁关系的前提下，始得对租赁物为更新和变更。

[2] 出租人对租赁物为更新和变更作业时，应顾及承租人的利益；承租人因此受有不利益者，得请求减少租金（第259d条）和损害赔偿（第259e条）。

第 260a 条

II. 承租人为之

[1] 承租人非经出租人书面同意，不得更新和变更租赁物。

[2] 承租人经出租人同意而更新和变更租赁物者，出租人不得请求承租人回复原状，但书面约定承租人有回复原状之义务者，不在此限。

[3] 租赁物因出租人同意的更新和变更，在租赁关系终止时有明显增值者，承租人得请求合理补偿；书面约定其他补偿请求权者，从其约定。

第 261 条

J. 所有人的变更
I. 租赁物的让与

[1] 租赁契约订立后，出租人让与租赁物，或者因强制执行程序或破产程序而丧失租赁物所有权者，其租赁关系随同租赁物的所有权移转于取得人。

[2] 但是，

 a. 在住房租赁和营业场所租赁之情形，新所有人，如其本人、近亲属确有急迫需要者，得通知租赁关系在下一个法定许可的终止日期终止；

 b. 在其他物租赁之情形，如契约未约定得更早终止租赁关系者，新所有人得通知租赁关系在下一个法定许可的终止日期终止[1]。

---

〔1〕 在下一个法定许可的终止日期，原文 mit der gesetzlichen Frist auf den nächsten gesetzlichen Termin，瑞士官方英译为 as of the next legally admissible termination date。——译注

³ 新所有人终止租赁关系的日期，早于承租人与原出租人在契约中约定的终止日期者，原出租人对于承租人因此所受之一切损害，应负赔偿责任。

⁴ 关于征收的规定，不受影响。

第 261*a* 条

Ⅱ. 限制物权的
设定

出租人为第三人设定限制物权者，视同所有人的变更，得参照适用关于租赁物让与的规定。

第 261*b* 条

Ⅲ. 预告登记于
土地登记簿

¹ 在不动产租赁之情形，当事人得约定：将租赁关系预告登记于土地登记簿。

² 预告登记具有以下效力：新所有人，须允许承租人依其租赁契约使用不动产。

第 262 条

K. 转租

¹ 承租人，经出租人同意，得转租全部或部分租赁物。

² 出租人仅在下列情形，始得拒绝同意转租：

    a. 承租人拒绝告知出租人转租条件者；

    b. 相较于原租赁契约，转租条件明显不合理者；

    c. 转租使出租人遭受重大不利益者。

³ 承租人应确保转承租人仅在承租人得使用租赁物的限度内使用租赁物。关于承租人得使用租赁物的限度，出租人得直接通知转承租人。

第 263 条

L. 租赁关系之
移转于第三人

¹ 营业场所的承租人，经出租人同意，得将租赁关系移转于第三人。

² 出租人，仅在有重大原因时，始得拒绝同意之。

³ 租赁关系之移转，经出租人同意者，第三人代替承租人，成为租赁关系的当事人。

⁴ 承租人对于出租人的义务，因租赁关系之移转于第三人而被免除。但承租人仍应与第三人负连带责任，至租赁关系依契约或法律规定终止或应当终止时为止，但最长期间不得超过两年。

第 264 条

M. 租赁物的提
前返还

¹ 承租人不遵守通知期限提前返还租赁物，或者在租赁关系终止日届至前返还租赁物者，仅在其能为出租人提供合适的新承租人时，始得免除其对于出租人的义务；新承租人须有支付能力，且愿意以相同的条件承受租赁契约。

² 否则，承租人应继续支付租金，至租赁关系依契约或法律规定终止或应当终止时为止。

³ 出租人在计算租金时，应扣除：

    a. 节省的费用，以及

    b. 因租赁物之他用而取得的利益，或者出租人本应取得但因故意怠于利用租赁物而未收取的利益。

第 265 条

N. 抵销

因租赁关系而发生的债权和债务互为抵销的权利，出租人和承租人不得预先放弃之。

第 266 条

O. 租赁关系的
终止

I. 约定的期限
届满

¹ 契约当事人明示或默示约定其租赁期限者，租赁关系因期限届满而终止，无须通知。

² 契约当事人默示继续其租赁关系者，视为不定期限的租赁关系。

第 266a 条

Ⅱ. 通知终止的
  预告期间和
  终止日期

1. 一般规定

¹ 对于不定期限的租赁关系，契约当事人得按法定的预告期间和终止日期[1]，通知终止租赁关系，但契约当事人约定更长的预告期间或其他终止日期者，不在此限。

² 契约当事人不按法定的预告期间和终止日期，通知终止租赁关系者，租赁关系在下一个终止日期届至时终止。

第 266b 条

2. 不动产和可
  移动的构筑
  物[2]的使用
  租赁

租赁物为不动产和可移动的构筑物时，契约当事人得以三个月为预告期间，通知租赁关系在按地方习惯所确定的终止日期届至时终止，无此种地方习惯时，租赁关系在以六个月为一个周期的租赁期间届满时终止。[3]

第 266c 条

3. 住房的使用
  租赁

租赁物为住房时，契约当事人得以三个月为预告期间，通知租赁关系在按地方习惯所确定的终止日期届至时终止，无此种地方习惯时，租赁关系在以三个月为一个周期的租赁期间届满时终止。

第 266d 条

4. 营业场所的
  使用租赁

租赁物为营业场所时，契约当事人得以六个月为预告期间，通知租赁关系在按地方习惯所确定的终止日期届至

---

〔1〕 关于法定的预告期间和终止日期的规定，指第 266b 条至第 266f 条。——译注

〔2〕 可移动的构筑物，原文 Fahrnisbauten，瑞士官方英译为 a movable structur。——译注

〔3〕 依本条规定，租赁关系未定期限者，任何一方当事人均得随时通知终止租赁关系，但须遵守法定的预告期间，租赁关系在法定的终止日期届至时终止（通知终止在法定的终止日期届至时生效）。例如：甲乙间于 2 月 10 日订立租赁契约，但未约定租赁期限。甲于 3 月 17 日通知乙在 6 月份终止租赁关系，如按地方习惯，租赁关系应于历月最后一日结束时终止，则租赁关系于 6 月 30 日结束时终止；如无此种地方习惯，则租赁关系于 8 月 10 日结束时终止。倘甲于 6 月 17 日通知乙在 9 月份终止租赁关系，且按地方习惯，租赁关系应于历月最后一日结束时终止，则租赁关系于 9 月 30 日结束时终止；如无此种地方习惯，则租赁关系应于次年的 2 月 10 日终止。——译注

时终止，无此种地方习惯时，租赁关系在以三个月为一个周期的租赁期间届满时终止。

第 266e 条

5. 配备家具的房间和停车场的使用租赁

租赁物为配备家具的房间或分割出租的停车位或类似场地时，契约当事人得以两星期为预告期间，通知租赁关系在以一个月为一个周期的租赁期间届满时终止。

第 266f 条

6. 动产的使用租赁

租赁物为动产时，契约当事人得以三日为预告期间，任意决定租赁关系的终止时间，通知终止租赁关系。

第 266g 条

Ⅲ. 特别事由的通知终止
1. 基于重大原因

[1] 租赁契约的履行因重大原因而成为不可期待时，契约当事人得在遵守法定预告期间的前提下，任意决定终止日期，通知终止租赁关系。

[2] 法院得衡量各种情事，决定提前终止租赁关系应发生的财产法上的效果。

第 266h 条

2. 承租人破产

[1] 承租人受领租赁物后陷于破产者，出租人得请求为将来的租金提供担保。出租人应以书面方式，要求承租人和破产管理人在合理期限内提供担保。

[2] 出租人未在该期限内取得担保时，得立即终止租赁关系。

第 266i 条

3. 承租人死亡

承租人死亡时，其继承人得在遵守法定预告期间的前提下，通知租赁关系在下一个法定的终止日期届至时终止。

第 266k 条

4. 动产的使用
租赁

在承租人为其个人使用而租赁动产，出租人以营业活动而出租该动产之情形，承租人得以不少于三十日为预告期间，通知租赁关系在以三个月为一个周期的租赁期限届满时终止。出租人不得请求赔偿。

第 266l 条

IV. 住房和营业
场所使用租
赁时通知终
止的方式
1. 一般规定

¹ 住房和营业场所的出租人和承租人，通知终止租赁关系时，须以书面为之。

² 出租人通知终止租赁关系时，须以州所认许的表格为之，并须在表格中告知承租人，如其不同意终止租赁关系或要求延展租赁关系时所应采取的办法。

第 266m 条

2. 家庭住房的
使用租赁
a. 承租人通知
终止

¹ 租赁物用于家庭住房时，夫妻一方非经他方明示同意，不得通知终止租赁契约。

² 夫妻一方未能取得他方同意，或者他方无充分理由拒绝同意时，得向法院提起诉讼。

³ 在登记的同性伴侣关系之情形，参照适用本条的规定。〔1〕

第 266n 条〔2〕

b. 出租人通知
终止

出租人终止租赁关系的通知、租金支付期限的指定以及未按指定期限支付租金将终止租赁关系的警告（第257d条），应向承租人及其配偶或登记的同性伴侣，分别为之。

---

〔1〕 依 2004 年 6 月 18 日《同性伴侣关系法》（Partnerschaftsgesetz vom 18. Juni 2004）附录第 11 项增订，自 2007 年 1 月 1 日起生效。

〔2〕 依 2004 年 6 月 18 日《同性伴侣关系法》（Partnerschaftsgesetz vom 18. Juni 2004）附录第 11 项修正，自 2007 年 1 月 1 日起生效。

第 266*o* 条

3. 通知终止的
   无效

终止租赁关系的通知，违反第 266*l* 条至第 266*n* 条者，无效。

第 267 条

P. 租赁物的返还
I. 一般规定

[1] 租赁关系终止时，承租人应以合于约定的使用状态，返还租赁物。

[2] 依约定，承租人应预先给付租赁关系终止时之赔偿金者，其约定无效，但预先给付的金额未超过可能发生的损害额者，不在此限。

第 267*a* 条

II. 检查租赁
    物并通知
    承租人

[1] 承租人返还租赁物时，出租人应检查其状态，如租赁物存在应由承租人承担责任的瑕疵，应立即通知承租人。

[2] 出租人怠于检查和通知者，丧失请求权，但其瑕疵，依通常检查不易发现者，不在此限。

[3] 出租人嗣后发现此种瑕疵者，应立即通知承租人。

第 268 条

Q. 出租人的留
   置权
I. 范围

[1] 营业场所的出租人，就前一年度的租金和本年度的半年租金，对于承租人置于租赁场所内作为辅助设施或供作其他使用目的的动产，有留置权。

[2] 出租人对于转承租人的携入物，亦有留置权，但该转承租人已支付租金者，不在此限。

[3] 对于不得由承租人的债权人扣押的物，无留置权。

第 268*a* 条

II. 第三人之物

[1] 出租人明知或可得而知所留置的物，不属于承租人所有，或者为盗窃物、遗失物或其他占有脱离物者，第三人对该物的权利优于出租人的留置权。

² 出租人在租赁关系存续期间得知承租人所携入的物不属于承租人所有时，对该携入物的留置权消灭，但出租人在下一个终止日期届至时终止租赁契约者，不在此限。

第 268b 条

Ⅲ. 留置权的行使

¹ 承租人搬离租赁场所，或者将置于租赁场所内之物移走时，出租人得声请主管机关协助，在担保其债权清偿的必要限度内，留置其物。

² 物被秘密或强力取去时，出租人得在物被取去之日起十日内，声请警察协助，取回其物并置于租赁场所。

第二节　住房和营业场所使用租赁的出租人不得要求约定不合理的租金和其他债权

第 269 条

A. 租金不合理
Ⅰ. 一般规定

出租人因物的租赁关系而取得超额收入，或者以租赁物明显过高的买卖价金为基础计算租金者，该租金为不合理。

第 269a 条

Ⅱ. 不属于租金不合理的情形

特别是，下列情形，一般不属于租金不合理：

　　a. 租金未超过地方习惯所承认之金额者；

　　b. 出租人为租赁物支出额外费用或提供额外服务，因而有理由收取较高之租金者；

　　c. 租赁物为新建的建筑物，所约定的租金未超过按建筑成本计算之利润者；

　　d. 因资本市场的因素，先前所确定的租金过低，而其后提高租金额，仅在于回复合理的租金水平，且已就此情况事先告知承租人者；

　　e. 基于通货膨胀的考虑而适当提高租金额者；

　　f. 租赁协会或类似的利益保护团体在其范本契约中就租金标准订有建议性幅度时，当事人约定的租金未超过该标准者。

第 269*b* 条

B. 按价格指数确定的租金[1]

约定将租金的确定与消费价格指数相联系者，其约定，仅在租赁契约所规定的租赁期限不少于五年，且以本国消费者价格指数为计算基准时，始为有效。

第 269*c* 条

C. 阶梯租金

约定按一定金额定期提高租金者，其约定，仅在符合下列条件时，始为有效：

　　a. 租赁契约所规定的租赁期限不少于三年；

　　b. 每年最多提高一次租金；且

　　c. 以瑞士法郎确定所要提高的租金额。

第 269*d* 条

D. 出租人提高租金和其他单方变更契约的行为

1 出租人得随时提高租金，但自下一个终止日期[2]起生效。出租人至少应在通知终止期间开始前十日，以州所认许的表格，通知承租人提高租金并说明理由。

2 提高租金，有下列情形之一者，无效。

　　a. 出租人未以规定的表格通知承租人；

　　b. 未说明提高租金的理由；

　　c. 通知提高租金时终止契约或以终止契约相威胁。

---

〔1〕 按价格指数确定的租金，原文 indexierte Mietzinse，瑞士官方英译为 index-linked rent。——译注

〔2〕 下一个终止日期，原文 nächstmöglicher Kündigungstermin，瑞士官方英译为 next termination date。——译注

³ 出租人旨在损害承租人利益而单方面变更契约，特别是，出租人减少其应提供的服务或增加新的从费用者，第 1 款和第 2 款亦适用之。

第 270 条

E. 对租金提出
　　异议

I. 请求降低
　　租金

1. 初始租金

¹ 有下列情形之一者，承租人得在租赁物交付后三十日内，向调解机关主张，初始租金属于第 269 条和第 269a 条意义上的租金不合理，并请求降低初始租金：

　　a. 出租人，因其个人或家庭困难，或者基于当地住房和营业场所租赁市场之通常行情，而勉强订立租赁契约者；

　　b. 出租人就同一物较先前大幅提高租金额者。

² 在住房短缺的情况下，州法得作出强制性规定：本州岛全境或部分地区新订立的租赁契约，须采用第 269d 条所规定的表格。

第 270a 条

2. 在租赁关系
　　存续期间

¹ 承租人有理由认为，因租金计算基础的重大变化，特别是因费用的明显降低，出租人自租赁物所取得的利益构成第 269 条和第 269a 条意义上的租金不合理时，得在下一个终止日期，以租金不合理为理由对租金提出异议，并请求降低租金。

² 承租人请求降低租金者，应向出租人以书面为之；出租人应在三十日内确答是否同意降低租金。出租人不同意降低租金，或者仅同意部分降低租金，或者逾期不为确答者，承租人得在三十日内请求调解机关裁决。

³ 承租人不仅对出租人提高租金的要求表示异议，且同时请求扣减租金者，第 2 款不适用之。

第 270*b* 条

II. 对租金的提高和其他单方变更契约的行为提出异议

[1] 承租人被通知提高租金时，得在三十日内，以构成第 269 条和第 269*a* 条意义上的租金不合理为理由，向调解机关表示异议。

[2] 出租人以其他方式单方变更租赁契约且有害于承租人利益，特别是出租人减少其原定给付或增加新的从费用者，前款规定亦适用之。

第 270*c* 条

III. 对价格指数租金的异议

当事人一方得在保留对初始租金之异议权的情况下，仅就他方所提出的提高或降低租金的要求，向调解机关主张，不存在可作为提高或降低租金正当理由的价格指数变化。

第 270*d* 条

IV. 对阶梯租金的异议

承租人得保留对初始租金的异议权，而不对阶梯租金提出异议。

第 270*e* 条

F. 租赁契约在异议程序期间继续有效

现有的使用租赁契约，在下列期间仍按其原本内容继续有效，

    a. 在调解程序期间，但以双方当事人未能达成协议为限；

    b. 在诉讼程序期间，但法院得采取临时性措施。

第三节　住房和营业场所使用租赁通知
　　　　　终止时的保护

第 271 条

A. 通知终止之
　可撤销性

I. 一般规定

¹ 终止契约的通知，违反诚实信用原则者，得撤销之。

² 通知终止契约的一方，因他方请求，应说明理由。

第 271a 条

II. 出租人的通
　知终止

¹ 特别是，出租人的通知终止，属于下列情形之一者，
　得被撤销：

　　a. 承租人依诚实信用原则主张基于租赁关系而产
　　　生的请求权，出租人因此通知终止者；

　　b. 出租人意图单方变更租赁契约以增加承租人的
　　　负担或变更租金而通知终止者；

　　c. 出租人单纯为诱使承租人购买租赁住房之目的
　　　而通知终止者；

　　d. 出租人在与租赁关系相关的调解程序或诉讼程
　　　序[1]中通知终止者，但承租人恶意提起该程
　　　序者，不在此限；

　　e. 出租人在关于租赁关系的调解程序或诉讼程序
　　　终结后三年内通知终止，而在该程序中，出租人：

　　　1. 受有重大不利之程序结果者；

　　　2. 撤回或大幅度缩减其请求权或诉讼请求者；

　　　3. 放弃向法院提起诉讼者；

　　　4. 与承租人达成和解协议或作出让步者；

---

〔1〕　与租赁关系相关的调解程序或诉讼程序，原文 eines mit dem Mietverhältnis zusammenhängenden Schlichtungs-oder Gerichtsverfahrens，瑞士官方英译为 conciliation or court proceedings in connection with the lease。——译注

     f. 出租人因承租人的家庭情况发生变化而通知终
      止，但承租人的家庭情况并不会导致出租人遭
      受重大不利益者，不在此限。

² 承租人有书面文件证明，就其基于租赁关系而产生的
 债权，已在调解程序或诉讼程序之外达成协议者，第
 1 款第 e 项的规定，亦适用之。

³ 出租人的通知终止，属于下列情形之一者，第 1 款第
 d 项和第 e 项的规定，不适用之：

     a. 因出租人本人或其近亲属急迫需要而通知终
      止者；

     b. 因承租人迟延支付租金（第 257d 条）而通知
      终止者；

     c. 因承租人严重违反注意义务（第 157f 条第 3 款
      和第 4 款）而通知终止者；

     d. 因让与租赁物（第 261 条）而通知终止者；

     e. 基于重大理由（第 266g 条）而通知终止者；

     f. 因承租人破产（第 266h 条）而通知通知者。

第 272 条

B. 租赁期限的
** 延长**

I. 承租人请求
** 延长**

¹ 定有期限或未定期限的租赁契约，如其终止会使承租
 人或其家属陷于困境者，承租人得请求延长租赁期限，
 但不得因此损害出租人的利益。

² 主管机关为利益衡量时，应特别考虑以下因素：

     a. 订立租赁契约时的情事和租赁契约的内容；

     b. 租赁期限；

     c. 双方当事人个人的、家庭的和经济的情况，及
      其品行；

     d. 出租人本人或其近亲属对于租赁物的使用需求
      及其需求的迫切性；

     e. 当地住房和营业场所市场的基本情况。

³ 承租人第二次请求延长租赁期限时，主管机关尚须考虑：承租人是否已尽合理的努力，以消除因终止租赁契约而可能产生的困境。

第 272a 条

II. 租赁期限延长的排除

¹ 租赁契约的通知终止，属于下列情形之一者，不得请求延长租赁期限：

　　a. 因承租人迟延支付租金（第 257d 条）而通知终止者；

　　b. 因承租人严重违反注意义务（第 157f 条第 3 款和第 4 款）而通知终止者；

　　c. 因承租人破产（第 266h 条）而通知终止者；

　　d. 出租人鉴于即将改建或拆除租赁物而在订立租赁契约时明确表示租赁期限止于改建或拆除工程开始之时或取得工程许可之时，因工程开始或取得工程许可而通知终止者。

² 出租人如为承租人提供同等价值的住房或营业场所作为补偿，承租人一般不得请求延长租赁期限。

第 272b 条

III. 延长的期限

¹ 住房的租赁契约，最长得延长四年，营业场所的租赁契约，最长得延长六年。在最长期限内，得延长一至两次。

² 双方当事人约定延长租赁契约者，得不受最长期限的限制，承租人得放弃第二次延长租赁期限。

第 272c 条

IV. 租赁契约继续按原本内容发生效力

¹ 双方当事人均得请求法院在判决延长租赁期限时依变化后的情事变更租赁契约。

² 法院在关于延长租赁期限的判决中对租赁契约未作任

何变更者，在延长的租赁期限中，继续按原来的契约
内容发生效力；但有法定变更事由时，仍得请求变更。

第 272d 条

V. 延长的租赁
期限中的通
知终止

除延长租赁期限的判决或约定另有规定外，承租人得依
下列方式通知终止租赁契约：

    a. 所延长的租赁期限不超过一年者，以一个月为预
      告期，通知租赁契约在历月的最后一日终止；

    b. 所延长的租赁期限超过一年者，以三个月为预告
      期，通知租赁契约在法定的终止日期届至时终止。

第 273 条

C. 期限和程序[1]

1 当事人撤销终止者，应在收到通知后三十日内，向调
解机关提出。

2 承租人请求延长租赁期限者，应按下列规定向调解机
关提出：

    a. 租赁契约未定期限者，应在收到通知后三十日
      内提出；

    b. 租赁契约定有期限者，最迟应在租赁期限届满
      前六十日提出。

3 承租人第二次请求延长租赁期限者，最迟应在第一次
延长的期限届满前六十日，向调解机关提出。

4 关于调解机关的程序，适用《民事诉讼法》的规定。[2]

5 主管机关驳回承租人关于撤销终止的请求时，应主动
审查能否延长租赁契约的期限。[3]

---

〔1〕 依 2008 年 12 月 19 日《民事诉讼法》（Zivilprozessordnung vom 19. Dezember 2008）附录一第
Ⅱ 5 项修正，自 2011 年 1 月 1 日起生效。

〔2〕 依 2008 年 12 月 19 日《民事诉讼法》（Zivilprozessordnung vom 19. Dezember 2008）附录一第
Ⅱ 5 项修正，自 2011 年 1 月 1 日起生效。

〔3〕 依 2008 年 12 月 19 日《民事诉讼法》（Zivilprozessordnung vom 19. Dezember 2008）附录一第
Ⅱ 5 项修正，自 2011 年 1 月 1 日起生效。

第 273a 条

D. 家庭住房

¹ 租赁物为家庭住房者，承租人的配偶亦得请求撤销终止，请求延长租赁契约的期限，或者行使承租人在通知终止之情形所享有的其他权利。

² 延长租赁期限的协议，非与夫妻双方订立，不生效力。

³ 在登记的同性伴侣关系之情形，参照适用本条规定。[1]

第 273b 条

E. 转租

¹ 以原租赁关系未被解销为限，本节规定适用于转租。转租，仅得在原租赁期限内延长其期限。

² 以规避关于终止保护之规定为主要目的而转租者，对于转承租人的保护，得不考虑关于原租赁关系之终止保护的规定。原租赁关系被通知终止者，出租人代位承租人，取得承租人基于转租契约而享有的权利。

第 273c 条

F. 强行性规定

¹ 对于本节所规定的权利，仅就本节明确规定得放弃者，承租人始得放弃之。

² 有相反约定者，其约定无效。

第四节　　（已废止）

第 274 条至第 274g 条[2]

---

〔1〕 依 2004 年 6 月 18 日《同性伴侣关系法》（Partnerschaftsgesetz vom 18. Juni 2004）附录第 11 项增订，自 2007 年 1 月 1 日起生效。

〔2〕 因 2008 年 12 月 19 日《民事诉讼法》（Zivilprozessordnung vom 19. Dezember 2008）附录一第 Ⅱ 5 项废止，自 2011 年 1 月 1 日起失效。

第八章之一　用益租赁^[1]

第 275 条

A. 定义和适用
　范围
I. 定义

基于用益租赁契约，出租人有将可用益的物或可用益的权利移交于承租人，供其使用、取得孳息或收益的义务，承租人因此有支付用益租金的义务。

第 276 条

II. 适用范围
1. 住房和营业
　场所的用益
　租赁

关于住房和营业场所的用益租赁的规定，亦适用于出租人随同住房和营业场所一并交付于承租人使用的物。

第 276*a* 条

2. 农业租赁

¹ 关于农林企业或农用土地的用益租赁契约，1985 年 10 月 4 日《关于农业租赁的联邦法律》^[2]有特别规定者，从其规定。

² 其他方面，适用债务法的规定，但关于住房和营业场所用益租赁的规定，不适用于农林企业或农用土地的用益租赁。^[3]

---

〔1〕 依 1989 年 12 月 15 日的联邦法律第 I 项增订，自 1990 年 7 月 1 日起生效。另见《关于第八章和第八章之一的最终条款》（Die Schlussbestimmungen zu den Titel Ⅷ und Ⅷ^{bis}）第 5 条。

〔2〕 Bundesgesetz vom 4. Oktober 1985 über die landwirtschaftliche Pacht。

〔3〕 依 2008 年 12 月 19 日《民事诉讼法》（Zivilprozessordnung vom 19. Dezember 2008）附录一第 Ⅱ 5 项修正，自 2011 年 1 月 1 日起生效。

第 277 条

B. 财产目录的
编制

租赁物还包括设备、牲畜或库存物质者，双方当事人应
共同参与清点并估价，作成财产目录并签字，并由双方
当事人各执一份。

第 278 条

C. 出租人的
义务

I. 物的交付

[1] 出租人应在约定的时间，将适于预定使用和经营目的
的租赁物交付于承租人。

[2] 前一租赁关系终止时，就租赁物的返还，附有清单者，
出租人应在后一租赁关系交付租赁物时，依新承租人
的请求，将该清单交由新承租人审核。

[3] 新承租人得要求告知前一租赁关系的租金额。

第 279 条

II. 重大修缮

租赁物在租赁关系存续期间需要重大修缮者，出租人在
收到承租人的通知后，应以自己的费用立即修缮。

第 280 条

III. 费用和负担

租赁物上的费用及公法性负担，由出租人承担。

第 281 条

D. 承租人的
义务

I. 租金和从费
用的支付

1. 一般规定

[1] 承租人应支付租金，必要时，尚须支付从费用；除当
事人另有约定或另有地方习惯外，应在每个租赁年度
结束时支付，最迟应在租赁期限届满时支付。

[2] 关于从费用，适用第 257a 条。

第 282 条

2. 承租人的支
付迟延

[1] 承租人在租赁物交付后，迟延支付已届清偿期的租金
或从费用者，出租人得定不少于六十日的支付期限，

105

书面催告承租人支付，并警告承租人，如逾期不为支付，将终止用益租赁关系。

[2] 承租人未在所定期限内支付者，出租人得立即终止租赁契约，如为住房和营业场所的用益租赁，出租人得以不少于三十日为预告期，通知租赁关系在历月的最后一日终止。

第 283 条

II. 注意、照顾和维护的义务
1. 注意和照顾的义务

[1] 承租人应依租赁物的性质，合理使用和管理租赁物，特别是，应注意保持租赁物的生产力。

[2] 租赁物为不动产时，承租人应顾及使用同一建筑物的其他人或邻人的利益。

第 284 条

2. 通常的养护

[1] 承租人应对租赁物为通常的维护。

[2] 承租人应依当地习惯，负担租赁物的细小修缮，对于较低价值的设备和工具，如其因老旧或因使用而成为不可利用者，承租人应为更换。

第 285 条

3. 承租人违反义务

[1] 承租人不顾出租人的书面警告，继续违反注意、照顾或维护的义务，致出租人或同一建筑物的其他使用人不能忍受其用益租赁关系存续者，出租人得通知立即终止用益租赁关系，如为住房和营业场所的用益租赁，出租人得以不少于三十日为预告期，通知用益租赁关系在历月的最后一日终止。

[2] 但住房或营业场所的承租人故意严重损坏租赁物者，出租人得通知立即终止用益租赁关系。

第 286 条

Ⅲ. 通知义务

¹ 租赁物有重大修缮之必要，或者第三人对租赁物主张权利时，承租人应立即通知出租人。

² 承租人怠于通知者，对于出租人因此所受之损害，应负责任。

第 287 条

Ⅳ. 容忍义务

¹ 承租人应容忍出租人为除去瑕疵，或者为除去或防止损害而采取必要的重大修缮。

² 出租人因租赁物的维护、出卖或再租赁而需要检查或察看租赁物时，承租人不得拒绝。

³ 出租人应将所要实行的修缮和查看，以合理期间提前通知承租人，在修缮或查看时，应顾及承租人的利益；关于承租人的租金减少请求权和损害赔偿请求权，参照适用关于使用租赁的规定（第 259d 条和第 259e 条）。

第 288 条

E. 出租人不履行和瑕疵履行契约时承租人的权利

¹ 有下列情形之一者，参照适用关于使用租赁的规定（第 258 条、第 259a 条至第 259i 条）：

    a. 出租人未按约定时间交付租赁物或所交付的租赁物有瑕疵者；

    b. 租赁物因不可归责于承租人的事由发生瑕疵，且承租人不负以自己费用除去瑕疵的义务，或者瑕疵致承租人不能依约定方法使用租赁物者。

² 与前款规定不同的约定，损害承租人的利益，且属于下列情形之一者，无效：

    a. 包括在预先拟定的一般交易条件中的条款；

    b. 包括在住房或营业场所的用益租赁契约中的条款。

第 289 条

F. 更新和变更
I. 出租人为之

¹ 出租人，仅在不损害承租人利益且不终止用益租赁关系的前提下，始得对租赁物为更新和变更。

² 出租人对租赁物为更新和变更作业时，应顾及承租人的利益；关于承租人的租金减少请求权和损害赔偿请求权，参照适用关于使用租赁的规定（第 259d 条和第 259e 条）。

第 289a 条

II. 承租人为之

¹ 非经出租人书面同意，承租人不得：

    a. 变更租赁物既有的经营管理方法，但其变更在租赁期限届满后不会再对租赁物有实质性影响者，不在此限；

    b. 对租赁物实行逾越通常维护范围的更新和变更。

² 承租人经出租人书面同意而更新和变更租赁物者，出租人不得请求回复原状，但书面约定承租人有回复原状之义务者，不在此限。

³ 承租人未经出租人书面同意，对租赁物实行第 1 款第 a 项意义上的变更，且不在合理期限内回复原状者，出租人得通知立即终止用益租赁关系，如为住房和营业场所的用益租赁，出租人得以不少于三十日为预告期，通知用益租赁关系在历月的最后一日终止。

第 290 条

G. 所有人的
变更

在下列情形，参照适用关于使用租赁的规定（第 261 条至第 261b 条）的规定：

    a. 让与租赁客体；

    b. 以租赁客体设定限制物权；

    c. 将用益租赁关系预告登记于土地登记簿。

第 291 条

H. 转租

¹ 经出租人同意，承租人得以租赁物的全部或部分，与第三人订立用益租赁契约或使用租赁契约。

² 承租人为与第三人订立部分租赁物的使用租赁契约而请求出租人同意者，出租人仅在下列情形，始得拒绝之：

    a. 承租人拒绝向出租人告知转租条件者；

    b. 相较于用益租赁契约的条件，转租条件不合理者；

    c. 转租会对出租人造成重大不利益者。

³ 承租人应确保转承租人对租赁物的使用不会逾越出租人许可承租人本人的使用范围，并就转承租人的使用向出租人负责。出租人得直接向转承租人说明许可承租人的使用范围，并要求转承租人遵行之。

第 292 条

J. 用益租赁移
  转于第三人

关于营业场所的用益租赁之移转于第三人，参照适用第263 条的规定。

第 293 条

K. 租赁物的提
  前返还

¹ 承租人不遵守通知期限提前返还租赁物，或者在租赁关系终止日期届至前返还租赁物者，仅在其能为出租人提供合适的新承租人时，始得免除其对出租人的义务；新承租人须有支付能力，且愿意以相同的条件承受租赁契约。

² 否则，承租人应继续支付租金，至用益租赁关系依契约或法律规定终止或应当终止时为止。

³ 出租人在计算租金时，应扣除：

    a. 节省的费用，以及

    b. 因租赁物之他用而取得的利益，或者出租人本

应取得但因故意怠于利用租赁物而未取得的
利益。

第 294 条

L. 抵销

关于由用益租赁关系而产生的债权与债务的抵销，参照
适用第 265 条的规定。

第 295 条

M.用益租赁关
系的终止

I. 约定的期限
届满

¹ 双方当事人明示或默示约定其租赁期限者，租赁关系
因期限届满而终止，无须通知。

² 双方当事人默示继续其租赁关系者，除另有约定外，
视为以相同条件继续用益租赁一年。

³ 双方当事人均得依关于通知终止之预告期间的法律规
定，通知延期的租赁关系在租赁年度结束时终止。

第 296 条

II. 通知终止的
预告期间和
终止日期

¹ 租赁契约未定期限者，除当事人另有约定或另有地方
习惯，以及依租赁客体的性质可认为当事人有其他意
思外，双方当事人均得以六个月的预告期，任意决定
终止日期，通知终止租赁关系。

² 租赁契约未定期限，且租赁物为住房和营业场所者，
双方当事人均得以不少于六个月为预告期，通知租赁
关系在按地方习惯所确定的终止日期届至时终止，无
此种地方习惯时，租赁关系在以三个月为一个周期的
租赁期间届满时终止。

³ 契约当事人不按法定的预告期间和终止日期，通知终
止租赁关系者，租赁关系在下一个终止日期届至时
终止。

第 297 条

Ⅲ. 特别事由的
通知终止

1. 基于重大原
因

¹ 因重大原因致双方当事人不能期待租赁契约继续履行时，双方当事人均得依关于通知终止之预告期间的法律规定，任意决定终止日期，通知终止租赁关系。

² 法院得衡量各种情事，决定提前终止租赁关系应产生的财产法上的效果。

第 297a 条

2. 承租人破产

¹ 承租人受领租赁物后陷于破产者，租赁关系在承租人被宣告破产时终止。

² 但出租人就其当年的租金和财产目录上的财产已得到充分担保者，在租赁年度结束前，出租人应继续其租赁关系。

第 297b 条

3. 承租人死亡

承租人死亡时，承租人的继承人和出租人，均得依关于通知终止之预告期间的法律规定，通知租赁关系在下一个法定的终止日期届至时终止。

第 298 条

Ⅳ. 租赁物为住房和营业场所时通知终止的方式

¹ 住房和营业场所的出租人和承租人，通知终止租赁关系时，须以书面为之。

² 出租人通知终止租赁关系时，须以州所认许的表格为之，并须在表格中告知承租人，如其不同意终止租赁关系或要求延展租赁关系时所应采取的办法。

³ 终止租赁关系的通知，不符合上述规定者，无效。

第 299 条

N. 租赁物的返还

¹ 租赁关系终止时，承租人应将租赁物及财产目录中所列的其他各项财产，以返还时的状态，返还于出租人。

I. 一般规定　　　² 有下列情形之一者，对租赁物的增值，承租人得请求补偿：

　　　　　　　　　　　a. 承租人以超过通常的勤勉程度经营管理租赁物而使租赁物增值者；

　　　　　　　　　　　b. 承租人经出租人书面同意，对租赁物实行更新或变更而使租赁物增值者。

　　　　　　　　³ 承租人对于为通常的经营管理即可避免的损害，应负赔偿责任。

　　　　　　　　⁴ 依约定，承租人应预先给付租赁关系终止时之赔偿金者，其约定无效，但预先给付的金额未超过可能发生的损害额者，不在此限。

第 299a 条

II. 检查租赁物　　　¹ 承租人返还租赁物时，出租人应检查其状态，如租赁
　　及通知承租　　　物存在应由承租人承担责任的瑕疵，出租人应立即通
　　人　　　　　　　知承租人。

　　　　　　　　² 出租人怠于检查或通知者，丧失请求权，但其瑕疵，依通常检查不易被发现者，不在此限。

　　　　　　　　³ 出租人嗣后发现此种瑕疵者，应立即通知承租人。

第 299b 条

III. 对财产目录　　　¹ 在出租人交付租赁物时，对于财产目录中的财产有估
　　中的财产的　　　价者，承租人在租赁关系终止时，应返还同种类和同
　　补偿　　　　　　品质的物，或者补偿其减值。

　　　　　　　　² 财产目录中的财产有缺失时，承租人如能证明其缺失系因出租人之过错或不可抗力所致者，不负赔偿责任。

　　　　　　　　³ 租赁物因承租人支出费用和劳动而有所增值时，承租人得请求偿还。

第 299c 条

O. 留置权

与使用租赁的出租人为担保其租金债权享有留置权一样（第268条以下），营业场所用益租赁的出租人，为担保其已届清偿期的租金和当年的租金，亦享有留置权。

第 300 条

P. 住房和营业
场所用益租
赁的通知终
止保护

[1] 关于住房和营业场所用益租赁的通知终止保护，参照适用关于使用租赁的规定（第271条至第273c条）。

[2] 关于家庭住房使用租赁的规定（第273a条），不适用之。

第 301 条[1]

Q. 程序

其程序，适用《民事诉讼法》的规定。

第 302 条

R. 牲畜租赁
I. 承租人的权
利和义务

[1] 牲畜，非附属于农业的用益租赁，而单独为用益租赁者，除契约另有约定或另有地方习惯外，在其被交付于承租人后而产生的一切利益，均属于承租人。

[2] 承租人应照管和饲养牲畜，并应向出租人支付租金，租金得为金钱或所取得的利益的一部分。

第 303 条

II. 责任

[1] 除契约另有约定或另有地方习惯外，承租人对牲畜所受之损害，应负责任，但能证明纵为相当之注意和合理之照管仍不能避免损害者，不在此限。

[2] 承租人对所租赁的牲畜，支付特别照管费者，得请求出租人偿还，但其因承租人过错所致者，不在此限。

---

〔1〕 依 2008 年 12 月 19 日《民事诉讼法》（Zivilprozessordnung vom 19. Dezember 2008）附录一第 II 5 项修正，自 2011 年 1 月 1 日起生效。

³ 牲畜遭受严重意外事件或罹患疾病时，承租人应尽快通知出租人。

第 304 条

Ⅲ. 通知终止

¹ 牲畜租赁契约未定期限者，除契约另有约定或另有地方习惯外，各方当事人均得任意决定终止日期，通知终止租赁关系。

² 但通知终止契约，应本于善意，且不得于不合时宜之时期，为之。

第九章　借　贷

第一节　使用借贷

第 305 条

A. 定义

基于使用借贷契约，贷与人有将物交付借用人无偿使用的义务，借用人有在使用后返还其物的义务。

第 306 条

B. 效力
I. 借用人的使用权

[1] 借用人应依约定使用借用物，未约定者，应依借用物的性质或通常用法使用之。

[2] 借用人不得允许第三人使用借用物。

[3] 借用人违反上述规定者，应负责任，虽为意外损害，亦同，但借用人能证明借用物在任何情形下都会发生损害者，不在此限。

第 307 条

II. 保持费用

[1] 借用物的通常保持费用，由借用人负担，特别是，借用物为动物时，借用人应负担饲养费。

[2] 借用人，就借用物支出特别费用，并因而使贷与人受益者，得请求偿还之。

第 308 条

III. 数借用人的责任

数人共同借用一物者，应负连带责任。

第 309 条

C. 终止
I. 在确定使用目的之情形

¹ 使用借贷，未约定期限者，在借用人依借贷目的使用完毕，或者依借贷目的而确定的使用期间结束时，终止。

² 借用人违反约定使用借用物，或者损害借用物，或者允许第三人使用借用物，或者贷与人本人因不可预知之情事而急需使用借用物者，贷与人得提前请求返还借用物。

第 310 条

II. 在未确定使用目的之情形

使用借贷未定期限，亦不能依借贷目的而定其期限者，贷与人得随时请求返还借用物。

第 311 条

III. 借用人死亡

使用借贷因借用人死亡而终止。

第二节　消费借贷

第 312 条

A. 定义

基于消费借贷契约，贷与人有将金钱或其他代替物的所有权移转于借用人的义务，借用人有以种类、数量、品质相同之物返还的义务。

第 313 条

B. 效力
I. 利息
1. 有息借贷

¹ 消费借贷，在通常情形，仅在约定有利息时，贷与人始得请求支付利息。

² 在商事借贷之情形，虽未约定利息，借用人仍应支付利息。

第 314 条

2. 关于利息的
规定

1 契约未约定利率者，应推定：按借用人受领借贷物时
受领地同种借贷物的通常利率计算利息。

2 除另有约定外，所约定的利息，视为年利息。

3 预先约定将利息算入本金计算复利者，无效；但商事
往来账户[1]的利息计算，以及历来就有复利计息惯
例的消费借贷，特别是储蓄银行关于储户的利息计算，
不在此限。

第 315 条

II. 交付和受领
借贷物的请
求权时效

借用人请求交付借贷物的请求权、贷与人请求受领借贷
物的请求权，自他方陷于迟延时起，经过六个月而罹于
时效。

第 316 条

III. 借用人无支
付能力

1 借用人在契约成立后陷于无支付能力者，贷与人得拒
绝交付借贷物。

2 借用人在契约成立前已陷于无支付能力，而贷与人在
契约成立后始知之者，亦有前款之权利。

第 317 条

C. 代替金钱而
交付他物

1 依约定应向借用人交付金钱，但实际交付有价证券或
货物者，按交付该有价证券或货物时交付地的时价或
市场价格[2]，确定其借贷金额。

2 与前款规定相反的约定，无效。

---

　　[1]　商事往来账户，原文 Kontokorrent，亦译交互计算，瑞士官方英译为 current account。关于交
互计算的基础性说明，见史尚宽：《债法各论》，荣泰印书馆股份有限公司 1981 年印本，第 103 页以
下。——译注

　　[2]　时价或市场价格，原文 Kurswert oder Marktpreis，瑞士官方英译为 current or market price。——
译注

第 318 条

D. 返还时间   消费借贷契约，既未约定返还借贷物的具体日期或通知
终止的预告期间，亦未约定借贷契约得因贷与人随时请
求返还借贷物而终止者，借用人应在贷与人初次请求后
六个月内返还借贷物。

第十章　劳务契约[1]

第一节　个人劳务契约

第 319 条

A. 定义与契约
的订立

I. 定义

¹ 基于个人劳务契约[2]，受雇人有为雇用人在确定或不确定的期间内提供劳务的义务，雇用人有按时间（计时工资）或工作量（计件工资）支付工资的义务。

² 受雇人按小时、半日、日计数为雇用人提供劳务（临时工）的契约，视为个人劳务契约。

第 320 条

II. 契约的订立

¹ 除法律另有规定外，个人劳务契约的生效，不以特定形式为必要。

² 雇用人同意受雇人在一定期间内为其提供劳务，受雇人依情事有理由认为雇用人会因其提供劳务而支付工资者，亦视为已订立个人劳务契约。

³ 受雇人基于事后被认定无效的劳务契约，善意为雇用人提供劳务者，双方当事人应按劳务契约有效情形下所负劳务关系上的义务，履行之，至该劳务契约被一方当事人以契约无效为由废止时为止。

---

〔1〕　依 1971 年 6 月 25 日的联邦法律第 I 项修正，自 1972 年 1 月 1 日起生效。另见《关于债法第十章的最终条款和过渡性条款》（Die Schluss- und Übergangsbestimmungen des X. Titel）第 7 条。

〔2〕　个人劳务契约（Einzelarbeitsvertrag），为相对于集体劳务契约（Gesamtarbeitsvertrag）的概念。关于集体劳务契约的规定，见第 356 条以下。——译注

B. 受雇人的义务
I. 受雇人亲自提供劳务的义务

第 321 条

除契约另有约定或依情事可得出相反之结论外，受雇人应亲自提供约定的劳务。

II. 注意义务和忠实义务

第 321a 条

[1] 受雇人，应谨慎执行雇用人所交付的工作，并忠诚保护雇用人的合法利益。

[2] 受雇人，应以符合专业技术要求的水准，使用雇用人的机器、劳动工具、技术设备、设施和交通工具，并谨慎管理上述工作物和执行工作时所使用的物质材料。

[3] 在劳务关系存续期间，受雇人负有忠实义务，不得为第三人从事有偿工作，特别是，不得为与雇用人有竞争关系的第三人从事有偿工作。

[4] 在劳务关系存续期间，受雇人应保守在为雇用人工作期间所知悉的秘密信息，特别是技术秘密和商业秘密；劳务关系终止后，在保障雇用人正当利益的必要限度内，受雇人仍负保密义务。

III. 报告和交付的义务

第 321b 条

[1] 受雇人就其执行约定事务而从第三人取得的一切物品，特别是金钱，应为详细报告，并立即将其移交于雇用人。

[2] 受雇人在执行约定事务过程中取得的一切工作成果，亦应立即移交于雇用人。

IV. 加班

第 321c 条

[1] 受雇人为雇用人实际提供劳务的时间长度，超过劳务契约所约定的，或者依惯例确定，或者标准劳务契约或集体劳务契约所规定者，受雇人应在其力所能及和

雇用人依诚实信用而可期待的范围内，履行其义务。

² 经受雇人同意，雇用人得在适当时期，缩短受雇人的劳务时间，以补偿受雇人的超时劳务，缩短的劳务时间不得少于超时劳务的时间。

³ 雇用人未缩短工时以补偿受雇人超时劳务者，除有书面约定，或者标准劳务契约或集体劳务契约有规定外，雇用人应就超时劳务，向受雇人支付通常工资和不少于通常工资四分之一的工资。

第 321d 条

V. 服从安排和指示

¹ 雇用人就其营业或家庭中需要受雇人执行的事务和实施的行为，得作出一般性安排或特定指示。

² 受雇人应依诚实信用，服从雇用人所作出的一般性安排和特定指示。

第 321e 条

VI. 受雇人的责任

¹ 受雇人故意或过失致雇用人损害者，应负赔偿责任。

² 受雇人应为注意的程度，依具体的劳务关系确定之，同时应考虑以下因素：职业的危险程度、从事该劳务所需的业务培训等级或专业技能、雇用人明知或可得而知的受雇人个人的能力和素质。

第 322 条

C. 雇用人的义务

I. 工资

1. 关于工资形式和数额的一般规定

¹ 雇用人应向受雇人支付工资，其工资标准应依约定，或者依惯例，或者依标准劳务契约或集体劳务契约，确定之。

² 受雇人与雇用人共同生活在一个家庭的，除另有约定或习惯外，受雇人的住宿生活费算作工资的一部分。

第 322a 条

2. 营利分享

¹ 依契约规定，受雇人对利润、营业额或其他的经营成果，有份额请求权者，其份额，系指对营业年度的经营成果的份额，具体数额按法律规定和普遍认同的商业惯例确定之。

² 雇用人应向受雇人，或者不向受雇人而向双方共同指定的或法院任命的专家，提供必要的信息，并允许受雇人或专家在有查证必要的范围内查阅营业账簿。

³ 此外，雇用人与受雇人约定受雇人对企业的营利有份额请求权者，雇用人依受雇人的请求应提交损益报表[1]的副本。[2]

第 322b 条

3. 佣金

a. 佣金请求权的成立

¹ 就特定的交易约定受雇人得请求给付佣金者，其佣金请求权在雇用人与第三人的交易有效缔结时成立。

² 在分期履行的交易以及保险契约之情形，得书面约定：佣金请求权，在每期义务的清偿期届至时或在每期义务被履行时成立。

³ 交易非因雇用人之过错而未实现，或者第三人不履行其义务者，佣金请求权嗣后失其效力；交易仅被部分履行时，其佣金，按比例扣减之。

第 322c 条

b. 账目结算

¹ 依契约约定，受雇人无须提交佣金账目结算书者，雇用人应在各次佣金支付日届至时，向受雇人提交书面的佣金账目结算书，并列明应支付佣金的各项交易。

² 雇用人应向受雇人，或者不向受雇人而向双方共同指

---

　〔1〕　损益报表（Erfolgsrechnung），亦称盈亏核算报告书。——译注
　〔2〕　依 2011 年 12 月 23 日的联邦法律（账目报告法，Rechnungslegungsrecht）修正，自 2013 年 1月 1 日起生效。

定的或法院任命的专家，提供必要的信息，并允许受雇人或专家在有查证必要的范围内查阅有关账目簿册。

第 322*d* 条

4. 额外津贴

[1] 除工资外，雇用人在诸如圣诞节或营业年度终了等特定时间给付额外津贴者，受雇人有津贴请求权。

[2] 劳务关系在给付额外津贴的特定时间到来前已终止者，受雇人得请求按比例给付所约定津贴的一部分。

第 323 条

II. 工资的支付

1. 支付期间和支付日期

[1] 受雇人的工资，应在每个月底支付，但依约定或习惯，或者依标准劳务契约或集体劳务契约规定，按更短期间或在其他日期支付工资者，不在此限。

[2] 佣金，除得依约定或惯例按更短期间支付外，应在每个月底支付；交易的完成需半年以上时间者，得书面约定延长佣金的支付期限。

[3] 经营成果的份额，在经营成果确定时支付，但不得迟于营业年度终了后六个月。

[4] 受雇人因有经济上的困难而请求提前支付时，雇用人应按其已提供的劳务，在合理的范围内，提前向受雇人支付佣金。

第 323*a* 条

2. 工资的留存

[1] 雇用人，得依约定或习惯，或者依标准劳务契约或集体劳务契约的规定，留存部分工资。

[2] 留存的工资，不得超过在工资支付日一次应支付工资的十分之一，且不得超过一个星期的工资；但标准劳务契约或集体劳务契约得规定留存更高数额的工资。

[3] 除另有约定或习惯，或者标准劳务契约或集体劳务契约另有规定外，留存的工资，仅得作为基于劳务关系

而发生的雇用人对于受雇人的债权的担保，而不得作为违约金。

第 323*b* 条

3. 工资的确保

¹ 除另有约定或习惯外，货币工资应以劳务期间的法定货币支付；应向受雇人交付书面的工资单。

² 雇用人仅得在工资债权得为扣押的限度内，以其反对债权[1]与工资债权为抵销，但因受雇人故意损害而发生的赔偿请求权，其抵销不受此限制。

³ 约定为雇用人利益而利用工资者，其约定无效。

第 324 条

Ⅲ. 未提供劳务
时的工资
1. 雇用人受领
迟延

¹ 受雇人因雇用人过错而不能提供劳务，或者雇用人因其他原因迟延受领劳务者，雇用人应向受雇人支付工资，且受雇人不负事后补偿提供劳务的义务。

² 受雇人因前款未提供劳务而节省费用，或者因从事其他劳动而取得收入，或者能取得收入但故意怠于取得者，雇用人得将其与工资抵充。

第 324*a* 条

2. 受雇人不能
提供劳务
a. 原则

¹ 受雇人无过错，而因诸如生病、意外变故、履行法定义务或执行公职等个人原因，不能提供劳务者，雇用人应支付一定期间的工资，并合理补偿在此期间损失的实物工资，但以劳务关系已持续三个月以上或劳务关系已缔结三个月以上为限。

² 当事人未约定，或者标准劳务契约、集体劳务契约未规定更长期间者，在第一年劳务关系期间，雇用人应支付三个星期的工资，在第二年及以后的劳务关系期

---

〔1〕 反对债权（Gegenforderung），指主张抵销一方的债权，又称自动债权、抵销债权（Aktivforderung, Aufrechnungsforderung, Verrechnungsforderung）。——译注

间，雇用人应依劳务关系的时间长度和具体情事，支付相应更长时间的工资。

3 女性受雇人因怀孕不能提供劳务者，雇用人应支付与未怀孕时相同的工资。[1]

4 以不损害受雇人基本利益为限，得以书面协议、标准劳务契约或集体劳务契约，变更上述规定。

第 324*b* 条

b. 例外

1 受雇人为其经济上之保障，就其因个人原因但非因过错而不能提供劳务，已依法办理强制保险者，如保险公司所为之保险给付不少于受雇人在该期间应得工资的五分之四时，雇用人无须支付工资。

2 保险给付少于前款规定数额者，雇用人应支付保险给付与五分之四工资的差额。

3 受雇人需等候一定期间才能取得保险给付时，雇用人至少应向受雇人支付该等候期间工资的五分之四。[2]

第 325 条[3]

Ⅳ. 工资债权的让与和出质

1 受雇人就其将来的工资债权，得在可扣押的范围内，为担保其亲属法上的抚养扶助义务而为让与或出质；受雇人住所地的债务追索机关[4]，因当事人的申请，应依 1889 年 4 月 1 日《关于债务追索和破产的联邦法律》[5]第 93 条的规定确定不得扣押的工资金额。

2 为担保其他债务而让与或出质将来的工资债权者，无效。

---

〔1〕 依 2003 年 10 月 3 日的联邦法律附录第 1 项修正，自 2005 年 7 月 1 日起生效。

〔2〕 依 1981 年 3 月 20 日《意外事故保险法》（Unfallversicherungsgesetz vom 20. März 1981）附录第 12 项增订，自 1984 年 1 月 1 日起生效。

〔3〕 依 1990 年 12 月 14 日的联邦法律第 Ⅰ 项修正，自 1991 年 7 月 1 日起生效。

〔4〕 债务追索机关，原文 Betreibungsamt，瑞士官方英译为 debt collection office。——译注

〔5〕 Bundesgesetz vom 11. April 1889 über Schuldbetreibung und Konkurs.

第 326 条

V. 计件工资的
工作

1. 工作的分派

¹ 依约定，受雇人仅为一个雇用人从事计件工资之工作
者，雇用人应为其提供充足的工作。

² 雇用人非因其过错而不能按约定提供计件工资之工作，
或者因经营情况需要受雇人暂时从事计时工资之工作
时，雇用人得向受雇人提供计时工资之工作。

³ 计时工资，不能依约定或标准劳务契约或集体劳务契
约予以确定者，雇用人应向受雇人支付先前从事计件
工资之工作时的平均工资。

⁴ 雇用人，既不能提供充足的计件工资之工作，亦不能
提供计时工资之工作者，应依关于受领迟延的规定，
向受雇人支付提供计时工资之工作时应支付的工资。

第 326a 条

2. 计件工资

¹ 受雇人依约定从事计件工资之工作时，雇用人应在受
雇人开始计件工作前，告知每件工作的工资。

² 雇用人怠于告知者，应按同种类或类似的计件工资之
工作所确定的工资标准，支付工资。

第 327 条

VI. 劳动工具、
材料和费用

1. 劳动工具和
材料

¹ 除另有约定或习惯外，雇用人应为受雇人提供工作所
必要的工具和材料。

² 受雇人经雇用人同意，以自己的工具或材料从事工作
者，得请求适当的补偿，但另有约定或习惯者，不在
此限。

第 327a 条

2. 费用

a. 一般规定

¹ 受雇人因从事工作而支出的一切必要费用，雇用人应
补偿之，受雇人到外地从事工作时，雇用人亦应补偿
其必要的生活费用。

² 对于前款费用，得以书面协议或在标准劳务契约或集体劳务契约中确定一个固定数额的补偿金，例如每日、每周或每月给付一定金额的津贴，其补偿金须足以抵偿全部的必要费用。

³ 约定由受雇人承担全部或部分必要费用者，无效。

第 327*b* 条

b. 机动车

¹ 受雇人经雇用人同意，在工作中使用自己的或雇用人基于营业上的需要而为其配备的机动车者，得请求补偿机动车的通常费用和在从事工作中发生的维持费用。

² 受雇人经雇用人同意，为营业目的而使用自己的机动车者，尚得请求补偿机动车的税费、责任保险的保险费，并依其使用于工作的程度，就机动车的使用损耗，请求合理的补偿。

³ ……〔1〕

第 327*c* 条

c. 清偿期

¹ 费用补偿，以受雇人提交的费用报告为依据，并与定期支付的工资一并支付，但依约定或习惯，应在更短期间内支付者，不在此限。

² 受雇人为履行契约义务而需支出的通常费用，雇用人应定期向受雇人预先支付，但每月至少应支付一次。

第 328 条

Ⅶ.对受雇人的
　人格保护

1. 一般规定

¹ 在劳务关系存续期间，雇用人应尊重和保护受雇人的人格，关心受雇人的健康，使受雇人享有符合公共道德标准的待遇。特别是，雇用人应保障受雇人不会受

〔1〕　依 1981 年 3 月 20 日《意外事故保险法》（Unfallversicherungsgesetz vom 20. März 1981）附录第 12 项废止，自 1984 年 1 月 1 日起失效。

到性骚扰，并在受雇人受到性骚扰时，防止发生进一步的不良后果。[1]

² 为保护受雇人的生命、健康和人格尊严，雇用人应采取依经验所必要的、在现有技术水平下切实可行的、符合企业或家庭条件的措施；雇用人所采取的措施，应达到公众依具体的劳务关系和劳务给付[2]之性质而可能具有的合理期待。[3]

第328a 条

2. 与雇用人共同居住

¹ 受雇人在雇用人家中居住者，雇用人应为受雇人供给充足的膳食，并提供符合居住标准的住宿。

² 受雇人无过错，但因生病或意外变故不能提供劳务时，雇用人应给予必要的关怀和一定期限的治疗；其期限，在第一年劳务关系期间，为三个星期；劳务关系已持续一年以上者，应依劳务关系的存续期间及特别情事，相应延长其期限。

³ 在女性受雇人怀孕和分娩之情形，雇用人应为其提供与上述规定相同的待遇。

第328b 条[4]

3. 个人信息的采集

关于受雇人的个人信息，仅就其与劳务关系相关的能力和资格，或者为履行劳务契约所必要者，雇用人始得收集之。关于其他方面，适用 1992 年 6 月 19 日《联邦数据保护法》的规定。

---

〔1〕 第 2 句依 1995 年 3 月 24 日《男女平等法》（Gleichstellungsgesetz vom 24. März 1995）附录第 3 项增订，自 1996 年 7 月 1 日起生效。

〔2〕 条文中"劳务给付"（Arbeitsleistung）一词，由联邦议会和国民议会的联席会议法律起草委员会修正（《商业往来法》[Geschäftsverkehrsgesetz] 第 33 条）。

〔3〕 依 1995 年 3 月 24 日《男女平等法》（Gleichstellungsgesetz vom 24. März 1995）附录第 3 项修正，自 1996 年 7 月 1 日起生效。

〔4〕 依 1992 年 6 月 19 日《联邦数据保护法》（Bundesgesetz vom 19. Juni 1992 über den Datenschutz）附录第 2 项增订，自 1993 年 7 月 1 日起生效。

第 329 条

Ⅷ. 休息时间、
　假期、青年
　人的假期与
　女性受雇人
　的产假

1. 休息时间[1]

¹ 雇用人应保证受雇人每周有一天的休息时间，休息日通常应安排在周日，因客观情事不能安排在周日时，亦可安排在工作日，但应保障其全天为休息日。

² 如有特殊情事，经受雇人同意，雇用人得为受雇人集中安排多天的休息日，亦得将受雇人一天的休息日安排为两个半天。

³ 此外，雇用人应保证受雇人享有习惯上的休息钟点或休息日；在通知受雇人终止劳务契约之情形，雇用人应为受雇人保留寻找其他工作所需要的时间。

⁴ 在安排休息时间和休息日时，应充分考虑雇用人和受雇人双方的利益。

第 329a 条

2. 假期
a. 期间

¹ 雇用人应保证受雇人每一劳务年度有不少于四周的假期，受雇人未满二十岁者，应保证不少于五周的假期。[2]

² ……[3]

³ 受雇人提供劳务的期间不足一年者，雇用人应按受雇人实际提供劳务的时间，在当年的劳务年度中，给与相应时长的假期。

第 329b 条

b. 期间的扣减

¹ 受雇人在一个劳务年度内，因过错不能提供劳务的时间总计超过一个月者，其每缺勤一个月，雇用人得扣减十二分之一的假期。[4]

---

〔1〕 依 2003 年 10 月 3 日的联邦法律附录第 1 项修正，自 2005 年 7 月 1 日起生效。
〔2〕 依 1983 年 12 月 16 日的联邦法律第 I 项修正，自 1984 年 7 月 1 日起生效。
〔3〕 依 1983 年 12 月 16 日的联邦法律第 I 项废止，自 1984 年 7 月 1 日起失效。
〔4〕 依《失业保险法》（Arbeitslosenversicherungsgesetz）第 117 条修正，自 1984 年 1 月 1 日起生效。

² 受雇人在一个劳务年度内不能提供劳务的时间未满一个月，且不能提供劳务系因诸如生病、意外变故、履行法定义务、执行公职、青年假期等受雇人不存在过错的个人原因所致者，雇用人不得扣减其假期。[1]

³ 女性受雇人，因怀孕不能提供劳务未超过两个月，或者具有 1952 年 9 月 25 日《所得损失补偿法》[2]所规定的保护产妇利益之情形者，雇用人不得扣减其假期。[3]

⁴ 标准劳务契约或集体劳务契约中虽有不同于第 2 款和第 3 款的规定，但受雇人的待遇在整体上并未因此而降低者，其规定有效。[4]

第 329c 条

c. 假期的连续期间和时间安排

¹ 雇用人一般应在当年的劳务年度中为受雇人安排假期；假期应连续两周以上。[5]

² 假期时间由雇用人安排，雇用人在安排假期时间时，除得考虑其营业或家务之实际情况外，亦应尊重受雇人的愿望。

第 329d 条

d. 工资

¹ 雇用人应向受雇人支付休假期间的全额工资，并合理补偿休假期间损失的实物工资。

² 在劳务关系存续期间，假期不得以金钱或其他利益代替之。

---

〔1〕 依 1989 年 10 月 6 日《青年校外工作促进法》 （Bundesgesetz vom 6. Okt. 1989 über die Förderung der ausserschulischen Jugendarbeit, Jugendförderungsgesetz, JFG）第 13 条增订，自 1991 年 1 月 1 日起生效。

〔2〕 Erwerbsersatzgesetzes vom 25. September 1952.

〔3〕 依 2003 年 10 月 3 日的联邦法律附录第 1 项修正，自 2005 年 7 月 1 日起生效。

〔4〕 依 1983 年 12 月 16 日的联邦法律第 I 项增订，自 1984 年 7 月 1 日起生效。

〔5〕 依 1983 年 12 月 16 日的联邦法律第 I 项修正，自 1984 年 7 月 1 日起生效。

³ 受雇人在假期中为第三人从事有偿劳动，并因此损害雇用人正当利益者，雇用人得拒绝支付假期期间的工资，已支付者，得请求返还。

第 329e 条〔1〕

3. 青年人校外
工作的假期

¹ 对于未满三十岁的受雇人，为使其能够在文化机构或社会机构中无偿提供指导、咨询或照护等校外青年工作，以及能够参加从事校外青年工作所必要的培训，雇用人应为其安排每个劳务年度不少于一星期的青年假。

² 受雇人在青年假期间无工资请求权。但当事人为受雇人之利益，另有约定，或者标准劳务契约或集体劳务契约另有规定者，不在此限。

³ 青年假的期限和时间安排，由雇用人与受雇人协商；协商时，应兼顾双方的利益。双方不能达成协议，而受雇人向雇用人提出安排青年假的请求已经过两个月者，雇用人应为其安排青年假。历年终了时仍未利用的青年假，失效。

⁴ 受雇人，有依雇用人的请求，就其在青年工作中所从事的活动和所担任的职务，提供证明的义务。

第 329f 条〔2〕

4. 产假

女性受雇人在分娩后，得请求安排不少于十四周的产假。

---

　　〔1〕 依 1989 年 10 月 6 日《青年校外工作促进法》 （Bundesgesetz vom 6. Okt. 1989 über die Förderung der ausserschulischen Jugendarbeit, Jugendförderungsgesetz, JFG）第 13 条增订，自 1991 年 1 月 1 日起生效。

　　〔2〕 依 2003 年 10 月 3 日的联邦法律附录第 1 项增订，自 2005 年 7 月 1 日起生效。

第 330 条

IX.其他义务
1. 保证金

¹ 受雇人为担保其基于劳务关系而产生的义务，向雇用人交付保证金者，雇用人应将保证金与其财产分开保管，并应为保证金提供担保。

² 雇用人最迟应在劳务关系终止时返还保证金，但以书面约定得在劳务关系终止后返还者，不在此限。

³ 雇用人主张其基于劳务关系而产生的债权，而受雇人对此债权有异议时，雇用人得在争议得到解决前扣留保证金，但应依受雇人的声请，将所扣留的保证金提存于法院。

⁴ 雇用人破产时，受雇人得请求取回与雇用人财产分开保管的保证金，但雇用人基于劳务关系对受雇人享有债权者，得从保证金中扣除相应的部分。

第 330a 条

2. 证明书

¹ 受雇人得随时请求雇用人出具表明其劳务关系的性质和期限、工作成效和行为表现的证明书。

² 受雇人有特别要求时，证明书的内容应仅涉及劳务关系的性质和期限。

第 330b 条[1]

3. 通知义务

¹ 劳务关系为不确定期限或为一个月以上者，雇用人最迟应在劳务关系开始后一个月内，向受雇人通知以下事项：

---

　〔1〕　依 2004 年 12 月 17 日的联邦法律（《关于批准和转化瑞士联邦与欧洲共同体及其成员国之间进一步开放人员自由流动到欧洲共同体新成员国的协议，以及批准人员自由流动配套措施的联邦决议》，Der Bundesbeschluss vom 17. Dez. 2004 über die Genehmigung und Umsetzung des Protokolls über die Ausdehnung des Freizügigkeitsabkommens auf die neuen EG-Mitgliedstaaten zwischen der Schweizerischen Eidgenossenschaft einerseits und der Europäischen Gemeinschaft und ihren Mitgliedstaaten andererseits sowie über die Genehmigung der Revision der flankierenden Massnahmen zur Personenfreizügigkeit）第 2 条第 2 项增订，自 2006 年 4 月 1 日起生效。

  a. 劳务契约双方当事人的姓名；

  b. 劳务关系起算的具体日期；

  c. 受雇人的职务；

  d. 工资及其他福利待遇；

  e. 每周的工作时间。

² 前款所规定的应为通知的事项，在劳务关系存续期间有变更者，雇用人最迟应在变更生效后一个月内，书面通知受雇人。

第 331 条

D. 受雇人的社会保障

I. 雇用人的义务[1]

¹ 雇用人为受雇人缴纳社会保障金[2]，或者受雇人本人缴纳社会保障金时，雇用人应将该社会保障金交存于财团、合作社或公法性机构。

² 雇用人或受雇人缴纳的社会保障金，被用于——在特定的保险公司或特许的健康保险机构——参加疾病保险、意外伤害保险、死亡保险、残疾保险、人寿保险者，在发生保险事故时，受雇人对于保险人直接取得独立的债权，雇用人无须依前款规定将社会保障金交存于特定的机构。

³ 受雇人须向社会保障机构缴纳社会保障金时，雇用人应同时为所有的受雇人缴纳不低于受雇人所缴纳数额的社会保障金；雇用人应从其自有资金中，或者从为缴纳社会保障金而积累并以独立账户存放于社会保障机构的储备金中支付。雇用人应在历年的一月底前或保险年度第一个月的月底前，将从受雇人工资中扣留

---

  〔1〕 依 1993 年 12 月 17 日《关于扩大职业老年人、遗属、残疾人养老金之使用范围的联邦法律》（Bundesgesetz vom 17. Dez. 1993 über die Freizügigkeit in der beruflichen Alters-, Hinterlassenen- und Invalidenvorsorge，Freizügigkeitsgesetz，FZG）附录第 2 项修正，自 1995 年 1 月 1 日起生效。

  〔2〕 社会保障金（Personalvorsorge），为 1993 年 12 月 17 日《关于扩大职业老年人、遗属、残疾人养老金之使用范围的联邦法律》（Bundesgesetz vom 17. Dez. 1993 über die Freizügigkeit in der beruflichen Alters-, Hinterlassenen- und Invalidenvorsorge，Freizügigkeitsgesetz，FZG）附录第 2 项所使用之术语，自 1995 年 1 月 1 日起生效。

的社会保障金，连同其应支付的社会保障金，一并移交于社会保障机构。[1]

4 雇用人应为受雇人提供表明受雇人对社会保障机构[2]或保险人享有债权的必要的证明文件。

5 雇用人应按退休金中心办公室的要求，提供必要的信息资料，以便退休金中心办公室日后查找未及时申领退休金的权利人或负责管理该退休金的机构。[3]

第 331a 条[4]

II. 社会保障的
开始与终止

1 社会保障始于劳务关系确立之日，终于受雇人退出社会保障关系之日。

2 受雇人在加入新的社会保障关系前，仍享受人寿保险和残疾保险，但其期限，最长不超过一个月。

2 就受雇人在社会保障关系终止后的社会保障，社会保障机构得请求受雇人支付风险金。

第 331b 条[5]

III. 让与和出质

将来始得请求给付的社会保障性债权，在其清偿期届至前，不得让与和出质。

---

〔1〕 依 2003 年 10 月 3 日的联邦法律附录第 2 项修正，自 2005 年 1 月 1 日起生效。

〔2〕 社会保障机构（Vorsorgeeinrichtung），为 1993 年 12 月 17 日《关于扩大职业老年人、遗属、残疾人养老金之使用范围的联邦法律》（Bundesgesetz vom 17. Dez. 1993 über die Freizügigkeit in der beruflichen Alters-, Hinterlassenen- und Invalidenvorsorge, Freizügigkeitsgesetz, FZG）附录第 2 项所使用之术语，自 1995 年 1 月 1 日起生效。

〔3〕 依 1998 年 12 月 18 日的联邦法律第 II 2 项增订，自 1999 年 5 月 1 日起生效。

〔4〕 依 1993 年 12 月 17 日《关于扩大职业老年人、遗属、残疾人养老金之使用范围的联邦法律》（Bundesgesetz vom 17. Dez. 1993 über die Freizügigkeit in der beruflichen Alters-, Hinterlassenen- und Invalidenvorsorge, Freizügigkeitsgesetz, FZG）附录第 2 项修正，自 1995 年 1 月 1 日起生效。

〔5〕 依 1993 年 12 月 17 日《关于扩大职业老年人、遗属、残疾人养老金之使用范围的联邦法律》（Bundesgesetz vom 17. Dez. 1993 über die Freizügigkeit in der beruflichen Alters-, Hinterlassenen- und Invalidenvorsorge, Freizügigkeitsgesetz, FZG）附录第 2 项修正，自 1995 年 1 月 1 日起生效。

第331c 条[1]

Ⅳ. 基于健康原
　　因而主张保
　　留

社会保障机构，得基于与死亡和残疾有关的健康原因而主张保留。但其保留，最长不超过五年。

第331d 条[2]

Ⅴ. 住房所有权
　　促进办法
1. 出质

¹ 受雇人为了取得满足个人用途的住房所有权，在有权领取养老金的前三年，得将其对于社会保障机构的请求权或养老金中可让与的部分出质。

² 受雇人亦得通过前款出质，以取得住房建设合作社的份额权或类似的份额权，但以受雇人自己使用该集资所建的住房为限。

³ 前二款出质，非以书面通知社会保障机构，不发生效力。

⁴ 已满五十岁的受雇人，得以其在五十岁时享有的养老金，或者以其在出质时享有的养老金的一半，出质。

⁵ 受雇人已婚者，其出质，须取得其配偶的书面同意。不能取得配偶的同意或配偶拒绝同意时，受雇人得向法院提起诉讼。在登记的同性伴侣关系之情形，亦同。[3]

⁶ 质权人得在社会保障事由发生前或在社会保障机构以现金支付养老金前行使质权者，适用 1982 年 6 月 25 日《关于职业老年人、遗属、残疾人养老金的联邦法

----

〔1〕　依 1993 年 12 月 17 日《关于扩大职业老年人、遗属、残疾人养老金之使用范围的联邦法律》（Bundesgesetz vom 17. Dez. 1993 über die Freizügigkeit in der beruflichen Alters-, Hinterlassenen- und Invalidenvorsorge, Freizügigkeitsgesetz, FZG）附录第 2 项修正，自 1995 年 1 月 1 日起生效。

〔2〕　依 1993 年 12 月 17 日《关于利用职业上的社会保障金促进住宅所有权的联邦法律》（Bundesgesetz vom 17. Dez. 1993 über die Wohneigentumsförderung mit Mitteln der beruflichen Vorsorge）第 Ⅱ 项增订，自 1995 年 1 月 1 日起生效。

〔3〕　依 2004 年 6 月 18 日《同性伴侣关系法》（Partnerschaftsgesetz vom 18. Juni 2004）附录第 11 项修正，自 2007 年 1 月 1 日起生效。

律》[1]第30*d*条至第30*f*条和第83*a*条的规定。

7 联邦委员会应规定：

    a. 得以社会保障金出质的具体情形和"满足个人用途的住房所有权"的概念；

    b. 以社会保障金出质取得住房建设合作社的份额权或类似的份额权所应具备的条件。

第331*e*条[2]

2. 提前领取

1 受雇人得在有权领取养老金的前三年，向社会保障机构请求一笔资金，用于取得自己所需要的住房。

2 未满五十岁的受雇人，得领取养老金中可让与的部分。已满五十岁的受雇人，得领取在五十岁时享有的可让与的养老金或领取养老金时享有的可让与的养老金的一半。

3 受雇人亦得将前款养老金用于取得住房建设合作社的份额权或类似的份额权，但以受雇人自己使用该集资所建的住房为限。

4 社会保障金请求权，因提前领取，应按社会保障机构的规定和保险业计算标准，相应扣减之。为避免在受雇人死亡或残疾之情形因社会保障金不足而影响有关的社会保障待遇，社会保障机构得直接提供补充保险，或者以中介人之身份，居间第三方提供补充保险。

5 受雇人已婚者，前款领取，须取得其配偶的书面同意。不能取得配偶的同意或配偶拒绝同意时，受雇人得向法院提起诉讼。在登记的同性伴侣关系之情

---

    [1] Bundesgesetz vom 25. Juni 1982 über die berufliche Alters-, Hinterlassenen- und Invalidenvorsorge Anwendung.

    [2] 依1993年12月17日《关于利用职业上的社会保障金促进住宅所有权的联邦法律》（Bundesgesetz vom 17. Dez. 1993 über die Wohneigentumsförderung mit Mitteln der beruflichen Vorsorge）第Ⅱ项增订，自1995年1月1日起生效。

形，亦同。[1]

6　夫妻在社会保障事由发生前离婚者，提前领取的金额，应视为可让与的社会保障金，并应依《民法典》[2]第122条和第123条、《民事诉讼法》[3]第280条以及1993年12月17日《关于扩大职业老年人、遗属、残疾人养老金之使用范围的联邦法律》[4]第22条的规定，进行分割。在登记的同性伴侣关系经法院裁判解销之情形，亦同。[5]

7　社会保障机构，因社会保障金的提前领取或出质，发生现金支付上的困难时，得延迟办理有关的领取声请。社会保障机构应就延迟办理提前领取或出质声请的办法，作出具体的规定。联邦委员会应颁布细则规定。

8　关于其他方面，适用1982年6月25日《关于职业老年人、遗属、残疾人养老金的联邦法律》[6]第30*d*条至第30*f*条和第83*a*条的规定。

第331*f*条[7]

3. 资金短缺期间社会保障机构的限制性措施

1　社会保障机构得规定，在资金短缺期间，对于出质、提前领取和资金偿付的声请，其有权在时间和数额上进行限制，甚至拒绝办理声请。

2　前款限制的条件及范围，由联邦委员会作出规定。

---

〔1〕　依2004年6月18日《同性伴侣关系法》（Partnerschaftsgesetz vom 18. Juni 2004）附录第11项修正，自2007年1月1日起生效。

〔2〕　Zivilgesetzbuch.

〔3〕　Zivilprozessordnung vom 19. Dezember 2008.

〔4〕　Bundesgesetz vom 17. Dez. 1993 über die Freizügigkeit in der beruflichen Alters-, Hinterlassenen- und Invalidenvorsorge（Freizügigkeitsgesetz, FZG）.

〔5〕　依2008年12月19日《民事诉讼法》（Zivilprozessordnung vom 19. Dezember 2008）附录一第Ⅱ5项修正，自2011年1月1日起生效。

〔6〕　Bundesgesetz vom 25. Juni 1982 über die berufliche Alters-, Hinterlassenen- und Invalidenvorsorge. 见现行法第30*d*条、第30*e*条、第30*g*条和第83*a*条。

〔7〕　依2004年6月18日的联邦法律附录第2项增订，自2005年1月1日起生效。

第 332 条[1]

E. 发明权和外观设计权

1 受雇人在执行劳务活动和履行契约义务过程中单独做出或与其他受雇人共同做出的发明和外观设计，无论其能否取得法律上的保护，均由雇用人取得。

2 得以书面约定，对于受雇人在执行劳务活动但非履行契约义务过程中做出的发明和外观设计，雇用人有取得的权利。

3 受雇人在前款情形下做出发明或外观设计者，应书面告知雇用人；雇用人应在六个月内，书面通知受雇人，是否希望取得该发明或外观设计、受雇人能否自由使用该发明或外观设计。

4 受雇人不能自由使用发明或外观设计者，雇用人应向受雇人支付合理的特别补偿费；确定补偿费数额时，应全面衡量各种情况，特别是应考虑以下情况：发明或外观设计的经济价值，雇用人对于发明或外观设计的贡献程度，雇用人为该发明或外观设计投入的人力资源和设备，受雇人所支出的费用，以及受雇人在企业中的职位。

第 332*a* 条[2]

第 333 条

F. 劳务关系的移转

1. 效力[3]

1 雇用人将企业全部或部分让与第三人者，自受让人承受企业之日起，劳务关系连同全部权利和义务，移转于受让人，但受雇人拒绝移转者，不在此限。[4]

---

〔1〕 依 2001 年 10 月 5 日《外观设计法》（Designgesetz vom 5. Okt. 2001）附录第 Ⅱ 1 项修正，自 2002 年 7 月 1 日起生效。

〔2〕 依 2001 年 10 月 5 日《外观设计法》（Designgesetz vom 5. Okt. 2001）附录第 Ⅱ 1 项废止，自 2002 年 7 月 1 日起失效。

〔3〕 依 1993 年 12 月 17 日的联邦法律修正，自 1994 年 5 月 1 日起生效。

〔4〕 依 1993 年 12 月 17 日的联邦法律修正，自 1994 年 5 月 1 日起生效。

¹ᵇⁱˢ集体劳务契约得适用于被移转的劳务关系时，受让人在受让企业后一年内，应遵守该集体劳务契约，但该集体劳务契约在企业让与后不久即届满期限或被通知终止者，不在此限。〔1〕

² 在受雇人拒绝移转其劳务关系之情形，劳务关系因法定的通知终止期间届满而终止；在此之前，企业的受让人与受雇人仍应按劳务契约履行其义务。

³ 对于受雇人在企业让与时已到期的债权，以及受雇人——自企业让与时起，至劳务关系依通常方式终止或因受雇人拒绝移转而终止时止——到期的债权，原雇用人与企业的受让人应负连带责任。

⁴ 此外，雇用人不得将其基于劳务关系而享有的权利让与第三人，但当事人有相反之约定，或者依情事可得出相反之结论者，不在此限。

第 333a 条〔2〕

2. 通知和征询意见

¹ 雇用人将企业全部或部分让与第三人者，应在实行移转前的合理时间内，向受雇人的代表机构，无代表机构时，向受雇人本人，通知以下事项：

    a. 让与的原因；

    b. 对受雇人将会产生的法律的、经济的和社会的后果。

² 因让与而需采取的措施，有可能涉及受雇人之利益时，应在作出采取措施的决定前，以合理期间提前向受雇人的代表机构，无代表机构时，向受雇人本人征询意见。

---

〔1〕　依 1993 年 12 月 17 日的联邦法律增订，自 1994 年 5 月 1 日起生效。

〔2〕　依 1993 年 12 月 17 日的联邦法律第 I 项增订，自 1994 年 5 月 1 日起生效。

第 333b 条[1]

3. 支付不能时
的企业移转

在债务重组、延期清偿期间，或者在破产程序中，或者以订立含有让与财产之内容的和解契约的方式[2]，让与企业之全部或部分者，雇佣关系及其一切权利义务移转于受让人，但以让与人已就此与受让人达成协议且受雇人不拒绝移转为限。此外，参照适用第 333 条中除第 3 款外的其他各款、第 333a 条。

第 334 条[3]

G. 劳务关系的
终止

I. 确定期限的
劳务关系

¹ 确定期限的劳务关系，无须通知，在期限届满时终止。

² 确定期限的劳务关系，在期限届满后默示延长者，视为未定期限的劳务关系。

³ 当事人约定的劳务关系期限长于十年者，在劳务关系持续十年后，契约的任何一方当事人，均得随时以六个月为预告期间，通知终止契约，劳务关系在预告期间届满的当月结束时终止。

第 335 条[4]

II. 未定期限的
劳务关系

1. 关于通知终
止的一般规
定

¹ 未定期限的劳务关系，契约的任何一方当事人，均得通知终止之。

² 通知终止劳务关系的一方，在他方要求说明理由时，应书面说明之。

---

〔1〕 依 2013 年 6 月 21 日的联邦法律附录增订，自 2014 年 1 月 1 日起生效。

〔2〕 译文"在债务重组、延期清偿期间，或者在破产程序中，或者以订立含有让与财产之内容的和解契约的方式"，原文为 während einer Nachlassstundung, im Rahmen eines Konkurses oder eines Nachlassvertrages mit Vermögensabtretung, 瑞士官方英译为 during a debt restructuring moratorium, in the course of bankruptcy proceedings or under a composition agreement with assignment of assets。——译注

〔3〕 依 1988 年 3 月 18 日的联邦法律第 I 项修正，自 1989 年 1 月 1 日起生效。

〔4〕 依 1988 年 3 月 18 日的联邦法律第 I 项修正，自 1989 年 1 月 1 日起生效。

第 335a 条[1]

2. 终止劳务关
系的预告期
间

a. 一般规定

[1] 不得对雇用人和受雇人规定不同的终止契约的预告期
间；契约规定不同的预告期间时，对双方均适用较长
的预告期间。

[2] 但雇用人基于经济上的原因，已通知终止劳务关系，
或者已表示将要终止劳务关系者，得在个人劳务契约、
标准劳务契约或集体劳务契约中，为受雇人规定较短
的预告期间。

第 335b 条[2]

b. 试用期间的
预告期间

[1] 在试用期间，任何一方均得以七日为预告期间通知终止
劳务关系；劳务关系成立后的第一个月，视为试用期间。

[2] 试用期间，由个人劳务契约、标准劳务契约或集体劳
务契约规定之；试用期间最长不得超过三个月。

[3] 受雇人在试用期间因生病、意外变故或履行非自愿承
担的法律义务[3]而不能提供劳务者，应相应延长其
试用期间。

第 335c 条[4]

c. 试用期间届
满后的预告
期间

[1] 通知终止契约的预告期间，在第一个劳务年度，为一
个月，在第二个劳务年度至第九个劳务年度，为两个
月，其后为三个月；劳务关系在该预告期间届满的当
月结束时终止。

[2] 得以个人劳务契约、标准劳务契约或集体劳务契约，变
更前款预告期间；但将预告期间减为一个月以下者，仅
得由集体劳务契约为之，且仅得适用于第一个劳务年度。

---

〔1〕 依 1988 年 3 月 18 日的联邦法律第 I 项增订，自 1989 年 1 月 1 日起生效。

〔2〕 依 1988 年 3 月 18 日的联邦法律第 I 项增订，自 1989 年 1 月 1 日起生效。

〔3〕 履行非自愿承担的法律义务，原文 Erfüllung einer nicht freiwillig übernommenen gesetzlichen
Pflicht，瑞士官方英译为 performance of a non-voluntary legal obligation。——译注

〔4〕 依 1988 年 3 月 18 日的联邦法律第 I 项增订，自 1989 年 1 月 1 日起生效。

第 335d 条[1]

Ⅱbis. 大量解雇
1. 定义

企业的雇用人，基于与受雇人个人无关的事由，宣布将在三十日内与特定的受雇人终止劳务关系，且被终止劳务关系的受雇人人数符合下列情形之一者，视为大量解雇：

1. 受雇人的人数通常为二十人以上但不足一百人的企业，被终止劳务关系的受雇人在十人以上者；
2. 受雇人的人数通常为一百人以上但不足三百人的企业，被终止劳务关系的受雇人人数占总人数的百分之十以上者；
3. 受雇人的人数通常为三百人以上的企业，被终止劳务关系的受雇人在三十人以上者。

第 335e 条[2]

2. 适用范围

[1] 确定期限的劳务关系，在所约定的劳务期限届满前被终止者，关于大量解雇的规定，亦适用之。

[2] 在企业因法院判决而停止营业、因破产而大量解雇或订立含有让与财产之内容的和解契约之情形，关于大量解雇的规定，不适用之。[3]

第 335f 条[4]

3. 向受雇人代表机构征询意见

[1] 雇用人如考虑实行大量解雇，应向受雇人的代表机构，无代表机构时，向受雇人本人征询意见。

[2] 雇用人至少应保证受雇人的代表机构或受雇人本人，有可能对如何避免解雇受雇人、限制解雇的人数和减轻解雇可能带来的消极后果，提出建议。

---

[1] 依 1993 年 12 月 17 日的联邦法律第 I 项增订，自 1994 年 5 月 1 日起生效。
[2] 依 1993 年 12 月 17 日的联邦法律第 I 项增订，自 1994 年 5 月 1 日起生效。
[3] 依 2013 年 6 月 21 日的联邦法律附录修正，自 2014 年 1 月 1 日起生效。
[4] 依 1993 年 12 月 17 日的联邦法律第 I 项增订，自 1994 年 5 月 1 日起生效。

³ 雇用人，应向受雇人的代表机构，无代表机构时，向
受雇人本人，提供一切有价值的信息，且无论情形如
何，雇用人均须书面告知以下事项：

  a. 大量解雇的原因；

  b. 将要被解雇的受雇人人数；

  c. 企业通常的受雇人人数；

  d. 宣布解雇的时间。

⁴ 雇用人应向州劳工局提交第 3 款所称告知书的副本。

第 335g 条[1]

4. 程序

¹ 雇用人应将所要实行的大量解雇计划，书面通告州劳
工局，并向受雇人的代表机构，无代表机构时，向受
雇人，交付通告的副本。

² 前款通告，应包括受雇人的代表机构对于大量解雇的意
见（第 335f 条）以及与大量解雇有关的一切信息。

³ 州劳工局应设法解决因大量解雇可能带来的问题。受
雇人的代表机构，无代表机构时，受雇人本人，得向
州劳工局提出意见。

⁴ 因大量解雇而被通知终止劳务关系者，其劳务关系在解
雇计划通告于州劳工局后经过三十日而终止，但劳务契
约或法律规定更迟之终止日期者，不在此限。

第 335h 条[3]

5. 劳资双方的
协调计划[2]
a. 定义和原则

¹ 协调计划，指雇用人与受雇人为避免终止劳务关系、
限制解雇人数及减轻负面后果，采取相应措施而达成
的协议。

² 协调计划，应无害于企业的存续。

---

〔1〕 依 1993 年 12 月 17 日的联邦法律第 I 项增订，自 1994 年 5 月 1 日起生效。

〔2〕 协调计划，原文 Sozialplan，瑞士官方英译为 social plan。——译注

〔3〕 依 2013 年 6 月 21 日的联邦法律附录增订，自 2014 年 1 月 1 日起生效。

第 335*i* 条 [1]

b. 协商义务

¹ 在下列情形，雇用人应为订立协调计划，与受雇人进行协商：

    a. 受雇人人数通常在二百五十人以上，且

    b. 因不可归责于被解雇人的事由，拟在三十日内解雇三十人以上受雇人者。

² 在一定期间内，以相同之决定，多次解雇受雇人者，其解雇人数，应合并计算之。

³ 雇用人得

    a. 与劳工协会进行协商，如雇用人和劳工协会均为集体劳务契约的当事人；

    b. 与受雇人代表机构进行协商；

    c. 无受雇人代表机构时，直接与受雇人本人进行协商。

⁴ 劳工协会、受雇人代表机构或受雇人本人，得聘请专家参与协商。被聘请参与协商的专家，对于企业以外的人，负有保守秘密的义务。

第 335*j* 条 [2]

c. 由仲裁庭拟定协调计划

¹ 当事人不能就协调计划达成协议者，应指定仲裁庭。

² 仲裁庭应就协调计划作出有约束力的裁决。

第 335*k* 条 [3]

d. 在破产程序或和解程序期间

破产程序或和解程序中发生的大量解雇，当事人间如最终订立和解契约，上述关于协调计划的规定（第 335*h* 条至第 335*j* 条），不适用之。

---

〔1〕 依 2013 年 6 月 21 日的联邦法律附录增订，自 2014 年 1 月 1 日起生效。
〔2〕 依 2013 年 6 月 21 日的联邦法律附录增订，自 2014 年 1 月 1 日起生效。
〔3〕 依 2013 年 6 月 21 日的联邦法律附录增订，自 2014 年 1 月 1 日起生效。

第 336 条[1]

Ⅲ. 关于通知终
　止的保护性
　规定

1. 滥用终止权

a. 一般规定

¹ 当事人一方通知终止劳务关系，属于下列情形之一者，为滥用终止权：

　　a. 因他方具有某种人身特征而通知终止劳务关系者，但其人身特征，与劳务关系有密切关系，或者严重妨害其在企业中与其他受雇人协作者，不在此限；

　　b. 因他方行使宪法上之权利而通知终止劳务关系者，但其行使权利违反基于劳务关系而应负担的义务，或者严重妨害其在企业中与其他受雇人协作者，不在此限；

　　c. 单纯为阻止他方取得劳务关系上之请求权而通知终止劳务关系者；

　　d. 因他方诚实信用行使劳务关系之请求权而通知终止劳务关系；

　　e. 因他方履行瑞士义务兵役、义务民防役或瑞士民役，或者履行非自愿承担的法律义务，[2]而通知终止劳务关系者。[3]

² 雇用人通知终止劳务关系，属于下列情形之一者，亦为滥用终止权：

　　a. 因受雇人为或非为劳工协会的成员，或者因受雇人合法参加工会的活动，而通知终止劳务关系者；

　　b. 在受雇人被推选担任雇员委员会或企业中类似

---

〔1〕　依 1988 年 3 月 18 日的联邦法律第 Ⅰ 项修正，自 1989 年 1 月 1 日起生效。

〔2〕　瑞士义务兵役、义务民防役或瑞士民役，原文 schweizerischen obligatorischen Militär oder Schutzdienst oder schweizerischen Zivildienst，瑞士官方英译为 Swiss compulsory military or civil defence service or Swiss alternative civilian service。民役（Zivildienst），拒服兵役者的替代性服役。非自愿承担的法律义务，原文 eine nicht freiwillig übernommenen gesetzlichen Pflicht，瑞士官方英译为 a non-voluntary legal obligation。——译注

〔3〕　依 1995 年 10 月 6 日《民役法》（Zivildienstgesetz vom 6. Okt. 1995）附录第 3 项修正，自 1996 年 10 月 1 日起生效。

机构的雇员代表人期间，雇用人通知终止与该受雇人的劳务关系，但不能证明其终止具有充分理由者；

c. 在大量解雇之情形，未向受雇人的代表机构，在无代表机构时，未向受雇人征询意见（第335 *f* 条），即通知终止劳务关系者。[1]

³ 雇员代表人之任职，因劳务关系移转（第333 条）而终止时，雇员代表人，在其按劳务关系未发生移转之情形下的任职期间届满前，仍受第 2 款 b 项的保护。[2]

第 336*a* 条 [3]

b. 对滥用终止权的处罚

¹ 一方滥用终止权通知终止劳务关系者，应向他方支付补偿。

² 补偿额，由法院在衡量各种情事后确定之；补偿额不应超过受雇人六个月工资的总额。基于其他法律理由的损害赔偿请求权，不受影响。

³ 通知终止劳务关系，属于第 336 条第 2 款第 3 项所称之情形者，补偿额不应超过受雇人两个月工资的总额。[4]

第 336*b* 条 [5]

c. 程序

¹ 依第 336 条和第 336*a* 条规定要求补偿的一方，对于他方通知终止劳务关系，如有异议，最迟须在终止劳务关系的预告期间届满前，以书面方式提出。

² 异议有效，且双方当事人不能就劳务关系之继续达成

---

[1] 依 1993 年 12 月 17 日的联邦法律第 Ⅰ 项增订，自 1994 年 5 月 1 日起生效。
[2] 依 1993 年 12 月 17 日的联邦法律第 Ⅰ 项增订，自 1994 年 5 月 1 日起生效。
[3] 依 1988 年 3 月 18 日的联邦法律第 Ⅰ 项修正，自 1989 年 1 月 1 日起生效。
[4] 依 1993 年 12 月 17 日的联邦法律第 Ⅰ 项增订，自 1994 年 5 月 1 日起生效。
[5] 依 1988 年 3 月 18 日的联邦法律第 Ⅰ 项修正，自 1989 年 1 月 1 日起生效。

合意者，被通知终止劳务关系的一方，得请求支付补偿。补偿请求权人，未在劳务关系终止后一百八十日内提起诉讼者，其补偿请求权失效。

第 336c 条[1]

2. 不合时宜的通知终止

a. 雇用人通知终止

[1] 试用期满后，在下列期间，雇用人不得通知终止劳务关系：

a. 在受雇人履行瑞士义务兵役、义务民防役或瑞士民役期间，或者继续性履行此种义务超过十一[2]日时，在此前和此后的四周期间；[3]

b. 在受雇人无过错，因生病或意外变故而不能提供全部或部分劳务期间，但受雇人不能提供劳务，在第一个劳务年超过三十日，在第二个至第五个劳务年度各超过九十日，在第六个及以后劳务年度各超过一百八十日者，不在此限；

c. 在女性受雇人怀孕期间，以及分娩后十六周内；

d. 在受雇人经雇用人同意，为由联邦政府职能机构命令实施的国外援助项目提供服务期间。

[2] 在前款禁止期间通知终止劳务关系者，无效；但在前款禁止期间开始前已通知终止劳务关系，而通知终止的预告期间在禁止期间开始时尚未届满之情形，预告期间停止进行，且仅在禁止期间结束后继续进行。

[3] 劳务关系在某特定日期，例如在某一月或某一周结束之日终止，而该终止日期，与继续进行的预告期间结

---

[1] 依 1988 年 3 月 18 日的联邦法律第 I 项修正，自 1989 年 1 月 1 日起生效。

[2] 条文中"十一"（elf）一词，由联邦议会和国民议会的联席会议法律起草委员会修正（《商业往来法》[Geschäftsverkehrsgesetz] 第 33 条）。

[3] 依 1995 年 10 月 6 日《民役法》（Zivildienstgesetz vom 6. Okt. 1995）附录第 3 项修正，自 1996 年 10 月 1 日起生效。

束之日不一致者，该继续进行的预告期间，延长至下一个终止日期结束。

第 336d 条[1]

b. 受雇人通知
终止

¹ 试用期满后，如受雇人的上级主管人员或雇用人本人因第 336c 条第 1 款 a 项所列原因无法工作，而受雇人应接替其工作时，受雇人不得通知终止劳务关系，但受雇人不能胜任其上级主管人员之职务者，不在此限。

² 第 336c 条第 2 款和第 3 款准用之。

第 337 条

IV. 无预告期间
的通知终止

1. 要件

a. 重大原因

¹ 如有重大原因，雇用人和受雇人均得随时通知立即终止劳务关系；他方要求说明立即终止劳务关系的原因时，通知终止的一方应书面说明。[2]

² 特别是因某种情事之存在，依诚信原则，继续劳务关系对通知终止的一方当事人不公平者，该情事应视为重大原因。

³ 法院得依其衡量，裁判是否存在重大原因，但无论如何，受雇人非因其过错而不能提供劳务，不得被认为重大原因。

第 337a 条

b. 有不能支付
工资之虞

雇用人无支付能力时，受雇人得通知立即终止劳务关系，但雇用人在合理期限内对基于劳务关系而产生的债权提供担保者，不在此限。

第 337b 条

2. 法律后果

¹ 一方当事人的违约行为构成得立即终止劳务关系的重

---

〔1〕 依 1988 年 3 月 18 日的联邦法律第 I 项修正，自 1989 年 1 月 1 日起生效。

〔2〕 依 1988 年 3 月 18 日的联邦法律第 I 项修正，自 1989 年 1 月 1 日起生效。

a. 有正当理由
的通知终止

大原因时，违约人应赔偿全部损害，损害赔偿额的计算，应考虑基于劳务关系而产生的全部债权。

² 在其他情形下，法院得在考虑各种情事后，裁量立即终止劳务关系所应产生的财产法上之后果。

第 337c 条 [1]

b. 无正当理由
的通知终止

¹ 雇用人无重大原因而通知立即终止劳务关系者，受雇人得请求赔偿——在遵循预告期间通知终止劳务关系的情况下或在劳务关系按约定期限终止的情况下所能取得的——全部利益。

² 前款赔偿额，应扣减受雇人因劳务关系终止而节省的费用和从事其他劳动而取得的收入，受雇人能从事而不从事其他劳动因而未取得收入者，亦同。

³ 法院得在考虑各种情事后，裁量雇用人应向受雇人支付补偿金；但其数额不得超过受雇人六个月的工资。

第 337d 条

c. 无正当理由
不接受工作
岗位或突然
离职

¹ 受雇人无重大理由不接受工作岗位，或者不为通知而离开工作岗位者，雇用人得请求相当于受雇人月工资四分之一的补偿金；此外，雇用人尚得就其他损害请求赔偿。

² 雇用人未受损害或所受损害小于前款补偿金者，法院得依其衡量扣减补偿金。

³ 补偿金请求权未因抵销而消灭者，雇用人应在受雇人不接受工作岗位或不为通知即离开工作岗位后三十日内提起诉讼或债务追索程序 [2] 主张之；否则，补偿金请求权失效。 [3]

---

〔1〕　依 1988 年 3 月 18 日的联邦法律第 I 项修正，自 1989 年 1 月 1 日起生效。

〔2〕　债务追索程序，原文 Betreibung，瑞士官方英译为 debt enforcement proceedings。——译注

〔3〕　依 1988 年 3 月 18 日的联邦法律第 I 项修正，自 1989 年 1 月 1 日起生效。

⁴ ......〔1〕

第 338 条

V. 受雇人或雇
用人死亡

1. 受雇人死亡

¹ 劳务关系因受雇人死亡而终止。

² 受雇人死亡时有配偶、登记的同性伴侣或未成年子女，或者受雇人死亡时虽无上述继承人但有其他应由受雇人扶养之人者，雇用人应多支付一个月的工资，如劳务关系已满五年，应多支付两个月的工资。〔2〕

第 338a 条

2. 雇用人死亡

¹ 雇用人死亡时，劳务关系移转于其继承人；参照适用关于企业让与时劳务关系移转的规定〔3〕。

² 劳务关系，与雇用人的人身具有本质上之联系者，因雇用人死亡而终止，但受雇人得请求赔偿因劳务关系提前终止而发生的损害。

第 339 条

VI. 劳务关系终
止的法律效
果

1. 债权的清
偿期

¹ 所有基于劳务关系而产生的债权，均因劳务关系终止而届其清偿期。

² 受雇人依约定对其所促成的交易享有佣金债权，而该交易在劳务关系终止后始全部或部分履行者，对于该佣金债权，双方当事人得书面约定延迟清偿期，但其延期不得超过六个月，如为分期履行的交易，其延期不得超过一年，如为保险契约或履行期间超过半年的交易，其延期不得超过两年。

³ 对经营成果的份额请求权，其清偿期，依第 323 条第 3 款确定之。

---

〔1〕 依 1988 年 3 月 18 日的联邦法律第 I 项废止，自 1989 年 1 月 1 日起失效。

〔2〕 依 2004 年 6 月 18 日《同性伴侣关系法》（Partnerschaftsgesetz vom 18. Juni 2004）附录第 11 项修正，自 2007 年 1 月 1 日起生效。

〔3〕 关于企业让与时劳务关系移转的规定，见第 333 条。——译注

第 339a 条

2. 返还义务

¹ 劳务关系终止时，当事人一方应返还其在劳务关系存续期间从他方或从为该他方计算的第三人处取得的一切物品。

² 特别是，受雇人应返还机动车和驾驶证，以及提前支取的工资或费用中超出其债权的部分。

³ 当事人的留置权不受影响。

第 339b 条

3. 离职金
a. 要件

¹ 受雇人已满五十岁，且已为雇用人提供劳务二十年或二十年以上者，在劳务关系终止时，雇用人应为其支付离职金。

² 受雇人如在劳务关系存续期间死亡，前款离职金，应支付于其生存的配偶、登记的同性伴侣或未成年子女，受雇人死亡时无上述继承人但有其他应由受雇人扶养之人者，应支付于该被扶养人。[1]

第 339c 条

b. 数额和清
偿期

¹ 得在书面约定、标准劳务契约或集体劳务契约中规定离职金的数额，但不得少于受雇人两个月工资的总额。

² 未规定离职金数额时，法院得在考虑各种情况后，裁量离职金的数额，但不得超过受雇人八个月工资的总额。

³ 受雇人无重大理由终止劳务关系，或者受雇人被雇用人以重大事由通知立即终止劳务关系者，或者支付离职金有致雇用人陷于困境之虞者，雇用人得减少付或不支付离职金。

---

〔1〕 依 2004 年 6 月 18 日《同性伴侣关系法》（Partnerschaftsgesetz vom 18. Juni 2004）附录第 11 项修正，自 2007 年 1 月 1 日起生效。

⁴ 离职金应于劳务关系终止时支付，但依书面约定、标准劳务契约或集体劳务契约规定，或者依法院裁判，得延期支付者，不在此限。

第 339*d* 条

c. 代替给付

¹ 受雇人从社会保障机构领取养老金时，在受雇人所领取的养老金实质上源自雇用人向社会保障机构所缴付的社会保障金之范围内，雇用人得扣减离职金的数额。[1]

² 雇用人本人，或者雇用人使第三人，向受雇人担保将来支付养老金者，雇用人得在担保范围内不支付离职金。

第 340 条

Ⅶ.竞业禁止
1. 要件

¹ 有行为能力的受雇人，得与雇用人订立书面契约，约定在劳务关系终止后不从事任何与雇用人有竞争关系的活动，特别是，不从事为自己之计算、与雇用人的营业有竞争关系的营业，亦不供职于该种营业，或者在该种营业中持有股份。

² 竞业禁止，仅在受雇人因劳务关系而知悉雇用人的顾客名单、技术秘密或商业秘密，且其使用显然有害于雇用人时，始有拘束力。

第 340*a* 条

2. 限制

¹ 竞业禁止的地域、期间及营业种类须合理，以免对受雇人未来的经济活动造成不正当的妨害；除有特殊情事外，竞业禁止的期限不得超过三年。

² 对于不合理的竞业禁止，法院得在衡量各种情况后，限缩之；法院在衡量时，应充分考虑其限缩可能给雇用人造成的不利益。

---

〔1〕 依 1982 年 6 月 25 日《关于职业老年人、遗属、残疾人养老金的联邦法律》（Bundesgesetz vom 25. Juni 1982 über die berufliche Alters-, Hinterlassenen- und Invalidenvorsorge）附录第 2 项修正，自 1985 年 1 月 1 日起生效。

第 340*b* 条

3. 违反竞业禁
止的后果

[1] 受雇人违反竞业禁止者，应赔偿雇用人因此而发生的损害。

[2] 如无相反约定，受雇人在支付违约金后不再受竞业禁止的拘束；但其对于其他损害，仍负赔偿义务。

[3] 依雇用人利益所受损害或威胁的程度和受雇人的行为，有理由认为应排除竞业行为者，雇用人除得请求支付违约金和赔偿其他损害外，尚得请求受雇人停止其行为，但以当事人对此有书面的特别约定为限。

第 340*c* 条

4. 失效

[1] 有事实表明竞业禁止的维持对于雇用人不再有显著利益者，竞业禁止失其效力。

[2] 雇用人无正当理由[1]而终止劳务关系，或者受雇人因可归责于雇用人的事由而终止劳务关系者，竞业禁止亦失其效力。

第 341 条

H. 权利之不得
放弃和时效

[1] 受雇人在劳务关系存续期间和劳务关系终止后一个月内，不得放弃其基于强行性法律规定或集体劳务契约中绝对必要条款而享有的债权。

[2] 基于劳务关系而产生的债权，适用关于时效的一般规定。

第 342 条

I. 公法的保留
及其在民法
上的效力

[1] 下列规定不受本法规定的影响：

    a. 联邦、州和乡镇关于公法上劳务关系的规定，但其内容涉及第 331 条第 5 款、第 331*a* 条至第

---

〔1〕 无正当理由，指不存在可归责于受雇人且足以构成雇用人终止劳务关系之原因的事由。——译注

331e 条之规定者，不在此限；[1]

　　b. 联邦和州公法中关于劳动与职业培训的规定。

² 依联邦或州的法律规定，雇用人或受雇人对劳动与职业培训负有公法上之义务，且该义务能被订入个人劳务契约者，他方享有民法上的履行请求权。

第 343 条[2]

第二节　特种个人劳务契约

第一目　学徒契约[3]

第 344 条

I. 定义和订约

1. 定义

基于学徒契约，雇用人有培训学徒，使学徒取得一定职业技能的义务，学徒为能得到培训，有为雇用人提供劳务的义务。

第 344a 条

2. 订约和内容

¹ 学徒契约，为使其有效，须采用书面形式。

² 学徒契约应规定职业培训的种类和期限、工资、试用期、工作时间和假期。

³ 试用期间不得短于一个月，亦不得长于三个月。双方当事人在学徒契约中未规定试用期间者，其试用期间为三个月。

---

〔1〕 依 1998 年 12 月 18 日的联邦法律第 II 2 项修正，自 1999 年 5 月 1 日起时效。

〔2〕 依 2008 年 12 月 19 日《民事诉讼法》（Zivilprozessordnung vom 19. Dezember 2008）附录一第 II 5 项废止，自 2011 年 1 月 1 日起失效。

〔3〕 依 2002 年 12 月 13 日《职业培训法》（Berufsbildungsgesetz vom 13. Dez. 2002）附录第 II 3 项修正，自 2004 年 1 月 1 日起生效。

⁴ 在特殊情形，双方当事人得在试用期间届满前，约定将试用期间延长至六个月，但须取得州主管机关的批准。

⁵ 学徒契约尚得对其他事项作出规定，特别是，得就工具的提供、食住费用的支付、保险费的承担或双方当事人应履行的义务等作出规定。

⁶ 有害于学徒在授业结束后自由择业的约定，无效。

第 345 条

II. 效力
1. 学徒及其法
   定代理人的
   特别义务

¹ 学徒应从事为实现学徒目标所需的全部事务。

² 学徒的法定代理人应尽力支持雇用人履行其职责，促进雇用人与受雇人间的协作与融洽。

第 345*a* 条

2. 雇用人的特别
   义务

¹ 雇用人应确保职业培训在具有必要的职业技能和良好品行的专业人员指导和监督下进行。

² 雇用人应保障学徒有参加职业技术学校和跨学科课程学习以及参加学徒结业考试所必要的时间，且不得扣减学徒的工资。

³ 对于未满二十岁的学徒，雇用人应给予每个劳务年度不少于五周的假期。

⁴ 雇用人仅得在与所培训的职业有关且无害于职业培训的限度内，安排学徒从事职业性工作以外的工作或计件工资的工作。

第 346 条

III. 终止
1. 提前终止

¹ 在试用期间，得随时以七日为预告期间，通知终止学徒关系。

² 特别是，有下列情形之一者，得基于第 337 条意义上

的重大原因，随时通知立即终止学徒关系：

 a. 负责指导和监督职业培训的专业人员欠缺培训学徒所必要的职业技能或良好品行者；

 b. 学徒在身体方面或心智方面不具备职业培训所必要的条件，或者学徒的健康或道德存在问题者；在此情形，应在通知终止前听取学徒的意见，如有必要，应尽可能听取其法定代理人的意见；

 c. 职业培训无法完成或仅在条件有实质性改变的情况下才能完成者。

第 346a 条

2. 学徒证书

[1] 职业培训结束后，雇用人应向学徒签发记载所受职业培训和培训期限等必要信息的证书。

[2] 学徒或其法定代理人要求在证书中记载学徒的能力、工作绩效和品行者，应为其记载。

第二目　旅行推销契约[1]

第 347 条

I. 定义和订约

1. 定义

[1] 基于旅行推销契约，旅行推销人负有在雇用人营业场所之外，为商事营业者、加工制造业者或其他商事营业者之计算，从事居间或缔结交易行为的义务。

[2] 受雇人从事推销活动，不是主要在旅行中完成，或者仅偶然或暂时为雇用人从事旅行推销，或者推销人为自己之计算从事交易者，不视为旅行推销人。

---

　〔1〕　旅行推销契约，原文 Handelsreisendenvertrag，瑞士官方英译为 commercial traveller's contract，依字面，应译作"旅行推销人之契约"。旅行推销人，原文 der Handelsreisende，瑞士官方英译为 the commercial traveller。旅行推销人（commercial traveller, traveling saleman），指仅凭委托人提供的货物样品从顾客处取得订货单的推销人。参见薛波主编：《元照英美法辞典》，法律出版社 2003 年版，第 254 页和第 1355 页。——译注

第 347a 条

2. 订约和内容

[1] 劳务关系，依书面契约确定之，特别是，其契约应规定下列事项：

    a. 劳务关系的期限与终止；

    b. 旅行推销人的代理权限；

    c. 报酬与费用补偿；

    d. 一方当事人住所在国外时的法律适用与案件管辖地。

[2] 劳务关系未订立书面契约者，前款各项内容，依法律规定和通常的劳务条件，确定之。

[3] 口头约定，如其内容系关于工作的开始时间、旅行推销的种类和区域者，有效，其他内容的口头约定，仅在其不与法律规定和书面契约相抵触时，始为有效。

第 348 条

II. 旅行推销人的义务和权限

1. 特别义务

[1] 除有正当理由须为变更外，旅行推销人应按规定的方式访问顾客；非经雇用人书面同意，旅行推销人不得为自己之计算或为第三人之计算从事居间或缔结交易行为。

[2] 旅行推销人，被授权缔结交易行为者，应遵守雇用人规定的价格和其他交易条件，对雇用人规定的价格和其他交易条件的任何变更，均须取得雇用人的同意。

[3] 旅行推销人应定期向雇用人报告其推销情况，立即向雇用人交付已取得的订单，并应将与顾客有关的重要情事告知雇用人。

第 348a 条

2. 履约保证

[1] 就顾客的付款义务或其他义务的履行约定由旅行推销人负保证责任，或者就债权的收取约定由旅行推销人承担全部或部分费用者，其约定无效。

² 对于与私人顾客〔1〕缔结的交易行为，旅行推销人得以书面表示承担以下义务：对于雇用人因顾客不履行义务而发生的损害，旅行推销人承担每笔交易不超过四分之一的赔偿责任，但以有合理的担保佣金〔2〕之约定为限。

³ 在保险契约之情形，保险的旅行居间人〔3〕得以书面表示，在保险费全部或部分未被支付，而其以诉讼或强制执行方式收取时，承担不超过一半的债权收取费用。

第 348*b* 条

3. 代理权

¹ 除另有书面约定外，旅行推销人仅具有从事居间交易的权限。

² 旅行推销人被授权缔结交易行为者，其授权，扩及于为实现该交易行为通常所需的一切行为；但如无特别授权，旅行推销人不得受领顾客的付款和决定顾客的付款期限。

² 1908 年 4 月 2 日《关于保险契约的联邦法律》〔4〕第 34 条的规定，不受影响。

第 349 条

Ⅲ. 雇用人的特别义务

1. 业务范围

¹ 就某一特定区域或某一顾客群指派推销人者，除另有书面约定外，应视为排他性指派；但雇用人本人有权与该区域或该顾客群中的顾客缔结交易行为。

---

〔1〕 私人顾客，原文 Privatkunde，瑞士官方英译为 private individual。私人顾客，指顾客是自然人。——译注

〔2〕 担保佣金，原文 Delcredere-Provision，亦译保证佣金或保证手续费或保付代理佣金，指商事代理人附带保证时收取的佣金或手续费。在瑞士官方英译的文本中，Delcredere-Provision 被译作 del credere commission。参见彭金瑞等编译：《简明英汉法律辞典》，商务印书馆 1990 年版，第 235 页；薛波主编：《元照英美法词典》，法律出版社 2003 年版，第 391 页。——译注

〔3〕 保险的旅行居间人，原文 der reisende Versicherungsvermittler，瑞士官方英译为 the traveling insurance broker。——译注

〔4〕 Bundesgesetz vom 2. April 1908 über den Versicherungsvertrag.

² 在通知终止契约的预告期间届满前，如有正当理由，雇用人得单方变更契约规定的对推销区域或顾客群的指派；在此情形，旅行推销人得请求损害赔偿，并得以重大事由通知终止劳务契约。

第 349a 条

2. 工资

a. 一般规定

¹ 雇用人应向旅行推销人支付报酬，其报酬，表现为固定的工资，或者表现为固定的工资并附加佣金。

² 以书面约定，旅行推销人的报酬，仅由或主要由佣金组成者，其约定有效，但旅行推销人所取得的佣金不能补偿其推销费用者，不在此限。

³ 试用期不超过两个月的报酬，得以书面自由约定之。

第 349b 条

b. 佣金

¹ 就某一特定区域或某一顾客群排他性指派推销人者，对于由推销人或其雇用人与该区域或顾客群中的顾客缔结的任何交易行为，雇用人均应按约定或习惯向旅行推销人支付佣金。

² 就某一特定区域或某一顾客群未排他性指派推销人者，旅行推销人仅得就由其居间促成或由其缔结的交易行为，请求支付佣金。

³ 交易价额在佣金的清偿期届至时尚不能确定者，其佣金，先按雇用人估计的最低价值支付，其余佣金，最迟应在交易履行时支付。

第 349c 条

c. 在旅行推销存在障碍之情形

¹ 旅行推销人无过错而不能从事旅行推销，依法律或契约规定雇用人仍应支付报酬者，其报酬，应按固定的工资和合理的补偿额确定之。

² 佣金在报酬中所占比例小于五分之一者，得以书面约

159

定：在旅行推销人无过错而不能从事旅行推销之情形，对于旅行推销人的佣金损失，雇用人不负补偿义务。

³ 旅行推销人，在无过错而不能从事旅行推销之情形仍取得全额报酬者，应依雇用人的要求，在雇用人的营业中从事其有能力从事且可期待其从事的工作。

第 349*d* 条

3. 费用

¹ 旅行推销人同时为数个雇用人从事推销活动，但对费用未以书面约定分担份额者，各雇用人平均分担之。

² 当事人约定全部或部分费用包含在固定工资或佣金之内者，其约定无效。

第 349*e* 条

4. 留置权

¹ 为担保基于劳务关系而产生的到期债权，或者在雇用人支付不能之情形为担保尚未到期的债权，旅行推销人对于依雇用人授权而受领的顾客交付的动产、有价证券和付款，得行使留置权。

² 但不得对车船票、机票、价格表、顾客名单或其他文件行使留置权。

第 350 条

IV. 终止
1. 特别终止

¹ 佣金在报酬中所占比例不少于五分之一，且随销售淡旺季而有重大波动者，对于在上一个季节结束后即为其从事推销活动的旅行推销人，雇用人如在本季节中通知终止劳务关系，其劳务关系在作出通知后的第二个月结束时终止。

² 在与前款条件相同之情形下，对于雇其从事推销活动至本季节结束时止的雇用人，旅行推销人如在下一个季节开始时通知终止劳务关系，其劳务关系，在作出通知后的第二个月结束时终止。

第 350*a* 条

2. 特别后果

[1] 劳务关系终止时，对基于缔结交易行为或居间促成交易而应得的佣金，以及对基于在劳务关系终止时已送交雇用人的订单而应得的佣金，无论该交易或订单何时被接受或得到履行，旅行推销人均得请求支付其全部。

[2] 劳务关系终止时，旅行推销人应返还供其从事推销之用的全部样品、模型、价格表、顾客名单及其他文件；但其留置权不受影响。

第三目　家庭劳务契约

第 351 条

I. 定义和订约
1. 定义

基于家庭劳务契约，家务受雇人[1]负有在雇用人的住房或其他居所，单独或与其家庭成员共同从事家务劳动的义务，雇用人负有向家务受雇人支付工资的义务。

第 351*a* 条

2. 劳动条件的
告知

[1] 交付于家务受雇人的工作，未为家庭劳务契约之一般性劳动条件所包括者，雇用人应在交付工作前，告知家务受雇人执行该项工作的劳动条件和具体细节；雇用人应具体说明家务受雇人需要准备的材料，并应以书面告知家务受雇人因此可得到的补偿和报酬。

[2] 对于家务受雇人可得到的工资，以及对于家务受雇人所准备的材料的补偿，雇用人未在交付工作前作出书面告知者，依通常的劳动条件确定。

---

〔1〕　家务受雇人（Heimarbeitnehmer）为 1981 年 3 月 20 日《家务劳动法》（Heimarbeitsgesetz vom 20. März 1981）第 21 条第 1 项所使用之术语；本法第 351 条至第 354 条及第 362 条第 1 款因之而作相应修正，自 1983 年 4 月 1 日起生效。

第 352 条

Ⅱ. 受雇人的特
别义务

1. 劳动的执行

¹ 家务受雇人应及时开展工作，在约定的期间内完成工作，并将工作成果移交于雇用人。

² 家务受雇人，因过错导致工作成果有瑕疵时，应在瑕疵可被除去的范围内，无偿改善工作成果。

第 352a 条

2. 材料和劳动
工具

¹ 家务受雇人应妥善管理雇用人所交付的材料和工具，报告其使用情况，并在工作完成后返还所剩余的材料和所领取的工具。

² 家务受雇人在执行工作过程中发现所交付的材料或所领取的工具存在瑕疵时，应立即通知雇用人，在得到雇用人指示前，应停止其工作。

³ 家务受雇人，过错毁损雇用人所交付的材料或工具者，应向雇用人负赔偿责任，但以毁损物的成本价额为限。

第 353 条

Ⅲ. 雇用人的特
别义务

1. 工作成果的
接收

¹ 对家务受雇人交付的工作成果，雇用人应进行检验，如有瑕疵，最迟应在一周内通知家务受雇人。

² 雇用人未及时通知瑕疵者，视为接受工作成果。

第 353a 条

2. 报酬

a. 报酬的支付

¹ 家务受雇人继续性受雇于雇用人者，雇用人应每半月支付一次报酬，经受雇人同意，亦得每月支付一次报酬，在其他情形，应在交付工作成果时支付报酬。

² 雇用人支付报酬时，应向受雇人交付书面的报酬结算单，如有扣减报酬的情况，应说明理由。

第 353*b* 条

b. 劳务给付存
在障碍时的
报酬

¹ 在家务受雇人继续性受雇于雇用人之情形，雇用人未
能接受工作，或者家务受雇人因个人原因但没有过错
而不能工作时，雇用人仍应按第 324 条和第 324*a* 条的
规定支付报酬。

² 在其他情形，雇用人无按第 324 条和第 324*a* 条的规定
支付报酬的义务。

第 354 条

IV. 终止

¹ 向家务受雇人交付实习工作者，视为已订立确定期限
的试用劳务契约，但当事人另有约定者，不在此限。

² 家务受雇人继续性受雇于雇用人者，视为已订立不确
定期限的劳务契约，在其他情形，视为已订立确定期
限的劳务契约，但当事人另有约定者，不在此限。

第四目　一般规定的适用

第 355 条

关于个人劳务契约的规定，补充适用于学徒契约、旅行
推销契约和家庭劳务契约。

第三节　集体劳务契约和标准劳务契约

第一目　集体劳务契约

第 356 条

I. 定义、内容、
形式和期间
1. 定义

¹ 集体劳务契约，指雇用人或雇主协会与劳工协会，就
雇用人与受雇人间个人劳务关系的成立、内容和终止
作出共同性规定而订立的契约。

² 集体劳务契约，亦得就涉及雇用人与受雇人间关系的其他事项，作出具体规定，或者仅加以列明。

³ 此外，集体劳务契约得规定当事人相互间的权利和义务以及对前二款规定的遵守与执行。

⁴ 同一集体劳务契约中的数个雇主协会和/或数个劳工协会，无论其在订约时即为该集体劳务契约的当事人，抑或嗣后经最初的契约当事人同意而成为该集体劳务契约的当事人，其相互间享有平等的权利，负担平等的义务；与此项规定不同的约定，无效。

第 356a 条

2. 结社自由和职业自由

¹ 集体劳务契约的规定中或契约当事人的约定中，强制雇用人或受雇人加入雇主协会或劳工协会的条款，无效。

² 集体劳务契约的规定中或契约当事人的约定中，禁止或限制受雇人从事某种职业、参加某种活动或接受某种必要的培训的条款，无效。

³ 前款意义上的规定或约定，如可认为旨在保护重大利益，特别是旨在保护人身安全和健康或工作质量者，有效；但不得以保护重大利益为理由，否定择业自由权。

第 356b 条

3. 加入

¹ 单个雇用人和供职于雇用人的单个受雇人，经集体劳务契约双方当事人的同意，得加入集体劳务契约，并成为集体劳务契约的雇用人和受雇人。

² 集体劳务契约得就前款加入作出具体规定。所规定的加入条件不合理，特别是规定加入集体劳务契约须支付不合理之金额时，法院得宣告其无效或将其限缩至合理的程度；但纯粹为契约当事人一方的利益而作出的支付一定金额的规定或约定，应为无效。

³ 集体劳务契约的规定中或契约当事人的约定中，强制无权加入集体劳务契约或订立类似契约的协会的成员加入集体劳务契约的条款，无效。

第 356c 条

4. 形式和期间

¹ 集体劳务契约的订立、经双方当事人合意的变更或废止、新当事人的加入以及契约的通知终止，为使其有效，须采用书面形式，同样，单个的雇用人或受雇人依第 356b 条第 1 款的规定加入集体劳务契约的表示和集体劳务契约的当事人同意加入的表示，以及加入者退出集体劳务契约的表示，亦须采用书面形式。

² 集体劳务契约未规定存续期限者，契约的任何一方当事人在契约对其他当事人生效一年后，均得随时以六个月为预告期间，通知退出集体劳务契约，但集体劳务契约另有规定者，不在此限。对于加入契约的当事人，参照适用本规定。

第 357 条

II. 效力
1. 对于加入的雇用人和受雇人的效力

¹ 集体劳务契约中关于契约的订立、内容和个人劳务关系终止的规定，对于在契约存续期间加入的雇用人与受雇人直接发生效力，而不得有任何变更，但集体劳务契约另有规定者，不在此限。

² 加入契约的雇用人与受雇人间的约定，违反强制性规定者，无效，并应以集体劳务契约的相关规定代替之；但违反强制性规定的约定有利于受雇人者，不在此限。

第 357a 条

2. 契约当事人间的效力

¹ 契约当事人应恪守集体劳务契约；为此目的，各方当事人所在的协会应监督其成员恪守契约，必要时，应采取协会章程或法律所规定的措施。

² 契约的各方当事人均负有维护劳务关系平和的义务，特别是，对于集体劳务契约有规定的事项，不应采取不理智的行动；但仅在集体劳务契约有明确规定时，始负无限制的维护劳务关系平和的义务。

第357*b*条

3. 共同执行

¹ 在两个协会订立的集体劳务契约中得约定，对于下列事项，任何一方当事人均得请求加入契约的雇用人与受雇人恪守集体劳务契约：

 a. 劳务关系的订立、内容和终止，关于劳务关系的订立、内容和终止的确认之诉；

 b. 补偿基金的出资、其他与劳务关系有关的事项、企业中受雇人的代表人、和谐的劳资关系的维护；

 c. 与本款 a 项和 b 项规定有关的监督、保证金和违约金。

² 契约当事人在协会章程或协会的上级机关有明确授权的情况下，得订立前款意义上的条款。

³ 除集体劳务契约另有规定外，对于集体劳务契约当事人间的关系，得参照适用关于单纯合伙的规定[1]。

第358条

Ⅲ. 与强行法的关系

联邦和州的强行法优先于集体劳务契约的规定，但在与强行法不相抵触的范围内，得为受雇人的利益，作出与强行法不同的规定。

---

〔1〕 关于单纯合伙的规定，见第530条以下。——译注

第二目　标准劳务契约

第 359 条

I. 定义和内容 　　¹ 标准劳务契约，指为规范个别的劳务关系的订立、内容和终止而拟定的范本契约。

² 州应就农事受雇人和家务受雇人为当事人一方的劳务关系发布标准劳务契约，特别是，应就工作时间、休息期间、女性受雇人和青少年受雇人的工作条件作出规定。

³ 第 358 条准用于标准劳务契约。

第 359a 条

II. 管辖和程序 　　¹ 适用于数州的标准劳务契约，由联邦委员会发布，否则由州发布。

² 标准劳务契约在发布前，应以适当方式进行公示，在规定的期限内，任何利害关系人均得对其提出书面意见；此外，尚应征求有关的职业团体和公益团体的意见。

³ 标准劳务契约，经依关于官方文件公布的规定，公布后生效。

⁴ 关于标准劳务契约的废止与变更，适用相同的程序。

第 360 条

III. 效力 　　¹ 标准劳务契约中的规定，直接适用于受其调整的劳务关系，但当事人另有约定者，不在此限。

² 标准劳务契约得规定，当事人变更标准劳务契约个别规定的约定，为使其有效，须以书面为之。

第 360a 条[1]

IV. 最低工资
1. 要件

1 某一特定行业或职业的通行工资标准经常被不合理降低，且无集体劳务契约对最低工资作出具有普遍约束力的规定时，经第 360b 条所称的三方委员会声请，主管机关为避免或防止雇用人滥用其权利，得拟定固定期限的标准劳务契约，并按不同区域，必要时按不同地域，规定不同的最低工资。

2 最低工资，既不得与公共利益相冲突，亦不得损害其他行业或职业群体的合法利益。主管机关在对最低工资作出规定时，应充分考虑因各行业或职业的差异而可能存在的不同行业或职业中少数人的利益。

第 360b 条[2]

2. 三方委员会

1 联邦和各州应成立由雇用人代表、受雇人代表及联邦代表或州代表组成的三方委员会，各方代表的人数应相同。

2 对于前款代表的选任，雇主协会和劳工协会有提议权。

3 三方委员会应密切关注劳动力市场。如发现存在第 360a 条第 1 款意义上的滥用，三方委员会原则上得直接向各有关雇用人指出其滥用。被指滥用的雇用人未在三个月内改正者，三方委员会应声请主管机关为其拟定标准劳务契约，并规定各相关行业或职业受雇人的最低工资。

4 所涉行业的劳动力市场有重大变化时，三方委员会应声请主管机关变更或废止标准劳务契约。

---

〔1〕 依 1999 年 10 月 8 日《关于派遣到瑞士的劳工的联邦法律》（Bundesgesetz vom 8. Okt. 1999 über die in die Schweiz entsandten Arbeitnehmerinnen und Arbeitnehmer）附录第 2 项增订，自 2004 年 6 月 1 日起生效。

〔2〕 依 1999 年 10 月 8 日《关于派遣到瑞士的劳工的联邦法律》（Bundesgesetz vom 8. Okt. 1999 über die in die Schweiz entsandten Arbeitnehmerinnen und Arbeitnehmer）附录第 2 项增订，自 2003 年 6 月 1 日起生效。

⁵ 三方委员会为履行其职责，有权调查雇用人以获取有关信息，并且有权查阅为调查目的所必要的一切营业文件。在有争议之情形，由联邦或州为解决此项争议而特别指定的机构裁决。

⁶ 如为调查所必要，三方委员会得向联邦统计局声请查阅集体劳务契约中所记载的个人信息。[1]

第 360c 条[2]

3. 官方秘密

¹ 三方委员会的成员须保守职务秘密；特别是，三方委员会的成员，对其在执行职务过程中知悉的商业秘密和私人秘密，负有保密的义务。

² 三方委员会的成员在离职后仍负有前款保密义务。

第 360d 条[3]

4. 效力

¹ 第 360a 条规定的标准劳务契约，亦适用于仅暂时在当地工作的受雇人以及外借的受雇人。

² 不得通过约定，对第 360a 条规定的标准劳务契约作有害于受雇人利益的变更。

---

〔1〕 依 2004 年 12 月 17 日的联邦法律（《关于批准和转化瑞士联邦与欧洲共同体及其成员国之间进一步开放人员自由流动到欧洲共同体新成员国的协议，以及批准人员自由流动配套措施的联邦决议》，Der Bundesbeschluss vom 17. Dez. 2004 über die Genehmigung und Umsetzung des Protokolls über die Ausdehnung des Freizügigkeitsabkommens auf die neuen EG-Mitgliedstaaten zwischen der Schweizerischen Eidgenossenschaft einerseits und der Europäischen Gemeinschaft und ihren Mitgliedstaaten andererseits sowie über die Genehmigung der Revision der flankierenden Massnahmen zur Personenfreizügigkeit）第 2 条第 2 项增订，自 2006 年 4 月 1 日起生效。

〔2〕 依 1999 年 10 月 8 日《关于派遣到瑞士的劳工的联邦法律》（Bundesgesetz vom 8. Okt. 1999 über die in die Schweiz entsandten Arbeitnehmerinnen und Arbeitnehmer）附录第 2 项增订，自 2003 年 6 月 1 日起生效。

〔3〕 依 1999 年 10 月 8 日《关于派遣到瑞士的劳工的联邦法律》（Bundesgesetz vom 8. Okt. 1999 über die in die Schweiz entsandten Arbeitnehmerinnen und Arbeitnehmer）附录第 2 项增订，自 2004 年 6 月 1 日起生效。

第 360e 条[1]

5. 协会的诉权

对于雇用人是否应遵守或是否已遵守第 360a 条规定的标准劳务契约，雇主协会和劳工协会有请求法院裁判的权利。

第 360f 条[2]

6. 通知

州依第 360a 条之规定发布标准劳务契约者，应向联邦主管机关[3]备案。

第四节　强制性规定

第 361 条

A. 不得作有害于雇用人和受雇人利益的变更

[1] 不得通过约定、标准劳务契约或集体劳务契约，对下列规定作有害于雇用人和受雇人利益的变更：

第 321c 条：　第 1 款（加班）

第 323 条：　第 4 款（提前支付工资）

第 323b 条：　第 2 款（工资债权与反对债权[4]抵销）

第 325 条：　第 2 款（工资债权的让与和出质）

第 326 条：　第 2 款（向受雇人分派工作）

第 329d 条：　第 2 款和第 3 款（假期工资）

第 331 条：　第 1 款和第 2 款（社会保障金的缴纳）

---

〔1〕 依 1999 年 10 月 8 日《关于派遣到瑞士的劳工的联邦法律》（Bundesgesetz vom 8. Okt. 1999 über die in die Schweiz entsandten Arbeitnehmerinnen und Arbeitnehmer）附录第 2 项增订，自 2004 年 6 月 1 日起生效。

〔2〕 依 1999 年 10 月 8 日《关于派遣到瑞士的劳工的联邦法律》（Bundesgesetz vom 8. Okt. 1999 über die in die Schweiz entsandten Arbeitnehmerinnen und Arbeitnehmer）附录第 2 项增订，自 2004 年 6 月 1 日起生效。

〔3〕 现为国家经济事务秘书处（Staatssekretariat für Wirtschaft，SECO）。

〔4〕 反对债权（Gegenforderung），指主张抵销一方的债权，又称自动债权、抵销债权（Aktivforderung, Aufrechnungsforderung, Verrechnungsforderung）。——译注

---

〔1〕　依 1993 年 12 月 17 日《关于扩大职业老年人、遗属、残疾人养老金之使用范围的联邦法律》（Bundesgesetz vom 17. Dez. 1993 über die Freizügigkeit in der beruflichen Alters-, Hinterlassenen- und Invalidenvorsorge, Freizügigkeitsgesetz, FZG）附录第 2 项增订，自 1995 年 1 月 1 日起生效。

〔2〕　依 1993 年 12 月 17 日《关于扩大职业老年人、遗属、残疾人养老金之使用范围的联邦法律》（Bundesgesetz vom 17. Dez. 1993 über die Freizügigkeit in der beruflichen Alters-, Hinterlassenen- und Invalidenvorsorge, Freizügigkeitsgesetz, FZG）附录第 2 项废止，自 1995 年 1 月 1 日起失效。

〔3〕　依 2013 年 6 月 21 日的联邦法律附录增订，自 2014 年 1 月 1 日起生效。

〔4〕　依 2000 年 3 月 24 日《审判籍法》（Gerichtsstandsgesetz vom 24. März 2000）附录第 5 项废止，自 2001 年 1 月 1 日起失效。

第 350 条： （特别终止）

第 350a 条： 第 2 款（物件返还义务）。[1]

² 通过约定或在标准劳务契约或集体劳务契约中作出规定，变更以上条款，损害雇用人或受雇人利益者，其约定和规定无效。

第 362 条

B. 不得作有害于受雇人利益的变更

¹ 不得通过约定、标准劳务契约或集体劳务契约，对下列规定作有害于受雇人利益的变更：[2]

第 321e 条： （受雇人的责任）

第 322a 条： 第 2 款和第 3 款（营利分享）

第 322b 条： 第 1 款和第 2 款（佣金请求权的成立）

第 322c 条： （佣金账目结算）

第 323b 条： 第 1 款第 2 句（工资单）

第 324 条： （雇用人受领迟延时的工资）

第 324a 条： 第 1 款和第 3 款（受雇人不能提供劳务时的工资）

第 324b 条： （受雇人有强制性保险时的工资）

第 326 条： 第 1 款、第 3 款和第 4 款（计件工资的工作）

第 326a 条： （计件工资）

第 327a 条： 第 1 款（关于费用补偿的一般规定）

第 327b 条： 第 1 款（机动车费用的补偿）

第 327c 条： 第 2 款（费用的预先支付）

第 328 条： （关于受雇人人格保护的一般规定）

第 328a 条： （受雇人与雇用人共同居住时的人格保护）

---

〔1〕 依 1988 年 3 月 18 日的联邦法律第 I 项修正，自 1989 年 1 月 1 日起生效。

〔2〕 依 2003 年 10 月 3 日的联邦法律附录第 1 项修正，自 2005 年 7 月 1 日起生效。

第 328*b* 条：　（个人信息的采集与人格保护）〔1〕

第 329 条：　第 1 款、第 2 款和第 3 款（休息时间）

第 329*a* 条：　第 1 款和第 3 款（假期的期限）

第 329*b* 条：　第 2 款和第 3 款（假期的扣减）

第 329*c* 条：　（假期的连续期间和时间安排）

第 329*d* 条：　第 1 款（假期工资）

第 329*e* 条：　第 1 款和第 3 款（青年人的假期）〔2〕

第 329*f* 条：　（产假）〔3〕

第 330 条：　第 1 款、第 3 款和第 4 款（保证金）

第 330*a* 条：　（证明书）

第 331 条：　第 3 款和第 4 款（关于社会保障金的缴纳和证明义务）

第 331*a* 条：　（社会保障的开始与终止）〔4〕

……〔5〕

第 332 条：　第 4 款（对发明的补偿）

第 333 条：　第 3 款（移转劳务关系时的责任）

第 335*i* 条：　（为订立协调计划而负协商义务）〔6〕

第 335*j* 条：　（由仲裁庭拟定协调计划）〔7〕

第 336 条：　第 2 款（雇用人滥用终止权）

---

〔1〕　依 1992 年 6 月 19 日《联邦数据保护法》（Bundesgesetz vom 19. Juni 1992 über den Datenschutz）附录第 2 项增订，自 1993 年 7 月 1 日起生效。

〔2〕　依 1989 年 10 月 6 日《青年校外工作促进法》（Bundesgesetz vom 6. Okt. 1989 über die Förderung der ausserschulischen Jugendarbeit, Jugendförderungsgesetz, JFG）第 13 条增订，自 1991 年 1 月 1 日起生效。

〔3〕　依 2003 年 10 月 3 日的联邦法律附录第 1 项增订，自 2005 年 7 月 1 日起生效。

〔4〕　依 1993 年 12 月 17 日《关于扩大职业老年人、遗属、残疾人养老金之使用范围的联邦法律》（Bundesgesetz vom 17. Dez. 1993 über die Freizügigkeit in der beruflichen Alters-, Hinterlassenen- und Invalidenvorsorge, Freizügigkeitsgesetz, FZG）附录第 2 项修正，自 1995 年 1 月 1 日起生效。

〔5〕　依 1993 年 12 月 17 日《关于扩大职业老年人、遗属、残疾人养老金之使用范围的联邦法律》（Bundesgesetz vom 17. Dez. 1993 über die Freizügigkeit in der beruflichen Alters-, Hinterlassenen- und Invalidenvorsorge, Freizügigkeitsgesetz, FZG）附录第 2 项废止，自 1995 年 1 月 1 日起失效。

〔6〕　依 2013 年 6 月 21 日的联邦法律附录增订，自 2014 年 1 月 1 日起生效。

〔7〕　依 2013 年 6 月 21 日的联邦法律附录增订，自 2014 年 1 月 1 日起生效。

第 336c 条：　（雇用人终止劳务关系不合时宜）

第 337a 条：　（因雇用人不能支付工资而即时终止劳务关系）

第 337c 条：　第 1 款（无正当理由之通知终止的后果）

第 338 条：　（受雇人死亡）

第 338a 条：　（雇用人死亡）

第 339b 条：　（支付离职金的要件）

第 339d 条：　（代替给付）

第 340 条：　第 1 款（竞业禁止的要件）

第 340a 条：　第 1 款（竞业禁止的限制）

第 340c 条：　（竞业禁止的失效）

第 341 条：　第 1 款（权利之不得放弃）

第 345a 条：　（师傅的[1]义务）

第 346a 条：　（学徒证书）

第 349a 条：　第 1 款（旅行推销人的工资）

第 349b 条：　第 3 款（佣金的支付）

第 349c 条：　第 1 款（旅行推销存在障碍时的工资）

第 349e 条：　第 1 款（旅行推销人的留置权）

第 350a 条：　第 1 款（劳务关系终止时的工资）

第 352a 条：　第 3 款（家务受雇人的责任）

第 353 条：　（工作成果的接收）

第 353a 条：　（报酬的支付）

第 353b 条：　第 1 款（劳务给付存在障碍时的报酬）。[2]

² 通过约定或者在标准劳务契约或集体劳务契约中作出规定，变更以上条款，损害受雇人利益者，其约定和规定无效。

---

〔1〕　现已修改为"雇用人的"（des Arbeitgebers）。

〔2〕　依 1988 年 3 月 18 日的联邦法律第 I 项修正，自 1989 年 1 月 1 日起生效。

第十一章　承揽契约

第 363 条

A. 定义　　基于承揽契约，承揽人负完成工作的义务，定作人负给付报酬的义务。

第 364 条

B. 效力
I. 承揽人的
　义务
1. 一般规定

¹ 承揽人在一般情况下负与劳务关系中的受雇人相同的注意义务。[1]

² 承揽人应亲自完成工作或在其亲自监督下完成工作，但依交易之性质，所承揽之工作不以承揽人个人之技能为要素者，不在此限。

³ 除另有约定或习惯外，承揽人应负担完成工作所需要的材料、工具和设备。

第 365 条

2. 关于材料

¹ 由承揽人供给材料者，承揽人应就材料的品质向定作人负责，并负与出卖人相同的瑕疵担保责任。

² 由定作人提供材料者，承揽人应为一切必要之注意，妥善保管材料，详细报告材料的使用情况，并将剩余的材料返还于定作人。

³ 在工作进行中，如承揽人发现定作人提供的材料或其指定的建筑用地存在瑕疵，或者出现妨碍其正常工作

---

〔1〕 依 1971 年 6 月 25 日的联邦法律第 Ⅱ 目第 1 条第 6 项修正，自 1972 年 1 月 1 日起生效（见《关于债法第十章的最终条款和过渡性条款》，Schluss- und Übergangsbestimmungen des X. Titel）。

或可能致其不能按期完成工作的其他情况，承揽人应及时通知定作人，怠于通知者，对所产生的不利后果，应负责任。

第 366 条

3. 按时开始工作和依约定完成工作

[1] 承揽人未及时开始工作或违反契约规定迟延工作，或者承揽人非因定作人过错而迟延工作，以致不可能期待其按期完成工作者，定作人得在交付期限届至前解除契约。

[2] 在工作进行中，因承揽人的过错，明显可预见工作有瑕疵或有其他违反契约之情事者，定作人得规定或诉请法院规定相当期限，请求承揽人改善或履行其工作，承揽人不在该相当期限内改善或履行其工作者，定作人得将其工作交由第三人改善或继续之，其危险和费用，由承揽人负担。

第 367 条

4. 瑕疵责任
a. 瑕疵的确认

[1] 定作人对所交付的工作成果，应依通常的交易流程，尽可能立即检验其品质，如有瑕疵，应通知承揽人。

[2] 任何一方当事人均得以自己的费用，请求专家检验工作成果，并请求将检验结论作成书面文件。

第 368 条

b. 有瑕疵时定作人的权利

[1] 工作成果有严重瑕疵或有其他严重违反契约之情事，以致定作人不能使用，或者要求定作人受领工作成果显然不合理者，定作人得拒绝受领，承揽人有过错者，尚得请求损害赔偿。

[2] 瑕疵或违反契约不严重者，定作人得依工作成果价值缺损的程度，相应扣减报酬，或者请求承揽人无偿改善工作成果，但其改善需费过巨者，不在此限，承揽人有过错者，尚得请求损害赔偿。

³ 工作成果为定作人土地上之建筑物，或者依其性质不能移动或其移动需费过巨者，定作人仅享有本条第2款规定的权利。

第 369 条

c. 定作人的责任

因定作人对工作的进行发出承揽人所明确反对的指示，或者因定作人的其他过错行为，导致工作成果存在瑕疵者，定作人不享有基于瑕疵而产生的权利。

第 370 条

d. 工作成果的承认

¹ 所交付的工作成果，经定作人明示或默示承认者，承揽人不再承担责任，但定作人在接收工作成果时依通常检验不能发现其瑕疵，或者承揽人故意隐瞒其瑕疵者，不在此限。

² 定作人未按法律规定对工作成果进行检验或怠于通知瑕疵者，视为默示承认工作成果。

³ 瑕疵仅嗣后能被发现者，定作人应在发现后立即通知承揽人，怠于通知者，视为定作人不在乎瑕疵而承认工作成果。

第 371 条[1]

e. 时效

¹ 定作人因工作成果存在瑕疵而享有的请求权，自其接收工作成果时起经过两年而罹于时效。工作成果为动产，且依其性质或用途而附合于不动产者，如因该工作成果有瑕疵而致不动产存在瑕疵，其时效期间为五年。

----

〔1〕 依 2012 年 3 月 16 日的联邦法律（买卖契约和承揽契约中的瑕疵担保责任请求权的时效期间，延长与协调；Verjährungsfristen der Gewährleistungsansprüche im Kauf- und Werkvertrag. Verlängerung und Koordination）第 I 项修正，自 2013 年 1 月 1 日起生效。

² 工作成果为不动产时，定作人因工作成果之瑕疵，对于承揽人以及对于——为建造该建筑物提供服务的——建筑师或工程师而享有的请求权，自其接收工作成果时起，经过五年而罹于时效。

³ 此外，参照适用关于买卖物存在瑕疵时买受人请求权时效的规定[1]。

第 372 条

II. 定作人的义务

1. 报酬的清偿期

¹ 定作人应在交付工作成果时支付报酬。

² 约定分期交付工作成果和支付报酬者，应在交付各期工作成果时，按所交付的工作成果支付报酬。

第 373 条

2. 报酬额

a. 对报酬额有明确约定者

¹ 对报酬额事先有明确约定者，承揽人应以确定的报酬额完成工作，其所付出的劳动或费用虽多于预期，仍不得请求增加报酬额。

² 但因不能预见或双方当事人在订立契约时未曾考虑到的非常情事，无法完成工作或完成工作有重大难度者，法院得依其衡量，裁判增加报酬额或解除契约。

³ 承揽人为完成工作所付出的劳动虽少于预期，定作人仍应支付全部报酬。

第 374 条

b. 依劳动价值确定报酬额

对报酬额事先无约定或仅约定概数者，应依承揽人为完成工作所付出的劳动的价值及所支出的费用，确定报酬额。

---

　〔1〕　关于买卖物存在瑕疵时买受人请求权时效的规定，见第210条。——译注

第 375 条

C. 终止
I. 因超过预定
　费用而解约

¹ 因不可归责于定作人的事由，与承揽人约定的报酬概数被显著超过者，定作人得在工作进行中或完成后解除契约。

² 工作成果为定作人土地上之建筑物者，定作人得请求合理减少报酬，工作成果尚未完成者，得使承揽人停止工作并解除契约，但对承揽人已付出的劳动，应为合理的赔偿。

第 376 条

II. 工作成果
　灭失

¹ 工作成果在交付前意外灭失者，承揽人不得就其已付出的劳动请求报酬，亦不得就其所支出的费用请求补偿，但定作人迟延受领工作成果者，不在此限。

² 在前款情形，因材料意外灭失所产生的损失，由提供材料的一方当事人负担。

³ 工作成果的灭失，系因定作人提供的材料或指定的建筑用地存在瑕疵或定作人所指示的工作方法所致者，承揽人如已将存在的危险及时通知定作人，得请求定作人为已付出的劳动支付报酬并补偿报酬所未包括的费用，定作人有过错者，尚得请求损害赔偿。

第 377 条

III. 定作人以赔
　偿损失为代
　价解除契约

定作人在工作完成前得随时解除契约，但应赔偿承揽人已付出的劳动及因解约而发生的全部损失。

第 378 条

IV. 因定作人的
　原因致履行
　不能

¹ 因定作人发生意外事件，致不可能完成工作者，承揽人得请求定作人为其已付出的劳动支付报酬并偿还报酬所未包括的费用。

² 定作人对不可能完成工作有过错者，承揽人尚得请求
损害赔偿。

第 379 条

V. 承揽人死亡
和无能力

¹ 承揽契约，以承揽人个人之技能为要素者，在承揽人
死亡或非因其过错而致不能完成工作时终止。

² 工作已完成之部分，对于定作人有用者，定作人有受
领及支付报酬之义务。

第十二章　　出版契约

第 380 条

A. 定义
基于出版契约，文学、艺术作品的作者或其权利继受人（出版权授与人）有将作品交付出版人出版的义务，出版人有复制并发行作品的义务。

第 381 条

B. 效力
I. 作者权的让
　　与和瑕疵担
　　保

[1] 在履行出版契约所必要的限度内，作者权移转于出版人。

[2] 出版权授与人应担保：在契约成立时，有授与出版权的权利；作品受法律保护者，其享有作者权。

[3] 出版权授与人，已将作品全部或部分交付第三人出版，或者明知作品已由第三人发表者，应在契约成立前将其情事告知出版人。

第 382 条

II. 出版权授与
　　人的处分权

[1] 出版权授与人，在出版人得复制发行的出版物未卖完时，不得就其作品的全部或部分，为不利于出版人的处分。

[2] 出版权授与人，得随时将其发表在报纸上的作品和期刊上的短篇作品，再行发表。

[3] 全集中的作品或期刊中的长篇作品，在其出版发行后三个月内，出版权授与人不得再行发表。

第 383 条

Ⅲ. 关于版次印
数的规定

¹ 版数未约定者，出版人仅得出一版。

² 除另有约定外，出版物的数量由出版人决定，但出版
人应依出版权授与人的要求，使复制的出版物达到合
理销售量的最低值，且第一次复制完成后，出版人不
得再为复制。

³ 出版人依出版契约得出数版或永久出版者，如在前版
的出版物卖完后，怠于出新版时，出版权授与人得诉
请法院命令出版人在一定期限内再出新版，出版人逾
期不出版者，丧失出版权。

第 384 条

Ⅳ. 复制和发行

¹ 出版人对于作品，不得增减或变更，应以适当的格式复制
作品，并应为必要的广告及以通常的方法推销出版物。

² 出版物的卖价，由出版人决定，但不得过高，以致妨
碍出版物的销售。

第 385 条

Ⅴ. 修改和订正

¹ 作者在不妨害出版人的出版利益或增加出版人责任的
范围内，有订正和修改作品的权利，但对于出版人因
此而产生的不可预见的费用，应负赔偿责任。

² 出版人在复制和重新复制作品或复制新版前，应给予
作者修改作品的机会。

第 386 条

Ⅵ. 并合出版与
各别出版

¹ 同一作者的数件作品，为各别出版而交付于出版人者，
出版人不得将其数件作品并合出版。

² 同一作者的数件作品或全部作品，为并合出版或成套
出版而交付于出版人者，出版人不得将其作品各别
出版。

第 387 条

VII. 翻译权

出版权授与人，除与出版人有相反的约定外，对作品享有排他的翻译许可权。

第 388 条

VIII. 出版权授与
人的报酬

1. 报酬额

¹ 依情形，非受报酬即不为作品之交付者，视为出版人允与出版权授与人以报酬。

² 其报酬额，由法院依专家意见确定之。

³ 出版人有出数版之权利者，其次版的报酬，及其他的出版条件，推定与前版相同。

第 389 条

2. 给付报酬的
时间、报
酬的计算、
赠本

¹ 作品全部出版者，在其全部复制完毕并准备发行时，给付报酬，作品分部（卷、册、幅）出版者，在各部分作品复制完毕并准备发行时，给付报酬。

² 全部报酬或部分报酬，依销售量而定者，出版人应依习惯计算、支付报酬，并应提供关于销售情况的证明。

³ 除另有约定外，出版权授与人得请求依习惯给付一定数量的赠本。

第 390 条

C. 终止
I. 作品灭失

¹ 作品交付出版人后，因意外事件灭失者，出版人仍负给付报酬的义务。

² 灭失的作品，如作者另存有稿本者，作者有将该稿本交付于出版人的义务，无稿本时，如作者无需太费劳力即可重作者，应重作之。

³ 在前二款情形，作者得请求相当的赔偿。

第 391 条

II. 出版物灭失

¹ 复制完毕的出版物，在发行前，因意外事件，致全部或部分灭失者，出版人得以自己费用，就灭失的出版物，补行出版，但对于出版权授与人，无须另外给付报酬。

² 出版人就灭失的出版物有补行出版的义务，但补行出版需费过巨者，不在此限。

第 392 条

III. 因作者和出版人的个人原因致出版契约终止

¹ 作者在作品完成前死亡或丧失行为能力，或者非因其过错致不能完成作品者，出版契约终止。

² 在前款情形，如继续全部或部分履行出版契约，为可能且公平者，法院得准许其继续，并命令采取必要措施。

³ 出版人破产时，出版权授与人得将作品交付其他出版人出版，但对于出版人在破产程序开始时尚未履行的出版义务，出版权授与人已取得担保者，不在此限。

第 393 条

D. 依出版人的计划而创作的作品

¹ 一个或数个作者，依出版人提出的计划而创作作品者，仅得请求约定的报酬。

² 作品的作者权归出版人所有。

第十三章 委 任[1]

第一节 单纯委任

第 394 条

A. 定义

¹ 基于委任契约，受任人有依约定处理事务或提供服务的义务。

² 给付劳务的契约，非为本法所规定的特定契约类型者，适用关于委任的规定。

³ 依约定或习惯，应给付报酬者，受任人得请求给付报酬。

第 395 条

B. 契约的成立

所委任的事务，属于受任人基于官方指定而从事的业务，或者属于受任人所从事的职业，或者属于受任人本人公开表示提供的服务时，受任人如不接受委任，应立即表示拒绝，未立即表示者，视为接受委任。

第 396 条

C. 效力
I. 受任人的
权限

¹ 受任人的权限，未明确约定者，依委任事务的性质，确定之。

² 特别是，应认为，委任人在委任中已授与受任人处理委任事务所必要的实施法律行为的权限。

---

〔1〕 本章"委任"（Der Auftrag）包括以下五节：单纯委任（Der einfache Auftrag）、婚姻或同性伴侣关系之媒介委任（Auftrag zur Ehe- oder zur Partnerschaftsvermittlung）、信用证券和信用委任（Der Kreditbrief und der Kreditauftrag）、居间契约（Der Mäklervertrag）、商事代理契约（Der Agenturvertrag）。——译注

³ 同意和解、接受仲裁裁决、承担票据债务、让与不动
产、以不动产设定负担或赠与财产，受任人仅在取得
委任人的特别授权后，始得为之。[1]

第 397 条

II. 受任人的
义务

1. 服从指示履
行委任义务

¹ 委任人就委任事务之处理有指示者，受任人应服从指
示，除依情事，有变更指示之必要，但因客观障碍难
以取得委任人同意，且可推定委任人若知有此情事亦
允许变更其指示外，受任人不得变更委任人的指示。

² 受任人在不具备前款要件的情况下变更指示，致委任
人损害者，仅在受任人承担因此而发生的损害时，始
得视为受任人已履行委任契约。

第 397a 条[2]

1bis. 通知义务

委任人有可能成为永久性无判断能力时，为保护各相关
当事人的利益，如有必要，受任人应通知委任人住所地
的成年人保护机构。

第 398 条

2. 忠实履行委
任义务

a. 一般规定

¹ 受任人通常情况下，与劳务关系中的受雇人，负相同
的注意义务。[3]

² 受任人对委任人负忠实、谨慎处理委任事务的义务。

³ 受任人应自己处理委任事务，但经委任人同意，或者
另有习惯，或者有不得已之事由者，得使第三人代为
处理。

---

〔1〕 依 2008 年 12 月 19 日《民事诉讼法》（Zivilprozessordnung vom 19. Dezember 2008）附录一第
II 5 项修正，自 2011 年 1 月 7 日起生效。

〔2〕 依 2008 年 12 月 19 日的联邦法律（成年人保护法、人法和儿童法，Erwachsenenschutz, Per-
sonenrecht und Kindesrecht）附录第 10 项增订，自 2013 年 1 月 1 日起生效。

〔3〕 依 1971 年 6 月 25 日的联邦法律第 II 目第 1 条第 7 项修正，自 1972 年 1 月 1 日起生效（见
《关于债法第十章的最终条款和过渡性条款》，Schluss- und Übergangsbestimmungen des X. Titel）。

第 399 条

b. 在委任事务
交由第三人
处理之情形

¹ 受任人违反前条规定，将委任事务交由第三人代为处理者，对于该第三人的行为，如同自己的行为，负其责任。

² 受任人依前条规定，将委任事务交由第三人代为处理者，仅就第三人之选任和向第三人所为之指示，负其责任。

³ 在前二款情形，受任人对第三人的请求权，委任人得直接向第三人主张之。

第 400 条

3. 报告义务

¹ 受任人应依委任人的请求，随时报告委任事务进行的情况，并应将处理事务所得，交付于委任人。

² 受任人迟延交付金钱者，应支付利息。

第 401 条

4. 所取得权
利的移转

¹ 受任人为委任人之计算，以自己名义，取得对第三人之债权者，在委任人履行其基于委任关系所负担的一切义务后，应立即将债权移转于委任人。

² 受任人破产时，对于受任人的财产，亦适用前款规定。

³ 同样，受任人破产时，对于受任人为委任人之计算，而以自己名义所取得的动产，委任人亦得请求受任人交付，但受任人得以其留置权对抗之。

第 402 条

Ⅲ. 委任人的
义务

¹ 受任人为处理委任事务而支出的必要费用，委任人应附加利息偿还之，并应清偿受任人所缔结的债务。

² 委任人对于受任人在处理委任事务时所受之损害，应负赔偿责任，但委任人能证明其对于损害的发生无过错者，不在此限。

第 403 条

Ⅳ. 数人责任

¹ 数人共同为委任者，该数人对受任人负连带责任。

² 数人共同允受委任者，该数人对委任人负连带责任，委任人仅对数受任人的共同行为负担义务，但受任人依授权，得将委任事务交由第三人代为处理者，不在此限。

第 404 条

D. 终止
I. 原因
1. 撤回、终止

¹ 任何一方当事人，均得随时撤回或终止委任契约。

² 一方当事人，在不利于他方当事人之时期撤回或终止契约，因而致他方损害者，应负赔偿责任。

第 405 条

2. 死亡、无行
　为能力、破
　产

¹ 除有相反之约定，或者依法律行为的性质可得出相反之结论外，委任关系，因委任人或受任人丧失相应的行为能力、被宣告破产或被宣告死亡[1]而消灭。[2]

² 但委任关系的消灭，有损害委任人利益之虞者，受任人、其继承人或代理人，在委任人、其继承人或代理人能接手委任事务前，应继续处理委任事务。

第 406 条

Ⅱ. 委任关系消
　灭的效力

对于受任人在知悉委任关系消灭前处理委任事务的行为，委任人或其继承人应负与委任关系存续时相同的义务。

---

〔1〕 宣告死亡，原文 Verschollenerklärung，瑞士官方英译为 declaration of presumed death。——译注

〔2〕 依 2008 年 12 月 19 日的联邦法律（成年人保护法、人法和儿童法，Erwachsenenschutz, Personenrecht und Kindesrecht）附录第 10 项修正，自 2013 年 1 月 1 日起生效。

第一节之一 婚姻或同性伴侣关系之媒介委任[1]

第406a条

A. 定义与法律
适用

¹ 允受媒介婚姻或同性伴侣关系之委任者，有为委任人媒介婚姻或同性伴侣关系的义务，同时有收取报酬的权利。

² 关于单纯委任的规定[2]，补充适用于婚姻或同性伴侣关系的媒介委任。

第406b条

B. 涉外媒介
I. 回程费用

¹ 被媒介人来自外国或进入国外，且在入境后六个月内返回者，受任人应为其支付回程费用。[3]

² 地方主管机关为被媒介人承担回程费用者，被媒介人对于受任人的请求权，移转于主管机关。

³ 受任人仅得在契约规定的最高金额的限度内，请求委任人偿还回程费用。

第406c条

II. 须经许可

¹ 以从事涉外婚姻或同性伴侣关系之媒介为职业者，须取得州法指定机关的许可，并受其监督。

² 联邦委员会应颁布实施细则，特别是应对下列事项作出规定：

    a. 取得许可的条件和许可的有效期限；

    b. 受任人有违反行为时应受到的处罚；

    c. 受任人对于被媒介人回程费用应提供的担保。

---

[1] 依1998年6月26日的联邦法律附录第2项增订，自2000年1月1日起生效。

[2] 关于单纯委任的规定，见第394条以下。——译注

[3] 被媒介人，原文die zu vermittelnde Person，瑞士官方英译为the person to be introduced。——译注

第 406*d* 条

C. 形式和内容

媒介委任契约，为使其有效，须采用书面形式，此外，契约尚应包括以下内容：

1. 当事人的姓名和住所地；

2. 受任人应提供媒介服务的次数和内容，每次媒介服务的报酬和费用，特别是登记费；

3. 在涉外媒介之情形，对于受任人所支付的回程费用（第406*b*条），委任人应向受任人偿还的最高金额；

4. 给付条件；

5. 委任人得在十四日内书面撤回其要约或承诺，且无须支付任何赔偿；[1]

6. 十四日期限届满前，受任人不得受领任何给付；[2]

7. 委任人得随时终止契约，但其终止契约不合时宜者，应赔偿受任人因此所受之损害。

第 406*e* 条[3]

D. 契约的生效、撤回、通知终止

[1] 契约，仅在委任人于契约订立十四日后取得经双方签名的契约副本时，始对委任人发生效力。在该期限届满前，受任人不得受领来自委任人的任何给付。

[2] 委任人得在前款期限内，以书面撤回其要约或承诺。预先放弃此权利者，其放弃无效。此外，参照适用关于撤回之效果（第40*f*条）的规定。

[3] 通知终止，须采用书面形式。

---

〔1〕 依2015年6月19日的联邦法律（关于撤销权的修正，Revision des Widerrufsrechts）修正，自2016年1月1日起生效。

〔2〕 依2015年6月19日的联邦法律（关于撤销权的修正，Revision des Widerrufsrechts）修正，自2016年1月1日起生效。

〔3〕 依2015年6月19日的联邦法律（关于撤销权的修正，Revision des Widerrufsrechts）修正，自2016年1月1日起生效。

第 406*f* 条〔1〕

E. ……

第 406*g* 条

F. 通知义务和
信息保护

¹ 受任人在签署契约前和契约存续期间，应将因委任人
的个人情况而可能在履行委任契约过程中出现的特殊
困难，通知委任人。

² 受任人对其所掌握的关于委任人的个人信息，负有保
密的义务；1992 年 6 月 19 日《关于数据保护的联邦
法律》，〔2〕不受影响。

第 406*h* 条

G. 扣减

所约定的报酬或费用不合理者，委任人得诉请法院扣减
至合理的金额。

第二节　信用证和信用委任

第 407 条

A. 信用证

¹ 委任人得以信用证，指示受任人，向特定人支付其所
请求的金额；信用证得记载或不记载最高金额；关于
委任和指示证券的规定〔3〕，适用于信用证。

² 信用证未记载最高金额者，如请求给付的金额明显不
合情理，受任人应通知委任人，在委任人作出指示前，
受任人应拒绝支付。

³ 信用证中的委任，非经受任人对特定金额表示承兑，
不得视为已被接受。

---

〔1〕　依 2015 年 6 月 19 日的联邦法律（关于撤销权的修正，Revision des Widerrufsrechts）废止，
自 2016 年 1 月 1 日起失效。

〔2〕　Bundesgesetz vom 19. Juni 1992 über den Datenschutz.

〔3〕　关于委任的规定，见第 394 条以下。关于指示证券的规定，见第 466 条以下。——译注

第 408 条

B. 信用委任
I. 定义和形式

1 受任人收到并接受委任人的委任，以自己名义，并为自己之计算，但由委任人承担责任，为第三人提供或更新贷款者，委任人负与保证人相同的责任，但以受任人未超过信用委任之额度为限。

2 信用委任，须由委任人书面表示之，否则，委任人不负前款责任。

第 409 条

II. 第三人无订约能力

委任人不得以第三人[1]无订约能力为由，对抗受任人。

第 410 条

III. 受任人允许延期清偿

受任人允许第三人延期清偿债务，或者怠于按委任人的指示向第三人行使其请求权者，委任人的责任消灭。

第 411 条

IV. 信用受益人[2]与委任人

委任人与被授与信用的第三人间的法律关系，适用关于保证人与主债务人间之法律关系的规定[3]。

第三节　居间契约

第 412 条

A. 定义和形式

1 基于居间契约，居间人有依约定，报告订约机会或为订约媒介的义务，同时有收取报酬的权利。

2 关于单纯委任的规定[4]，一般适用于居间契约。

---

〔1〕　第三人（der Dritte），指受款人（借款人）。下同。——译注

〔2〕　信用受益人（Kreditnehmer），指被授与信用的人，亦即借款人或受款人。——译注

〔3〕　关于保证人与主债务人间之法律关系的规定，见第506条以下。——译注

〔4〕　关于单纯委任，见第394条以下。——译注

第 413 条

B. 居间报酬

I. 报酬请求权
　　的发生

¹ 居间人，以契约因其报告或媒介而成立者为限，得请求报酬。

² 契约附有停止条件者，仅在条件成就时，始得请求报酬。

³ 居间人得请求偿还其支出的费用，但以在契约中有约定为限；契约不成立者，亦得依约定请求偿还。

第 414 条

II. 报酬额的
　　确定

未约定报酬额时，有价目表者，视为约定按价目表支付报酬；无价目表者，视为约定按习惯支付报酬。

第 415 条

III. 权利的丧失

居间人违反契约，实施有利于委任人之相对人的行为，或以违反诚实及信用的方法收受相对人所给与之利益者，对委任人无报酬请求权和费用偿还请求权。

第 416 条[1]

IV.

第 417 条[2]

V. 报酬的酌减

就个人劳务契约或土地买卖报告订约机会或为订约媒介而约定的报酬明显过高者，法院得因报酬给付义务人的请求，酌减之。

---

〔1〕　依 1998 年 6 月 26 日的联邦法律附录第 2 项废止，自 2000 年 1 月 1 日起失效。

〔2〕　依 1971 年 6 月 25 日的联邦法律第 II 目第 1 条第 8 项或第 9 项修正，自 1972 年 1 月 1 日起生效。另见《关于第十章的最终条款和过渡性条款》（Die Schluss- und Übergangsbestimmungen des X. Titel）。

第 418 条

C. 州法的保留   州有权制定适用于交易所经纪人、特许经纪人和职业介绍人的特别规定。

第四节　商事代理契约[1][2]

第 418a 条

A. 一般规定
I. 定义

¹ 商事代理人，指受一个或数个委任人的委托，继续性为委任人媒介交易或以委任人的名义和计算订立契约，但不与委任人成立劳务关系的人。[3]

² 除当事人另有书面约定外，本节规定亦适用于以商事代理人作为第二职业的人。关于履约保证[4]、竞业禁止和基于重大事由终止契约的规定，当事人不得作不利于商事代理人之利益的排除。

第 418b 条

II. 法律适用

¹ 对于媒介代理人，补充适用关于居间契约的规定，对于缔约代理人，补充适用关于行纪的规定。[5]

² ……[6]

---

〔1〕 依 1949 年 4 月 4 日的联邦法律第 I 项增订，自 1950 年 1 月 1 日起生效。参见《关于第十三章第四节的最终条款》（Die Schlussbestimmungen zum vierten Abschnitt des VIII. Titel）。

〔2〕 商事代理契约，原文 Agenturvertrag，瑞士官方英译为 Commercial Agency Contract。此外，Agenturvertrag 亦译代办商契约；参见史尚宽：《债法各论》，台北荣泰印书馆股份有限公司 1981 年印本，第 424 页。——译注

〔3〕 依 1971 年 6 月 25 日的联邦法律第二目第 1 条第 8 项和第 9 项修正，自 1972 年 1 月 1 日起生效。另见《关于第十章的最终条款和过渡性条款》（Die Schluss- und Übergangsbestimmungen zum X. Titel）。

〔4〕 履约保证，原文 das Delcredere，瑞士官方在英译文本中作 del credere。按：del credere 为意大利文，义项有二：担保，保证；保付货款的。参见薛波主编：《元照英美法词典》，法律出版社 2003 年版，第 391 页；陆谷孙主编：《英汉大词典》，上海译文出版社 1993 年版，第 447 页。——译注

〔5〕 关于居间契约的规定，见第 412 条以下，关于行纪的规定，见第 425 条以下。——译注

〔6〕 依 1987 年 12 月 18 日《关于国际私法的联邦法律》（Bundesgesetz über das Internationale Privatrecht）附录第 I 项 b 段规定废止，自 1989 年 1 月 1 日起失效。

第 418c 条

B. 商事代理人
　的义务

I. 一般规定与
　履约保证

¹ 商事代理人，应以普通商人之注意，维护委任人的利益。

² 除另有书面约定外，商事代理人得同时作为其他委任人的商事代理人。

³ 商事代理人，对顾客付款义务或其他义务的履行承担责任，或者就债权的收取承担全部或部分费用者，非采用书面形式，不发生效力。商事代理人因此享有请求额外给付合理报酬的权利。

第 418d 条

II. 保密义务与
　竞业禁止

¹ 商事代理人不得使用或泄漏委任人向其披露或因商事代理关系而知悉的营业秘密，契约终止后亦同。

² 对于约定的竞业禁止，准用关于劳务契约的规定[1]。约定竞业禁止者，在契约终止时，商事代理人享有请求额外给付合理报酬的权利。

第 418e 条

C. 代理权限

¹ 商事代理人应视为仅被授与下列权利：媒介交易，受领顾客对委任人瑕疵履行的投诉，受领顾客行使或保留因瑕疵履行而产生的权利的声明，行使委任人享有的保全证据的权利。

² 商事代理人不得视为被授与下列权利：受领付款，决定付款期限，与顾客变更契约。

³ 1908 年 4 月 2 日《关于保险契约的联邦法律》[2]第 34 条和第 44 条第 3 款的规定，不受影响。

---

[1]　关于劳务契约中竞业禁止的规定，见第 340 条以下。——译注

[2]　Bundesgesetz vom 2. April 1908 über den Versicherungsvertrag.

第 418*f* 条

D. 委任人的
义务
I. 一般规定

¹ 委任人应尽力为商事代理人提供一切便利，使其能够卓有成效地开展活动。特别是，委任人应提供必要的文件。

² 委任人预见到仅在较原先所约定或依情事所期待的小得多的范围内才有可能缔结交易行为者，应立即通知商事代理人。

³ 委任人就特定的地域或特定的顾客范围指定商事代理人者，除另有书面约定外，委任人不得就该地域或该顾客范围指定其他商事代理人。

第 418*g* 条

II. 佣金
1. 媒介佣金与
缔约佣金
a. 范围和订约

¹ 商事代理人，就其在商事代理关系存续期间媒介或缔结的一切交易行为，有请求依约定或习惯给付媒介佣金或缔约佣金的权利；除另有书面约定外，在商事代理关系存续期间，委任人不经商事代理人参与，而与顾客缔结交易行为者，如与委任人缔结此种交易行为的顾客，系由商事代理人所取得时，商事代理人仍有佣金请求权。

² 商事代理人，对特定的地域或特定的顾客范围有排他的商事代理权者，就委任人在商事代理关系存续期间与该地域或范围内的顾客缔结的一切交易行为，有请求依约定或习惯给付佣金的权利。

³ 除另有书面约定外，佣金请求权在委任人与顾客的交易行为有效缔结时产生。

第 418*h* 条

b. 佣金请求权
的丧失

¹ 商事代理人，在因不可归责于委任人的原因致所缔结的交易行为不能履行的范围内，丧失佣金请求权。

² 委任人已履行给付，但不能取得对待给付，或者所能

取得的对待给付极为有限，以致请求给付佣金对于委任人不公平者，商事代理人完全丧失佣金请求权。

第 418*i* 条

c. 清偿期

除另有约定或习惯外，佣金应在交易行为缔结日所在的半年结束时给付，所代理者，如为保险业务，应在投保人给付第一个保险年度的保险费时给付。

第 418*k* 条

d. 佣金的结算

[1] 商事代理人依书面约定无须提交佣金结算单者，委任人应在每次给付佣金时向商事代理人交付书面的佣金结算书，结算书应列明有义务给付佣金的各项交易行为。

[2] 商事代理人请求查阅与佣金结算有关的账簿和凭证者，委任人应允许之。商事代理人不得预先放弃此项权利。

第 418*l* 条

2. 收款佣金

[1] 商事代理人，受任收款者，除另有约定或习惯外，得因其所收取并交付于委任人的金额，请求给付收款佣金。

[2] 商事代理人的收款权和请求给付收款佣金的权利，在商事代理关系终止时消灭。

第 418*m* 条

III. 商事代理的不能履行

[1] 委任人违反法定或约定的义务，致商事代理人不能取得约定或依情事可期待的佣金时，应向商事代理人给付相当的补偿。有相反之约定者，其约定无效。

[2] 商事代理人，未被允许同时作为其他委任人的商事代理人，且其与委任人的商事代理关系已持续一年以上者，如非因过错，而因疾病、履行义务兵役或其他类

似原因，不能从事商事代理活动时，得就其不能从事商事代理活动期间的损失，请求相当的补偿。商事代理人不得预先放弃此项权利。

第418n 条

IV. 费用和支出

[1] 除另有约定或习惯外，商事代理人就其从事商事代理活动所产生的通常费用和支出，不得请求补偿，但商事代理人就其依委任人的特别指示或作为委任人的无因管理人处理事务而支出的费用，例如运送费和关税，得请求补偿。

[2] 不论是否缔结交易行为，委任人均有补偿的义务。

第418o 条

V. 留置权

[1] 商事代理人，为担保其基于商事代理关系而产生且已届清偿期的请求权，在委任人支付不能时为担保其未届清偿期的请求权，对于因商事代理关系而占有的动产和有价证券以及依收款授权而自第三人收取的付款，有留置权；商事代理人不得预先放弃此项权利。

[2] 不得对价目表和和顾客名单行使留置权。

第418p 条

E. 终止
I. 期限届满

[1] 商事代理契约订有确定期限或依契约目的能确定其期限者，期限届满时，契约当然终止，无须通知。

[2] 对于订有确定期限的商事代理契约，双方当事人默示继续者，视为以相同期限更新其契约，但最长期限不超过一年。

[3] 契约的终止以通知为必要者，如双方当事人均未为通知，视为更新其契约。

第 418*q* 条

II. 通知终止

1. 一般规定

1 商事代理契约未订确定期限且不能依契约目的确定其期限者，任何一方当事人均得通知终止契约；一方当事人在商事代理契约订立后一年内通知终止契约者，应以一个月为预告期间，契约在通知日所在月份的下一月结束时终止。关于通知终止契约的预告期间，双方当事人约定短于一个月者，其约定应采用书面形式。

2 商事代理契约订立一年后通知终止契约者，应以两个月为预告期间，契约在两个月的预告期间届至时所在的季度结束时终止。但当事人得约定更长的通知终止契约的预告期间或其他的契约终止日期。

3 不得对委任人和商事代理人约定不同的通知终止契约的预告期间。

第 418*r* 条

2. 基于重大原因的终止

1 委任人和商事代理人均得基于重大原因随时终止契约，且立即发生终止效力。

2 准用关于劳务契约的规定。[1]

第 418*s* 条

III. 死亡、丧失行为能力、破产

1 商事代理关系，因商事代理人死亡或丧失行为能力或委任人破产而终止。

2 商事代理关系，与委任人的人身具有本质上之联系者，因委任人死亡而终止。

第 418*t* 条

IV. 商事代理人的请求权

1. 佣金请求权

1 除另有约定或习惯外，商事代理人对其在商事代理关系存续期间取得的顾客在商事代理契约终止后的追加订单，有佣金请求权，但以该顾客在商事代理契约终

---

〔1〕 关于劳务契约中基于重大理由通知终止契约的规定，见第 337 条。——译注

止前与商事代理人订有订单为限。

² 商事代理关系终止时，商事代理人享有的全部佣金请求权或费用补偿请求权，均届其清偿期。

³ 对于在商事代理关系终止后才全部或部分履行的交易，双方当事人得书面约定延迟其佣金请求权的清偿期。

第 418u 条

2. 因拓展委任人的顾客范围而请求补偿

¹ 商事代理人因其代理活动使委任人的顾客范围显著拓展，委任人或其权利继受人在商事代理关系终止后通过与商事代理人所拓展的顾客进行交易从而获得显著利益者，商事代理人或其继承人，享有在公平合理的范围内请求给付相当补偿的权利。

² 得请求补偿的金额，最高不超过商事代理人在最后五年基于商事代理关系而取得的年均纯收入，商事代理关系不足五年者，最高不超过其整个期间的年均纯收入。

³ 商事代理关系因可归责于商事代理人的事由而终止者，商事代理人无补偿请求权。

第 418v 条

V. 返还义务

商事代理关系终止时，任何一方当事人在契约存续期间自他方或自为他方之计算的第三人处取得的物品，应返还于他方。契约当事人的留置权，不受影响。

第十四章　无因管理

第 419 条

A. 管理人的
地位
I. 管理方法

未受委任而为他人管理事务者，其管理，应以有利于该他人的方法，并依可得推知的该他人的意思，为之。

第 420 条

II. 关于管理人
责任的一般
规定

[1] 无因管理人，对其过失，应负责任。

[2] 但管理事务，旨在使本人免于急迫危险者，应减轻管理人的责任。

[3] 管理人违反本人明示或可推知的意思管理事务，而本人的意思不违反道德或法律者，管理人对其管理事务过程中意外造成的损害，亦应负责，但管理人能证明，虽无其管理行为仍不免发生损害者，不在此限。

第 421 条

III. 无契约能力
管理人的责
任

[1] 管理人，无缔约能力者，对于事务的管理，仅在其所得利益或恶意抛弃利益的范围内，承担责任。

[2] 如构成侵权行为，尚须负侵权责任。

第 422 条

B. 本人的地位
I. 为本人利益
而管理

[1] 管理人，为本人利益而管理事务者，本人有义务向管理人偿还必要费用、有益费用和其他合理费用及利息，为管理人清偿因管理事务而负担的债务，向管理人赔偿经法院裁判认定的其他损害。

² 管理人，已为相当之注意者，管理事务所期望的结果虽未达成，仍有前款请求权。

³ 管理人在费用得到偿还前，享有不当得利法意义上的取回权。

第 423 条

Ⅱ. 为管理人利益而管理

¹ 管理人，非为本人利益而管理事务者，本人仍有权取得因管理而产生的利益。

² 对于管理人所受之损害及所支出之费用，本人仅以其所得利益为限，负偿还义务。

第 424 条

Ⅲ. 对管理行为的追认

管理事务，事后得到本人承认者，适用关于委任的规定[1]。

---

〔1〕 关于委任的规定，见第 394 条以下。——译注

第十五章　行　纪

第 425 条

A. 买入或卖出
　的行纪
I. 定义

¹ 买入行纪人或卖出行纪人，指以自己名义，为他人（委托人）之计算，从事动产或有价证券的买入或卖出，并收取报酬（佣金）的人。

² 对于行纪关系，除本章另有规定外，适用关于委任的规定[1]。

第 426 条

II. 行纪人的
　　义务
1. 通知义务、
　保险

¹ 行纪人有向委托人为必要通知的义务，特别是，对于委托事务的处理，应为立即通知。

² 对于委托物，行纪人仅在得到委托人的保险指示时，始负办理保险的义务。

第 427 条

2. 委托物的处置

¹ 为卖出而送交的委托物，明显有瑕疵时，行纪人应保留对运送人的追索权，保存委托物存在瑕疵的证据，在可能的范围内妥善保存委托物，并及时通知委托人。

² 行纪人怠于履行前款义务者，应对因其懈怠而发生的损害承担责任。

³ 为卖出而送交的委托物，有易于腐败之虞者，行纪人有权在委托物所在地主管机关的参与下出卖委托物，而

---

〔1〕　关于委任的规定，见第 394 条以下。——译注

且，如为保护委托人利益所必要，行纪人亦有义务在委托物所在地主管机关的参与下出卖委托物。

第 428 条

3. 委托人指定
的价格

¹ 卖出行纪人，以低于委托人指定的价格卖出者，应向委托人补偿其差额，但行纪人能证明，因其卖出，委托人得以避免损失，且在卖出时无法取得委托人指示者，不在此限。

² 此外，行纪人尚须对因其过错违反契约而发生的其他损害，负赔偿责任。

³ 行纪人以低于委托人指定的价格买入或以高于委托人指定的价格卖出者，其利益均归属于委托人，行纪人不得保留之。

第 429 条

4. 向第三人给
付垫款和提
供贷款

¹ 行纪人，未经委托人同意，而向第三人给付垫款或提供贷款者，应自担危险。

² 但交易地如有赊欠买卖的商事习惯，除委托人有反对指示外，行纪人得为赊欠买卖。

第 430 条

5. 履约保证

¹ 行纪人，除未经同意而提供贷款外，对于债务人的价金债务或其他债务的履行，不负担保责任，但行纪人同意提供担保，或者依其居住地的商业习惯应提供担保者，不在此限。

² 行纪人，为债务人负担保责任者，得请求报酬（担保佣金[1]）。

---

[1] 关于担保佣金的含义，参见译者在第 348a 条中所作的说明。——译注

第 431 条

Ⅲ. 行纪人的
    权利

1. 垫款和费用
    的偿还

¹ 行纪人得请求偿还其为委托人利益而支付的垫款、费用和其他支出及其利息。

² 行纪人亦得就其为委托物提供保管场所或运送工具请求补偿，但不得就受雇人的工资请求补偿。

第 432 条

2. 佣金

a. 请求权

¹ 行纪人得就其所为之交易请求给付佣金，交易因可归责于委托人的事由而不能实现者，亦同。

² 交易因其他原因不能实现者，行纪人仅得就其所付出的劳力，依当地习惯请求给付补偿。

第 433 条

b. 请求权的丧
    失和转化为
    自己行为

¹ 行纪人对委托人有不诚实行为者，特别是行纪人以过高价额买入或过低价格卖出时，丧失佣金请求权。

² 此外，在行纪人以过高价额买入或过低价格卖出之情形，委托人得使行纪人本人作为买受人或出卖人。

第 434 条

3. 留置权

行纪人对委托物或委托卖出物的价金，有留置权。

第 435 条

4. 委托物的
    拍卖

¹ 委托物不能卖出或委托人撤回出卖委托者，如委托人不在合理期限内取回或处分委托物，行纪人得请求委托物所在地的主管机关拍卖委托物。

² 委托人及其代理人均不在委托物所在地者，得不听取委托人的意见而直接命令拍卖。

³ 主管机关须在拍卖前通知委托人，但委托物易于败坏者，不在此限。

第 436 条

5. 行纪人自为
出卖人或买
受人

a. 价格确定和
佣金

¹ 行纪人受委托买入或卖出交易所或市场中订有价格的商品、票据或其他有价证券者，除委托人另有规定外，行纪人对于委任人委托买入之物，得自为出卖人，对于委任人委托卖出之物，得自为买受人。

² 在前款情形，行纪人应按委托交易实行时的交易所价格或市场价格，确定买入物或卖出物的价格，同时，行纪人得请求给付通常的佣金，并得请求偿还行纪交易活动中所发生的通常费用。

³ 在其他方面，其交易按买卖契约处理。

第 437 条

b. 介入之推定

行纪人得自为买受人或出卖人时，如仅将订立契约之情事通知委托人，而不告知作为买受人或出卖人的他方当事人之姓名者，应认为行纪人自己负担买受人或出卖人的义务。

第 438 条

c. 介入权的
丧失

委托人撤回其委托，且其撤回通知在行纪人发出买入或卖出之表示前到达行纪人者，行纪人不得再自为买受人或出卖人。

第 439 条

B. 承揽运送
契约

以自己名义，为他人之计算，使运送人运送物品而受报酬为营业者（承揽运送人），视为行纪人，但就物品的运送，对承揽运送人，适用关于运送契约的规定[1]。

―――――――――

〔1〕 关于运送契约的规定，见第440条以下。——译注

第十六章　运送契约

第 440 条

A. 定义

1 运送人，指以运送物品为营业而受报酬（运费）的人。

2 对于运送契约，除本章另有规定外，适用关于委任的规定[1]。

第 441 条

B. 效力
I. 托运人的地位
1. 必要的说明

1 托运人应向运送人说明受货人的住址和交货地点、运送物的数量和包装、运送物的种类和重量、交货时间、运送路线，运送物为贵重物品时，尚须说明其确切的价值。

2 托运人未告知前款事项或其告知不正确者，应承担因此而产生的损害。

第 442 条

2. 包装

1 托运人对运送物应为必要的、合理的包装。

2 托运人对于因包装有不易发现的瑕疵而产生的后果，承担责任。

3 运送物的包装瑕疵易于发现，而运送人在接收时不为保留者，运送人对于因包装瑕疵而产生的后果，应负责任。

---

〔1〕 关于委任的规定，见第 394 条以下。——译注

第 443 条

3. 运送物的
   处置

¹ 运送物在运送人占有期间，托运人得取回运送物，但应赔偿运送人已支出的费用以及因其取回运送物而产生的损害，但有下列情形之一者，托运人不得取回运送物：

    1. 托运人已填写托运单，且该托运单已由运送人交付受货人者；

    2. 运送人依请求已向托运人交付收货凭证，而托运人不能将其返还于运送人者；

    3. 运送人在运送物到达目的地后，已书面通知受货人提货者；

    4. 运送物到达目的地后，受货人已请求交货者。

² 在前款情形，运送人应仅执行受货人的指示，但在运送人依请求已向托运人交付收货凭证，而运送物尚未到达目的地之情形，运送人仅在收货凭证送达受货人后，始负仅执行受货人指示的义务。

第 444 条

II. 运送人的
    地位

1. 运送物的
    处置

a. 交付不能时
    的处置办法

¹ 受货人拒绝受领或不履行因运送而发生的债务，或者不能与受货人取得联系者，运送人应通知托运人，并妥善保管运送物，保管期间的风险和费用由托运人承担，或者将运送物提存于第三人。

² 托运人和受货人均未在合理期限内处置运送物者，运送人得如同行纪人，在运送物所在地主管部门的参与下，为权利人的利益，出卖运送物。

第 445 条

b. 出卖

¹ 运送物易于败坏或其估计价值不足抵偿与运送物有关之费用者，运送人应及时声请官方确认其事实，并以与交付不能时相同的处置办法，出卖运送物。

² 如有可能，应将已安排出卖运送物的事实，通知相关
当事人。

第 446 条

c. 责任

运送人在行使其处置运送物的权利时，应尽力维护运送
物所有人的利益，如有过错，应负损害赔偿责任。

第 447 条

2. 运送人的
责任

a. 运送物的丢
失和灭失

¹ 运送物丢失或灭失者，运送人应赔偿其全部价值，但
运送人能证明，其丢失或灭失，系因运送物本身的自
然性质、托运人或受货人的过错、托运人或受货人的
指示，或者因运送人虽为通常注意仍不能避免之情事
所致者，不在此限。

² 运送物为贵重物品，而托运人未报明其性质及价值者，
视为托运人有过错。

³ 当事人得约定，以高于或低于运送物全部价值的金额
作为运送物丢失或灭失时的赔偿额。

第 448 条

b. 迟延交付、
损坏、部分
灭失

¹ 运送人对于因其迟延交付、运送物损坏或部分灭失而
产生的任何损害，按与运送物灭失或毁损时相同的责
任要件和关于赔偿额的约定，负赔偿责任。

² 除有特别约定外，不得请求超过全部损失的损害赔偿。

第 449 条

c. 中间运送人
的责任

运送人对于运送物在运送中因意外事件和错误而发生的
损害，应负全部责任，运送物之到达目的地，系运送人
独立完成或交由其他运送人共同完成者，亦同，但运送
人对该其他运送人有追偿权。

第 450 条

3. 通知义务　　运送人在运送物到达目的地后，应立即通知受货人。

第 451 条

4. 留置权　　[1] 受货人对于与运送物有关的债务有争议者，仅在将有
争议的金额提存于法院后，始得请求交付运送物。

[2] 运送人对运送物行使留置权者，提存的金额得代替运
送物。

第 452 条

5. 赔偿请求权　[1] 受货人，受领运送物并支付运费而不为任何保留者，
的丧失　　　　对于运送人的请求权全部消灭，但运送人有恶意欺诈
或重大过失者，不在此限。

[2] 运送物内部有毁损不易发现者，以受货人在受领运送
物后，依情事可能或应能检验运送物期间内，发现该
毁损并立即通知运送人为限，运送人负赔偿责任。

[3] 前款通知，最迟应在运送物交付后八日内为之。

第 453 条

6. 程序　　　　[1] 因运送物发生争议时，运送物所在地的主管机关，得依
一方当事人的请求，命令将运送物提存于第三人，如有
必要，亦得命令在确定运送物之状态后出卖运送物。

[2] 得以清偿与运送物有关的全部债务，或者以相当金额
提存于法院，而阻止运送物被出卖。

第 454 条

7. 赔偿请求权　[1] 请求运送人赔偿的权利，经过一年而罹于时效，其一
的时效　　　　年，在运送物灭失、丢失或迟延交付之情形，自运送
物应当交付之日起算，在运送物损坏之情形，自运送
物交付受货人之日起算。

²　受货人或托运人，在一年内提出索赔，且其请求权未因受领运送物而丧失者，得在任何时候，以抗辩的方式，行使其请求权。

³　运送人有欺诈或重大过失者，不适用上述规定。

第 455 条

C. 经国家批准的运送营业和国有运送营业

¹　运送人，其营业须经国家批准者，不得以特别约定或营运规章，为自己之利益，预先排除或限制关于运送人责任的法律规定的适用。

²　但当事人得在本章规定所准许的范围内，约定不同于本章规定的契约条款。

³　关于以邮政、铁路和船舶营业者为一方当事人的运送契约的特别规定，不受影响。[1]

第 456 条

D. 与公共运送机构的协作

¹　运送人或承揽运送人，委用公共运送机构执行其运送业务，或者参与公共运送机构所承担的运送业务者，应适用关于该公共运送机构运送营业的特别规定。

²　运送人或承揽运送人与委任人间有相反之约定者，其约定有效。

³　本条规定不适用于卡车的运送营业。

第 457 条

E. 承揽运送人的责任

承揽运送人委用公共运送机构以履行其运送契约者，如因过错而丧失追偿权，不得以自己无追偿权为理由而拒绝承担责任。

---

〔1〕　依 2010 年 12 月 17 日《邮政法》（Postgesetz vom 17. Dez. 2010）附录第 Ⅱ 2 项修正，自 2012 年 10 月 1 日起生效。

第十七章 经理权和其他商事代理权

第 458 条

A. 经理权
I. 定义和经理
权的授与

[1] 由商业、制造业或其他商事营业的营业主，以明示或默示的方式，授与经理权，从而有权为营业主从事商事活动，并"全权代表"[1]商号签名的人，为经理人。

[2] 营业主须将经理权之授与登记于商业登记簿，但对于经理人在经理权登记前所为的行为，亦应负责。

[3] 营业主为从事其他商事营业而授与经理权者，亦须将经理人登记于商事登记簿。

第 459 条

II. 经理权的
范围

[1] 对于善意第三人，视为经理人有在应由营业主承担义务的汇票上签名，实施属于营业主商事活动范围内一切必要法律行为的权利。

[2] 除有明示授权外，对于不动产，经理人不得为让与或设定负担。

第 460 条

III. 经理权的
限制

[1] 经理权得仅限于分支机构的营业。

[2] 经理权得授与数人共同行使（共同经理权）；在共同

---

〔1〕 全权代表，原文 per procura，在瑞士官方英译文本中作 per procuration。per procura 和 per procuration 均为拉丁语。查薛波主编《元照英美法词典》（法律出版社 2003 年版）第 1047 页：per procuration，又作 per procurationem，均拉丁文，语义"经授权"、"按照代理权限"，释义"代理人在签署合同或文件时用以表明其代理人身份的文字"。——译注

经理权之情形，所为之交易，如无其他经理人的共同签名，单个经理人的签名，对于营业主无拘束力。

³ 对经理权的其他限制，无对抗善意第三人的法律效力。

第 461 条

Ⅳ. 经理权的
　　撤回

¹ 经理权的撤回，应登记于商事登记簿，经理权的授与未登记者，亦同。

² 经理权的撤回，未登记和公告者，对于善意第三人，经理权仍为有效。

第 462 条

B. 其他商事代
　　理权

¹ 商业、制造业或其他商事营业的营业主，未委任经理人，而委任代理人管理其整个营业或其营业中之特定事务者，其代理权及于管理此类营业或此类事务通常必要之一切法律行为。

² 前款商事代理人，无在票据上签名的权利，不得为消费借贷或诉讼行为，但有明示之授权外，不在此限。

第 463 条[1]

C. ⋯⋯

第 464 条

D. 竞业禁止

¹ 经理人、受营业主委任为其管理整个营业或与营业主有劳务关系的商事代理人，未经营业主同意，不得为自己之计算或为第三人之计算，从事属于营业主营业范围内的交易行为。[2]

---

〔1〕 依 1971 年 6 月 25 日的联邦法律第 Ⅱ 目第 6 条第 1 项废止，自 1972 年 1 月 1 日起失效。另见《关于第十章的最终条款和过渡性条款》（Die Schluss- und Übergangsbestimmungen des X. Titel）。

〔2〕 依 1971 年 6 月 25 日的联邦法律第 Ⅱ 目第 1 条第 10 项修正，自 1972 年 1 月 1 日起生效。另见《关于第十章的最终条款和过渡性条款》（Die Schluss- und Übergangsbestimmungen des X. Titel）。

² 经理人或商事代理人违反前款规定者，营业主得请求损害赔偿，并得以自己之计算，承受经理人或商事代理人所为之交易行为。

第 465 条

E. 经理权和其
他商事代理
权的消灭

¹ 营业主得随时撤回经理权和其他商事代理权，但不得损害有关当事人基于个人劳务契约、合伙契约、委任契约等而享有的权利。[1]

² 经理权或其他商事代理权，不因营业主死亡或丧失行为能力而消灭。

---

〔1〕 依 1971 年 6 月 25 日的联邦法律第 Ⅱ 目第 1 条第 11 项修正，自 1972 年 1 月 1 日起生效。另见《关于第十章的最终条款和过渡性条款》（ Die Schluss- und Übergangsbestimmungen des X. Titel）。

第十八章 指示证券

第 466 条

A. 定义

被指示人，得依指示证券，为指示人之计算，向领取人给付金钱、有价证券或其他代替物；领取人亦得基于指示证券，以自己名义，向被指示人请求给付。

第 467 条

B. 效力
I. 指示人与领取人的关系

[1] 指示人为清偿其对领取人的债务而交付指示证券者，仅在被指示人履行给付时，始发生清偿的效果。

[2] 领取人受领指示证券者，不得向指示人行使其原有债权，但领取人向被指示人请求给付，而在指示证券所定期限内不能取得给付者，不在此限。

[3] 债权人不愿接受债务人所签发之指示证券者，应立即通知债务人，怠于通知者，应负损害赔偿责任。

第 468 条

II. 被指示人的义务

[1] 被指示人向领取人承担所指示之给付不为保留者，对领取人有给付的义务；被指示人，仅得以基于指示证券之内容或其与领取人间之法律关系而具有的抗辩权，而不得以基于其与指示人间之法律关系而具有的抗辩权，对抗受领人。

[2] 被指示人为指示人的债务人，且依指示之内容向领取人为给付不会损害其利益者，被指示人有依指示之内容，向领取人为给付的义务。

[3] 纵在前款情形，被指示人在为给付前，不负表示承担的义务，但被指示人与指示人另有约定者，不在此限。

第 469 条

Ⅲ. 未受给付时
的通知义务

被指示人拒绝向领取人为给付或预先表示不愿向领取人为给付者，领取人应立即通知指示人，怠于通知者，应负损害赔偿责任。

第 470 条

C. 撤回

1　指示人，非为清偿债务或非为领取人之利益而交付指示证券者，得对于领取人撤回其指示证券。

2　指示人，在被指示人向领取人表示承担前，得对于被指示人，撤回其指示证券。

2 bis 指示证券以非现金的结算关系为内容者，除支付制度另有规定外，在应转付的金额由指示人的账户记入领取人账户后，指示人不得撤回其指示证券。[1]

3　指示人在被指示人表示承担前被宣告破产者，其指示证券，视为被撤回。

第 471 条

D. 对于有价证
券的指示证
券

1　为向可转让之有价证券的持有人为支付而作出的书面指示证券，如对于被指示人，以持有人视为领取人，且指示人与领取人之间的权利，仅在让与人与受让人之间发生者，适用本章的规定。

2　关于支票和类似于汇票的指示证券的特别规定，不受影响。

---

〔1〕 依 2008 年 10 月 3 日《无纸化证券法》（Bucheffektengesetz vom 3. Okt. 2008）附录第 3 项增订，自 2009 年 10 月 1 日起生效。

第十九章 寄托契约

第 472 条

A. 关于寄托的
一般规定
I. 定义

[1] 基于寄托契约，受寄人对寄托人所交付的动产，有接受并将其保管于安全地点的义务。

[2] 除契约明定给付报酬，或者依情形，非受报酬即不为保管者外，受寄人不得请求报酬。

第 473 条

II. 寄托人的
义务

[1] 寄托人应偿还受寄人因保管寄托物而支出的必要费用。

[2] 寄托人应赔偿受寄人因保管寄托物所受之损害，但寄托人能证明损害非因其过错所致者，不在此限。

第 474 条

III. 受寄人的
义务
1. 禁止使用

[1] 受寄人非经寄托人同意，不得使用寄托物。

[2] 受寄人违反前款规定者，对于寄托人，应给付合理报偿，并应对寄托物所受之意外损害，负赔偿责任，但其能证明纵不使用寄托物，仍不免发生意外损害者，不在此限。

第 475 条

2. 寄托物的
返还
a. 寄托人的
权利

[1] 虽约定寄托物的保管期限，寄托人仍得随时请求返还寄托物及其孳息。

[2] 但寄托人应补偿受寄人为约定的保管期限而支出的费用。

第 476 条

b. 受寄人的
权利

¹ 寄托契约定有期限者，受寄人不得在期限届满前返还
寄托物，但寄托人因有不能预见之情事，不能继续安
全保管寄托物，或者继续保管寄托物将危害其自身利
益者，不在此限。

² 寄托契约未定期限者，受寄人得随时返还寄托物。

第 477 条

c. 返还地点

寄托物的返还，在该物应为保管之地为之，其费用和危
险由寄托人承担。

第 478 条

3. 数受寄人的
责任

数人共同保管寄托物者，该数人负连带责任。

第 479 条

4. 第三人的所
有权请求权

¹ 第三人对寄托物主张所有权者，除其对受寄人提起诉
讼或为扣押外，受寄人仍应将寄托物返还于寄托人。

² 第三人提起诉讼或为扣押时，受寄人应立即时通知寄
托人。

第 480 条

Ⅳ. 暂行保管人〔1〕

数人为保全其请求权，而将法律地位存在争议或不确定的
物，寄托于第三人（暂行保管人）者，第三人非经利害
关系人的全体同意或法院的命令，不得返还寄托物。

第 481 条

B. 代替物的寄托

¹ 寄托物为金钱，且依明示或默示之约定，受寄人仅需

---

〔1〕 暂行保管人，原文 Sequester，指官方指派的对有争议的财产实行暂时保管的人。——译注

返还相同数量的金钱，而无须返还所交付之金钱者，其用益及危险于交付时转移于受寄人。

² 金钱未封印或未封缄者，推定为前款意义上的默示约定。

³ 寄托物为其他替代物或有价证券者，受寄人仅在寄托人有明确授权时，始得处分之。

第 482 条

C. 仓库营业
I. 填发货物证券的权利

¹ 向公众提供货物保管服务的仓库营业人，得请求主管机关授与对其所保管的货物填发货物证券的权利。

² 货物证券为有价证券，凭此证券，得请求交付所保管的货物。

³ 货物证券得为记名证券、指定式证券或无记名证券。

第 483 条

II. 仓库营业人的保管义务

¹ 仓库营业人，就寄托物的保管，负与行纪人相同的义务。

² 寄托物发生变化，有必要进一步采取措施者，仓库营业人应尽可能通知寄托人。

³ 仓库营业人应允许寄托人在营业时间检点寄托物或提取样本，并应允许寄托人随时采取必要的保存行为。

第 484 条

III. 寄托物的混合

¹ 寄托物为代替物者，非经寄托人许可，仓库营业人不得将其与其他寄托人同一种类、品质的寄托物混合保管。

² 寄托物经混合者，各寄托人均得请求依其所寄托之数量分离寄托物。

³ 仓库营业人得在其他寄托人未参与的情况下，按寄托人的要求分离寄托物。

第 485 条

IV. 仓库营业人
的请求权

1 仓库营业人得依约定或习惯请求报酬，并得请求偿还非基于保管而发生的诸如运费关税、修理费等费用。

2 仓库营业人，对于前款费用，得请求立即给付，对于报酬，自其受领寄托物后每届满三个月即得请求给付一次，且无论寄托人何时取回寄托物的全部或部分，仓库营业人均得请求立即给付相应的报酬。

3 仓库营业人为担保其因寄托物而产生的债权，对由其占有的寄托物或得依货物证券实行处分的寄托物，有留置权。

第 486 条

V. 寄托物的
返还

1 仓库营业人，对于寄托物，负与受寄人相同的返还义务；寄托契约定有期限者，纵有——普通受寄人得在约定的保管期限届满前返还寄托物的——不能预见之情事，仓库营业人仍不得在期限届满前返还寄托物。

2 寄托物经填发货物证券者，仓库营业人得且应仅向货物证券上所记载的权利人交付寄托物。

第 487 条

D. 旅店主人和
马厩主人

I. 旅店主人的
责任

1. 要件和范围

1 为他人提供住宿的旅店主人，对客人所携带物品的毁损、丧失或被盗应负责任，但能证明损害系因客人本人或其来宾、同伴、随从，或者因不可抗力或物之性质所致者，不在此限。

2 关于前款责任，对每位客人的赔偿额，不超过一千法郎，但旅店主人或其使用人有过错者，不在此限。

第 488 条

2. 对贵重物品
的特别责任

1 贵重物品、巨额现金或有价证券未交付旅店主人保管者，旅店主人仅在其本人或其使用人有过错时，始负责任。

² 旅店主人为客人保管前款物品，或者拒绝保管者，对其全部价值，应负责任。

³ 第一款所称物品，不能合理期待客人交付保管者，旅店主人对其仅负与客人所携带的其他物品相同的责任。

第 489 条

3. 责任的免除

¹ 客人在知悉物品损害后未立即通知旅店主人者，丧失赔偿请求权。

² 旅店主人在旅店内张贴告示排除其责任，或者以法律未规定的免责事由排除其责任者，不因此发生免除责任的效力。

第 490 条

Ⅱ. 马厩主人的责任

¹ 马厩主人对经其许可而安置或停放在马厩内或由其自己或其使用人以其他方式接受的牲畜、车辆及其附属物的毁损、丧失或被盗，应负责任，但能证明损害系因客人自己或其来宾、同伴、随从，或者因不可抗力或物之性质所致者，不在此限。

² 关于前款责任，对每只动物、每辆车或每件附属物的赔偿额，不超过一千法郎，但马厩主人或其使用人有过错者，不在此限。

第 491 条

Ⅲ. 留置权

¹ 旅店主人和马厩主人，为担保其基于客人住宿和保管客人物品而产生的债权，对于客人所携带的物品，有留置权。

² 对于前款留置权，准用关于出租人之留置权的规定〔1〕。

---

〔1〕　关于出租人之留置权的规定，见第 268 条以下。——译注

第二十章 保 证[1]

第 492 条

A. 要件
I. 定义

¹ 基于保证契约，保证人对于主债务人的债权人，有担保债务履行的义务。

² 保证，以主债务的有效存在为前提。对于将来的或附条件的债权，亦得成立保证，但以主债务将来有效成立为前提。

³ 对于因错误或无订约能力而成立的，因而对主债务人无拘束力的契约而产生的债务，声明承担保证责任者，如知其情事而承担保证，应依保证法规定的条件和原则承担责任。对主债务人已罹于时效的债务承担保证者，亦同。

⁴ 除法律另有规定外，保证人不得预先放弃其依本章规定而享有的权利。

第 493 条

II. 形式

¹ 保证契约，为使其有效，须有保证人的书面声明，并在保证契约中以数字载明保证人承担保证责任的最高额。

² 保证人为自然人者，其承担保证的声明，尚须以公证书方式为之，其公证书须符合保证声明作成地的相关规定。但保证金额未超过二千法郎者，保证人亲笔以

---

〔1〕 依 1941 年 12 月 10 日的联邦法律第 I 项修正，自 1942 年 7 月 1 日起生效。参见《关于第二十章的过渡性条款》（Die Übergangsbestimmungen zum XX. Titel）。

数字载明保证金额，保证即为有效；于此情形，保证人如在保证声明书中亲笔载明承担连带责任，亦同样有效。

3 对公法上的债务，诸如关税、税收或类似债务以及运费等，向联邦或联邦公权力机关或州承担保证者，仅须保证人作出书面的保证声明并在声明中以数字载明保证金额，保证即为有效。

4 为规避公证形式，将保证金额分成数个小金额而为保证者，各部分金额的保证，应采用总金额所应采用的形式。

5 保证契约的嗣后变更，仅须以书面形式为之，但提高保证金额或将单纯保证[1]变更为连带保证者，不在此限。主债务，以免责的债务承担，移转于第三人者，除保证人书面同意该债务承担外，保证契约终止。

6 为订立保证契约而向代理人授与特别代理权，以及向契约相对人或第三人允诺提供保证者，其授权或允诺，应采用与保证契约相同的形式。当事人得以书面约定，保证责任限于主债务中应最先得到清偿的部分。

7 联邦委员会得对公证费作出限制性的规定。

第 494 条

III. 配偶的同意

1 保证人已婚者，为使保证契约有效，须在订立保证契约之前或同时取得其配偶的书面同意，但经法院判决分居者，不在此限。

2 ......[2]

---

〔1〕　单纯保证，原文 einfache Bürgschaft，亦译一般保证。——译注

〔2〕　依 2005 年 6 月 17 日的联邦法律第 I 项废止（保证、配偶的同意，Bürgschaften. Zustimmung des Ehegatten），自 2005 年 12 月 1 日起失效。

³ 保证契约的嗣后变更，仅在提高保证金额或将单纯保证变更为连带保证，或者其变更将会明显加重保证责任之情形，始须取得保证人配偶的同意。

⁴ 对于登记的同性伴侣关系，参照适用本条的规定。[1]

第 495 条

B. 内容
I. 保证的种类
1. 单纯保证

¹ 保证成立后，仅在主债务人被宣告破产，或者已就债务的履行订立和解协议[2]，或者在债权人以合理的注意为强制执行后被签发终局的清偿不足证书，或者因主债务人将住所移至国外而致债权人无法在瑞士请求主债务人履行债务，或者因主债务人在外国的住所发生变更而致债权人诉请履行债务存在重大困难时，债权人始得请求单纯保证人为给付。

² 保证债务附有担保物权者，如主债务人未被宣告破产或未就债务的履行订立和解协议，单纯保证人得请求债权人先行使其担保物权。

³ 保证人仅就主债务人清偿不足部分负填补义务（损害赔偿保证[3]）者，仅在主债务人被签发终局的清偿不足证书，或者因主债务人将住所移至国外而致债权人无法在瑞士请求主债务人履行债务，或者因主债务人在外国的住所发生变更而致债权人诉请履行债务存在重大困难时，债权人始得请求保证人给付。就债务

---

〔1〕 依 1984 年 10 月 5 日《关于修正民法典的联邦法律》（Bundesgesetz vom 5. Okt. 1984 ber die Änderung des ZGB）第Ⅱ 2 项废止。又依 2004 年 6 月 18 日《同性伴侣关系法》（Partnerschaftsgesetz vom 18. Juni 2004）附录第 11 项修正，自 2007 年 1 月 1 日起生效。

〔2〕 和解协议，原文 Nachlassstundung，瑞士官方英译为 debt restructuring moratorium，指依和解程序而达成的同意债务人延迟履行债务的协议；自债务人方面言之，即依和解程序取得迟延履行债务的允诺。——译注

〔3〕 损害赔偿保证，原文 Schadlosbürgschaft，瑞士官方英译为 indemnity bond，指保证人仅就主债务人不能清偿的部分负填补义务的保证。参见史尚宽：《债法各论》，荣泰印书馆股份有限公司 1981 年印本，第 830 页。——译注

的履行订立和解契约[1]时，对于主债务中未受和解偿还的部分，债权人得在和解契约生效后，立即请求保证人给付。

⁴ 有不同于本条之约定者，其约定有效。

第 496 条

2. 连带保证

¹ 保证人以"连带"或以具有相同意义的词句承担保证者，如主债务人陷于迟延，经催告仍无结果或其显然无支付能力时，债权人得在诉请主债务人履行和实行不动产担保权前，诉请保证人履行。

² 债权人在实行动产担保权和权利质权前，仅在法院依其评估后认为债务人有可能清偿不足，或者债权人与连带保证人约定债权人得在实行动产担保权和权利前诉请保证人履行，或者主债务人被宣告破产，或者债务人就债务的履行订立和解协议之情形，始得诉请保证人履行。

第 497 条

3. 共同保证

¹ 数保证人对于同一可分的主债务共同承担保证者，就其负担部分作为单纯保证人，就其他保证人负担部分作为再保证人，负其责任。

² 数保证人与主债务人或数保证人相互间负连带责任者，各共同保证人对整个债务负其责任。但各共同保证人，在所有其他——先于自己或与自己同时订立保证契约，且能够在瑞士被诉请履行的——共同保证人，因保证债务被强制执行前，对于逾其负担部分的债务，得拒绝给付。各共同保证人，在其他的共同保证人就其负

---

〔1〕 和解契约，原文 Nachlassvertrag，瑞士官方英译为 composition agreement，指偿还部分欠款而了结债务的协议。此外，史尚宽先生将 Nachlassvertrag 译作"调协契约"。参见史尚宽：《债法各论》，荣泰印书馆股份有限公司 1981 年印本，第 830 页。——译注

担部分已为给付或已提供不动产担保时，有相同的权利。除另有约定外，已为给付的共同保证人，对于其他应负连带责任的共同保证人，就其应负保证责任但未给付的部分，有追偿权。该追偿权，得在向主债务人实行追偿前，行使之。

3 保证人之承担保证，以其他保证人亦对同一主债务承担保证为条件，且债权人明知此情事者，如无其他保证人共同承担保证，或者债权人嗣后免除其他保证人的保证责任，或者其他保证人的保证被宣告无效时，保证人不负保证责任。在其他保证人的保证被宣告无效之情形，法院得依公平原则，判决保证人承担适当减轻后的保证责任。

4 数保证人分别对同一主债务承担保证者，各保证人对受其保证的整个债务承担责任。除另有约定外，已为给付的保证人，得向其他保证人追偿其应负担的部分。

第 498 条

4. 再保证和求偿保证

1 再保证人，对于债权人，就正保证人所承担义务之履行负有义务，并与单纯保证人附从于主债务人一样附从于正保证人，而负其责任。

2 求偿保证人，对于为支付之保证人，就其对于主债务人之求偿权，负担保责任。

第 499 条

II. 共同的规定
1. 保证人与债权人的关系
a. 责任范围

1 无论如何，保证人仅就保证书中所载明的最高额，负保证责任。

2 除另有约定外，保证人应负的保证责任，限制为：

    1. 主债务，以及因主债务人过错或迟延所产生的法律后果，但对于因契约解除所产生的损害、违约金，除当事人有明示之约定外，保证人不

226

负保证责任；

2. 保证人如能及时向债权人清偿即可避免的诉讼费用和强制执行费用，以及因交出担保物或移转担保权而发生的费用；

3. 关于契约中约定的利息，限制为本年度和前一年度的利息，关于年度还款额，限制为本年度或前一年度的还款额。

³ 除由保证契约或依情事可得出相反之结论外，保证人仅对保证契约订立后发生的主债务人的债务，负保证责任。

第 500 条

b. 责任额的法定消减

¹ 在自然人保证之情形，除预先或嗣后另有约定外，每年消减责任额的百分之三，债权同时有不动产担保权者，每年消减原始责任额的百分之一。无论如何，在自然人保证之情形，保证人的责任额，因主债务的减少而消减。

² 前款规定不适用于下列保证：对诸如关税、税收或类似债务以及运费等公法上的债务向联邦或联邦公权力机关或州承担的保证，职务保证及雇佣保证，对诸如交互计算之债务或继续性供应契约之债务等非定额的债务承担的保证，对定期给付的债务承担的保证。

第 501 条

c. 对保证人的诉讼

¹ 在原定的主债务的履行期限届满前，主债务虽因主债务人破产而提前届其清偿期，债权人仍不得诉请保证人为给付。

² 无论何种类型的保证，保证人均得提供物的担保，以请求法院，在所有担保物被变价并对主债务人签发终局的清偿不足证书或订立和解契约前，停止对自己的执行程序。

227

³ 主债务的清偿期，须依债权人或债务人的通知而确定者，保证期间自通知到达保证人之日起算。

⁴ 居住在国外的主债务人的给付义务，依该国法律，例如关于结算或禁止汇兑的规定，被消灭或限制者，居住在瑞士的保证人，亦得以该规定为抗辩，但其已放弃该抗辩权者，不在此限。

第 502 条

d. 抗辩

¹ 主债务人或其继承人得对抗债权人的一切抗辩，保证人有权且有义务主张之，但保证人不得以主债务人无清偿能力而为抗辩。保证人，对因错误或无订约能力而成立的、因而对主债务人无拘束力的债务，或者对已罹于时效的债务，承担保证者，不得以债务不生效力或已罹于时效而为抗辩。

² 主债务人放弃其抗辩者，保证人仍得主张之。

³ 保证人未主张主债务人之抗辩者，在保证责任得因主张抗辩而免除的范围内，丧失追偿权，但对于抗辩之未主张，保证人能证明自己无过错者，不在此限。

⁴ 保证人对因赌博或打赌而产生的、因而不能诉请履行的债务，承担保证者，虽知其情事，仍享有与主债务人相同的抗辩权。

第 503 条

e. 债权人的注意义务和移转义务

¹ 债权人放弃其在保证契约订立时已设立的或在保证契约订立后主债务人专为担保保证债务而设立的担保物权、其他担保权或优先权，致保证人受损害者，保证人在债权人所放弃的范围内减轻其保证责任，但债权人能证明其放弃所致保证人之损害微不足道者，不在此限。保证人所为之给付逾其责任额者，得请求债权人返还。

² 此外，在职务保证及雇佣保证之情形，债权人怠于对受雇人应为之监督或其他可期待之注意，因而致发生债务或增加其范围者，应对保证人，负其责任。[1]

³ 在保证人清偿债务后，债权人应向保证人交付行使权利所必要的文书，并提供必要的信息。债权人尚应将在保证契约订立时已设立的或在保证契约订立后主债务人专为担保保证债务而设立的担保物权或其他担保权移转于保证人，或者实施必要的行为，使担保权移转于保证人。但债权人基于其他债权而享有的担保物权和留置权，在顺位上优先于保证人者，不在此限。

⁴ 债权人无正当理由拒绝实施必要行为，或者因故意或重大过失致现有证据灭失或放弃担保物权或其他担保权者，保证人免除责任。保证人得请求债权人返还给付并赔偿保证人因此而发生的其他损害。

第 504 条

f. 请求债权人
　 受领给付

¹ 主债务已届清偿期者，保证人得随时请求债权人受领给付，主债务因债务人破产而届其清偿期者，亦同。同一债权有数保证人承担保证责任者，保证人之部分给付，如不少于其应承担的责任额，债权人应受领之。

² 债权人无正当理由拒绝受领给付者，保证人免除责任。于此情形，其他共同连带保证人相应减少其责任额。

³ 经债权人同意，保证人得在主债务清偿期届至前清偿债务。但保证人仅得在主债务清偿期届至后向主债务人行使追偿权。

---

[1]　依 1971 年 6 月 25 日的联邦法律第 Ⅱ 目第 1 条第 12 项修正，自 1972 年 1 月 1 日起生效。另见《关于第十章的最终条款和过渡性条款》（Die Schluss- und Übergangsbestimmungen des X. Titel）。

第 505 条

g. 债权人的通知义务，在债务人破产及和解程序中的债权申报

[1] 主债务人就本金、半年利息或年度应还款之支付，陷于迟延已届满六个月者，债权人应通知保证人。保证人得随时请求债权人告知关于主债务的情况，债权人有告知的义务。

[2] 主债务人被宣告破产或被实行和解程序时，债权人应申报其债权，并应采取为保全其权利所必要的一切行为。债权人知悉主债务人被宣告破产或被实行和解程序后，应立即通知保证人。

[3] 债权人怠于采取前款行为者，在保证人所受损害的范围内，对保证人，丧失请求权。

第 506 条

2. 保证人与主债务人的关系

a. 请求提供担保和除去保证的权利

保证人得请求主债务人提供担保，主债务已届清偿期且有下列情形之一者，得请求除去保证：

1. 主债务人违反其与保证人的约定，特别是，主债务人未按约定在特定时间内使保证人免于保证责任者；

2. 主债务人陷于迟延，或者因主债务人移居国外致保证人向主债务人行使追偿权发生重大困难者；

3. 因主债务人的经济状况恶化、担保物的价值减少或主债务人的过错，致保证人所受之危险，远大于其承担保证时之危险者。

第 507 条

b. 保证人的追偿权

aa. 一般规定

[1] 债权人的权利在保证人向其为清偿的范围内转移于保证人。保证人在其所清偿的债务届其清偿期后，得立即行使该权利。

[2] 但是，除另有约定外，被保证之债权的担保物权或其他担保权，得移转于保证人者，仅限于在保证契约订

立时已设定的或在保证契约订立后主债务人专为担保该债权而设定的担保物权或其他担保权。保证人仅清偿部分债务者，担保物权亦仅部分移转于保证人，未受全部清偿的债权人的担保物权优先于保证人的担保物权。

3　基于保证人与主债务人间之法律关系而产生的特别请求权或抗辩，不受影响。

4　为担保被保证之债务而设定的担保物权被实行，或者担保物的所有人主动向债权人为清偿者，担保物的所有人不得对保证人行使追偿权，但担保物权的设定人与保证人约定对保证人有追偿权，或者担保物权系在保证契约订立后由第三人所设定者，不在此限。

5　保证人求偿权的时效，自保证人向债权人为给付时起算。

6　对无诉请力的债务，或者对因主错误或无订约能力而成立的、因而对主债务人无拘束力的债务，为清偿者，保证人对主债务人无追偿权。但保证人依主债务人的请求，对已罹于时效的债务，承担保证责任者，主债务人应依关于委任的规定，负其责任。[1]

第508条

bb. 保证人的通知义务

1　保证人全部或部分清偿主债务者，应通知主债务人。

2　保证人怠于通知者，如主债务人因不知且不可能得知其清偿而再为清偿时，保证人丧失对主债务人的追偿权。

3　保证人对于债权人的不当得利返还请求权，不受影响。

---

〔1〕　依本款第3句规定，保证人依主债务人的请求，对已罹于时效的债务承担保证责任者，得依《瑞士债务法》第402条，请求主债务人负其责任。Vgl. *Heinrich Honsell*, *Nedim Peter Vogt*, *Wolfgang Wiegand*（Hrsg.），Basler Kommentar zum Obligationenrecht（Ⅰ），Helbing Lichtenhahn Verlag, Basel, 4. Aufl., 2007, Art. 507, N. 13。——译注

第 509 条

C. 保证关系的
　终止

I. 法定的终止
　事由

[1] 保证人的保证责任因主债务消灭而免除。

[2] 但主债务人的责任与保证人的责任同归于一人者，债权人基于保证契约而享有的特别权利，仍继续存在。

[3] 自然人的保证，自保证契约订立后经过二十年而消灭。但对诸如关税、税收或类似债务以及运费等公法上的债务向联邦或联邦公权力机关或州承担的保证，职务保证和雇佣保证，以及对定期给付的债务承担的保证，不在此限。

[4] 约定的保证期虽长于前款所称保证期间，债权人仍得在前款所称保证期间的最后一年诉请保证人清偿债务，但保证人预先延长保证期间或订定新的保证契约者，不在此限。

[5] 以十年为限，保证人得书面声明延长保证期间。延长保证期间的声明，仅得在保证契约终止前一年内作出，否则无效。

[6] 主债务在保证期间届满前两年内到期，且债权人不能在更早时间通知终止主债务契约者，无论何种类型的保证，债权人均得在对主债务人或担保物行使权利前，诉请保证人清偿债务。但保证人得在主债务清偿期届至前，行使对主债务人的追偿权。

第 510 条

II. 定期保证；
　保证的撤回

[1] 对将来的债务承担保证者，如主债务人的财产状况在保证契约订立后显著恶化，或者保证人在保证契约订立后始知主债务人的财产状况显较其善意所信者为劣时，保证人得在债务发生前，随时以书面声明撤回其保证。但在职务保证或雇佣保证之情形，如职务关系或劳务关系已成立，不得撤回保证。

[2] 债权人因善意信赖保证所受之损害，保证人应赔偿之。

³ 约定保证人仅在一定期间内承担保证责任者，如债权人未在期间届满后四个星期内依法行使其债权并尽快提起诉讼，保证责任消灭。

⁴ 保证期间届满，而主债务未届清偿期者，保证人为免除保证责任，仅得提供物的担保。

⁵ 保证人怠于提供物的担保者，应依关于最长保证期间的规定，继续承担保证责任，如同约定保证至主债务清偿期届至之日。

第 511 条

Ⅲ. 未定期间的
保证

¹ 保证未定期间者，在主债务届其清偿期后，如因此已具备对主债务人的起诉条件，保证人得请求债权人在四周内依法向主债务人行使其债权，如有担保物权，应实行担保物权，并尽快提起诉讼。

² 债务得因债权人的通知而届其清偿期者，保证人在保证契约订立一年后，得请求债权人为通知并在清偿期届至后行使前款所称之权利。

³ 债权人未依前款规定为请求者，保证人免除责任。

第 512 条

Ⅳ. 职务保证和
雇佣保证

¹ 职务保证未定期间者，得以一年为预告期间，通知保证在职务期间届满时终止。

² 未定职务期间者，职务保证人得以一年为预告期间，通知保证在任职后每第四年结束时终止。

³ 雇佣保证未定期间者，保证人享有与未定职务期间的职务保证人相同的终止权。

⁴ 有相反之约定者，其约定有效。

第二十一章　赌博和打赌

第 513 条

A. 不成立可诉
性债权

¹ 赌博和打赌不成立债权。

² 明知以赌博或打赌为目的而进行的借贷和预先支付，以及具有赌博或打赌性质的、以交付货物或交易所买卖的有价证券为内容的差额交易契约，亦同。

第 514 条

B. 债券〔1〕和任
意给付

¹ 赌博人或打赌人为支付赌金而填发的本票或汇票〔2〕虽已交付于他方，他方仍不得诉请给付，但善意第三人以此种有价证券主张权利者，不在此限。

² 任意给付，不得请求返还，但预定的赌博或打赌因意外事件或因受领人的行为而未发生，或者受领人有不诚实之行为者，不在此限。

第 515 条

C. 博彩行为和
彩票行为

¹ 博彩行为或彩票行为，非经主管机关批准，不成立债权。

² 未经批准者，其债权，以赌债论。

³ 外国批准的博彩行为或彩票行为，在瑞士不受法律保护，但瑞士的主管机已批准出售其票券者，不在此限。

---

〔1〕 债券，原文 Schuldverschreibungen，瑞士官方英译为 debentures。——译注

〔2〕 本票，原文 Schuldverschreibung，瑞士官方英译为 promissory note；汇票，原文 Wechselverpfli-chtung，瑞士官方英译为 bill of exchange。——译注

第 515a 条[1]

D. 赌场中的赌
博、向赌场
借贷

在经主管机关批准的赌场中的赌博行为，得成立可诉性债权。

第二十二章　终身定期金契约和终身供养契约

第 516 条

A. 终身定期金
契约

I. 内容

[1] 终身定期金，得以定期金债务人或定期金债权人或第三人的生存期间为期限，设立之。

[2] 如无明确约定，推定以定期金债权人的生存期间为终身定期金的期限。

[3] 终身定期金，以定期金债务人或第三人的生存期间为期限而设立者，除另有约定外，得移转于定期金债权人的继承人。

第 517 条

II. 契约的形式

终身定期金契约，为使其有效，须采用书面形式。

第 518 条

III. 债权人的
权利

1. 请求权的
行使

[1] 终身定期金，除另有约定外，应每半年预行支付。

[2] 依其生存期间而定终身定期金之人，如在应预付终身定期金的期间届满前死亡者，定期金债务人应支付该期的全额定期金。

[3] 定期金债务人被宣告破产时，定期金债权人得请求支付一笔——为获得等额定期金而在定期金债务人被宣告破产时与有信誉的定期金机构订立终身定期金契约——所必要的金钱。

第 519 条

2. 可让与性[1]

¹ 除另有约定外，定期金债权人得将其权利让与他人行使。

² ……[2]

第 520 条

Ⅳ. 保险契约法上的终身定期金

本法关于终身定期金契约的规定，不适用于 1908 年 4 月 2 日《关于保险契约的联邦法律》[3]所规定的终身定期金契约，但关于定期金请求权之撤销的规定，不在此限。

第 521 条

B. 终身供养契约

Ⅰ. 定义

¹ 基于终身供养契约，受供养人有将财产或某项财产移转于供养人的义务，供养人在受供养人生存期间有对受供养人为供养和照护的义务。

² 受供养人指定供养人为其继承人者，其全部法律关系，适用关于继承契约的规定[4]。

第 522 条

Ⅱ. 契约的订立

1. 形式

¹ 终身供养契约，为使其有效，须采用与继承契约相同的形式，未指定供养人为其继承人者，亦同。

² 但终身供养契约，如系与由国家所认许的供养机构，按主管机关批准的条件而订立者，仅须采用书面形式。

---

〔1〕 依 1994 年 12 月 16 日的联邦法律附录第 6 项修正，自 1997 年 1 月 1 日起生效。

〔2〕 依 1994 年 12 月 16 日的联邦法律附录第 6 项废止，自 1997 年 1 月 1 日起失效。

〔3〕 Bundesgesetz vom 2. April 1908 über den Versicherungsvertrag.

〔4〕 关于继承契约的规定，见《瑞士民法典》第 468 条、第 512 条至第 514 条、第 534 条。——译注

第 523 条

2. 担保

受供养人，将其不动产转移于供养人者，为担保其请求权，对于该不动产，享有与出卖人相同的法定担保权意义上的权利。

第 524 条

Ⅲ. 内容

[1] 受供养人加入供养人的家庭生活者，供养人应按受供养人所移转财产的价值和受供养人此前的生活标准，对受供养人为合理的供养和照护。

[2] 供养人应为受供养人提供适当的食住条件，受供养人生病时，应为必要的照护和医疗。

[3] 供养机构得拟定供养规则，经主管机关批准后，作为供养契约中具有一般拘束力的内容。

第 525 条

Ⅳ. 撤销和扣减

[1] 受供养人因订立终身供养契约而不能履行扶养义务者，对受供养人享有法定扶养请求权的人，得撤销终身供养契约。

[2] 法院得命令供养人向享有扶养请求权的人履行扶养义务，并相应减少供养人依供养契约而应向受供养人履行的义务，以代替撤销契约。

[3] 此外，继承人的扣减请求权和债权人的撤销权，不受影响。

第 526 条

V. 废止

1. 通知

[1] 一方所为之给付依契约在价值上显大于他方所为之给付，且对于给付的差额，受领人不能证明他方有赠与之意思者，供养人或受供养人均得随时以半年为预告期间，通知终止终身供养契约。

² 在前款情形，财产价值与终身定期金的比例关系，依有信誉的定期金机构的基本规则确定之。

³ 契约终止时已履行的给付，在对其为财产价值及利息上之抵销后，应返还之。

第 527 条

2. 单方废止

¹ 因一方违反契约义务使当事人间的关系变得十分紧张，或者因有其他重大事由，继续其关系存在严重困难或成为不可能时，无论受供养人或供养人，均得单方废止终身供养契约。

² 终身供养契约因前款原因而被废止时，有过错的一方，除应返还其所受领的给付外，尚须向无过错的一方为相当的赔偿。

³ 法院得因一方当事人的请求或依职权，不将终身供养契约完全废止，而命令停止受供养人与供养人间的共同生活，并判决由供养人向受供养人给付终身定期金，以作为对受供养人的补偿。

第 528 条

3. 因供养人死亡而废止

¹ 供养人死亡时，受供养人得在一年内请求废止供养契约。

² 在前款情形，受供养人对于供养人的继承人，得主张在供养人被宣告破产时受供养人所得主张的请求权。

第 529 条

Ⅵ. 不可让与性，破产或被扣押时的权利主张

¹ 受供养人的权利不得让与。

² 供养人破产时，受供养人得请求支付一笔——为获得相当于供养人给付之价值的终身定期金而与有信誉的定期金机构订立终身定期金契约——所必要的金钱。

³ 供养人因强制执行而被扣押财产时，受供养人虽未自始提起强制执行程序，仍得就前款请求权参与对扣押物的分配。

第二十三章　单纯合伙^[1]

第 530 条

A. 定义

¹ 合伙，为两人或两人以上，互约出资，以经营共同事业的契约关系。

² 凡不具备本法所规定的其他类型合伙要件的合伙，均为本章意义上的单纯合伙。

第 531 条

B. 合伙人间的关系

I. 出资

¹ 各合伙人均有出资的义务，其出资，得为金钱、物、债权或劳务。

² 除另有约定外，合伙人应负等额出资的义务，其出资种类及数额，应合于约定之目的。

³ 关于危险负担和瑕疵担保责任，在合伙人移转物的使用权之情形，准用关于使用租赁契约的规定，在移转所有权之情形，准用关于买卖契约的规定^[2]。

第 532 条

II. 利益和损失

1. 利益分享

依性质应属于合伙的利益，各合伙人应与其他合伙人分享。

---

〔1〕　单纯合伙，原文 einfache Gesellschaft，瑞士官方英译为 simple partnership。——译者

〔2〕　关于使用租赁契约中瑕疵担保责任的规定，见第 258 条以下；关于买卖契约中危险负担的规定，见第 185 条、第 220 条；关于买卖契约中瑕疵担保责任的规定，见第 192 条以下、第 219 条。——译注

第 533 条

2. 损益分配

¹ 除另有约定外，各合伙人不论其出资种类及数量，其损益分配之成数，一律均等。

² 仅就利益或仅就损失而规定的分配成数，视为损益共通的分配成数。

³ 合伙契约对于为共同目的而以劳务作为出资的合伙人，约定仅受利益而不受损失之分配者，其约定有效。

第 534 条

III. 合伙的决议

¹ 合伙的决议，应以合伙人全体同意，为之。

² 合伙契约规定采用多数决者，应理解为合伙人之多数。

第 535 条

IV. 合伙事务的执行

¹ 合伙事务，除依契约或决议完全委任于合伙人中一人或数人或第三人执行外，由合伙人全体执行之。

² 合伙事务由合伙人全体或数人执行时，各合伙人的行为无须其他合伙人的同意，但其他有执行权的合伙人中任何一人，得在该合伙人的行为完结前，提出异议，以阻止其行为。

³ 除有急迫之危险外，委任概括代理人以及实施合伙事务中不属于通常事务的法律行为，须经合伙人的全体同意。

第 536 条

V. 合伙人间的义务

1. 竞业禁止

合伙人不得为谋取个人利益而从事有害于合伙目的事业的法律行为。

第 537 条

2. 因执行合伙
事务而产生
的请求权

¹ 合伙人因执行合伙事务所支出的费用或所负担的义务，以及合伙人直接因执行合伙事务或因与合伙事务不可分的危险而受有损害时，其他合伙人亦应负责。

² 合伙人为合伙预付金钱者，得请求支付自支付日起的利息。

³ 合伙人执行合伙事务，不得请求额外的报酬。

第 538 条

3. 注意义务

¹ 对合伙事务，各合伙人应为与处理自己事务相同的勤勉和注意义务。

² 合伙人对因其过错所致之损害应向其他合伙人负责，且不得以其在执行合伙其他事务时所获得的利益为抵销。

³ 执行合伙事务的合伙人就其执行事务受有报酬者，依关于委任的规定[1]，负其责任。

第 539 条

VI. 合伙事务执
行权的剥夺
和限制

¹ 合伙人基于合伙契约之授权而享有的合伙事务执行权，其他合伙人，非有重大事由，不得剥夺或限制之。

² 有重大事由时，其他合伙人中之任何一人，均得剥夺之，合伙契约纵有反对之规定，亦同。

³ 特别是，事务执行人因重大过失违反其义务，或者丧失妥善执行合伙事务之能力者，应认为有重大事由。

---

〔1〕 关于委任中注意义务的规定，见第 398 条。——译注

第 540 条

VII. 执行事务的
合伙人与不
执行事务的
合伙人间的
关系

1. 一般规定

¹ 以本章无规定及合伙契约无约定为限，对执行合伙事务的合伙人与其他合伙人间的关系，适用关于委任的规定〔1〕。

² 合伙人对合伙事务无执行权而执行合伙事务时，或者有执行权的合伙人执行合伙事务逾越其权限时，适用关于无因管理的规定〔2〕。

第 541 条

2. 对合伙事务
的检查权

¹ 无执行权的合伙人，有权检查合伙事务的执行情况，查阅合伙账簿和文件，要求提供关于合伙财产状况的基本信息。

² 与前款规定相反的约定，无效。

第 542 条

VIII. 新合伙人的
接受和合伙
股份的让与

¹ 合伙人，未经其他合伙人同意，不得接受第三人加入合伙。

² 合伙人一人单独同意第三人加入其股份或将其全部股份让与第三人者，该第三人不因此成为其他合伙人的合伙人，特别是，该第三人不取得对合伙事务的检查权。

第 543 条

C. 合伙人与第
三人的关系

I. 对外代表权

¹ 合伙人，为合伙之计算，但以自己名义，与第三人为交易行为者，仅该合伙人本人，对第三人取得权利并负担义务。

² 合伙人，以合伙之名义或以全体合伙人之名义，与第三人为交易行为者，其他合伙人，仅在该交易行为符合关于代表权规定的限度内，对第三人取得权利并负担义务。

---

〔1〕　关于委任的规定，见第 394 条以下。——译注
〔2〕　关于无因管理的规定，见第 419 条以下。——译注

³ 合伙人被委任执行合伙事务者，应推定：该合伙人已被授与代表合伙或全体合伙人与第三人为交易行为的权利。

第 544 条

II. 代表权的
效力

¹ 物、物权或债权，已转移于合伙或已由合伙取得者，依合伙契约，属于合伙人共同共有。

² 除合伙契约另有规定外，合伙人个人的债权人，仅得对其债务人[1]已结算的股份，请求清偿其债权。

³ 合伙人，共同向第三人，或者通过代表人向第三人，负担义务者，对第三人负连带责任，但另有约定者，不在此限。

第 545 条

D. 合伙的终止
I. 解散的原因
1. 一般规定

¹ 合伙，因下列事项而解散：

  1. 合伙之目的事业已完成或不能完成；

  2. 合伙人中一人死亡，且未事先约定得由继承人继承；

  3. 合伙人已决算的股份被强制变价，或者合伙人被宣告破产，或者合伙人被设定总括保佐[2]；[3]

  4. 合伙人全体同意解散；

  5. 合伙存续期间届满；

  6. 合伙契约中明定合伙人对合伙有终止权，或者合伙未定存续期间或明定以合伙人中一人之终身为其存续期间时，合伙人通知终止合伙；

  7. 法院基于重大事由判决解散。

---

〔1〕 所称债务人，指对债权人负有债务的合伙人。——译注

〔2〕 关于总括保佐的含义，参见《瑞士民法典》第 398 条。——译注

〔3〕 依 2008 年 12 月 19 日的联邦法律（成年人保护法、人法和儿童法，Erwachsenenschutz, Personenrecht und Kindesrecht）附录第 10 项修正，自 2013 年 1 月 1 日起生效。

² 合伙在其存续期间届满前，因有重大事由而被通知终止者，在通知到达其他合伙人时，即发生合伙解散的效力，未定存续期间的合伙，因重大事由而被通知终止者，亦同。

第 546 条

2. 未定存续期间的合伙

¹ 合伙未定存续期间或明定以合伙人中一人之终身为其存续期间者，各合伙人得以六个月为预告期间，通知终止合伙。

² 前款通知终止，应本于善意，且不得于不合时宜之时期，为之，定有年度决算之时期者，合伙仅得在营业年度终了时终止。

³ 合伙所定期限届满后，合伙人不为明确表示而继续其事务者，视为合伙人以不确定期限继续合伙。

第 547 条

II. 解散对于事务执行权的效力

¹ 合伙因通知终止以外之事项而解散者，在合伙事务执行人明知或可得而知合伙解散前，为该合伙人之利益，应视为该合伙人有继续执行合伙事务的权利。

² 合伙因合伙人中一人死亡而解散者，其继承人应立即通知其他合伙人，并在对被继承人所负责的合伙事务作出必要安排前，本于善意，继续执行该合伙事务。

³ 在此期间，其他合伙人亦应以相同的方式，执行合伙事务。

第 548 条

III. 清算
1. 出资的返还

¹ 合伙解散后，合伙人相互间实行清算时，合伙人作为出资而移属于合伙的物，不向该合伙人返还。

² 但合伙人得以其出资时估定的价值，请求价额返还。

³ 无估定价值时，以该物出资时的价值，请求价额返还。

第 549 条

2. 剩余财产的
分配和亏损
的分担

[1] 合伙财产，在清偿合伙债务、偿还合伙人所支付的垫
款和费用及返还出资后，如有剩余，应作为盈余分配
于各合伙人。

[2] 合伙财产，在清偿合伙债务及偿还合伙人所支付的垫
款和费用后，不足以返还出资时，其不足，作为亏损，
由各合伙人分担。

第 550 条

3. 清算之实行

[1] 合伙解散后，应由全体合伙人，包括无执行权的合伙
人，共同进行清算。

[2] 但合伙人之订立合伙契约，系仅为从事某些特定的交
易行为，且由合伙人中之一人，以个人名义，但为全
体合伙人之计算，从事交易行为者，其合伙虽已解散，
该合伙人仍应对其交易行为单独负责，并应向其他合
伙人报告情况。

第 551 条

IV. 对第三人的
责任

合伙对第三人所负之债务，不因合伙解散而发生变更。

第三分编

商事组织与合作社[1][2]

---

〔1〕 依 1936 年 12 月 18 日的联邦法律修正，自 1937 年 7 月 1 日起生效。参见《关于第二十四章至第三十三章的最终条款和过渡条款》（Die Schluss- und Übergangsbestimmungen zu den Titeln XXIV – XXXⅡI）。

〔2〕 第三分编标题中的"商事组织"，原文为 Handelsgesellschaft。在《瑞士债务法》中，商事组织具体包括普通合伙（Kollektivgesellschaft，第二十四章第 552 条以下）、有限合伙（Kommanditgesellschaft，第二十五章第 594 条以下）、股份有限公司（Aktiengesellschaft，第二十六章第 620 条以下）、股份有限合伙（Kommanditaktiengesellschaft，第二十七章第 764 条以下）和有限责任公司（Gesellschaft mit beschränkter Haftung，第二十八章第 772 条以下）五种。值得说明的是，德语 Gesellschaf 一词，既可指公司，亦可指合伙。上述德文术语的中文翻译，系以瑞士官方的英译版《瑞士债务法》为参照。在该官方英译版中，上述德文术语的英译情况如下：Kollektivgesellschaft 译作 general partnership；Kommanditgesellschaft 译作 limited partnership；Aktiengesellschaft 译作 company limited by shares；Kommanditaktiengesellschaft 译作 partnership limited by shares；Gesellschaft mit beschränkter Haftung 译作 limited liability company。此外，关于合伙，《瑞士债务法》还规定有单纯合伙（德 einfache Gesellschaft，英 simple partnership，第二十三章第 530 条以下）。——译注

第二十四章　普通合伙

第一节　定义和设立

第 552 条

A. 商事合伙

¹ 普通合伙，指两个或两个以上的自然人，互约以共同名称成立的，并以商事营业的方式，从事贸易、加工制造或其他营业活动，对债权人负无限责任的人合组织〔1〕。

² 合伙人应将普通合伙登记于商事登记簿。

第 553 条

B. 非商事合伙

两个或两个以上自然人，互约以共同名称成立的，不从事商事营业的人合组织，仅在其登记于商事登记簿后，始得作为普通合伙。

第 554 条〔2〕

C. 登记于登
记簿

普通合伙，应登记于其住所地的商事登记簿。

I. 登记地

---

〔1〕　人合组织，原文为 Gesellschaft。无论合伙或公司，均为以人的集合为基础而成立的组织，故译。——译注

〔2〕　依 2005 年 12 月 16 日的联邦法律（有限责任公司法，以及关于股份有限公司法、合作社法、商事登记簿法和商号法的修正案，GmbH-Recht sowie Anpassungen im Aktien-, Genossenschafts-, Handelsregister- und Firmenrecht）第 I 3 项修正，自 2008 年 1 月 1 日起生效。

第 555 条

Ⅱ. 代表　　　　　合伙人关于代表的约定，仅在其内容涉及代表权由一名合伙人行使或数名合伙人各别行使，或者由一名合伙人与其他数名合伙人或数名经理人共同行使时，始得登记于商事登记簿。

第 556 条

Ⅲ. 形式要件
1 登记或变更登记合伙事项的声请，应由全体合伙人在商事登记局，亲自签署之，或者向商事登记局呈交经合伙人签署并经认证的书面声请。
2 有权代表合伙的合伙人，应亲自在商事登记局书写合伙名称及其本人姓名，或者以认证方式向商事登记局呈交合伙名称的书写字样及其本人姓名的签名。

第二节　合伙人间之关系

第 557 条

A. 契约自由、适用关于单纯合伙的规定
1 合伙人相互间的法律关系，应首先以合伙契约为准据。
2 合伙契约未约定者，适用本节规定，本节未规定者，适用关于单纯合伙的规定[1]。

第 558 条

B. 财务报告[2]
1 每一营业年度的利益或亏损，以及各合伙人的份额，[3] 以年度决算为基准，计算之。[4]

---

　　[1]　关于单纯合伙中合伙人间之关系的规定，见第 531 条以下。——译注
　　[2]　依 2011 年 12 月 23 日的联邦法律（账目报告法，Rechnungslegungsrecht）修正，自 2013 年 1 月 1 日起生效。
　　[3]　份额，原文 Anteil，亦译股份。——译注
　　[4]　依 2011 年 12 月 23 日的联邦法律（账目报告法，Rechnungslegungsrecht）修正，自 2013 年 1 月 1 日起生效。

² 各合伙人资本份额〔1〕的利息，得依合伙契约的约定，记入各合伙人的个人账簿，该营业年度因亏损而致资本份额减少者，亦同。合伙契约未约定者，各以百分之四的年利率，计算之。

³ 依合伙契约规定应向合伙人支付的劳务报酬，在计算损益时，作为合伙债务处理。

第 559 条

C. 对利益、利息和报酬的请求权

¹ 每一营业年度结束后，各合伙人得请求合伙以现金支付其在该营业年度应得的利益、利息和报酬。

² 利息和报酬，以契约有约定为限，在该得在营业年度中支付，但利益，仅得在年度的营业报告〔2〕被批准后支付。〔3〕

³ 应支付于合伙人而未支付的利益、利息和报酬，在年度的营业报告被批准后，转入该合伙人的资本份额，但其他合伙人中有人表示异议者，不在此限。〔4〕

第 560 条

D. 亏损

¹ 资本份额因亏损而减少时，合伙人仍得请求支付报酬，并得依减少后的资本份额请求支付利息；但盈余份额〔5〕，仅在因亏损而减少的资本份额得到回复后，始得请求支付。

² 合伙人无在契约规定的出资额之外增加出资的义务，因亏损而致资本减少时，亦无补充出资的义务。

---

〔1〕 资本份额，原文 Kapitalanteil，亦译资本股份。——译注

〔2〕 年度的营业报告，即年报，原文 Geschäftsbericht，瑞士官方英译为 annual report。——译注

〔3〕 依 2011 年 12 月 23 日的联邦法律（账目报告法，Rechnungslegungsrecht）修正，自 2013 年 1 月 1 日起生效。

〔4〕 依 2011 年 12 月 23 日的联邦法律（账目报告法，Rechnungslegungsrecht）修正，自 2013 年 1 月 1 日起生效。

〔5〕 盈余份额，原文 Gewinnanteil，瑞士官方英译为 share of profit。——译注

第 561 条

E. 竞业禁止

未经其他合伙人同意，合伙人不得为本人或第三人之计算，从事与合伙营业相同的营业，亦不得作为无限责任合伙人、有限责任合伙人[1]或有限责任公司的股东，而在其他商事组织中持有股份。

第三节　普通合伙与第三人之关系

第 562 条

A. 一般规定

普通合伙得以其名称，享有权利并负担义务，起诉或被诉。

第 563 条

B. 代表
I. 原则

商事登记簿中如无相反之记载，善意第三人得认为各合伙人均有合伙代表权。

第 564 条

II. 范围

1 有代表权的合伙人，得以合伙之名义，实施所有符合合伙宗旨的法律行为。

2 关于代表权范围的限制，无对抗善意第三人的效力。

第 565 条

III. 代表权的
撤销

1 有重大事由时，得撤销合伙人的代表权。

2 合伙人有确切证据表明存在需要撤销代表权的重大事由，且有急迫危险时，法院得依该合伙人的声请，作出撤销代表权的假命令[2]。法院的假命令，应登记于商事登记簿。

---

〔1〕 无限责任合伙人，原文 unbeschränkt haftender Gesellschafter，瑞士官方英译为 partner with unlimited liability，指承担无限责任的合伙人。有限责任合伙人，原文 Kommanditär，瑞士官方英译为 limited partner，指有限合伙中承担有限责任的合伙人。——译注

〔2〕 假命令，亦译临时命令，指仅具有暂时效力的命令。——译注

第 566 条

Ⅳ. 经理权和商
事代理权

就合伙事务，作为整体，授与经理权和商事代理权者，须经有代表权的合伙人的全体同意，但其撤销，得由其中一人声请之，且具有对抗第三人的效力。

第 567 条

Ⅳ. 法律行为和
侵权责任

¹ 有代表权的合伙人，以合伙之名义实施法律行为者，由合伙取得权利并承担义务。

² 依情事足以认定合伙人的行为旨在代表合伙者，亦同。

³ 合伙，对于合伙人在执行合伙事务过程中实施侵权行为[1]所造成的损害，应负责任。

第 568 条

C. 合伙债权人
的地位

Ⅰ. 合伙人的
责任

¹ 各合伙人，应以其全部财产，对于合伙的全部债务，负连带责任。

² 合伙人间的约定，与前款规定相抵触者，无对抗第三人的效力。

³ 但合伙人，仅在其本人被宣告破产、合伙被解散或对合伙的强制执行无效果时，始对合伙债务负个人责任；合伙人退伙后，亦同。合伙人因其为合伙承担连带保证而应负之责任，不受影响。

第 569 条

Ⅱ. 入伙人的
责任

¹ 因加入而成为合伙人者，对其加入前发生的合伙债务，亦应以其全部财产，与其他合伙人负连带责任。

² 合伙人间的约定，与前款规定相抵触者，无对抗第三人的效力。

---

〔1〕　侵权行为，原文 unerlaubte Handlung，瑞士官方英译为 tort。——译注

第 570 条

Ⅲ. 合伙破产

¹ 合伙的债权人，在其债权得到全部清偿前，得排除合伙人个人的债权人对合伙财产的清偿请求。

² 在破产程序中，合伙人不得就其货币出资和未届清偿期的利息，作为债权人，对合伙财产主张债权，但已届清偿期的利息、报酬或合伙人为合伙所支出的费用，不在此限。

第 571 条

Ⅳ. 合伙破产和
合伙人破产

¹ 合伙破产不导致合伙人破产。

² 合伙人破产亦不导致合伙破产。

³ 合伙人破产时，关于合伙债权人的权利，适用 1889 年 4 月 11 日《关于债务追索和破产的法律》[1] 的规定。

第 572 条

D. 合伙人债权
人的权利

¹ 合伙人个人的债权人，不得请求以合伙财产清偿或担保其债权。

² 得为强制执行者，仅限于合伙人基于合伙关系所应得的利息、报酬、利益和清算份额[2]。

第 573 条

E. 抵销

¹ 对合伙负有债务的人，不得以其对任何合伙人的债权与其对合伙所负之债务抵销。

² 合伙人亦不得以其个人对合伙的债权，与合伙债权为抵销。

³ 但在合伙的债权人同时为合伙人个人的债务人之情形，如该合伙人能被诉请对合伙债务负个人责任者，为合

---

[1] Bundesgesetz vom 11. April 1889 über Schuldbetreibung und Konkurs.

[2] 清算份额，原文 Liquidationsanteil，瑞士官方英译为 share in the proceeds of liquidation，指合伙人在合伙清算程序中对于剩余财产享有的份额请求权。——译注

伙债权人和合伙人的利益，该合伙人的个人债权，与
合伙的债权人对合伙的债权，得为抵销。

第四节 解散与退伙

第 574 条

A. 一般规定

1 普通合伙因被宣告破产而解散。关于其他的解散事由，
除本节另有规定外，适用关于单纯合伙解散的规定[1]。

2 除因被宣告破产而解散外，合伙人应将解散的事实通
知商事登记局。

3 合伙被提起解散之诉后，法院得依当事人的声请，命
令采取保全措施。

第 575 条

B. 合伙人的债
权人通知解
散

1 合伙人被宣告破产时，破产管理人得以不少于六个月的
预告期间，通知解散合伙；合伙订有存续期间者，亦同。

2 合伙人的债权人，对合伙人在合伙中的清算份额实行
扣押后，享有与前款相同的权利。

3 但合伙或其他合伙人，得在解散被登记于商事登记簿
前，向破产财团或实行扣押的债权人为清偿，以阻止
通知解散发生效力。

第 576 条

C. 合伙人之
退伙

I. 合意退伙

合伙解散前，经合伙人合意，合伙人中一人或数人退伙
后，其他合伙人继续其合伙者，合伙仅对于退伙人而言
终止；在其他各方面，合伙仍以原来的权利义务状态存
续之。

---

〔1〕 关于单纯合伙解散的规定，见第545条以下。——译注

第 577 条

II. 法院判决开
除合伙人

合伙具有请求解散的重大事由，且该重大事由主要存在于合伙人中一人或数人时，法院得依其他合伙人的声请判决开除合伙人，并返还其对于合伙财产的股份。

第 578 条

III. 被其他合伙
人开除

合伙人被宣告破产，或者合伙人的债权人扣押合伙人的清算份额后通知解散合伙时，其他合伙人得开除该合伙人并返还其对于合伙财产的股份。

第 579 条

IV. 两人合伙

[1] 合伙仅有两名合伙人时，不存在解散事由的合伙人，得依前条规定，继续其合伙，并向另一名合伙人返还其对于合伙财产的股份。

[2] 重大事由主要存在于其中一名合伙人，另一名合伙人诉请解散合伙时，法院亦得判决开除合伙人和返还其对于合伙财产的股份。

第 580 条

V. 金额的算定

[1] 退伙人应得的金额，由合伙人依合意确定之。

[2] 关于退伙人应得的金额，合伙契约未作规定，且合伙人不能合意时，法院得依退伙时合伙财产的状况和退伙人的过错情况，确定之。

第 581 条

V. 登记

合伙人退伙，以及合伙仅由一名合伙人继续营业时，其退伙及合伙之继续，须登记于商事登记簿。

第五节　清　算

第 582 条

A. 原则

合伙解散后，应依本节规定，对合伙实行清算，但合伙人对清算方式另有约定或对合伙财产的破产程序已开始者，不在此限。

第 583 条

B. 清算人

1 清算，由有代表权的合伙人为之，但其因个人原因不能担任清算人或合伙人合意选任其他清算人者，不在此限。

2 有重大事由时，法院得依合伙人声请，解任清算人，并选任其他清算人。

3 清算人应登记于商事登记簿，合伙之代表未发生变更时，亦同。

第 584 条

C. 继承人的
代表

合伙人的共同继承人，应为清算指定共同的代表人。

第 585 条

D. 清算人的权
利和义务

1 清算人应负责了结现务，清偿合伙债务，收取债权，在分割财产所必要的限度内，将合伙财产变为金钱。

2 清算人应代表合伙实施以清算为目的的一切法律行为，得代表合伙进行诉讼，实行和解，缔结仲裁契约，并在清算所必要的限度内，从事新的交易行为。

3 清算人决定以一揽子价格变卖合伙财产或拒绝以一揽子价格变卖合伙财产，而合伙人有异议时，或者合伙人对清算人让与不动产的方式有异议时，法院得依异议合伙人的声请，裁判之。

⁴ 合伙，对清算人在履行清算职务时实施侵权行为^[1]所造成的损害，应负责任。

第 586 条

E. 先期分配

¹ 清算期间，非属于清偿债务所必要的金钱或其他财产，得先期分配于各合伙人；先期分配的数额，应算入各合伙人终局的清算份额。

² 应为有争议或未届清偿期的债务保留清偿所必要的财产。

第 587 条

F. 财产分割
I. 资产负债表

¹ 清算开始时，清算人应编制资产负债表。

² 清算期间持续一年以上者，应按每一年度编制期中资产负债表。

第 588 条

II. 出资的返还和剩余财产的分配

¹ 合伙财产清偿债务后有剩余时，应先返还各合伙人的出资，后支付清算期间发生的利息。

² 仍有剩余时，依关于合伙人利益分配的规定，分配于各合伙人。

第 589 条

G. 商事登记簿中登记的涂销

清算终结后，清算人应声请涂销商事登记簿中关于合伙商号的登记。

第 590 条

H. 合伙账册和文件的保存

¹ 合伙解散后，其账册及文件，保存于合伙人约定的场所，合伙人不能就保存场所达成合意者，保存于商事

---

〔1〕 侵权行为，原文 unerlaubte Handlung，瑞士官方英译为 tort。——译注

登记局，保存期限为十年，自合伙商号在商事登记簿中被涂销时起算。

2 合伙人及其继承人得查阅合伙账册和文件。

第六节　时　效

第 591 条

A. 客体和期间

1 合伙的债权人因合伙债务而对合伙人享有的债权，自合伙人退伙或合伙解散被公告于《瑞士商事公报》时起，经过五年而罹于时效，但债权依其性质应适用短期时效者，不在此限。

2 债权的清偿期在前款公告后届至者，其时效，自其清偿期届至时起算。

3 本节关于时效的规定，不适用于合伙人相互间的债权。

第 592 条

B. 特别情形

1 对于仅就尚未分割的合伙财产请求清偿的债权人，不得以五年的时效对抗之。

2 合伙人，承受合伙营业及其全部财产和债务者，不得以五年的时效，对抗债权人。但对于已退伙的合伙人，依债务承担之原则，不适用五年的时效，而适用两年的时效；第三人承受合伙营业及其全部财产和债务者，亦同。

第 593 条

C. 时效的中断

对继续存在的合伙或其他合伙人的时效中断，不导致对已退伙的合伙人的时效中断。

第二十五章　有限合伙

第一节　定义和设立

第 594 条

A. 商事合伙

¹ 有限合伙，指两个或两个以上的合伙人，互约以共同名称成立的，并以商事营业的方式，从事贸易、加工制造或其他商事活动，至少有一人作为普通合伙人承担无限责任，并有一人或数人作为有限责任合伙人仅以确定的出资额为限承担责任的人合组织。

² 承担无限责任的合伙人须为自然人，但承担有限责任的合伙人得为自然人、法人和商事组织。

³ 合伙人应将有限合伙登记于商事登记簿。

第 595 条

B. 非商事合伙

两个或两个以上合伙人，互约以共同名称成立的，不从事商事营业活动的人合组织，仅在其被登记于商事登记簿后，始得作为有限合伙。

第 596 条

C. 登记[1]

I. 登记地和以
实物出资

1　有限合伙，应登记于其住所地的商事登记簿。[2]

2　……[3]

3　合伙人非以金钱或仅部分以金钱出资者，应在登记声请书中载明实物种类及估定的价额，并登记于商事登记簿。

第 597 条

II. 形式要件

1　登记或变更登记合伙事项的声请，应由全体合伙人在商事登记局签署之，或者向商事登记局呈交经合伙人签署并经认证的书面声请。

2　有权代表合伙的无限责任合伙人，应亲自在商事登记局书写合伙名称及其本人姓名，或者以认证方式向商事登记局呈交合伙名称的书写字样及其本人姓名的签名。

第二节　合伙人间之关系

第 598 条

A. 契约自由、
适用关于普

1　合伙人相互间的法律关系，应首先以合伙契约为准据。

---

〔1〕 依 2005 年 12 月 16 日的联邦法律（有限责任公司法，以及关于股份有限公司法、合作社法、商事登记簿法和商号法的修正案，GmbH-Recht sowie Anpassungen im Aktien-, Genossenschafts-, Handelsregister- und Firmenrecht）第 I 3 项修正，自 2008 年 1 月 1 日起生效。

〔2〕 依 2005 年 12 月 16 日的联邦法律（有限责任公司法，以及关于股份有限公司法、合作社法、商事登记簿法和商号法的修正案，GmbH-Recht sowie Anpassungen im Aktien-, Genossenschafts-, Handelsregister- und Firmenrecht）第 I 3 项修正，自 2008 年 1 月 1 日起生效。

〔3〕 依 2005 年 12 月 16 日的联邦法律（有限责任公司法，以及关于股份有限公司法、合作社法、商事登记簿法和商号法的修正案，GmbH-Recht sowie Anpassungen im Aktien-, Genossenschafts-, Handelsregister- und Firmenrecht）第 I 3 项废止，自 2008 年 1 月 1 日起失效。

通合伙的规 　² 合伙契约未约定者，适用本节规定，本节未规定者，
定 　　适用关于普通合伙的规定[1]。

第 599 条

B. 合伙事务的　有限合伙的事务，由无限责任合伙人中一人或数人执
执行　　行。

第 600 条

C. 有限责任合　¹ 有限责任合伙人，无执行合伙事务的权利和义务。
伙人的地位　² 对于合伙事务有执行权的合伙人，为执行合伙事务而
　　实施的行为，属于合伙的通常营业范围者，有限责任
　　合伙人不得异议之。
　³ 有限责任合伙人，得请求交付损益表和资产负债表的
　　誊本[2]，审查营业账簿和会计凭证是否正确，或者
　　将营业账簿和会计凭证交由无利害关系的专家审查；
　　有争议时，由法院指定专家。[3]

第 601 条

D. 损益分配　¹ 有限责任合伙人，以出资额为限，承担损失。
　² 关于有限责任合伙人的损益分配比例，无约定者，法
　　院得依其衡量裁判之。
　³ 合伙人未缴足其出资额，或缴足后又减少者，在补足
　　其出资额前，不得取得利息、利益和报酬。

---

　[1] 关于普通合伙中合伙人间之关系的规定，见第 557 条以下。——译注
　[2] 誊本，原文 Abschrift，瑞士官方英译为 copy。——译注
　[3] 依 2011 年 12 月 23 日的联邦法律（账目报告法，Rechnungslegungsrecht）第 I 3 项修正，自
2013 年 1 月 1 日起生效。

第三节　有限合伙与第三人之关系

第 602 条

A. 一般规定

有限合伙得以其名称，享有权利并承担义务，起诉或被诉。

第 603 条

B. 代表

有限合伙，由无限责任合伙人中一人或数人，依关于普通合伙代表的规定[1]，代表之。

第 604 条

C. 无限责任合伙人的责任

无限责任合伙人，仅在有限合伙被解散或对有限合伙的强制执行无效果时，始对合伙债务负个人责任。

第 605 条

D. 有限责任合伙人的责任

I. 为有限合伙实施行为

有限责任合伙人，为有限合伙之利益而实施交易行为，但未明确表示其仅作为有限合伙的经理人或商事代理人而为之者，就该交易行为，对于善意第三人，负与无限责任合伙人相同的责任。

第 606 条

II. 未登记

有限合伙在被登记于商事登记簿前实施交易行为者，有限责任合伙人，就登记前发生的债务，对于第三人，负与无限责任合伙人相同的责任，但能证明第三人知道其仅承担有限责任者，不在此限。

---

〔1〕　关于普通合伙代表的规定，见第555条、第563条以下。——译注

第 607 条

Ⅲ. 有限责任合
伙人的姓名
作为有限合
伙名称之一
部分

有限责任合伙人，其姓名被作为有限合伙名称之一部分
者，对于合伙的债权人，负与无限责任合伙人相同的责
任。

第 608 条

Ⅳ. 责任范围

1 有限责任合伙人以其登记于商事登记簿的出资额为限，
对第三人承担责任。

2 有限责任合伙人本人或有限合伙向第三人声明的出资
额，高于实际出资额者，有限责任合伙人应以所声明
的出资额承担责任。

3 债权人得证明，作为出资的实物，被估定的价值，与
估价时的实际价值不相符。

第 609 条

Ⅴ. 出资的减少

1 有限责任合伙人，经与其他合伙人合意或以撤回其出
资的方式，将其已登记于商事登记簿的出资额或以其
他方式公示的出资额减少者，其减资，非经登记于商
事登记簿和公告，对于第三人不生效力。

2 对于减资公示前所发生的债务，有限责任合伙人仍应
按减资前的出资额，负其责任。

第 610 条

Ⅵ. 债权人的
诉权

1 在有限合伙存续期间，债权人无对于有限责任合伙人
的诉权。

2 有限合伙被解散时，对于尚未支付的出资或被返还于
有限责任合伙人的出资，债权人、清算人或破产管理
人得请求补充，以充实清算财产或破产财产。

第 611 条

VII. 利息和利益
　　的支付

¹ 有限责任合伙人，仅在利息和利益的支付不会导致其出资额减少的限度内，得请求支付利息和利益。

² 有限责任合伙人，应返还其不正当取得的利息和利益。适用第 64 条的规定。[1]

第 612 条

VIII. 有限合伙的
　　加入

¹ 作为有限责任合伙人加入普通合伙或有限合伙者，以其出资额为限，对其加入前发生的债务负责。[2]

² 合伙人间的约定，与前款规定相抵触者，对第三人不生效力。

第 613 条

E. 合伙人的债
　权人的地位

¹ 无限责任合伙人的债权人或有限责任合伙人的债权人，不得请求以合伙财产清偿或担保其债权。

² 得为强制执行者，仅限于合伙人基于合伙关系所应得的利息、利益、清算份额和报酬。

第 614 条

F. 抵销

¹ 合伙的债权人，同时为有限责任合伙人之债务人者，仅在其承担无限责任时，始得主张以其对合伙的债权与有限责任合伙人对自己的债权抵销。

² 关于抵销的其他方面，适用关于普通合伙的规定[3]。

---

〔1〕 依 2011 年 12 月 23 日的联邦法律（账目报告法，Rechnungslegungsrecht）第 I 3 项修正，自 2013 年 1 月 1 日起生效。

〔2〕 依本款规定，普通合伙（Kollektivgesellschaft, a general partnership），得因有人作为有限责任合伙人的加入，而成为有限合伙（Kommanditgesellschaft, a limited partnership）。——译注

〔3〕 关于普通合伙中抵销的规定，见第 573 条。——译注

第 615 条

G. 破产
I. 一般规定

[1] 有限合伙破产不导致合伙人破产。

[2] 合伙人破产亦不导致有限合伙破产。

第 616 条

II. 合伙破产

[1] 有限合伙破产时，对于合伙财产，合伙的债权人在其债权受全部清偿前，得排除合伙人个人的债权人的清偿请求。

[2] 在破产程序中，有限责任合伙人，不得就其投入合伙的出资，作为债权人，对合伙财产主张债权。

第 617 条

III. 请求无限责任合伙人以个人财产清偿债务

合伙财产不足清偿合伙的债权人之债权时，合伙的债权人就其未受清偿的余额，得就无限责任合伙人中任何一人的个人财产实行追偿，于此情形，其与该无限责任合伙人个人的债权人，居于平等地位。

第 618 条

IV. 有限责任合伙人破产

有限责任合伙人破产时，有限合伙的债权人和有限合伙，无相对于有限合伙人个人的债权人的优先权。

第四节　解散、清算、时效

第 619 条

1 有限合伙的解散和清算，以及请求合伙人清偿合伙债务的时效，适用与普通合伙相同的规定[1]。

2 有限责任合伙人，被宣告破产或其清算份额被扣押时，准用关于普通合伙人的规定[2]。但有限合伙不因有限责任合伙人死亡或为其设立总括保佐[3]而解散。[4]

---

〔1〕　关于普通合伙解散的规定，见第 574 条以下；关于普通合伙清算的规定，见第 582 条以下；普通合伙中关于请求合伙人清偿合伙债务之时效的规定，见第 591 条以下。——译注

〔2〕　关于普通合伙人被宣告破产或其清算份额被扣押的规定，见第 568 条、第 575 条、第 578 条。——译注

〔3〕　关于总括保佐的含义，见《瑞士民法典》第 398 条。——译注

〔4〕　依 2008 年 12 月 19 日的联邦法律（成年人保护法、人法和儿童法，Erwachsenenschutz, Personenrecht und Kindesrecht）附录第 10 项修正，自 2013 年 1 月 1 日起生效。

第二十六章　股份有限公司[1]

第一节　一般规定

第 620 条

A. 定义

1 股份有限公司，指有自己独立名称，其事先确定的资本（股本[2]）分为均等部分（股份），且对其债务仅以公司财产为限承担责任的公司。

2 股东，仅负章程所规定的义务，且对公司债务不负个人责任。

3 股份有限公司，亦得以非经济之目的[3]设立之。

第 621 条[4]

B. 最低资本额

股份有限公司的股本，不得低于十万瑞士法郎。

第 622 条

C. 股份
I. 种类

1 股份分为记名股份或不记名股份。依 2008 年 10 月 3 日《无纸化证券法》而发行的无纸化证券，或为记名股份，或为不记名股份。[5]

---

〔1〕 另见《关于第二十六章的最终条款》（Die Schlussbestimmungen zum XXⅥ. Titel）。

〔2〕 股本（Aktienkapital）这一用语，依 1991 年 10 月 4 日的联邦法律第Ⅱ 1 项而采用，自 1992 年 7 月 1 日起生效。此项修正贯穿于整部《瑞士债务法》。

〔3〕 以非经济之目的，原文 für andere als wirtschaftliche Zwecke，瑞士官方英译为 for a purpose that is non-commercial in character。——译注

〔4〕 依 1991 年 10 月 4 日的联邦法律第Ⅰ 项修正，自 1992 年 7 月 1 日起生效。

〔5〕 依 2008 年 10 月 3 日《无纸化证券法》（Bucheffektengesetz vom 3. Oktober 2008）附录第 3 项修正，自 2010 年 1 月 1 日起生效。

² 股份有限公司得同时发行两种股份，其比例，由公司
章程规定之。

³ 公司章程得规定，记名股份应当或可以转为不记名股
份，或者不记名股份应当或可以转为记名股份。

⁴ 每一股份的面值不得低于一生丁〔1〕。〔2〕

⁵ 股份证书至少须由一名董事会〔3〕成员签名。股份有
限公司得规定，纵为大量发行的股份，仍须至少有一
名董事会成员的亲笔签名。

第 623 条

II. 股份的拆分
和合并

¹ 股东会得不变更原有股本，而通过变更章程，将股份
拆分为较小面值的股份或合并为较高面值的股份。

² 股份的合并，须经股东同意。

第 624 条

III. 发行价格

¹ 股份，仅得以股票所载明的面值或高于该面值发行。但
代替已被取消的股份而发行新股者，不在此限。〔4〕

² ……

³ ……〔5〕

第 625 条〔6〕

D. 股东

股份有限公司，得由一个或数个自然人或法人或其他商
事组织，设立之。

---

〔1〕　生丁（Rappen），瑞士硬币（分币）。——译注

〔2〕　依 2000 年 12 月 15 日的联邦法律第 I 项修正，自 2001 年 5 月 1 日起生效。

〔3〕　董事会（Verwaltungsrat）这一用语，依 1991 年 10 月 4 日的联邦法律而采用，自 1992 年 7 月 1 日起生效。此项修正贯穿于整部《瑞士债务法》。——译注

〔4〕　关于股份的取消及其程序，见第 681 条和第 682 条。——译注

〔5〕　本条第 2 款和第 3 款依 1991 年 10 月 4 日的联邦法律第 I 项废止，自 1992 年 7 月 1 日起失效。

〔6〕　依 2005 年 12 月 16 日的联邦法律（有限责任公司法，以及关于股份有限公司法、合作社法、商事登记簿法和商号法的修正案，GmbH-Recht sowie Anpassungen im Aktien-, Genossenschafts-, Handelsregister- und Firmenrecht）第 I 3 项修正，自 2008 年 1 月 1 日起生效。

第 626 条[1]

E. 公司章程

I. 绝对必要记
载事项

公司章程应载明下列事项：

　　1. 公司的名称和住所；

　　2. 公司的宗旨；

　　3. 股本总额和已缴纳的出资额；

　　4. 股份的数量、面值和种类；

　　5. 股东会的召集和股东的表决权；

　　6. 管理机关和审计机关；

　　7. 公司发布公告的形式。

第 627 条[2]

II. 其他事项
1. 一般规定

下列事项，非经记载于公司章程，不发生效力：

　　1. 对章程作出的不同于法律规定的修改；

　　2. 董事会成员的盈余份额[3]的支付；

　　3. 建设股息[4]的分派；

　　4. 公司存续期间的限制；

　　5. 迟延缴纳出资的违约金；

　　6. 授权增资和附条件增资；

　　7. ……[5]

　　8. 记名股份转让的限制；

---

〔1〕　依 1991 年 10 月 4 日的联邦法律第 I 项修正，自 1992 年 7 月 1 日起生效。

〔2〕　依 1991 年 10 月 4 日的联邦法律第 I 项修正，自 1992 年 7 月 1 日起生效。

〔3〕　董事会成员的盈余份额，原文 Tantiemen，瑞士官方英译为 shares of profits paid to board members。——译注

〔4〕　建设股息，原文 Bauzins，指在公司开始营业前分派的股息，瑞士官方英译为 interest paid to share holders until commencement of the company's operations 或 interest before commencement of operations。——译注

〔5〕　依 2014 年 12 月 12 日《关于执行金融行动特别工作组 2012 年修正之建议的联邦法律》（Bundesgesetz vom 12. Dez. 2014 zur Umsetzung der 2012 revidierten Empfehlungen der Groupe d'action financière）第 I 2 项废止，自 2015 年 7 月 1 日起失效。

9. 各种股份的优先权、参与证书[1]、享益证券和特别优先权的赋予；

10. 表决权的限制、股东代表人指定权的限制；

11. 在法律未规定之情形，股东会只能以有表决权股东的多数同意通过其决议；

12. 将公司业务交由董事会成员或第三人执行时的授权；

13. 外部审计人的组织和超过法律规定的职责；

14. 以特定形式发行的股份转换为其他形式股份的可能性，以及以不同于 2008 年 10 月 3 日《无纸化证券法》规定的办法分配因股份转换而发生的费用。[2]

第 628 条

2. 实物出资、财产受让、特别优先权[3]

1 股东以现金以外的财产抵缴股款者，章程应载明其财产的种类和估价，以及出资人的姓名和公司核给的股数。[4]

2 公司自股东或股东的密切关系人处受让财产，或者有意取得此种财产者，章程应载明其财产的种类、转让人的姓名和公司的对待给付。[5]

3 公司成立时，为发起人或其他人设定特别优先权者，应在章程中载明受益人的姓名，并准确说明其特别优先权的内容和价值。

---

〔1〕 参与证书，原文 Partizipationsschein，指公司所发行的无表决权的股份，瑞士官方英译为 participation certificate。——译注

〔2〕 依 2008 年 10 月 3 日《无纸化证券法》（Bucheffektengesetz vom 3. Oktober 2008）附录第 3 项增订，自 2010 年 1 月 1 日起生效。

〔3〕 依 1991 年 10 月 4 日的联邦法律第 I 项修正，自 1992 年 7 月 1 日起生效。

〔4〕 依 1991 年 10 月 4 日的联邦法律第 I 项修正，自 1992 年 7 月 1 日起生效。

〔5〕 依 2005 年 12 月 16 日的联邦法律（有限责任公司法，以及关于股份有限公司法、合作社法、商事登记簿法和商号法的修正案，GmbH-Recht sowie Anpassungen im Aktien-, Genossenschafts-, Handelsregister- und Firmenrecht）第 I 3 项修正，自 2008 年 1 月 1 日起生效。

⁴ 股东会得在十年后废止章程中关于实物出资或财产受让的规定。公司终局地放弃其受让时，得废止章程中关于财产受让的规定。〔1〕〔2〕

第 629 条〔3〕

F. 成立
I. 设立文件
1. 内容

¹ 股份有限公司，因发起人以公证书声明设立股份有限公司而成立，公证书中应包括已制定的章程和组织机构的设置。

² 前款设立文件应载明发起人所认购的股份，并声明：

    1. 全部股份已被有效认购；

    2. 已认缴的出资与全部的发行价格相符；

    3. 出资的缴纳符合法律和章程的规定。

第 630 条〔4〕

2. 股份的认购

认购股份，为使其有效，须以下列方式为之：

    1. 载明股份的数量、面值、种类、属性和发行价格；

    2. 表明无条件负担按发行价格缴足出资的义务。

第 631 条〔5〕

II. 支持性文件

¹ 在设立文件中，公证人应逐项检查用以支持公司成立的各项文件，并确认该各项文件已提交于公证人本人和发起人。

---

〔1〕 本款第 2 句，依 2005 年 12 月 16 日的联邦法律（有限责任公司法，以及关于股份有限公司法、合作社法、商事登记簿法和商号法的修正案，GmbH-Recht sowie Anpassungen im Aktien-, Genossen-schafts-, Handelsregister- und Firmenrecht）第 I 3 项增订，自 2008 年 1 月 1 日起生效。

〔2〕 依 1991 年 10 月 4 日的联邦法律第 I 项增订，自 1992 年 7 月 1 日起生效。

〔3〕 依 1991 年 10 月 4 日的联邦法律第 I 项修正，自 1992 年 7 月 1 日起生效。

〔4〕 依 1991 年 10 月 4 日的联邦法律第 I 项修正，自 1992 年 7 月 1 日起生效。

〔5〕 依 2005 年 12 月 16 日的联邦法律（有限责任公司法，以及关于股份有限公司法、合作社法、商事登记簿法和商号法的修正案，GmbH-Recht sowie Anpassungen im Aktien-, Genossenschafts-, Handelsregister- und Firmenrecht）第 I 3 项修正，自 2008 年 1 月 1 日起生效。

² 设立文件，应附下列材料：

1. 公司章程；
2. 成立报告书；
3. 审核确认书；
4. 出资已以现金交存的确认书；
5. 实物出资契约；
6. 受让实物出资的契约。

第 632 条[1]

Ⅲ. 出资
1. 最低出资额

¹ 公司设立时，每一股份应缴纳的出资，不得少于其面值的百分之二十。

² 无论情形如何，所缴纳的出资，不得少于五万瑞士法郎。

第 633 条[2]

2. 出资的缴纳
a. 现金出资

¹ 现金出资，应交存于受 1934 年 11 月 8 日《银行法》[3]规范的机构，以供公司独立处分。

² 前款机构，仅在公司登记于商事登记簿后，始得解冻出资。

第 634 条[4]

b. 实物出资

实物出资，仅在具备下列各项要件时，得视为符合出资要求：

1. 已按书面或公证的出资契约缴纳实物出资；
2. 公司在其登记于商事登记簿后，即可作为所有人，处分该实物出资，或者无条件请求将实物出资登记于不动产登记簿。
3. 已呈交成立报告书和审核确认书。

---

[1] 依 1991 年 10 月 4 日的联邦法律第 I 项修正，自 1992 年 7 月 1 日起生效。
[2] 依 1991 年 10 月 4 日的联邦法律第 I 项修正，自 1992 年 7 月 1 日起生效。
[3] Bankengesetz vom 8. November 1934.
[4] 依 1991 年 10 月 4 日的联邦法律第 I 项修正，自 1992 年 7 月 1 日起生效。

第 634a 条[1]

c. 嗣后缴纳

¹ 出资尚未缴足的股份，其嗣后缴纳的办法，由董事会决定之。

² 嗣后缴纳出资，得以现金出资、实物出资或抵销的方式，为之。

第 635 条[2]

3. 出资的审核

a. 成立报告书

发起人应就下列事项提交书面报告：

1. 实物出资或出资物的种类和状态、估价的合理性。

2. 现存的债务和债务抵销的可能性。

3. 给与发起人或其他人特别优先权的理由和合理性。

第 635a 条[3]

b. 审核并确认

有资质的审计师审核成立报告书，并以书面确认成立报告书的内容齐备、完整且正确。

第 636 条至第 639 条[4]

第 640 条[5]

G. 登记于商事
    登记簿

股份有限公司应登记于其住所地的商事登记簿。

I. 公司

---

〔1〕 依 1991 年 10 月 4 日的联邦法律第 I 项增订，自 1992 年 7 月 1 日起生效。

〔2〕 依 1991 年 10 月 4 日的联邦法律第 I 项修正，自 1992 年 7 月 1 日起生效。

〔3〕 依 1991 年 10 月 4 日的联邦法律第 I 项增订。又依 2005 年 12 月 16 日的联邦法律（有限责任公司法，以及关于股份有限公司法、合作社法、商事登记簿法和商号法的修正案，GmbH-Recht sowie Anpassungen im Aktien-, Genossenschafts-, Handelsregister- und Firmenrecht）第 I 3 项增订，自 2008 年 1 月 1 日起生效。

〔4〕 依 1991 年 10 月 4 日的联邦法律第 I 项废止，自 1992 年 7 月 1 日起失效。

〔5〕 依 2005 年 12 月 16 日的联邦法律（有限责任公司法，以及关于股份有限公司法、合作社法、商事登记簿法和商号法的修正案，GmbH-Recht sowie Anpassungen im Aktien-, Genossenschafts-, Handelsregister- und Firmenrecht）第 I 3 项修正，自 2008 年 1 月 1 日起生效。

第 641 条[1]

II. 分支机构　　分支机构，应登记于营业所所在地的商事登记簿。

第 642 条[2]

III. 实物出资、　　实物出资的种类和作为实物出资对价而核给的股份、所
  财产受让、　　受让的财产和公司的对待给付，以及特别优先权的内容
  特别优先权　　和价值，应登记于商事登记簿。

第 643 条

H. 法律人格的　　¹ 股份有限公司，在其登记于商事登记簿时，取得法律人格。
  取得

I. 取得时间；　　² 股份有限公司，在登记时事实上不符合要件者，仍因
  欠缺要件[3]　　 登记而取得法律人格。

     ³ 但公司在成立时违反法律或章程的规定，并因此使债
     权人或股东利益受重大损害或有受重大损害之虞者，
     法院得依该债权人或股东的声请，判决解散股份有限
     公司。……[4]

     ⁴ 前款诉权，自股份有限公司公告于《瑞士商事公报》
     时起，经过三个月而消灭。

第 644 条

II. 登记前发行　　¹ 股份有限公司登记前所发行的股份，无效；但基于认
  的股份　　 购股份而发生的债务，不受影响。

---

〔1〕 依 2005 年 12 月 16 日的联邦法律（有限责任公司法，以及关于股份有限公司法、合作社
法、商事登记簿法和商号法的修正案，GmbH-Recht sowie Anpassungen im Aktien-, Genossenschafts-, Han-
delsregister- und Firmenrecht）第 I 3 项修正，自 2008 年 1 月 1 日起生效。

〔2〕 依 2005 年 12 月 16 日的联邦法律（有限责任公司法，以及关于股份有限公司法、合作社
法、商事登记簿法和商号法的修正案，GmbH-Recht sowie Anpassungen im Aktien-, Genossenschafts-, Han-
delsregister- und Firmenrecht）第 I 3 项修正，自 2008 年 1 月 1 日起生效。

〔3〕 依 1991 年 10 月 4 日的联邦法律第 I 项修正，自 1992 年 7 月 1 日起生效。

〔4〕 本款第 2 句依 2005 年 12 月 16 日的联邦法律（有限责任公司法，以及关于股份有限公司法、
合作社法、商事登记簿法和商号法的修正案，GmbH-Recht sowie Anpassungen im Aktien-, Genossenschafts-,
Handelsregister- und Firmenrecht）第 I 3 项废止，自 2008 年 1 月 1 日起失效。

² 在公司登记前发行股份的人，对于因此而发生的一切损害，应负责任。

第 645 条

Ⅲ. 登记前发生
的债务

¹ 在股份有限公司登记于商事登记簿前，以公司名义实施行为的人，对其行为，应负个人责任，行为人有数人者，该数人应负连带责任。

² 行为人明确表示以将来成立的股份有限公司的名义缔结债务，且股份有限公司在其登记于商事登记簿后三个月内承受该债务者，由股份有限公司单独承担责任，行为人免除责任。

第 646 条〔1〕

第 647 条〔2〕

J. 章程的修改

股东会或董事会修改章程的决议，须经公证，并须登记于商事登记簿。

第 648 条和第 649 条〔3〕

第 650 条〔4〕

K. 增资
I. 通常增资和
授权增资
1. 通常增资

¹ 增资，由股东会决议之，并由董事会在三个月内执行之。

² 股东会的决议应作成公证书，并载明下列事项：

　　1. 拟增资的面值总额、须实际缴纳的出资额；

---

〔1〕 依 1991 年 10 月 4 日的联邦法律第 I 项废止，自 1992 年 7 月 1 日起失效。

〔2〕 依 2005 年 12 月 16 日的联邦法律（有限责任公司法，以及关于股份有限公司法、合作社法、商事登记簿法和商号法的修正案，GmbH-Recht sowie Anpassungen im Aktien-, Genossenschafts-, Handelsregister- und Firmenrecht）第 I 3 项修正，自 2008 年 1 月 1 日起生效。

〔3〕 依 1991 年 10 月 4 日的联邦法律第 I 项废止，自 1992 年 7 月 1 日起失效。

〔4〕 依 1991 年 10 月 4 日的联邦法律第 I 项修正，自 1992 年 7 月 1 日起生效。

2. 股份的数量、面值和种类以及某种股份的优
   先权；

3. 发行价格、由董事会决定发行价格时的授权，
   以及派息的时间；

4. 出资种类，以实物出资时，其实物的种类、估
   价、出资人的姓名及核给的股份；

5. 公司受让财产时，财产的名称、转让人的姓名
   及公司的对待给付；

6. 特别优先权的内容、价值及受益人的姓名；

7. 新发行的记名股份转让的限制；

8. 认股权的限制或取消，以及认股权未被行使或
   认股权被取消时，其认股权的分配；

9. 所约定的认股权的行使条件。

³ 增资未在三个月内登记于商事登记簿者，股东会的决
   议失效。

第 651 条〔1〕

2. 授权增资
a. 基于章程

¹ 股东会得通过修改章程，授权董事会在两年期限内增
   加股本。

² 章程应规定董事会得实行增资的面值总额。授权资
   本〔2〕不得超过现有股本的百分之五十。

³ 此外，通常增资应载明的事项，在授权增资时，章程
   亦应规定之，但发行价格、出资种类、财产的受让以
   及新股派息的时间，不在此限。

⁴ 董事会得在授权的限度内实行增资。实行增资时，董事
   会应就股东会决议中未尽的事项，制定必要的规则。

---

〔1〕 依 1991 年 10 月 4 日的联邦法律第 Ⅰ 项修正，自 1992 年 7 月 1 日起生效。

〔2〕 授权资本，原文 genehmigtes Kapital，瑞士官方英译为 authorised capital，指由公司章程授权
发行的资本总额。因该资本总额只是依公司章程规定所能发行的资本数额，不一定是实际发行的或实
际收到的资本数额，故又可称为"名义资本"。——译注

⁵ 1934 年 11 月 8 日《银行法》[1]关于储备金[2]的规定，不受影响。[3]

第 651a 条[4]

b. 修改章程

¹ 每次增资后，董事会应相应减少章程中所规定的授权资本的面值总额。

² 为实行增资而规定的期限届满后，董事会应作出决议，撤销章程中关于授权增资的规定。

第 652 条[5]

3. 通用规定
a. 股份的认购

¹ 股份的认购，应以特别证书（认股书）的形式，按成立公司时认购股份的办法，为之。

² 认股书应援引股东会的增资决议或增资的授权、董事会的增资决议。依法律规定，增资须有招股说明书者，认股书尚须援引之。

³ 认股书未规定期限者，自签字时起三个月后，失其效力。

第 652a 条[6]

b. 招股说明书

¹ 以公开募集方式实行增资时，公司应在招股说明书中载明下列事项：

　　1. 商事登记簿中所登记的内容，但关于代表人的情况，不在此限；

---

〔1〕　Bankengesetz vom 8. November 1934.

〔2〕　储备金，亦译公积金，原文 Vorratskapital，瑞士官方英译为 reserve capital，指公司为扩大经营、弥补意外亏损、巩固公司的财政基础，作为股东原始投入资金的补充，将本期净收益的一部分或全部予以留存，从而形成公司的留存收入。又可译作"公积金"。——译注

〔3〕　依 2011 年 9 月 30 日的联邦法律（旨在强化金融业的稳定，Stärkung der Stabilität im Finanzsektor）附录第 1 项增订，自 2012 年 3 月 1 日起生效。

〔4〕　依 1991 年 10 月 4 日的联邦法律第 I 项增订，自 1992 年 7 月 1 日起生效。

〔5〕　依 1991 年 10 月 4 日的联邦法律第 I 项修正，自 1992 年 7 月 1 日起生效。

〔6〕　依 1991 年 10 月 4 日的联邦法律第 I 项增订，自 1992 年 7 月 1 日起生效。

　　2. 现有股本的总额及构成，包括股份的数量、面值和种类，以及特定股份所享有的优先权；

　　3. 章程中关于授权增资或附条件增资的规定；

　　4. 享益证券的数量、与享益证券相关权利的内容；

　　5. 公司最近的年度决算、康采恩账册及审计报告书，自年度决算作出后经过六个月者，尚须提供期中决算；[1]

　　6. 最近五年或自公司成立以来的股息分派情况；

　　7. 发行新股的决议。

² 公开募集，指非对特定人发出的认购股份的邀请。

³ 不设外部审计人的股份有限公司，其董事会应由有资质的审计师提出审计报告书，并将审计结果公布于招股说明书中。[2]

第 *652b* 条[3]

c. 认股权

¹ 各股东，有权依其对现有股份的持股比例，认购新发行的股份。

² 股东会，仅在有重大事由时，始得在其增资决议中取消股东的认股权。特别是，收购其他公司的全部或部分股份，或者向其他公司参股，以及配发职工股份，视为重大事由。取消认股权不得使股东处于更有利或更不利的地位。

³ 公司已将认股权授与股东者，不得以章程中关于限制记名股份转让的规定，反对股东行使认股权。

---

　　〔1〕 康采恩账册，亦译合并报表、综合报表、综合财务报表，原文 Konzernrechnung，瑞士官方英译为 consolidated accounts，指综合企业集团所有公司的财务报表，由上市的母公司（控股公司）负责公布。——译注

　　〔2〕 依 2005 年 12 月 16 日的联邦法律（有限责任公司法，以及关于股份有限公司法、合作社法、商事登记簿法和商号法的修正案，GmbH-Recht sowie Anpassungen im Aktien-, Genossenschafts-, Handelsregister- und Firmenrecht）第Ⅰ3 项增订，自 2008 年 1 月 1 日起生效。

　　〔3〕 依 1991 年 10 月 4 日的联邦法律第Ⅰ项增订，自 1992 年 7 月 1 日起生效。

第 652c 条 [1]

d. 出资的缴纳 除法律另有规定外，依关于成立公司的规定 [2]，缴纳出资。

第 652d 条 [3]

e. 提取自有资 本 [4] 以增 加股本

[1] 增资，得以转换公司可自由处分的自有资本的方式，为之。

[2] 增资额的充足，应由经股东批准的年度决算和由有资质的审计师审核的审计报告书，证明之。年度决算已结束六个月以上者，应提交经审核的期中决算。 [5]

第 652e 条 [6]

f. 增资报告 董事会应就下列事项提交报告：

1. 实物出资或所受让财产的种类和状态，及其估价的合理性；

2. 债务的存在和债务抵销的可能性；

3. 被转换的自有资本的可自由处分性；

4. 股东会决议的执行情况，特别是认股权的限制或取消，认股权未被行使或被取消者，其认股权的分配情况；

5. 给与股东或其他人特别优先权的理由及合理性。

---

〔1〕 依 1991 年 10 月 4 日的联邦法律第 I 项增订，自 1992 年 7 月 1 日起生效。

〔2〕 关于公司成立时出资之缴纳的规定，见第 633 条、第 634 条和第 634a 条。——译注

〔3〕 依 1991 年 10 月 4 日的联邦法律第 I 项增订，自 1992 年 7 月 1 日起生效。

〔4〕 自有资本，原文 Eigenkapital，瑞士官方英译为 equity capital，指公司依法筹集并长期拥有的、自主支配的资本。自有资本，又称主权资本、权益资本或自由资本。通过提取自有资本以增加公司资本者，称为转增资本。——译注

〔5〕 依 2005 年 12 月 16 日的联邦法律（有限责任公司法，以及关于股份有限公司法、合作社法、商事登记簿法和商号法的修正案，GmbH-Recht sowie Anpassungen im Aktien-, Genossenschafts-, Handelsregister- und Firmenrecht）第 I 3 项修正，自 2008 年 1 月 1 日起生效。

〔6〕 依 1991 年 10 月 4 日的联邦法律第 I 项增订，自 1992 年 7 月 1 日起生效。

第 652f 条[1]

g. 对增资报告的
　审核确认

1　有资质的审计师应审核增资报告，并以书面确认增资
　报告内容齐备、完整且正确。[2]

2　以现金作为新股本的出资，或者增资非以受让财产为目
　的，以及未限制或取消认股权时，无须提交审核确认书。

第 652g 条[3]

h. 公司章程的
　修改及声明

1　提出增资报告（必要时经审核确认）后，由董事会修
　改章程，并发布声明：

　　1. 全部股份已被有效认购；

　　2. 所承诺的出资与发行总价相符；

　　3. 所承诺的出资已按法律、章程和股东会决议的
　　　要求缴纳。

2　决议和声明须作成公证书。公证人应逐项审核与增资
　相关的文件，并确认已将所有文件提交于董事会。

3　公证书应随附修改后的章程、增资报告书、审核确认
　书、实物出资契约及已提交的财产受让契约。

第 652h 条[4]

i. 登记于商事
　登记簿；先
　期发行的股
　份无效

1　董事会应就章程的修改和声明，向商事登记局声请登记。

2　董事会应提交下列文件：

　　1. 股东会决议和董事会决议的公证书及其相关附件；

　　2. 修改后章程的复本，且该复本须经认证。

3　增资登记前所发行的股份，无效，但基于认购股份而
　发生的债务，不受影响。

---

〔1〕　依 1991 年 10 月 4 日的联邦法律第 I 项增订，自 1992 年 7 月 1 日起生效。

〔2〕　依 2005 年 12 月 16 日的联邦法律（有限责任公司法，以及关于股份有限公司法、合作社
法、商事登记簿法和商号法的修正案，GmbH-Recht sowie Anpassungen im Aktien-, Genossenschafts-, Han-
delsregister- und Firmenrecht）第 I 3 项修正，自 2008 年 1 月 1 日起生效。

〔3〕　依 1991 年 10 月 4 日的联邦法律第 I 项增订，自 1992 年 7 月 1 日起生效。

〔4〕　依 1991 年 10 月 4 日的联邦法律第 I 项增订，自 1992 年 7 月 1 日起生效。

第 653 条 [1]

II. 附条件增资
1. 原则

¹ 股东会得决议采用以下方式实行附条件增资：在章程中规定，授与公司或集团公司所发行的新债券或类似债券的债权人以及雇员，购买新股的权利（转换权 [2] 和认购权）。

² 在转换权或购买权被行使和出资义务因抵销或缴纳而被履行时及限度内，股本视为当然增加。

³ 1934 年 11 月 8 日《银行法》[3] 关于储备金的规定，不受影响。[4]

第 653a 条 [5]

2. 限制

¹ 附条件增资的面值总额，不得超过现有股本的百分之五十。

² 所缴纳的出资，不得少于股份的面值。

第 653b 条 [6]

3. 基于章程

¹ 章程应载明：

    1. 附条件增资的面值总额；

    2. 股份的数量、面值和种类；

    3. 转换权和认购权的受益人；

    4. 现有股东认股权的取消；

    5. 特定种类股份的优先权；

    6. 新的记名股份转让的限制。

² 股东，就其附有转换权或认购权的债券或类似的债务证券，无优先购买权者，章程还应载明：

---

〔1〕 依 1991 年 10 月 4 日的联邦法律第 I 项修正，自 1992 年 7 月 1 日起生效。

〔2〕 转换权，原文 Wandelsrecht，瑞士官方英译为 conversion rights，指债券持有人得以给定的转股价格将债券转换成普通股的权利。——译注

〔3〕 Bankengesetz vom 8. November 1934.

〔4〕 依 2011 年 9 月 30 日的联邦法律（旨在强化金融业的稳定，Stärkung der Stabilität im Finanzsektor）附录第 1 项增订，自 2012 年 3 月 1 日起生效。

〔5〕 依 1991 年 10 月 4 日的联邦法律第 I 项增订，自 1992 年 7 月 1 日起生效。

〔6〕 依 1991 年 10 月 4 日的联邦法律第 I 项增订，自 1992 年 7 月 1 日起生效。

1. 转换权或认购权的行使条件；

2. 发行价的计算办法。

³ 转换权或认购权，在章程中关于附条件增资的规定登记于商事登记簿前所授与者，无效。

第653c 条[1]

4. 股东的保护

¹ 附条件增资中，以附有转换权或认购权的债券或类似的债务证券发行的部分，应首先提供给股东以供其按现有持股比例认购。

² 前款优先认股权，在有重大事由时，得限制或取消之。

³ 为附条件增资的需要而取消股东认股权，或者限制或取消债权人的优先认股权，不得使任何人处于更有利或不利的地位。

第653d 条[2]

5. 转换权或认购权的保护

¹ 债权人或雇员，有取得记名股份的转换权或购买权者，其转换权或购买权的行使，不因记名股份的限制转让而受限制，但章程或招股说明书中已规定其限制者，不在此限。

² 不得以增资、设定新的转换权或认购权的形式，或者以其他方式损害转换权或认购权，但转换价格下跌，或者对权利人以其他方式予以合理补偿，或者股东亦受相同损害者，不在此限。

第653e 条[3]

6. 增资的执行

a. 权利的行使；
出资

¹ 转换权和认购权的行使，应以书面声明的形式为之，且该书面声明应援引章程关于附条件增资的规定；依法律规定，增资须有招股说明书者，尚须援引招股说明书。

---

[1]　依 1991 年 10 月 4 日的联邦法律第 I 项增订，自 1992 年 7 月 1 日起生效。

[2]　依 1991 年 10 月 4 日的联邦法律第 I 项增订，自 1992 年 7 月 1 日起生效。

[3]　依 1991 年 10 月 4 日的联邦法律第 I 项增订，自 1992 年 7 月 1 日起生效。

² 以现金或抵销方式缴纳出资者，应将出资交存于受 1934 年 11 月 8 日《银行法》^[1]规范的金融机构。

³ 股东权，因出资义务的履行而产生。

第 653f 条[2]

b. 审核确认

¹ 每届营业年度结束时，或者依董事会请求在每届营业年度结束前，由有资质的审计专家，对新股的发行是否符合法律和章程进行审核，必要时，还应审核其是否符合招股说明书。^[3]

² 审计专家应书面确认其审计。

第 653g 条[4]

c. 章程的修改

¹ 董事会收到审核确认书后，应将所发行新股的数量、面值和种类，某种新股的优先权，营业年度结束时或进行审计时公司股本的状况等事项，作成公证书。董事会应对章程作必要的修改。

² 公证人应在公证书中载明，审核确认书已包含应包含的内容。

第 653h 条[5]

d. 登记于商事
   登记簿

董事会最迟应在营业年度结束后三个月内，声请办理章程的变更登记，声请办理章程变更登记时，应提交公证书和审核确认书。

---

[1] Bankengesetz vom 8. November 1934.

[2] 依 1991 年 10 月 4 日的联邦法律第 I 项增订，自 1992 年 7 月 1 日起生效。

[3] 依 2005 年 12 月 16 日的联邦法律（有限责任公司法，以及关于股份有限公司法、合作社法、商事登记簿法和商号法的修正案，GmbH-Recht sowie Anpassungen im Aktien-, Genossenschafts-, Handelsregister- und Firmenrecht）第 I 3 项修正，自 2008 年 1 月 1 日起生效。

[4] 依 1991 年 10 月 4 日的联邦法律第 I 项增订，自 1992 年 7 月 1 日起生效。

[5] 依 1991 年 10 月 4 日的联邦法律第 I 项增订，自 1992 年 7 月 1 日起生效。

第 653i 条^[1]

7. 章程条款的
删除

¹ 转换权和购买权已消灭，且其经有资质的审计专家在书面的审核报告书中予以确认者，董事会应废止章程中关于附条件增资的规定。

² 公证人应在公证书中载明，审核报告书已包含应包含的内容。

第 654 条

Ⅲ. 优先股^[2]
1. 要件^[3]

¹ 股东会得依章程的规定或通过修改章程，决议发行优先股，或者将现有的股份转换为优先股。

² 公司已发行优先股者，如要发行具有优先于现有优先股之权利的优先股，仅在取得由受不利益的现有优先股股东所组成的特别股东会和由全体股东所组成的股东会的同意后，始得为之。章程有相反规定者，从其规定。

³ 对于由章程所赋予的、基于优先股而享有的优先权，为变更或取消者，前款规定亦适用之。

第 655 条^[4]

---

〔1〕 依 1991 年 10 月 4 日的联邦法律第Ⅰ项增订。又依 2005 年 12 月 16 日的联邦法律（有限责任公司法，以及关于股份有限公司法、合作社法、商事登记簿法和商号法的修正案，GmbH-Recht sowie Anpassungen im Aktien-, Genossenschafts-, Handelsregister- und Firmenrecht）第Ⅰ3 项修正，自 2008 年 1 月 1 日起生效。

〔2〕 优先股，原文 Vorzugsaktie，瑞士官方英译为 preference share。相对于普通股，在通常情况下，优先股对公司的利润及剩余财产享有优先分配的权利。而优先股又分为累积优先股与非累积优先股。如为累积优先股，对于某个营业年度因公司盈利不足而未受分派的股息，有权在日后请求补发。如为非累积优先股，对于公司当年的利润，虽有优先于普通股获得分派股息的权利，但如公司当年的盈利不足以按规定分派股息时，非累积优先股的股东不得请求公司分派股息，亦不得在日后请求补发。——译注

〔3〕 依 1991 年 10 月 4 日的联邦法律第Ⅰ项修正，自 1992 年 7 月 1 日起生效。

〔4〕 依 1991 年 10 月 4 日的联邦法律第Ⅰ项废止，自 1992 年 7 月 1 日起失效。

第 656 条

2. 优先股的地
   位[1]

1 优先股享有优先于普通股的权利，优先权的内容，由原始章程[2]或通过修改章程，明定之。其他方面，优先股与普通股相同。

2 特别是，优先权的内容得涉及（附有或不附有积欠股息补发权的）股息的分派、公司解散时的清算份额以及发行新股时的认股权。

第 656a 条[4]

L. 参与证书[3]
I. 定义；可适
   用的规定

1 公司章程得规定，将参与资本分为特定的数额（参与证书）。参与证书在缴纳出资时交付，应注明其面值，但不赋予表决权。

2 除法律另有规定外，关于股本、股份和股东的规定，亦适用于参与资本、参与证书及参与证书的持有人。

3 参与证书上应记明参与证书之字样。

第 656b 条[5]

II. 参与资本和
    股本

1 参与资本不得超过股本的两倍。

2 关于最低资本和最低出资总额的规定，不适用于参与资本。

3 就下列规定而言，参与资本应算入股本：关于限制取得公司自有股份的规定，关于普通储备金的规定，关于违背股东会意愿启动专项审计的规定，以及关于资

---

〔1〕 依 1991 年 10 月 4 日的联邦法律第 I 项修正，自 1992 年 7 月 1 日起生效。

〔2〕 原始章程，原文 die ursprünglichen Statuten，瑞士官方英译为 the original articles of association，指创立公司时所订立的章程，亦称公司创立章程。——译注

〔3〕 参与证书，原文 Partizipationsschein，瑞士官方英译为 participation certificate，指公司所发行的无表决权的股份。——译注

〔4〕 依 1991 年 10 月 4 日的联邦法律第 I 项增订，自 1992 年 7 月 1 日起生效。

〔5〕 依 1991 年 10 月 4 日的联邦法律第 I 项增订，自 1992 年 7 月 1 日起生效。

本亏损时通知义务的规定〔1〕。

⁴ 授权增资或附条件增资的总额，不得超过现有股本和参与资本的百分之五十。

⁵ 得以授权增资或附条件增资的方式，提高参与资本的数额。

第 656c 条〔2〕

III. 参与证书持有人的法律地位

1. 一般规定

¹ 参与证书的持有人不享有表决权，除章程另有规定外，亦不享有与表决权有关的权利。

² 请求召开股东会的权利、出席股东会的权利、质询权、检查权和提议权，均为与表决权有关的权利。

³ 章程未赋予参与证书的持有人以质询权、检查权或启动专项审计之提议权（第 697a 条及以下各条）者，参与证书的持有人得向股东会提出书面声请，要求进行质询、检查或启动专项审计。

第 656d 条〔3〕

2. 召开股东会的通知和股东会决议的通知

¹ 应将召集股东会及拟讨论的事项和所提出的议案，通知参与证书的持有人。

² 股东会的决议应及时备置于本公司和已登记的分支机构，供参与证书持有人查阅。在向参与证书持有人通知召开股东会时，应一并提醒其关注股东会的决议。

第 656e 条〔4〕

3. 董事会中的代表

章程得规定，参与证书的持有人得请求在股东会中有代表人。

---

〔1〕 关于限制取得公司自有股份的规定，见第 659 条以下；关于普通储备金的规定，见第 671 条第 1 款和第 3 款；关于违背股东会意愿启动专项审计的规定，见第 697b 条第 1 款；关于资本亏损时通知义务的规定，见第 725 条第 1 款。——译注

〔2〕 依 1991 年 10 月 4 日的联邦法律第 I 项增订，自 1992 年 7 月 1 日起生效。

〔3〕 依 1991 年 10 月 4 日的联邦法律第 I 项增订，自 1992 年 7 月 1 日起生效。

〔4〕 依 1991 年 10 月 4 日的联邦法律第 I 项增订，自 1992 年 7 月 1 日起生效。

第 656f 条[1]

4. 财产权

a. 一般规定

¹ 章程不得使参与证书的持有人，在结算盈余和清算财产的分配，以及新股的认购等方面的地位，劣于股东。

² 有数种股份时，参与证书至少应与有最低优先权的股份，居于相同的地位。

³ 章程的修改和股东会的决议，有可能恶化参与证书持有人之地位者，仅在与参与证书持有人居于同样地位的股东，受到相同不利益时，始被允许。

⁴ 除章程另有规定外，仅在取得由相关的参与证书持有人所组成的特别股东会和由全体股东所组成的股东会同意后，始得限制或废除参与证书持有人的优先权及章程所规定的参与权。

第 656g 条[2]

b. 认股权

¹ 公司设立参与资本时，股东享有与公司发行新股时相同的认股权。

² 章程得规定，在同时且按相同比例增加股本和参与资本之情形，股东仅就股本，参与证书的持有人仅就参与资本，有认购权。

³ 单独增加参与资本或单独增加股本，或者虽同时增加参与资本和股本，但二者在比例上有显著差别时，认股权的分配，应使股东和参与证书持有人对公司全部资本的持有比例得以继续维持。

第 657 条[3]

M. 享益证券

¹ 章程得规定，对公司的先前出资人，或者对于公司的股东、债权人、雇员或与公司有类似关系的人，发给

---

〔1〕 依 1991 年 10 月 4 日的联邦法律第 I 项增订，自 1992 年 7 月 1 日起生效。
〔2〕 依 1991 年 10 月 4 日的联邦法律第 I 项增订，自 1992 年 7 月 1 日起生效。
〔3〕 依 1991 年 10 月 4 日的联邦法律第 I 项修正，自 1992 年 7 月 1 日起生效。

享益证券。章程应载明所发行的享益证券的数量，以及持有人基于享益证券而享有的权利。

2 享益证券的权利人，仅在结算盈余、清算财产的分配或新股的认购方面，有请求权。

3 享益证券，不得记载面值；不得被称为参与证书；不得作为——在资产负债表中表现为资产的——出资的对价而发行享益证券。

4 享益证券的权利人为当然的共同体，对于该共同体，参照适用关于债券债权人共同体的规定[1]。但享益证券上的某项权利或全部权利的放弃，非经流通中的享益证券的全体权利人的多数决议，不发生效力。

5 仅在原始章程有规定时，始得为公司发起人的利益发行享益证券。

第 658 条[2]

第 659 条[4]

N. 自有股份[4]
I. 取得之限制

1 股份有限公司，仅在其可自由处分的自有资本，达到购买本公司股份所必要的数额时，始得购买本公司的股份，且其持有本公司股份的面值总额，不得超过本公司股本的百分之十。

2 所购买的股份，如为限制转让的记名股份，其面值总额不得超过本公司股本的百分之二十。股份有限公司应在两年内，将所持自有股份超过公司股本百分之十的部分转让，或者以减资的方式加以取消。

---

〔1〕 关于债券债权人共同体的规定，见第 1157 条以下。——译注

〔2〕 依 1991 年 10 月 4 日的联邦法律第 I 项废止，自 1992 年 7 月 1 日起失效。

〔3〕 依 1991 年 10 月 4 日的联邦法律第 I 项修正，自 1992 年 7 月 1 日起生效。

〔4〕 自有股份，原文 Eigene Aktie，瑞士官方英译为 own share，指股份有限公司成立后取得的自己发行的股份。——译注

第 659a 条[1]

II. 取得之后果

¹ 公司自有股份的表决权以及基于表决权而享有的权利停止。

² 公司应为自有股份，提取与取得自有股份所需之价金[2]相当的资本金，作为特别储备金。

第 659b 条[3]

III. 股份由关
联公司取得

¹ 股份有限公司持有子公司过半数股份者，子公司取得股份有限公司股份应受之限制，以及子公司取得股份有限公司股份之后果，与股份有限公司取得本公司股份相同。

² 股份有限公司，从持有本公司股份的其他公司，取得其过半数股份者，该其他公司所持本公司的股份，视为本股份有限公司的自有股份。

³ 设立特别储备金的义务，由持有过半数股份的公司，负担之。

第二节　股东的权利与义务

第 660 条[4]

A. 盈余与清算
财产的分配
权

I. 一般规定

¹ 对于依法律或章程规定可分配于股东的结算盈余，股东有请求依相应份额进行分配的权利。

² 公司解散时，除章程对公司财产的利用另有规定外，股东有请求依相应份额分配清算财产的权利。

³ 章程规定的各种股份的优先权，不受影响。

---

〔1〕　依 1991 年 10 月 4 日的联邦法律第 I 项增订，自 1992 年 7 月 1 日起生效。

〔2〕　取得自有股份所需之价金，原文 Anschaffungswert，瑞士官方英译为 the cost of acquiring its own shares。——译注

〔3〕　依 1991 年 10 月 4 日的联邦法律第 I 项增订，自 1992 年 7 月 1 日起生效。

〔4〕　依 1991 年 10 月 4 日的联邦法律第 I 项修正，自 1992 年 7 月 1 日起生效。

第 661 条

Ⅱ. 计算方法 除章程另有规定外，关于结算盈余和清算财产的分配，按已缴纳的出资在公司股本中所占的比例，计算之。

第 662 条[1]

第 662*a* 条[2]

第 663 条[3]

第 663*a* 条和第 663*b* 条[4]

第 663*b*^{bis} 条[6]

B. 营业报告书[5]

Ⅰ. 上市公司须附加提出的材料

1. 报酬

¹ 股份有限公司，其股票已在交易所挂牌交易者，应在资产负债表后附加关于以下事项的文件：

　　1. 公司直接或间接向现职董事会成员支付的各项报酬；

　　2. 公司直接或间接向董事会所委任的执行公司全部或部分事务的部门（业务执行部门）支付的各项报酬；

---

　〔1〕 依 2011 年 12 月 23 日的联邦法律（账目报告法，Rechnungslegungsrecht）废止，自 2013 年 1 月 1 日起失效。

　〔2〕 依 1991 年 10 月 4 日的联邦法律第Ⅰ项增订。又依 2011 年 12 月 23 日的联邦法律（账目报告法，Rechnungslegungsrecht）废止，自 2013 年 1 月 1 日起失效。

　〔3〕 依 2011 年 12 月 23 日的联邦法律（账目报告法，Rechnungslegungsrecht）废止，自 2013 年 1 月 1 日起失效。

　〔4〕 依 1991 年 10 月 4 日的联邦法律第Ⅰ项增订。又依 2011 年 12 月 23 日的联邦法律（账目报告法，Rechnungslegungsrecht）废止，自 2013 年 1 月 1 日起失效。

　〔5〕 依 2011 年 12 月 23 日的联邦法律（账目报告法，Rechnungslegungsrecht）修正，自 2013 年 1 月 1 日起生效。

　〔6〕 依 2005 年 10 月 7 日的联邦法律（关于公开董事会成员和事务执行人薪金的规定，Transparenz betreffend Vergütungen an Mitglieder des Verwaltungsrates und der Geschäftsleitung）第Ⅰ项增订，自 2007 年 7 月 1 日起生效。

3. 公司直接或间接向咨询委员会成员支付的各项报酬;

4. 董事会、业务执行部门和咨询委员会的前成员,因其曾经作为公司的管理人员参与或执行公司事务,公司直接或间接向其支付的报酬,或者向其支付的非通常市场标准[1]的报酬;

5. 公司直接或间接向第一项至第四项所称之人的密切关系人支付的各项非通常市场标准的报酬。

2 特别是,下列各项应视为报酬:

1. 业务服务费、工资、津贴、贷记款项[2];

2. 董事会成员的盈余份额、佣金、营业额的分享,以及以其他形式对营业成果的分享;

3. 实物津贴;

4. 股份、转换权和认购权的分配;

5. 离职金;

6. 保证、担保义务、为第三人设定担保物权和其他担保;

7. 债权的放弃;

8. 为设立职业保障或提高职业保障水平而支出的费用;

9. 各种加班工资。

3 以下各项应附列于资产负债表之后:

1. 向董事会、业务执行部门和咨询委员会的现职成员提供的各种未偿付的贷款和信用;

2. 以非通常的市场条件[3]向董事会、业务执行

---

〔1〕 非通常市场标准,原文 nicht marktüblich,瑞士官方英译为 not customary market practice。——译注

〔2〕 贷记款项,原文 Gutschrift,瑞士官方英译为 account credit。——译注

〔3〕 非通常的市场条件,原文 nicht marktüblichen Bedingungen,瑞士官方英译为 other than the customary market conditions。——译注

部门和咨询委员会的前成员提供的各种未偿付的贷款和信用；

3. 以非通常的市场条件向第一项和第二项所称之人的密切关系人提供的各种未偿付的贷款和信用。

4 关于报酬和信用的材料应包括以下各项内容：

1. 用于董事会的总金额，以及用于每个成员的金额，并应记明其姓名和职务；

2. 用于业务执行部门的总金额，以及用于每个成员的最高金额，并应记明其姓名和职务；

3. 用于咨询委员会的总金额，以及用于每个成员的最高金额，并应记明其姓名和职务；

5 给与密切关系人的报酬和信用，应单列之。无须记明密切关系人的姓名。其他方面，准用关于董事会、业务执行部门和咨询委员会成员之报酬和信用的规定。

第663c条[2]

2. 股份的持有[1]

1 股份有限公司，其股份[3]在交易所挂牌交易者，应将其所知或可得而知的重要股东及其所持的股份，在资产负债表的附注中记明之。

2 表决权数超过全部表决权百分之五的股东或股东团体，视为重要股东。公司章程对记名股份规定较低比例（第685d条第1款）者，关于比例限制的规定，视为公司已为告知义务。

3 此外，董事会、业务执行部门和咨询委员会的各现职成员在股份有限公司中所持有的股份、所享有的转换权和

---

〔1〕 依2011年12月23日的联邦法律（账目报告法，Rechnungslegungsrecht）修正，自2013年1月1日起生效。

〔2〕 依1991年10月4日的联邦法律第Ⅰ项增订，自1992年7月1日起生效。

〔3〕 股份（Aktien）一词，由联邦议会和国民议会的联席会议法律起草委员会修正（《商事贸易法》〔Geschäftsverkehrsgesetz, GVG〕第33条）。

认购权及其姓名和职务，以及与上述成员有密切关系之人在股份有限公司中所持有的股份，亦应附加说明。[1]

第 663d 条至第 663h 条[2]

第 664 条和第 665 条[3]

第 665a 条[4]

第 666 条和第 667 条[5]

第 668 条[6]

第 669 条[7]

第 670 条[9]

II. 估价、重新估价[8]

[1] 公司资本，因年度净亏损，不足股本和法定储备金的半数时，为平衡其亏损，在公司不动产或股份的实际

---

〔1〕 依 2005 年 10 月 7 日的联邦法律（关于公开董事会成员和事务执行人薪金的规定，Transparenz betreffend Vergütungen an Mitglieder des Verwaltungsrates und der Geschäftsleitung）第 I 项增订，自 2007 年 7 月 1 日起生效。

〔2〕 依 1991 年 10 月 4 日的联邦法律第 I 项增订。又依 2011 年 12 月 23 日的联邦法律（账目报告法，Rechnungslegungsrecht）废止，自 2013 年 1 月 1 日起失效。

〔3〕 依 2011 年 12 月 23 日的联邦法律（账目报告法，Rechnungslegungsrecht）废止，自 2013 年 1 月 1 日起失效。

〔4〕 依 1991 年 10 月 4 日的联邦法律第 I 项增订。又依 2011 年 12 月 23 日的联邦法律（账目报告法，Rechnungslegungsrecht）废止，自 2013 年 1 月 1 日起失效。

〔5〕 依 2011 年 12 月 23 日的联邦法律（账目报告法，Rechnungslegungsrecht）废止，自 2013 年 1 月 1 日起失效。

〔6〕 依 1991 年 10 月 4 日的联邦法律第 I 项废止，自 1992 年 7 月 1 日起失效。

〔7〕 依 2011 年 12 月 23 日的联邦法律（账目报告法，Rechnungslegungsrecht）废止，自 2013 年 1 月 1 日起失效。

〔8〕 依 2011 年 12 月 23 日的联邦法律（账目报告法，Rechnungslegungsrecht）修正，自 2013 年 1 月 1 日起生效。

〔9〕 依 1991 年 10 月 4 日的联邦法律第 I 项修正，自 1992 年 7 月 1 日起生效。

价值，因升值而高于购买时所支付的价额或建造成本的情况下，公司得对其重新估价，但其重估金额，不得超过公司股本和法定储备金的半数。重估金额应单列为重估的储备金。

2 资产重估，仅在有资质的审计师向股东会以书面确认资产重估符合法律的相关规定后，始得为之。[1]

第 671 条[2]

C. 储备金

I. 法定储备金

1. 普通储备金

1 公司应提取年度盈余的百分之五，充作普通储备金，直至其总额达到公司实际股本的百分之二十。

2 所提取的普通储备金虽已达到法定数额，下列各项仍应归入普通储备金：

    1. 以高于面值的价格发行股份所得之金额扣除发行费用后的溢价款，但此溢价款如用于设立资产贬值基金或用于发放职工福利，得不归入普通储备金；

    2. 股份在认股人缴纳部分出资后被取消时，已缴纳的出资用于弥补因发行新的股份而产生的损失后的余额；[3]

    3. 以百分之五的股息作为盈余份额向权利人支付后的余额中，其百分之十的金额。

3 普通储备金，在其超过公司股本的半数前，仅得用于弥补公司损失、支持公司困难时期的财务、预防失业或减轻失业所产生的后果。

4 第 2 款第 3 项和第 3 款的规定，不适用于持有其他公司股份以实现控股为主要目的的公司（控股公司）。

---

〔1〕 依 2005 年 12 月 16 日的联邦法律（有限责任公司法，以及关于股份有限公司法、合作社法、商事登记簿法和商号法的修正案，GmbH-Recht sowie Anpassungen im Aktien-, Genossenschafts-, Handelsregister- und Firmenrecht）第 I 3 项修正，自 2008 年 1 月 1 日起生效。

〔2〕 依 1991 年 10 月 4 日的联邦法律第 I 项修正，自 1992 年 7 月 1 日起生效。

〔3〕 另请参见第 624 条第 1 款第 2 句、第 681 条和第 682 条。——译注

⁵ ……〔1〕

⁶ ……〔2〕

第 671a 条〔3〕

2. 自有股份的
储备金

公司转让或放弃自有股份者，得在取得自有股份所需之
价金的范围内，撤销自有股份的储备金。〔4〕

第 671b 条〔5〕

3. 重估的储
备金

仅得以转换为股本、重新降低资产账面价值或转让重估
资产的方式，撤销重估的储备金。

第 672 条〔6〕

II. 依章程规定
设立的储备
金

¹ 章程得规定，须提取不低于百分之五的年度盈余用作
储备金，且储备金的金额须高于法律所规定的实缴股
本的百分之二十。

1. 一般规定

² 公司章程尚得规定设立其他储备金，并载明其设立目
的和用途。

第 673 条〔7〕

2. 社保储备金

特别是，章程得规定，为公司雇员的社会保障而设立储
备金。

---

〔1〕 依 2009 年 3 月 20 日《关于轨道改革的联邦法律（二）》（Bundesgesetz vom 20. März 2009 über die Bahnreform 2）第 II 2 项废止，自 2010 年 1 月 1 日起失效。

〔2〕 依 2004 年 12 月 17 日《保险监督法》（Versicherungsaufsichtsgesetz vom 17. Dez. 2004）附录第 II 1 项废止，自 2006 年 1 月 1 日起失效。

〔3〕 依 1991 年 10 月 4 日的联邦法律第 I 项增订，自 1992 年 7 月 1 日起生效。

〔4〕 关于公司转让或放弃自有股份（Veräusserung oder Vernichtung von eigenen Aktien），见第 659 条第 2 款第 2 句；关于取得自有股份所需之价金（Anschaffungswert），见第 659a 条第 2 款。——译注

〔5〕 依 1991 年 10 月 4 日的联邦法律第 I 项增订，自 1992 年 7 月 1 日起生效。

〔6〕 依 1991 年 10 月 4 日的联邦法律第 I 项修正，自 1992 年 7 月 1 日起生效。

〔7〕 依 1991 年 10 月 4 日的联邦法律第 I 项修正，自 1992 年 7 月 1 日起生效。

第 674 条[1]

Ⅲ. 盈余份额
　　与储备金的
　　关系

1　仅在依法律和章程规定提取储备金后，始得确定股息的分配。

2　股东会得决议设立法律或章程未规定的储备金，亦得决议以高于法律和章程规定的比例标准，提取储备金，但因此而提取的储备金，

　　1. 须为置换公司资产所必要；
　　2. 须以保持公司的可持续发展，或者以保障股东股息的稳定、实现股东的最大利益为目的。

3　同样，章程对于社会保障储备金虽未作规定，股东会仍得为公司雇员的社会保障或其他福利，决议提取结算盈余[2]而设立储备金。

第 675 条

D. 股息、建设
　　股息和董事
　　会成员的盈
　　余份额

1　不得为股本支付利息。

Ⅰ. 股息

2　股息仅得从结算盈余和以支付股息为目的而设立的储备金中支付。[3]

第 676 条

Ⅱ. 建设股息

1　公司须经准备和筹建，始能开始营业者，得在开始营业前，从投资账户中向股东支付一定金额的股息。章程应载明建设股息最迟支付到何时停止。

2　公司以发行新股的方式扩展其营业者，得在增资决议中载明，对于所发行的新股，在确定的日期前，从投

---

〔1〕　依 1991 年 10 月 4 日的联邦法律第 Ⅰ 项修正，自 1992 年 7 月 1 日起生效。

〔2〕　结算盈余，原文 Bilanzgewinn，瑞士官方英译为 disposable profit。——译注

〔3〕　依 1991 年 10 月 4 日的联邦法律第 Ⅰ 项修正，自 1992 年 7 月 1 日起生效。

资账户中支付一定金额的股息，但最迟不得晚于新的营业项目开始营业之日。

第 677 条[1]

Ⅲ. 董事会成员
的盈余份额

董事会成员的盈余份额，仅得从结算盈余中提取，且仅在提取法定储备金并向股东给付百分之五或章程规定的更高比例的股息后，始得向董事会成员分配盈余份额。

第 678 条[2]

E. 给付的返还
Ⅰ. 一般规定

1 股东、董事会成员及与董事会成员有密切关系的人，不正当和恶意取得股息、董事会成员的盈余份额、其他盈余份额或建设股息者，应返还之。

2 公司所为之给付，与公司所受之对待给付，或者与公司的经济状况，显著不相称者，受领人亦应返还之。

3 公司和股东均有返还请求权；股东诉请返还者，应以公司为受领人。

4 返还义务，自受领给付时起，经过五年而罹于时效。

第 679 条[3]

Ⅱ. 破产时董事
会成员的盈
余份额

1 公司被宣告破产时，董事会成员应返还其在破产前三年内所取得的全部盈余份额，但董事会成员能证明公司向其支付盈余份额符合法律或章程之规定者，不在此限；特别是，须证明董事会成员的盈余份额，系依经严格编制的资产负债表而支付。

2 ……[4]

---

〔1〕 依 1991 年 10 月 4 日的联邦法律第Ⅰ项修正，自 1992 年 7 月 1 日起生效。
〔2〕 依 1991 年 10 月 4 日的联邦法律第Ⅰ项修正，自 1992 年 7 月 1 日起生效。
〔3〕 依 1991 年 10 月 4 日的联邦法律第Ⅰ项修正，自 1992 年 7 月 1 日起生效。
〔4〕 依 2013 年 6 月 21 日的联邦法律附录废止，自 2014 年 1 月 1 日起失效。

第 680 条

F. 股东缴纳出
资的义务
I. 客体

¹ 股东不负以超过发行股份时所认股份的金额缴纳出资
的义务，公司章程明确规定股东有此义务者，亦同。

² 股东对其已缴纳的出资，无请求返还的权利。

第 681 条

II. 迟延的后果
1. 依法律和章
程

¹ 股东未按期缴纳股款者，应支付迟延利息。

² 此外，董事会尚得声明：未按期缴纳股款的股东丧失
其认股权，其已缴纳的部分股款不予返还，公司另发
新股代替已丧失认股权的股份。被取消的股份已发行
且不能收回者，董事会应在《瑞士商事公报》并以章
程规定的方式，公告其声明。

² 章程亦得规定，股东应就其迟延缴纳股款支付违约金。

第 682 条

2. 缴纳股款的
催告

¹ 对于未按期缴纳股款的股东，董事会在声明其丧失认
股权或在请求股东按章程规定支付违约金前，应在
《瑞士商事公报》并以章程规定的方式，催告股东在
宽限期内缴纳股款；催告应不少于三次；宽限期应不
少于一个月，自最后一次催告之日起算。宽限期届满，
而股东仍未缴纳股款者，董事会得声明股东丧失认股
权，或者请求股东支付违约金。

² 在记名股份之情形，得不采用公示催告的方式，而以
挂号信的方式，向登记在股东名簿中的股东，寄送催
告限期内缴纳股款的通知。宽限期，自股东收到催缴
通知之日起算。

³ 未按期缴纳股款的股东，应就新股东缴纳股款的不足
部分向公司负责。

第 683 条

G. 股份的发行
和转让
I. 不记名股份

¹ 不记名的股份，须在按其面值缴清全部股款后，始得
发行。

² 在按面值缴清股款前发行的不记名股份，无效。损害
赔偿请求权不受影响。

第 684 条[1]

II. 记名股份

¹ 除法律或章程另有规定外，记名股份的转让不受限制。

² 记名股份的转让，在转让人将经背书的股份证书交付
于受让人时生效。

第 685 条[2]

H. 记名股份移
转的限制
I. 法律上的限制

¹ 股款尚未全部缴清的记名股份，非经公司同意，不得
转让，但基于继承、遗产分割、夫妻财产法或强制执
行而取得股份者，不在此限。

² 对于股份转让，除受让人有不能支付之虞且不按公司
要求提供担保外，公司不得拒绝同意。

第 685*a* 条[3]

II. 章程上的
限制
1. 一般规定

¹ 公司得规定，记名股份的转让须经公司同意。

² 有前款规定时，如以记名股份设定用益权，亦须经公
司同意。

³ 公司进入清算程序后，上述规定失效。

第 685*b* 条[4]

2. 非上市的记
名股份

¹ 股份有限公司，得基于章程规定的正当理由，拒绝转让
股份的请求，亦得为自己之计算，或者为其他股东之计

---

〔1〕 依 1991 年 10 月 4 日的联邦法律第 I 项修正，自 1992 年 7 月 1 日起生效。
〔2〕 依 1991 年 10 月 4 日的联邦法律第 I 项修正，自 1992 年 7 月 1 日起生效。
〔3〕 依 1991 年 10 月 4 日的联邦法律第 I 项增订，自 1992 年 7 月 1 日起生效。
〔4〕 依 1991 年 10 月 4 日的联邦法律第 I 项增订，自 1992 年 7 月 1 日起生效。

a. 不同意转让
的理由

算，或者为第三人之计算，向转让人提出，以其请求转让时的实际价格回购股份，从而拒绝转让股份的请求。

2 章程为实现公司宗旨或维持其经济独立，设有关于稳定股东团体之规定者，其规定，得视为拒绝转让请求的正当理由。

3 此外，受让人未明确表示以自己名义并为自己之计算而受让股份者，公司得拒绝将其登记于股东名簿。

4 对于因继承、遗产分割、夫妻财产法或强制执行而取得的股份，公司得提出以实际价格回购股份，从而拒绝受让人转让股份的请求。

5 受让人得请求公司住所地的法院，确定股份的实际价格。估价费用，由公司负担。

6 受让人对于公司回购股份的表示，未在知悉实际价格后一个月内为拒绝者，视为同意。

7 章程不得规定更严格的转让条件。

第 685c 条[1]

b. 效力

1 公司就股份的转让未作出必要的同意前，股份及与股份相关的一切权利仍属于转让人。

2 基于继承、遗产分割、夫妻财产法或强制执行而取得股份者，股份及股份上的财产权立即归属于受让人，但股份上的参与权，在公司表示同意前，不发生移转。

3 公司未在收到请求后三个月内表示拒绝，或者其拒绝无正当理由者，视为同意转让。

第 685d 条[2]

3. 上市的记名
股份

1 在上市的记名股份之情形，仅在公司章程就记名股份设有比例上的限制，且如同意受让人成为记名股份的

---

〔1〕 依 1991 年 10 月 4 日的联邦法律第 I 项增订，自 1992 年 7 月 1 日起生效。

〔2〕 依 1991 年 10 月 4 日的联邦法律第 I 项增订，自 1992 年 7 月 1 日起生效。

a. 不同意转让
的理由

　　股东将使该比例超过限制值时，公司始得拒绝受让人作为股东。

² 此外，受让人未明确表示以自己名义并为自己之计算而受让股份者，公司得拒绝将其登记于股东名簿。

³ 基于继承、遗产分割或夫妻财产法而取得上市的[1]记名股份者，公司不得拒绝将其登记于股东名簿。

第 685e 条[2]

b. 通知义务

　　上市的记名股票在证券交易所被出售时，证券交易营业人应及时将转让人的姓名和所转让股份的数量通知公司。

第 685f 条[3]

c. 权利的移转

¹ 上市的记名股份在证券交易所被转让者，股份上的一切权利在股份转让时移转于受让人。上市的记名股份在证券交易所以外的场所被转让者，股份上的一切权利在受让人向公司呈交请求承认股东的请求时移转于受让人。

² 受让人，在公司承认其为股东前，不得行使股份上的表决权和其他与表决权有关的权利。但股份上的其他一切权利，特别是认股权，不受限制。

³ 尚未被公司承认为股东的受让人，在权利移转后，应作为无表决权的股东，登记于股东名簿。其股份在股东会上视为未被代表。

⁴ 公司之拒绝承认受让人为股东，为不法者，公司应承认受让人自法院判决确定之日起享有表决权和其他与表决权有关的权利，并赔偿受让人所受之损害，但公司能证明其无过错者，不在此限。

---

　　[1]　条文中"上市的"（börsenkotierte）一词，由联邦议会和国民议会的联席会议法律起草委员会修正（《商事贸易法》[Geschäftsverkehrsgesetz] 第 33 条）。

　　[2]　依 1991 年 10 月 4 日的联邦法律第 I 项增订，自 1992 年 7 月 1 日起生效。

　　[3]　依 1991 年 10 月 4 日的联邦法律第 I 项增订，自 1992 年 7 月 1 日起生效。

第 685g 条〔1〕

d. 拒绝期限　　公司对于受让人的请求，未在二十日内表示拒绝者，视为承认受让人作为股东。

第 686 条〔2〕

4. 股东名簿

a. 登记

¹ 公司应就记名股份备置股东名簿，记载股份的所有人和用益权人的姓名及地址。股东名簿，须以在瑞士境内能被随时获取的方式，备置之。〔3〕

² 为办理股东名簿的登记，须提交能表明已取得股份所有权或已设立用益权的证明文件。

³ 公司有为登记的股份出具股份证书的义务。

⁴ 被登记于股东名簿的人，在与公司的关系上，作为股东或用益权人。

⁵ 登记所依据的各项文件，在股份所有人或用益权人被从股东名簿中涂销后，仍须保存十年。〔4〕

第 686a 条〔5〕

b. 登记的涂销　　因受让人提供错误信息而致股东名簿登记不正确者，公司在听取有关当事人的意见后，得涂销登记。应将涂销登记立即通知受让人。

第 687 条

5. 股款尚未全

¹ 股款尚未全部缴清的记名股份的受让人，在被登记于

---

〔1〕　依 1991 年 10 月 4 日的联邦法律第 I 项增订，自 1992 年 7 月 1 日起生效。

〔2〕　依 1991 年 10 月 4 日的联邦法律第 I 项修正，自 1992 年 7 月 1 日起生效。

〔3〕　第 2 句依 2014 年 12 月 12 日《关于执行金融行动特别工作组 2012 年修正之建议的联邦法律》（Bundesgesetz vom 12. Dez. 2014 zur Umsetzung der 2012 revidierten Empfehlungen der Groupe d'action financière）第 I 2 项增订，自 2015 年 7 月 1 日起生效。

〔4〕　依 2014 年 12 月 12 日《关于执行金融行动特别工作组 2012 年修正之建议的联邦法律》（Bundesgesetz vom 12. Dez. 2014 zur Umsetzung der 2012 revidierten Empfehlungen der Groupe d'action financière）第 I 2 项增订，自 2015 年 7 月 1 日起生效。

〔5〕　依 1991 年 10 月 4 日的联邦法律第 I 项增订，自 1992 年 7 月 1 日起生效。

部缴清的记
名股份[1]　　股东名簿后，有向公司缴清全部股款的义务。

2 在认股人转让其股份之情形，如股份有限公司在登记
于商事登记簿后两年内被宣告破产，而权利继受人基
于股份而享有的权利因此被声明丧失时，对于尚未缴
清的股款，认股人有支付义务。

3 转让人，非为认股人者，在受让人被登记于股东名簿
后，不再负担缴纳股款的义务。

4 在记名股份的股款被全部缴清前，每件股份证书上均
须载明已缴纳的金额。

第 688 条

III. 临时股份
证书　　　　1 不记名股份，仅在按其面值缴清全部股款后，得为其
核发不记名临时股份证书[2]。按面值缴清全部股款
前所核发的不记名临时股份证书，无效。损害赔偿请
求权不受影响。

2 为不记名股份核发记名的临时股份证书者，该不记名
股份的转让，仅得依关于债权让与的规定为之，且其
转让，仅在被通知于公司后，始对公司发生效力。

3 记名股份的临时股份证书，应以记名方式为之。此种临
时股份证书的转让，适用关于记名股份转让的规定。

第 689 条[3]

J. 专属的成员权
I. 出席股东会　1 股东在股东会中，对于诸如公司管理人员的任命、营业
1. 一般规定　　报告的批准和公司盈余的分配等公司事务，行使其权利。

2 股东在股东会中，得亲自或由第三人，代表其股份，
除章程有相反规定外，该第三人不必是股东。

---

〔1〕 依 1991 年 10 月 4 日的联邦法律第 I 项修正，自 1992 年 7 月 1 日起生效。

〔2〕 临时股份证书，亦译临时股票，原文 Interimsschein，瑞士官方英译为 interim certificate，指
在股票发行前的一种代用品。——译注

〔3〕 依 1991 年 10 月 4 日的联邦法律第 I 项修正，自 1992 年 7 月 1 日起生效。

第 689*a* 条〔1〕

2. 正当行使对
公司的权利

¹ 记名股份上的成员权，得由依股东名簿记载有权行使
股份成员权的人，或者由经股东书面授与代理权的人，
行使之。

² 不记名股份上的成员权，由股票的占有人，行使之；
行使成员权，须出示股票。董事会得规定其他可用于
证明占有股票的方式。

第 689*b* 条〔2〕

3. 股东的代表
a. 一般规定

¹ 作为代表人行使参与权〔3〕者，应遵从被代表人的指示。

² 因质押、提存或借用而占有不记名股票的人，非有股
东书面的特别授权，不得行使股份上的成员权。

第 689*c* 条〔4〕

b. 公司管理人
充当代表人

公司建议股东，由公司管理机构中的成员或由其他与公
司有密切关系的人，代表其在股东会行使表决权者，应
同时指定与公司无利益关系且能受股东委任履行代表职
责的人。

第 689*d* 条〔6〕

c. 保管代表人〔5〕

¹ 保管代表人，如欲行使其所保管之股票上的参与权，
应在每届股东会召开前，请求寄托人作出表决指示。

² 不能及时得到寄托人指示时，保管代表人应依寄托人
的一般指示行使表决权；无一般指示时，应依董事会
的提议，行使表决权。

---

〔1〕　依 1991 年 10 月 4 日的联邦法律第 Ⅰ 项增订，自 1992 年 7 月 1 日起生效。

〔2〕　依 1991 年 10 月 4 日的联邦法律第 Ⅰ 项增订，自 1992 年 7 月 1 日起生效。

〔3〕　参与权，原文 Mitwirkungsrecht，瑞士官方英译为 participation right。——译注

〔4〕　依 1991 年 10 月 4 日的联邦法律第 Ⅰ 项增订，自 1992 年 7 月 1 日起生效。

〔5〕　保管代表人，原文 Depotvertreter，瑞士官方英译为 custodian as representative。——译注

〔6〕　依 1991 年 10 月 4 日的联邦法律第 Ⅰ 项增订，自 1992 年 7 月 1 日起生效。

³ 受 1934 年 11 月 8 日《银行法》[1]规范的金融机构和财产管理营业人[2]，视为保管代表人。

第 689e 条[3]

d. 告知

¹ 公司管理机构中的成员、独立行使表决权的代表人和保管代表人，应向公司报告其所代表的股份的数量、种类、面值和属性。未报告者，股东会所作出的决议，得被撤销，其撤销要件，与未经授权而参加股东会之情形相同。

² 董事长应向股东会报告各种代表的总体情况。股东请求报告，而董事长怠于报告者，任何股东均得诉请公司撤销股东会的决议。

第 690 条

4. 复数权利人[4]

¹ 股份由数人共同所有时，该数个权利人，仅得以委任共同代表人的方式，行使其股份上的权利。

² 股份已设定用益权者，由用益权人代表之；用益权人行使股份上的权利时，未合理顾及股份所有人的利益，致其损害者，应负赔偿责任。

第 691 条

Ⅱ. 无权出席股东会

¹ 为规避表决权上的限制，移转股票的占有，以图在股东会上行使表决权者，为不法行为，应禁止之。

² 无权出席股东会的人出席股东会时，各股东均得向董事会或股东会会议记录处[5]提出异议。

---

〔1〕 Bankengesetz vom 8. November 1934.

〔2〕 财产管理营业人，原文 gewerbsmässiger Vermögensverwalter，瑞士官方英译为 professional asset manager，指以管理财产为职业的人，故亦译职业的财产管理人。——译注

〔3〕 依 1991 年 10 月 4 日的联邦法律第 Ⅰ 项增订，自 1992 年 7 月 1 日起生效。

〔4〕 依 1991 年 10 月 4 日的联邦法律第 Ⅰ 项修正，自 1992 年 7 月 1 日起生效。

〔5〕 股东会会议记录处，原文 Protokoll der Generalversammlung，瑞士官方英译为 the minutes of the general meeting。按：minute 原义指公司股东会或董事会议事的正式书面记录。参见薛波主编：《元照英美法辞典》，法律出版社 2003 年版，第 918 页。——译注

³ 无权出席股东会的人，参与股东会作出决议时，各股东，无论其是否曾就此提出异议，均得请求撤销股东会决议，但公司能证明，无权利人的参与，未对股东会决议产生影响者，不在此限。

第 692 条

Ⅲ. 股东会中的表决权

1. 一般规定

¹ 股东在股东会上，依其所持股份在公司股份面值总额中所占的比例，行使表决权。

² 每一股东，不问持股多寡，均至少有一表决权。但对于持有多数股份的股东，章程得限制其表决权数。

³ 股份面值因公司重整而减额时，依原始面值而享有的表决权，得保留之。

第 693 条

2. 表决权股份[1]

¹ 章程得规定，表决权与股份面值无关，表决权依每一股东所持有的股份数确定，每一股有一表决权。

² 在前款情形，面值较其他股份为小的股份，仅得在缴清全部股款后，以记名股份发行之。其他股份的面值不得超过表决权股份面值的十倍。[2]

³ 依股份数确定表决权的办法，不适用于下列事项：

　　　1. 外部审计人的选任；

　　　2. 为审查公司全部或部分业务执行情况而选聘专家；

　　　3. 关于进行专项审查的决议；

　　　4. 关于提起责任诉讼的决议。[3]

---

〔1〕 表决权股，原文 Stimmrechtsaktien，瑞士官方英译为 shares with privileged voting rights，依前者应译作表决权股份，依后者应译作优先表决权股份，此处从前者译。——译注

〔2〕 依 1991 年 10 月 4 日的联邦法律第 I 项修正，自 1992 年 7 月 1 日起生效。

〔3〕 依 1991 年 10 月 4 日的联邦法律第 I 项修正，自 1992 年 7 月 1 日起生效。

第 694 条

3. 表决权的产生　法律或章程所确定的股款额一经缴清，即产生表决权。

第 695 条

4. 无表决权　¹ 关于解任董事会的决议，参与公司事务管理的人，不问其参与程度，概无表决权。

² ……〔1〕

第 696 条〔2〕

Ⅳ. 股东的监督权
1. 营业报告的公开

¹ 公司召开普通股东会，应至少提前二十天在公司所在地备置年度营业报告和审计报告，以供股东查阅。各股东均得请求公司及时寄送报告复本。

² 对于记名股份的股东，以书面方式通知；对于不记名股份的股东，以在《瑞士商事公报》上刊登公告并以章程规定的方式通知。

³ 各股东尚得在股东会后一年内，请求公司给与经股东会批准的年度营业报告和审计报告的复本。

第 697 条〔3〕

2. 质询权和查阅权

¹ 各股东在股东会上，有权就公司事务向董事会，就审计的执行情况与审计结果，向外部审计人提出质询。

² 对于股东在行使股东权所必要的范围内所提出的质询事项，公司有告知义务。股东所提出的质询事项，对公司的营业秘密或其他应受保护的利益，有危害之虞者，得拒绝告知。

³ 营业账册和商务信函，仅在取得股东会的明示授权或

〔1〕 依 2005 年 12 月 16 日的联邦法律（有限责任公司法，以及关于股份有限公司法、合作社法、商事登记簿法和商号法的修正案，GmbH-Recht sowie Anpassungen im Aktien-, Genossenschafts-, Handelsregister- und Firmenrecht）第 I 3 项废止，自 2008 年 1 月 1 日起失效。

〔2〕 依 1991 年 10 月 4 日的联邦法律第 I 项修正，自 1992 年 7 月 1 日起生效。

〔3〕 依 1991 年 10 月 4 日的联邦法律第 I 项修正，自 1992 年 7 月 1 日起生效。

经董事会决议同意后，并在营业秘密能得到有效保护的前提下，始得查阅。

⁴ 公司无正当理由，拒绝告知有关情况，或者不同意查阅有关簿册者，股东得诉请法院裁判之。[1]

第 697a 条[2]

V. 请求专项审查的权利

1. 股东会同意

¹ 股东在行使质询权或查阅权后，如有进一步行使股东权之必要者，得声请股东会对特定事项进行专项审计，以查明真实情况。

² 股东会同意前款声请时，公司或任何一个股东得在三十天内请求法院指定专项审计人。

第 697b 条[3]

2. 股东会拒绝

¹ 股东会拒绝专项审计之声请，所持股份总数占公司股本百分之十以上的股东，或者股份面值总额超过两百万瑞士法郎的股东，得在三个月内，请求法院指定专项审计人。

² 声请人，有可靠证据表明发起人或管理人违反法律或章程并因此损害公司或股东之利益者，得请求指定专项审计人。

第 697c 条[4]

3. 指定

¹ 法院在裁决前，应听取公司和声请人的意见。

² 法院同意其声请者，得委任独立的专家进行审计。法院应依所提出的声请，限定审计的范围。

³ 法院亦得委任数个专家共同执行专项审计。

---

〔1〕 依 2008 年 12 月 19 日《民事诉讼法》（Zivilprozessordnung vom 19. Dezember 2008）附录一第Ⅱ5 项修正，自 2011 年 1 月 1 日生效。

〔2〕 依 1991 年 10 月 4 日的联邦法律第Ⅰ项增订，自 1992 年 7 月 1 日起生效。

〔3〕 依 1991 年 10 月 4 日的联邦法律第Ⅰ项增订，自 1992 年 7 月 1 日起生效。

〔4〕 依 1991 年 10 月 4 日的联邦法律第Ⅰ项增订，自 1992 年 7 月 1 日起生效。

第 697d 条[1]

4. 审计的执行

1 专项审计应在合理期限内进行，且不得对公司业务有不必要的干扰。

2 发起人、管理人、受任人、受雇人、监管人及清算人，应向专项审计人报告有关重大事项。有疑义时，由法院裁决之。

3 专项审计人应听取公司对专项审计结果的意见。

4 专项审计人有保守秘密的义务。

第 697e 条[2]

5. 报告

1 专项审计人应详细报告其审计结果，但应确保营业秘密不被泄露。专项审计人应将审计报告呈交法院。

2 法院应将审计报告送交公司，并依公司请求，审查报告中是否含有可能侵害公司营业秘密或其他应受保护之利益的内容，并决定是否应向声请人送交报告。

3 为报告完整和说服力之必要，法院应允许公司和声请人对报告内容表明意见，并补充提出有关问题。

第 697f 条[3]

6. 对报告的处理和公开

1 董事会应将报告提交于下一届股东会，并应就报告表明其意见。

2 任何股东，均得在股东会召开后一年内，请求公司给与报告及董事会意见的复本。

---

〔1〕 依 1991 年 10 月 4 日的联邦法律第 I 项增订，自 1992 年 7 月 1 日起生效。
〔2〕 依 1991 年 10 月 4 日的联邦法律第 I 项增订，自 1992 年 7 月 1 日起生效。
〔3〕 依 1991 年 10 月 4 日的联邦法律第 I 项增订，自 1992 年 7 月 1 日起生效。

第 697g 条[1]

7. 费用的承担

¹ 法院同意专项审计声请，并指定专项审计人者，应裁定公司预付并承担费用。如有特别情事可认为正当者，法院得裁定由声请人负担全部或部分费用。

² 股东会同意专项审计者，费用由公司负担。

第 697h 条[2]

第 697i 条[3]

K. 股东的通知义务

I. 将取得不记名股份通知公司

¹ 股份有限公司的股票，未在交易所挂牌交易者，取得其不记名股票的人，应在一个月内，将其取得股票的事实、姓名或商号名称及地址，通知股份有限公司。

² 股东应证明其持有不记名股票，并依下列规定证明其身份：

　　a. 股东为自然人时，以官方签发的证件，例如护照、身份证或驾驶证，证明其身份，原件或复印件均可；

　　b. 股东为瑞士本国法人时，以商事登记簿中的登记，证明其身份；

　　c. 股东为外国法人时，以取自该国商事登记簿内容而作成并经认证的最新摘要，证明其身份。

³ 股东变更其姓名或商号名称及地址时，须通知股份有限公司。

⁴ 不记名股票，为依 2008 年 10 月 3 日《无纸化证券法》[4]而发行之无纸化证券者，无通知义务。股份有限公司应揭示不记名股票的保管机构或不记名股票主登记的登记机构；其保管机构或登记机构，须为瑞士境内的机构。

---

〔1〕 依 1991 年 10 月 4 日的联邦法律第 I 项增订，自 1992 年 7 月 1 日起生效。

〔2〕 依 1991 年 10 月 4 日的联邦法律第 I 项增订。又依 2011 年 12 月 23 日的联邦法律（账目报告法，Rechnungslegungsrecht）废止，自 2013 年 1 月 1 日起失效。

〔3〕 依 2014 年 12 月 12 日《关于执行金融行动特别工作组 2012 年修正之建议的联邦法律》（Bundesgesetz vom 12. Dez. 2014 zur Umsetzung der 2012 revidierten Empfehlungen der Groupe d'action financière）第 I 2 项增订，自 2015 年 7 月 1 日起生效。

〔4〕 Bucheffektengesetz vom 3. Oktober 2008.

第 697*j* 条 [1]

**II. 将股票的受
益所有权人
通知公司**

¹ 股票取得人，单独或以与第三人共同协议的方式，取
得股票未上市交易的股份有限公司的股票，并因此使
其所持股票之总数，在公司股本或表决权中所占比例，
达到或超过百分之二十五之最高限额者，须在一个月
内，将最后负责实施取得行为的自然人（受益所有权
人 [2]）的姓名及地址，通知股份有限公司。

² 受益所有权人变更其姓名或地址时，股东应将其变更
通知股份有限公司。

³ 股票，为依 2008 年 10 月 3 日《无纸化证券法》[3] 而
发行之无纸化证券者，无通知义务。股份有限公司应
揭示记名股票的保管机构或不记名股票主登记的登记
机构；其保管机构或登记机构须为瑞士境内的机构。

第 697*k* 条 [4]

**III. 通知金融中
介机构和金
融中介机构
的答复义务**

¹ 股东会得规定，第 697*i* 条和第 697*j* 条所规定之不记名
股票的通知，不向股份有限公司，而向 1997 年 10 月 10
日《反洗钱法》[5] 意义上的金融中介机构，为之。

² 董事会应揭示金融中介机构，并告知股东其所揭示的
金融中介机构。

³ 金融中介机构，须随时将已为法定通知和已证实持有
人身份的不记名股票，通告于股份有限公司。

---

〔1〕 依 2014 年 12 月 12 日《关于执行金融行动特别工作组 2012 年修正之建议的联邦法律》
（Bundesgesetz vom 12. Dez. 2014 zur Umsetzung der 2012 revidierten Empfehlungen der Groupe d'action
financière）第 I 2 项增订，自 2015 年 7 月 1 日起生效。

〔2〕 边标题"股票的受益所有权人"，原文 die an Aktien wirtschaftlich berechtigte Person，瑞士官
方英译为 beneficial owner of shares；第 1 款括号内"受益所有权人"，原文 wirtschaftlich berechtigte Per-
son，瑞士官方英译为 the beneficial owner。——译注

〔3〕 Bucheffektengesetz vom 3. Oktober 2008.

〔4〕 依 2014 年 12 月 12 日《关于执行金融行动特别工作组 2012 年修正之建议的联邦法律》
（Bundesgesetz vom 12. Dez. 2014 zur Umsetzung der 2012 revidierten Empfehlungen der Groupe d'action
financière）第 I 2 项增订，自 2015 年 7 月 1 日起生效。

〔5〕 1997 年 10 月 10 日《反洗钱法》（Geldwäschereigesetz vom 10. Oktober 1997）。

第 697*l* 条[1]

Ⅳ. 名册

¹ 股份有限公司应备置记载不记名股份之股东和应被通知于股份有限公司之受益所有权人的名册。

² 前款名册应载明不记名股份股东和受益所有权人的姓名或商号名称及地址。关于不记名股份股东，尚须载明其国籍和出生日期。

³ 第 697*i* 条和第 697*j* 条通知所依据的各项文件，在有关当事人被从名册中涂销后，仍须保存十年。

⁴ 股份有限公司，依第 697*k* 条规定应揭示金融中介机构者，应就名册之备置与文件之保管，负其责任。

⁵ 名册，须以在瑞士境内能随时获取的方式，备置之。

第 697*m* 条[2]

Ⅴ. 不履行通知义务

¹ 就股票之取得，应为通知者，如股东不履行通知义务，基于该股票而具有的成员权停止。

² 基于此种股票而具有的财产权，股东在履行通知义务前，不得主张之。

³ 股东未在取得股票后一个月内履行通知义务者，其财产权失效。股东在此之后通知者，得主张通知后发生的财产权。

⁴ 股东会应确保不存在违反通知义务的股东行使其权利的情况。

---

〔1〕 依 2014 年 12 月 12 日《关于执行金融行动特别工作组 2012 年修正之建议的联邦法律》（Bundesgesetz vom 12. Dez. 2014 zur Umsetzung der 2012 revidierten Empfehlungen der Groupe d'action financière）第 I 2 项增订，自 2015 年 7 月 1 日起生效。

〔2〕 依 2014 年 12 月 12 日《关于执行金融行动特别工作组 2012 年修正之建议的联邦法律》（Bundesgesetz vom 12. Dez. 2014 zur Umsetzung der 2012 revidierten Empfehlungen der Groupe d'action financière）第 I 2 项增订，自 2015 年 7 月 1 日起生效。

第三节　股份有限公司的组织

第一目　股东会

第 698 条

I. 职权

¹ 股份有限公司的最高机构，为由全体股东所组成的股东会。

² 股东会对下列事项，有不可移转的职权：

1. 章程的订定与修改；
2. 董事会成员和外部审计人的选任；
3. 公司经营管理情况报告[1]和康采恩账册的批准；[2]
4. 年度决算的批准，关于结算盈余使用与分配的决议，特别是，关于股息和董事会成员盈余份额的确定；
5. 董事会成员的解任；
6. 由法律或章程保留给股东会决议的其他事项。[3]

第 699 条

II. 股东会的召集和议案

1. 权利和义务[4]

¹ 股东会由董事会召集，必要时由外部审计人[5][6]，召集之。清算人、债券债权人的代表人，亦有召集权。

² 股东常会，应在营业年度结束后六个月内召集之，每年一次；股东特别会，在必要时召集。

---

〔1〕 经营管理情况报告，原文 Lagebericht，瑞士官方英译为 management report。——译注

〔2〕 依 2011 年 12 月 23 日的联邦法律（账目报告法，Rechnungslegungsrecht）修正，自 2013 年 1 月 1 日起生效。

〔3〕 依 1991 年 10 月 4 日的联邦法律第 I 项修正，自 1992 年 7 月 1 日起生效。

〔4〕 依 1991 年 10 月 4 日的联邦法律第 I 项修正，自 1992 年 7 月 1 日起生效。

〔5〕 外部审计人这一用语，依 1991 年 10 月 4 日的联邦法律第 II 1 项而采用，自 1992 年 7 月 1 日起生效。此项修正贯穿于整部《债务法》。

〔6〕 外部审计人，原文 Revisionsstelle，瑞士官方英译为 external auditor。　——译注

³ 所持股份总数占公司股本百分之十以上的单个股东或数个股东，得请求召开股东会。所持股份的面值达一百万瑞士法郎的股东，得提出一个议案。请求召开股东会和提出议案，须以书面为之，并写明所要决议的事项及所提议案的具体内容。[1]

⁴ 董事会未在合理期限内，依请求召开股东会者，法院得因声请人的声请，命令召开股东会。

第 700 条[2]

2. 形式

¹ 召开股东会，须至少提前二十天，按章程规定的方式，通知各股东。

² 召开股东会的通知，应包括所要决议的事项、董事会和要求召开股东会的股东所提出的议案及日程安排。

³ 未在通知中列出的议案，股东会不得决议之，但基于股东的要求，为召开股东特别会、实行专项审计和选任外部审计人而提出的议案，不在此限。[3]

⁴ 就通知中所列事项而提出的议案和仅提出讨论而不进行决议的事项，无须事先通知。

第 701 条

3. 股东全会[4]

¹ 公司全部股份的所有股东或其代表人，如无任何异议，得不按关于股东会召集程序的规定，召开股东会。

² 公司全部股份的所有股东或代表人都出席的股东会，得讨论属于股东会权限范围内的所有事务。

---

〔1〕　依 1991 年 10 月 4 日的联邦法律第 I 项修正，自 1992 年 7 月 1 日起生效。

〔2〕　依 1991 年 10 月 4 日的联邦法律第 I 项修正，自 1992 年 7 月 1 日起生效。

〔3〕　依 2005 年 12 月 16 日的联邦法律（有限责任公司法，以及关于股份有限公司法、合作社法、商事登记簿法和商号法的修正案，GmbH-Recht sowie Anpassungen im Aktien-, Genossenschafts-, Handelsregister- und Firmenrecht）第 I 3 项修正，自 2008 年 1 月 1 日起生效。

〔4〕　股东全会，原文 Universalversammlung，瑞士官方英译为 universal meeting，指所有股东都出席的股东会。——译注

第 702 条[1]

III. 股东会的
筹备和会议
记录

1 董事会，应就表决权的确定，拟定必要的规则。

2 董事会应安排会议记录。会议记录应包括下列内容：

    1. 股东、管理人、独立行使表决权的代表人及保
       管代表人所持股份的数量、种类、面值和
       属性；

    2. 股东会所通过的决议和选举结果；

    3. 所提质询及对质询的答复；

    4. 股东对会议记录的声明。

3 股东有权查阅会议记录。

第 702a 条[2]

IV. 董事会成员
出席股东会

董事会的成员，得出席股东会，并得提出议案。

第 703 条

V. 决议和选举
1. 一般规定[3]

除法律或章程另有规定外，股东会的决议和选举，以出
席会议的表决权之绝对多数通过。

第 704 条[4]

2. 重大决议

1 股东会关于下列事项的决议，须经出席会议的表决权
   的三分之二以上之多数，以及出席会议的股份面值之
   绝对多数通过：

---

〔1〕 依 1991 年 10 月 4 日的联邦法律第 I 项修正，自 1992 年 7 月 1 日起生效。

〔2〕 依 2005 年 12 月 16 日的联邦法律（有限责任公司法，以及关于股份有限公司法、合作社法、商事登记簿法和商号法的修正案，GmbH-Recht sowie Anpassungen im Aktien-, Genossenschafts-, Handelsregister- und Firmenrecht）第 I 3 项增订，自 2008 年 1 月 1 日起生效。

〔3〕 依 2005 年 12 月 16 日的联邦法律（有限责任公司法，以及关于股份有限公司法、合作社法、商事登记簿法和商号法的修正案，GmbH-Recht sowie Anpassungen im Aktien-, Genossenschafts-, Handelsregister- und Firmenrecht）第 I 3 项修正，自 2008 年 1 月 1 日起生效。

〔4〕 依 1991 年 10 月 4 日的联邦法律第 I 项修正，自 1992 年 7 月 1 日起生效。

1. 公司宗旨的变更；

2. 表决权股份的设立；

3. 记名股份转让的限制；

4. 授权增资或附条件增资、依 1934 年 11 月 8 日《银行法》[1]第 12 条规定设立储备金；[2]

5. 通过提取自有资本、接受实物出资或受让财产，以及给与特别优先权的方式增资；

6. 认股权的限制和废止；

7. 公司住所地的变更；

8. 公司的解散。[3]

2 公司章程就某些决议的通过，拟规定以大于法律所规定之多数同意为要件者，就该所拟规定本身，仅须以法律所规定之多数同意决议之。

3 记名股份的股东，对变更公司宗旨或设立表决权股份的决议投否决票者，在该决议公告于《瑞士商事公报》后六个月内，不受章程规定的限制记名股份转让的拘束。

第 704a 条[4]

3. 不记名股份转换为记名股份

股东会关于不记名股份转换为记名股份的决议，得以所投表决票之简单多数通过。对于不记名股份转换为记名股份，公司章程不得设置障碍。

---

〔1〕 Bankengesetz vom 8. November 1934.

〔2〕 依 2011 年 9 月 30 日的联邦法律（旨在强化金融业的稳定，Stärkung der Stabilität im Finanzsektor）附录第 1 项修正，自 2012 年 3 月 1 日起生效。

〔3〕 依 2005 年 12 月 16 日的联邦法律（有限责任公司法，以及关于股份有限公司法、合作社法、商事登记簿法和商号法的修正案，GmbH-Recht sowie Anpassungen im Aktien-, Genossenschafts-, Handelsregister- und Firmenrecht）第 I 3 项修正，自 2008 年 1 月 1 日起生效。

〔4〕 依 2014 年 12 月 12 日《关于执行金融行动特别工作组 2012 年修正之建议的联邦法律》（Bundesgesetz vom 12. Dez. 2014 zur Umsetzung der 2012 revidierten Empfehlungen der Groupe d'action financière）第 I 2 项增订，自 2015 年 7 月 1 日起生效。

第705条

VI. 董事会成员
和外部审计
人的解任[1]

¹ 股东会，对董事会成员、外部审计人及其所委任的经理人或商事代理人，有解任权。

² 因解任而产生的损害赔偿请求权，不受影响。

第706条

VII. 股东会决议
的撤销

¹ 董事会、任何股东，对股东会违反法律或章程的决议，得诉请法院撤销之。

1. 诉权与理由[2]

² 特别是，下列决议，为可撤销的决议：

    1. 违反法律或章程，剥夺或限制股东权利的决议；

    2. 无正当理由，剥夺或限制股东权利的决议；

    3. 违反公司宗旨，使股东受到不平等待遇或使股东利益受损害的决议；

    4. 未经全体股东同意，将公司变更为非营利性组织的决议。[3]

³ ……

⁴ ……[4]

⁵ 撤销股东会决议的判决，对所有股东发生效力。

第706a条[5]

2. 程序

¹ 对于股东会的决议，未在股东会结束后两个月内提起撤销之诉者，撤销权消灭。

---

  〔1〕 依 2005 年 12 月 16 日的联邦法律（有限责任公司法，以及关于股份有限公司法、合作社法、商事登记簿法和商号法的修正案，GmbH-Recht sowie Anpassungen im Aktien-, Genossenschafts-, Handelsregister- und Firmenrecht）第 I 3 项修正，自 2008 年 1 月 1 日起生效。

  〔2〕 依 2005 年 12 月 16 日的联邦法律（有限责任公司法，以及关于股份有限公司法、合作社法、商事登记簿法和商号法的修正案，GmbH-Recht sowie Anpassungen im Aktien-, Genossenschafts-, Handelsregister- und Firmenrecht）第 I 3 项修正，自 2008 年 1 月 1 日起生效。

  〔3〕 依 1991 年 10 月 4 日的联邦法律第 I 项修正，自 1992 年 7 月 1 日起生效。

  〔4〕 本条第 3 款和第 4 款依 1991 年 10 月 4 日的联邦法律第I项废止，自 1992 年 7 月 1 日起失效。

  〔5〕 依 1991 年 10 月 4 日的联邦法律第 I 项增订，自 1992 年 7 月 1 日起生效。

² 董事会为原告者，法院应为公司指定代表人。

³ ……〔1〕

第 706*b* 条〔3〕

VⅢ. 股东会决议
的无效〔2〕

特别是，股东会的下列决议，无效：

1. 对股东出席股东会的权利、最低表决权、诉权或其他受法律绝对保护的权利加以剥夺或限制的决议；
2. 超越法律所准许的程度限制股东监督权的决议；
3. 无视股份有限公司基本结构或违反保护资本规定的决议。

第二目　董事会〔4〕

第 707 条

I. 一般规定

1. 资格〔5〕

¹ 公司的董事会，得有一名或数名成员。〔6〕

² ……〔7〕

³ 公司股份的持有人，为法人或商事公司者，该法人或商事公司本身不得充任董事会成员；但其代表人得被选为董事会成员。

---

　〔1〕　依 2008 年 12 月 19 日《民事诉讼法》（Zivilprozessordnung vom 19. Dezember 2008）附录一第 Ⅱ 5 项废止，自 2011 年 1 月 1 日起失效。

　〔2〕　依 2005 年 12 月 16 日的联邦法律（有限责任公司法，以及关于股份有限公司法、合作社法、商事登记簿法和商号法的修正案，GmbH-Recht sowie Anpassungen im Aktien-, Genossenschafts-, Handelsregister- und Firmenrecht）第 I 3 项修正，自 2008 年 1 月 1 日起生效。

　〔3〕　依 1991 年 10 月 4 日的联邦法律第 I 项增订，自 1992 年 7 月 1 日起生效。

　〔4〕　依 1991 年 10 月 4 日的联邦法律第 I 项增订，自 1992 年 7 月 1 日起生效。

　〔5〕　依 1991 年 10 月 4 日的联邦法律第 I 项修正，自 1992 年 7 月 1 日起生效。

　〔6〕　依 2005 年 12 月 16 日的联邦法律（有限责任公司法，以及关于股份有限公司法、合作社法、商事登记簿法和商号法的修正案，GmbH-Recht sowie Anpassungen im Aktien-, Genossenschafts-, Handelsregister- und Firmenrecht）第 I 3 项修正，自 2008 年 1 月 1 日起生效。

　〔7〕　依 2005 年 12 月 16 日的联邦法律（有限责任公司法，以及关于股份有限公司法、合作社法、商事登记簿法和商号法的修正案，GmbH-Recht sowie Anpassungen im Aktien-, Genossenschafts-, Handelsregister- und Firmenrecht）第 I 3 项废止，自 2008 年 1 月 1 日起失效。

第 708 条 [1]

第 709 条 [2]

2. 不同类别股
　份的股东的
　代表 [3]

¹ 有两种或两种以上的股份享有表决权或财产法上的请
求权时，章程应规定，每一类别股份的股东在董事会
中至少有一代表人。

² 章程得就少数股东或某一特定群体股东的利益保护作
出特别规定。

第 710 条 [4]

3. 任期 [5]

¹ 董事会成员的任期，为每届三年，章程另有规定者，
从其规定。但不得规定长于六年的任期。

² 董事会成员得连选连任。

第 711 条 [6]

第 712 条 [7]

Ⅱ. 组织

1. 董事长与
　秘书

¹ 董事会应委任董事长和秘书。秘书须非董事会的成员。

² 章程得规定，董事长由股东会选举。

---

〔1〕 依 2005 年 12 月 16 日的联邦法律（有限责任公司法，以及关于股份有限公司法、合作社法、
商事登记簿法和商号法的案，GmbH-Recht sowie Anpassungen im Aktien-, Genossenschafts-, Handelsregister-
und Firmenrecht）第Ⅰ3 项废止，自 2008 年 1 月 1 日起失效。

〔2〕 依 1991 年 10 月 4 日的联邦法律第Ⅰ项修正，自 1992 年 7 月 1 日起生效。

〔3〕 依 2005 年 12 月 16 日的联邦法律（有限责任公司法，以及关于股份有限公司法、合作社法、
商事登记簿法和商号法的修正案，GmbH-Recht sowie Anpassungen im Aktien-, Genossenschafts-, Han-
delsregister- und Firmenrecht）第Ⅰ3 项修正，自 2008 年 1 月 1 日起生效。

〔4〕 依 1991 年 10 月 4 日的联邦法律第Ⅰ项修正，自 1992 年 7 月 1 日起生效。

〔5〕 依 2005 年 12 月 16 日的联邦法律（有限责任公司法，以及关于股份有限公司法、合作社法、
商事登记簿法和商号法的修正案，GmbH-Recht sowie Anpassungen im Aktien-, Genossenschafts-, Han-
delsregister- und Firmenrecht）第Ⅰ3 项修正，自 2008 年 1 月 1 日起生效。

〔6〕 依 2005 年 12 月 16 日的联邦法律（有限责任公司法，以及关于股份有限公司法、合作社法、
商事登记簿法和商号法的修正案，GmbH-Recht sowie Anpassungen im Aktien-, Genossenschafts-, Han-
delsregister- und Firmenrecht）第Ⅰ3 项废止，自 2008 年 1 月 1 日起失效。

〔7〕 依 1991 年 10 月 4 日的联邦法律第Ⅰ项修正，自 1992 年 7 月 1 日起生效。

第 713 条[1]

2. 决议

1　董事会的决议，以表决票的过半数同意通过。除章程另有规定外，董事长有决定票[2]。

2　董事会的决议，亦得以对所提议案作出书面同意的方式为之，但有董事会成员要求口头协商者，不在此限。

3　董事会的会议讨论及决议，应作成会议记录，并由董事长和秘书签字。

第 714 条[3]

3. 决议无效

对于董事会的决议，参照适用关于股东会决议无效之事由的规定[4]。

第 715 条[5]

4. 召集权

董事会的任何成员，均得请求董事长及时召集董事会，董事会成员请求召集董事会，须说明理由。

第 715a 条[6]

5. 知悉权和查
阅权

1　董事会各成员，有权知悉公司的一切事务。

2　在董事会召开会议期间，全体董事会成员和事务执行人[7]，均有提供有关信息和说明有关情况的义务。

3　在董事会闭会期间，董事会成员，得要求事务执行人报告公司事务的执行情况，经董事长授权，得要求事务执行人报告特定交易的具体情况。

---

[1]　依 1991 年 10 月 4 日的联邦法律第 I 项修正，自 1992 年 7 月 1 日起生效。

[2]　决定票，原文 Stichentscheid，瑞士官方英译为 casting vote，指就某一议案或事项进行表决时，如赞成票数和反对票数相同，主席的一票具有决定性。——译注

[3]　依 1991 年 10 月 4 日的联邦法律第 I 项修正，自 1992 年 7 月 1 日起生效。

[4]　关于股东会决议无效之事由的规定，见第 706b 条。——译注

[5]　依 1991 年 10 月 4 日的联邦法律第 I 项修正，自 1992 年 7 月 1 日起生效。

[6]　依 1991 年 10 月 4 日的联邦法律第 I 项增订，自 1992 年 7 月 1 日起生效。

[7]　事务执行人，原文 die mit der Geschäftsführung betraute Person，瑞士官方英译为 person entrusted with managing the company's business，指受委任而执行公司事务的人。——译注

⁴ 董事会成员，得在为履行其职责所必要的范围内，向董事长声请查阅账册和文件。

⁵ 董事长拒绝提供有关情况、拒绝听取情况汇报或拒绝允许查阅账册或文件时，由董事会决定之。

⁶ 董事会关于扩大董事会成员知悉权和查阅权的规定或决议，不受影响。

第 716 条〔1〕

III. 职责
1. 一般规定

¹ 依法律或章程规定不属于股东会职权范围内的公司事务，均由董事会决议之。

² 董事会负责管理公司事务，但未授权其管理的事务，不在此限。

第 716a 条〔2〕

2. 职责的专属性

¹ 董事会应履行下列不可移转和不可推卸的职责：

    1. 全面管理公司并作出一切必要的指示；

    2. 决定公司的组织机构；

    3. 建立公司的财会制度并制定财务监督规则，拟定公司管理所必要的财务计划；

    4. 委任与解任公司的事务执行人和代表人〔3〕；

    5. 监督事务执行人，特别是，应确保其遵守法律、章程、业务守则和有关指示；

    6. 编制年度营业报告〔4〕，筹备股东会并执行股东会的决议；

---

〔1〕 依 1991 年 10 月 4 日的联邦法律第 I 项修正，自 1992 年 7 月 1 日起生效。

〔2〕 依 1991 年 10 月 4 日的联邦法律第 I 项增订，自 1992 年 7 月 1 日起生效。

〔3〕 代表人，原文 die mit der Vertretung betrauten Person，瑞士官方英译为 person entrusted with representing the company。另请参见第 718 条以下——译注

〔4〕 条文中"年度营业报告"（Geschäftsbericht）一词，由联邦议会和国民议会的联席会议法律起草委员会修正 [《商事贸易法》（Geschäftsverkehrsgesetz）第 33 条]。

7. 公司陷于债务超过〔1〕时向法院报告其事实。

² 董事会得任命委员会或董事会中的成员负责起草和执行董事会的决议或对公司事务进行监控。董事会应确保其成员所提出的报告适当。

第 716*b* 条〔2〕

3. 公司事务执行权的授与

¹ 章程得规定，董事会有权依其组织规程，委任董事会中的成员或第三人执行公司的全部或部分事务。

² 前款组织规程，指规定公司事务的管理和执行、管理和执行公司事务的机构、各机构的职责，特别是规定公司内部报告制度的文件。董事会应按股东和公司债权人的要求，以书面向其提供有关公司事务管理体制方面的情况，使其确信正当利益能够得到保障。

³ 公司事务未被委任执行时，由董事会成员全体负责。

第 717 条〔3〕

Ⅳ. 注意义务和忠实义务

¹ 执行公司事务的董事会成员或第三人，应审慎履行其职责，并善意维护公司的利益。

² 前款事务执行人，在同等条件下，应平等对待各股东。

第 718 条〔4〕

Ⅴ. 代表
1. 一般规定

¹ 董事会对外代表公司。除章程或组织规程另有规定外，董事会各成员对外均有代表权。

² 董事会得将代表权授与一名或数名董事会成员（常务

---

〔1〕　债务超过，原文 Überschuldung，瑞士官方英译为 is overindebted（其名词形式为 overindebtedness）。关于债务超过的含义，参见史尚宽：《债法总论》，荣泰印书馆股份有限公司 1978 年印本，第 467 页和第 598 页。——译注

〔2〕　依 1991 年 10 月 4 日的联邦法律第 Ⅰ 项增订，自 1992 年 7 月 1 日起生效。

〔3〕　依 1991 年 10 月 4 日的联邦法律第 Ⅰ 项修正，自 1992 年 7 月 1 日起生效。

〔4〕　依 1991 年 10 月 4 日的联邦法律第 Ⅰ 项修正，自 1992 年 7 月 1 日起生效。

董事）或第三人（行政主管）。[1]

³ 至少须有一名董事会成员被授与代表权。

⁴ 股份有限公司，应由在瑞士有住所的人代表。作为公司的代表人，须为董事会成员或行政主管。代表人须有权了解股东名簿和第 697l 条所称之名册中的内容，但该名册由金融中介机构备置者，不在此限。[2]

第 718a 条 [3]

2. 范围和限制

¹ 对公司有代表权的人，得以公司的名义，实施所有符合公司宗旨的法律上之行为[4]。

² 代表权的限制，对善意第三人不发生效力；但关于主营业所或分营业所的排他性代表权或共同行使公司代表权的规定，已登记于商事登记簿者，不在此限。

第 718b 条 [5]

3. 公司与其代表人订立的契约

公司通过代表人订立契约，而与之订立契约的相对人为代表人本人者，该契约须采用书面形式。但所订立的契约属于日常交易，且公司因该契约而应为之给付不超过一千瑞士法郎者，不在此限。

---

〔1〕 常务董事，原文 Delegierte，瑞士官方英译为 managing director；行政主管，原文 Direktoren，瑞士官方英译为 executive officer。——译注

〔2〕 本款依 2005 年 12 月 16 日的联邦法律（有限责任公司法，以及关于股份有限公司法、合作社法、商事登记簿法和商号法的修正案，GmbH-Recht sowie Anpassungen im Aktien-, Genossenschafts-, Handelsregister- und Firmenrecht）第I3 项增订，自 2008 年 1 月 1 日起生效。又依 2014 年 12 月 12 日《关于执行金融行动特别工作组 2012 年修正之建议的联邦法律》（Bundesgesetz vom 12. Dez. 2014 zur Umsetzung der 2012 revidierten Empfehlungen der Groupe d'action financière）第I 2 项修正，自 2015 年 7 月 1 日起生效。

〔3〕 依 1991 年 10 月 4 日的联邦法律第 I 项增订，自 1992 年 7 月 1 日起生效。

〔4〕 法律上之行为，原文 Rechtshandlung。——译注

〔5〕 依 1991 年 10 月 4 日的联邦法律第 I 项增订。又依 2005 年 12 月 16 日的联邦法律（有限责任公司法，以及关于股份有限公司法、合作社法、商事登记簿法和商号法的修正案，GmbH-Recht sowie Anpassungen im Aktien-, Genossenschafts-, Handelsregister- und Firmenrecht）第 I 3 项增订，自 2008 年 1 月 1 日起生效。译按：《瑞士债务法》曾于 1991 年增订第 718b 条，但后来被废止（其废止时间，因一时缺乏资料，尚无法确定）。现行《瑞士债务法》第 718b 条为 2005 年增订。

第 719 条

4. 签名[1]　　　　对公司有代表权的人在签名时，应在公司名称后，附加其个人签名。

第 720 条

5. 登记[2]　　　　对公司有代表权的人，应由董事会声请登记于商事登记簿，声请登记时，应呈交经认证的授权决议书的誊本。当事人应在商事登记局亲笔书写签名，或者依认证方式呈交其签名。

第 721 条[4]

6. 经理人和商　　董事会得委任经理人和其他商事代理人。[5]
　　事代理人[3]

第 722 条[7]

Ⅵ. 机关的责任[6]　　股份有限公司，对于事务执行人或代表人在执行职务时实施不许行为[8]所致之损害，应负责任。

---

〔1〕 依 2005 年 12 月 16 日的联邦法律（有限责任公司法，以及关于股份有限公司法、合作社法、商事登记簿法和商号法的修正案，GmbH-Recht sowie Anpassungen im Aktien-, Genossenschafts-, Handelsregister- und Firmenrecht）第Ⅰ3 项修正，自 2008 年 1 月 1 日起生效。

〔2〕 依 2005 年 12 月 16 日的联邦法律（有限责任公司法，以及关于股份有限公司法、合作社法、商事登记簿法和商号法的修正案，GmbH-Recht sowie Anpassungen im Aktien-, Genossenschafts-, Handelsregister- und Firmenrecht）第Ⅰ3 项修正，自 2008 年 1 月 1 日起生效。

〔3〕 依 2005 年 12 月 16 日的联邦法律（有限责任公司法，以及关于股份有限公司法、合作社法、商事登记簿法和商号法的修正案，GmbH-Recht sowie Anpassungen im Aktien-, Genossenschafts-, Handelsregister- und Firmenrecht）第Ⅰ3 项修正，自 2008 年 1 月 1 日起生效。

〔4〕 依 1991 年 10 月 4 日的联邦法律第Ⅰ项修正，自 1992 年 7 月 1 日起生效。

〔5〕 经理人，原文 Prokurist，瑞士官方英译为 registered attorney；商事代理人，原文 Bevollmächtigte，瑞士官方英译为 commercial agent。——译注

〔6〕 依 2005 年 12 月 16 日的联邦法律（有限责任公司法，以及关于股份有限公司法、合作社法、商事登记簿法和商号法的修正案，GmbH-Recht sowie Anpassungen im Aktien-, Genossenschafts-, Handelsregister- und Firmenrecht）第Ⅰ3 项修正，自 2008 年 1 月 1 日起生效。

〔7〕 依 1991 年 10 月 4 日的联邦法律第Ⅰ项修正，自 1992 年 7 月 1 日起生效。

〔8〕 不许行为，原文 unerlaubte Handlung，瑞士官方英译为 unauthorised act。——译注

第 723 条至 724 条[1]

第 725 条[2]

VII. 资本亏损和
债务超过

1. 通知义务

¹ 公司最近一年度的资产负债表显示股本和法定储备金不足半数时，董事会应及时召开股东会，并提出公司的重整措施。

² 有充分理由认为公司陷于债务超过时，应编制期中资产负债表，并交由有资质的审计师审核。[3]如期中资产负债表显示，公司资产不论依其继续经营的价值，或者依其让售价值[4]，均不足以清偿公司债权人的债权时，董事会应向法院报告，但公司的部分债权人同意在不足清偿的情况下，退居于所有其他债权人之后受清偿者，不在此限。

³ 公司无外部审计人时，有资质的审计师，应以具有限定审计权的外部审计人之地位，履行报告义务。[5]

第 725a 条[6]

2. 破产程序的
开始和停止

¹ 法院收到通知后，应开始破产程序。公司如有重整可能，法院得因董事会或债权人的声请，停止破产程序；于此情形，法院应采取措施，以维持公司的财产。

² 法院得委任财产管理人，剥夺董事会对公司财产的处分权，或者命令董事会非经财产管理人同意不得作出

---

〔1〕 因 1991 年 10 月 4 日的联邦法律第 I 项废止，自 1992 年 7 月 1 日起失效。

〔2〕 依 1991 年 10 月 4 日的联邦法律第 I 项修正，自 1992 年 7 月 1 日起生效。

〔3〕 依 2005 年 12 月 16 日的联邦法律（有限责任公司法，以及关于股份有限公司法、合作社法、商事登记簿法和商号法的修正案，GmbH-Recht sowie Anpassungen im Aktien-, Genossenschafts-, Handelsregister- und Firmenrecht）第 I 3 项修正，自 2008 年 1 月 1 日起生效。

〔4〕 让售价值，亦译清算价值，原文 veräusserungswert，瑞士官方英译为 liquidation value。——译注

〔5〕 依 2005 年 12 月 16 日的联邦法律（有限责任公司法，以及关于股份有限公司法、合作社法、商事登记簿法和商号法的修正案，GmbH-Recht sowie Anpassungen im Aktien-, Genossenschafts-, Handelsregister- und Firmenrecht）第 I 3 项增订，自 2008 年 1 月 1 日起生效。

〔6〕 依 1991 年 10 月 4 日的联邦法律第 I 项增订，自 1992 年 7 月 1 日起生效。

决议。法院应确定财产管理人的职责范围。

³ 破产程序之停止，仅在有保护第三人之必要时，始须公告之。

第 726 条

VIII. 解任与停职[1]

¹ 董事会得随时解任由其委任的委员会、常务董事、行政主管、经理人和其他商事代理人。

² 对于由股东会委任的经理人和其他商事代理人，董事会得随时停止其职务，但须立即召集股东会。

³ 因解任或停职而产生的赔偿请求权，不受影响。

第三目　外部审计人[2]

第 727 条

I. 审计义务

1. 通常审计

¹ 下列公司，应由外部审计人，对其年度账册和康采恩账册进行通常审计：

1. 上市公司[3]；下列公司，属于上市公司：

a. 其股票已在证券交易所上市交易者，

b. 已发行相当规模之债券者，

c. 至少有百分之二十的资产或营业额，依本项 a 或 b 归入公司之康采恩账册者；

2. 连续两个营业年度超过下列三项指标中两个指标的公司：[4]

a. 资产负债表上的总额两千万瑞士法郎，

---

〔1〕 依 1991 年 10 月 4 日的联邦法律第 I 项修正，自 1992 年 7 月 1 日起生效。

〔2〕 依 2005 年 12 月 16 日的联邦法律（有限责任公司法，以及关于股份有限公司法、合作社法、商事登记簿法和商号法的修正案，GmbH-Recht sowie Anpassungen im Aktien-, Genossenschafts-, Handelsregister- und Firmenrecht）第 I 1 项修正，自 2008 年 1 月 1 日起生效。

〔3〕 上市公司（股票公开上市的公司），原文 Publikumsgesellschaft，瑞士官方英译为 publicly traded company。——译注

〔4〕 依 2011 年 6 月 17 日的联邦法律（审计法，Revisionsrecht）修正，自 2012 年 1 月 1 日起生效。另见《关于 2011 年 6 月 17 日修正案的过渡性条款》（Die Übergangsbestimmung zur Änderung vom 17. Juni 2011）。

b. 营业收入四千万瑞士法郎，

c. 全职岗位年平均数二百五十个；

3. 须设立康采恩账册的公司。

² 所持股份占公司股本百分之十以上的股东请求通常审计时，应进行通常审计。

³ 对于年度决算，法律未规定须为通常审计者，章程得规定应进行通常审计，股东会亦得通过决议对年度决算进行通常审计。

第 727*a* 条

2. 限定审计

¹ 股份有限公司不具备通常审计之要件者，应将其年度决算交由审计人进行限定审计。

² 全职岗位的年平均数不超过十个的公司，经全体股东同意，得不进行限定审计。

³ 董事会得以书面方式请求股东作出同意。董事会得确定一个不少于二十天的期限，请求股东确答是否同意，并指明股东在该期限内不为确答者，视为同意。

⁴ 全体股东同意不进行限定审计者，其同意，对于下一年度，亦为有效。但任何股东，均得在股东会召开前，至少提前十天，请求限定审计。于此情形，股东会须委任外部审计人。

⁵ 董事会在必要时得修改章程，并声请涂销商事登记簿中关于外部审计人的登记或将公司所委任的外部审计人登记于商事登记簿。

第 727*b* 条

II. 对外部审计人的要求

1. 在通常审计之情形

¹ 上市公司，应委任符合 2005 年 12 月 16 日《审计监督法》[1] 规定并受国家监督的审计公司，作为外部审计人。上市公司，应将依法律规定须由有资质的审计师或有资质的审计专家进行审计的事项，交由受国家监

〔1〕 Revisionsaufsichtsgesetzes vom 16. Dezember 2005.

督的审计公司进行审计。

² 非上市公司，无须进行通常审计者，应委任符合 2005 年 12 月 16 日《审计监督法》规定的有资质的审计专家，作为外部审计人。非上市公司，应将依法律规定须由有资质的审计师进行审计的事项，交由有资质的审计专家进行审计。

第 727c 条

2. 在限定审计之情形

须进行限定审计的公司，应委任符合 2005 年 12 月 16 日《审计监督法》规定的有资质的审计师，作为外部审计人。

第 728 条

Ⅲ. 通常审计
1. 外部审计人的独立性

¹ 外部审计人对于审计事项，应为独立审计，并客观地形成审计意见。其独立性，无论在实质上或在形式上，均不应受到影响。

² 特别是，下列情形，均属于对审计独立性原则的违反：

1. 审计师系公司的董事会成员、其他对公司决策有影响力的人或与公司存在劳动法律关系的人；
2. 审计师直接持有公司股份、间接持有公司大量股份或与公司存在重大债权债务关系；
3. 审计负责人与董事会成员、公司的其他决策人或重要股东存在密切关系；
4. 参与被审计公司的会计工作，或者为被审计公司提供任何有可能干扰外部审计人审计工作的服务；
5. 接受可能影响经济独立性的委任；
6. 订立不符合市场条件的契约，或者订立使外部审计人从审计结论中获得利益的契约；
7. 接受贵重物品或特别利益。

3 关于审计独立性原则的规定，适用于所有参与审计工作的人。外部审计人本身为合伙[1]或法人者，关于审计独立性原则的规定，亦适用于其上级管理机关或其主管机关的成员和其他有决定权的人。

4 不参与审计工作的外部审计人的雇员，须非被审计公司的董事会的成员，且不得在审计工作中行使其他决定权。

5 不符合独立性要求的人，与外部审计人、参与审计工作的人、外部审计人上级管理机关或主管机关的成员或其他有决定影响力的人存在密切关系者，亦属于对审计独立性原则的违反。

6 关于审计独立性原则的规定，亦适用于管理模式与被审计公司或外部审计人相同的公司。

第 728*a* 条

2. 审计人的职责
a. 审计的对象
   与范围

1 审计人应审查：

1. 年度决算，必要时尚须审查康采恩账册，是否符合法律和章程的规定及有关的财务报告规则；
2. 董事会向股东会提出的结算盈余分配方案是否符合法律和章程的规定；
3. 公司是否建立内部的监督制度。

2 审计人在进行审计和确定审计范围时，应顾及被审计公司的内部监督制度。

3 董事会的业务管理，不属于审计人审计的范畴。

---

〔1〕 合伙，原文 Personengesellschaft，瑞士官方英译为 partnership。——译注

第 728*b* 条

b. 审计报告

¹ 审计人，就其对公司账目报告、公司内部监督制度的意见，以及审计工作的执行情况和审计结论，向董事会提交详细的报告。

² 审计人，应向股东会提交关于审计结论的概要报告。该报告应包括以下内容：

    1. 对审计结论的评估意见；

    2. 关于独立性原则的执行情况；

    3. 关于审计负责人及其专业能力的情况；

    4. 就应否批准，以及应否有限制地批准年度决算和康采恩账册，提出建议。

³ 上述两项报告，应由审计负责人签字。

第 728*c* 条

c. 报告义务

¹ 审计人查明公司存在违反法律、章程或组织规程之情事时，应书面报告于董事会。

² 此外，有下列情形之一者，审计人尚须将公司违反法律或章程之情事，报告于股东会：

    1. 公司有严重违反法律或章程之情事者；

    2. 董事会不按审计人的书面意见采取合理措施者。

³ 公司明显陷于债务超过，而董事会不报告者，审计人应向法院报告。

第 729 条

Ⅳ. 限定审计
1. 审计人的独立性

¹ 审计人对于审计事项，应为独立审计，并客观地形成其审计意见。其独立性，无论在实质上或在形式上，均不应受到任何影响。

² 审计人得参与被审计公司的会计工作，或者为被审计公司提供其他服务。审计人的审计工作有可能因此受到干扰者，应在组织上和人员上采取适当的措施，以确保审计的可靠性。

第 729*a* 条

2. 审计人的职责
a. 审计的对象
   和范围

[1] 审计人应审查：
1. 公司的年度决算是否存在不符合法律和章程规定之情事；
2. 董事会向股东会提出的结算盈余的分配方案是否符合法律和章程的规定。

[2] 所得采取的审计方法，仅限于询问、分析和适当的细节调查。

[3] 董事会的业务管理，不属于审计人的审计范畴。

第 729*b* 条

b. 审计报告

[1] 审计人，应向股东会提交关于审计结论的概要报告。该报告应包括以下内容：
1. 表明其审计在性质上属于限定审计；
2. 对审计结论的评估意见；
3. 关于审计独立性原则的执行情况，必要时，尚须说明其参与被审计公司的会计工作以及为被审计公司提供其他服务的情况；
4. 关于审计负责人及其专业能力的情况。

[2] 上述两项报告，应由审计负责人签字。

第 729*c* 条

c. 报告义务

公司明显陷于债务超过，而董事会不报告者，审计人应向法院报告。

第 730 条

V. 共同的规定
1. 审计人的
   选聘

[1] 审计人，由股东会选聘之。

[2] 得选聘一个或数个自然人、法人或合伙，担任审计人。

[3] 公共审计局或其受雇人，如符合本法所规定的条件，亦得被聘为审计人。参照适用关于审计人独立性原则的规定。

⁴ 审计人的成员，须至少有一人在瑞士有住所，或者以瑞士为注册地，或者在瑞士有登记的分支机构。

第 730a 条

2. 审计人的任期

¹ 审计人的任期，得为一至三个营业年度。其任期，在最后营业年度的年度决算被接受时终止。任期终止后，得续聘之。

² 在通常审计之情形，审计负责人的聘任，最长期限为七年。任期终止后，须经过三年，始得再次受聘。

³ 审计人辞任者，应向董事会说明理由；辞任理由，由董事会报告于下一届股东会。

⁴ 股东会得随时解聘审计人，并立即生效。

第 730b 条

3. 资讯与保密

¹ 董事会应向审计人提供执行审计所必要的一切文件和资讯材料；审计人得要求以书面形式提供。

² 审计人对其作出的评估意见负保密义务，但依法应予公开者，不在此限。审计人在其向股东会提交的审计报告、有关通报和资讯材料中，应确保不泄露公司的营业秘密。

第 730c 条

4. 文件及其保存

¹ 审计人应将审计活动作成文件，并应保存审计报告和所有重要资料至少十年。以电子数据形式保存的文件和材料，应确保相同期限的可读性。

² 所有的文件和资料，均须完全符合法律规定的形式要求。

第 731 条

5. 账册和盈余分配的批准

¹ 有义务将年度决算和康采恩账册交由审计人审计的股份有限公司，应在股东会对年度决算和康采恩账册作

出批准和对结算盈余的分配方案作出决议前，提出审计报告。

2 实行通常审计的股份有限公司，审计人应出席其股东会。但股东会得经全体股东同意作出决议，不要求审计人出席。

3 如未提出必要的审计报告，股东会作出的批准年度决算、康采恩账册和结算盈余分配方案的决议，无效。违反关于审计人应出席股东会之规定者，股东会所作出的上述决议，得被撤销。

第 731a 条

6. 特别规定

1 公司章程和股东会，得对审计人的组织作出更详细的规定，并扩大审计人的职责范围。

2 董事会权限范围内的事务和有可能影响审计人独立审计的事务，不得委派于审计人。

3 股东会得选聘专家对公司的经营管理或特定事务进行审计。

第四目　公司的组织瑕疵[1]

第 731b 条

1 股份有限公司欠缺必要机关或其所设立的机关不符合法律规定者，股东、债权人或商事登记的登记员得声请法院采取必要的措施。特别是，法院得采取下列措施：

　　1. 命令公司在规定的期限内补正，并警告不在该期限内补正者，将命令解散公司；

　　2. 任命必要的机关或管理人；

---

　〔1〕　依 2005 年 12 月 16 日的联邦法律（有限责任公司法，以及关于股份有限公司法、合作社法、商事登记簿法和商号法的修正案，GmbH-Recht sowie Anpassungen im Aktien-, Genossenschafts-, Handelsregister- und Firmenrecht）第 I 3 项增订，自 2008 年 1 月 1 日起生效。

3. 解散公司并命令依关于破产程序的规定进行清算。

2 法院如任命必要的机关或管理人，应同时确定其任命的有效期限。法院应指示公司负担费用，并命令公司向受任人预先给付。

3 如有正当理由，公司得请求法院撤销其任命。

第四节 减 资[1]

第 732 条

A. 减资决议

1 股份有限公司计划减少其股本，但又不同时以新的、实收的资本代替原定资本额者，股东会应作出相应修改公司章程的决议。

2 股份有限公司，仅在有资质的审计专家在审计报告中确认公司债权人的债权不会因减少股本而受清偿不足之不利益的情况下，始得作出前款决议。审计专家应出席股东会。[2]

3 决议应包括审计报告的结论和实行减资的方法。[3]

4 因减资而产生的账面盈余，只能用于抵偿资产减值[4]。

5 公司股本，仅在其为新的、不少于十万瑞士法郎的实收资本所代替时，始得被减少至十万瑞士法郎以下。[5]

---

〔1〕 标题"减资"，原文 Herabsetzung des Aktienkapitals，亦即"股本之减少"。——译注

〔2〕 依 2005 年 12 月 16 日的联邦法律（有限责任公司法，以及关于股份有限公司法、合作社法、商事登记簿法和商号法的修正案，GmbH-Recht sowie Anpassungen im Aktien-, Genossenschafts-, Handelsregister- und Firmenrecht）第Ⅰ3 项修正，自 2008 年 1 月 1 日起生效。

〔3〕 依 2005 年 12 月 16 日的联邦法律（有限责任公司法，以及关于股份有限公司法、合作社法、商事登记簿法和商号法的修正案，GmbH-Recht sowie Anpassungen im Aktien-, Genossenschafts-, Handelsregister- und Firmenrecht）第Ⅰ3 项修正，自 2008 年 1 月 1 日起生效。

〔4〕 资产减值，原文 Abschreibungen，瑞士官方英译为 write-downs，指资产在账面价值上的减少，例如对机器设备的价值扣除其折旧。——译注

〔5〕 依 2005 年 12 月 16 日的联邦法律（有限责任公司法，以及关于股份有限公司法、合作社法、商事登记簿法和商号法的修正案，GmbH-Recht sowie Anpassungen im Aktien-, Genossenschafts-, Handelsregister- und Firmenrecht）第Ⅰ3 项修正，自 2008 年 1 月 1 日起生效。

第 732*a* 条[1]

B. 重整时的股
份作废

¹ 为重整之目的，将股本减为零，随后再增加股本者，
股东的原成员权失效。已发行的股份作废。

² 公司重新增加股本时，原股东享有不可剥夺的认
股权。

第 733 条

C. 催告债权人[2]

股东会作出减资决议后，董事会应在《瑞士商事公报》
并以公司章程规定的方式公告其决议三次，通知债权人
自第三次在《瑞士商事公报》公告之日起两个月内，申
报其债权并请求清偿或提供担保。

第 734 条

D. 减资的实行[3]

仅在对债权人的催告期届满，并向已申报债权的债权人
为清偿或提供担保后，始得实行减资；仅在减资经公证
书确认符合本节规定后，始得在商事登记簿办理关于减
资的登记。公证书应附加审计报告。[4]

---

〔1〕 依 2005 年 12 月 16 日的联邦法律（有限责任公司法，以及关于股份有限公司法、合作社
法、商事登记簿法和商号法的修正案，GmbH-Recht sowie Anpassungen im Aktien-, Genossenschafts-, Han-
delsregister- und Firmenrecht）第 I 3 项增订，自 2008 年 1 月 1 日起生效。

〔2〕 依 2005 年 12 月 16 日的联邦法律（有限责任公司法，以及关于股份有限公司法、合作社
法、商事登记簿法和商号法的修正案，GmbH-Recht sowie Anpassungen im Aktien-, Genossenschafts-, Han-
delsregister- und Firmenrecht）第 I 3 项修正，自 2008 年 1 月 1 日起生效。

〔3〕 依 2005 年 12 月 16 日的联邦法律（有限责任公司法，以及关于股份有限公司法、合作社
法、商事登记簿法和商号法的修正案，GmbH-Recht sowie Anpassungen im Aktien-, Genossenschafts-, Han-
delsregister- und Firmenrecht）第 I 3 项修正，自 2008 年 1 月 1 日起生效。

〔4〕 本条第 2 句，依 2005 年 12 月 16 日的联邦法律（有限责任公司法，以及关于股份有限公司
法、合作社法、商事登记簿法和商号法的修正案，GmbH-Recht sowie Anpassungen im Aktien-, Genossen-
schafts-, Handelsregister- und Firmenrecht）第 I 3 项修正，自 2008 年 1 月 1 日起生效。

第 735 条

E. 亏损时的减
资〔1〕

为消除因损失所造成的净亏损而实行减资，且减资额以损失为限者，得不催告债权人申报债权和不向债权人为清偿或提供担保。

第五节　股份有限公司的解散

第 736 条

A. 关于解散的
一般规定

I. 解散事由

股份有限公司，在有下列情形之一时，解散：

1. 公司章程规定的解散事由发生；
2. 股东会作出解散决议，并作成公证书；
3. 宣告破产；
4. 总持股数占股本总数百分之十以上的股东，以重大事由请求解散，法院裁判解散；但不裁判解散，如对于各利害关系人有利，法院得裁判以其他方案，代替解散；〔2〕
5. 法律规定的公司解散的其他情形。

第 737 条〔3〕

II. 登记于商事
登记簿

除公司因破产或裁判而解散外，董事会应声请将解散登记于商事登记簿。

---

〔1〕　依 2005 年 12 月 16 日的联邦法律（有限责任公司法，以及关于股份有限公司法、合作社法、商事登记簿法和商号法的修正案，GmbH-Recht sowie Anpassungen im Aktien-, Genossenschafts-, Handelsregister- und Firmenrecht）第 I 3 项修正，自 2008 年 1 月 1 日起生效。

〔2〕　依 1991 年 10 月 4 日的联邦法律第 I 项修正，自 1992 年 7 月 1 日起生效。

〔3〕　依 1991 年 10 月 4 日的联邦法律第 I 项修正，自 1992 年 7 月 1 日起生效。

第 738 条[1]

Ⅲ. 解散的后果

公司解散后，应进行清算，在公司合并或分立，以及公司财产移转于公法团体之情形，得不进行清算。

第 739 条

B. 须清算的
解散

Ⅰ. 清算状态、
权限

¹ 公司进入清算程序后，在财产被分配于股东前，仍有法律人格，仍得使用其原有名称，但应附加"清算中"字样。

² 公司进入清算程序后，公司的机关，仅得实施执行清算所必要、但依其性质为清算人所不能实施的行为。

第 740 条

Ⅱ. 清算人的委
任和解任

1. 委任[2]

¹ 清算，由董事会执行之，但依章程规定或经股东会决议，委任其他人执行清算者，不在此限。

² 清算人，由董事会声请登记于商事登记簿，董事会执行清算者，亦同。

³ 清算人中须至少有一人居住在瑞士，并被授权代表公司。[3]

⁴ 公司因法院裁判而解散者，由法院指定清算人。[4]

⁵ 在破产之情形，由破产管理人依破产法的规定，执行清算。公司的机关，仅在仍需由其行使代表权的范围内，享有代表权。

---

〔1〕 依 2003 年 10 月 3 日《兼并法》（Fusionsgesetz vom 3. Okt. 2003）附录第 2 项修正，自 2004 年 7 月 1 日起生效。

〔2〕 依 1991 年 10 月 4 日的联邦法律第 Ⅰ 项修正，自 1992 年 7 月 1 日起生效。

〔3〕 依 2005 年 12 月 16 日的联邦法律（有限责任公司法，以及关于股份有限公司法、合作社法、商事登记簿法和商号法的修正案，GmbH-Recht sowie Anpassungen im Aktien-, Genossenschafts-, Handelsregister- und Firmenrecht）第 Ⅰ 3 项修正，自 2008 年 1 月 1 日起生效。

〔4〕 依 1991 年 10 月 4 日的联邦法律第 Ⅰ 项修正，自 1992 年 7 月 1 日起生效。

第 741 条[1]

2. 解任

    1 股东会得随时解任其所任命的清算人。

    2 有重大事由时，法院得因股东的声请而解任清算人，必要时，得任命其他清算人。

第 742 条

Ⅲ. 清算程序

1. 资产负债表、催告债权人

    1 清算人就任后，应编制资产负债表。

    2 清算人应将公司已解散的事实通知债权人，并催告其申报债权；对于营业账册中有明确记载的债权人或以其他方式而确知的债权人，应各别以信函方式通知，对于不能确知的债权人或不能确知其住所的债权人，应在《瑞士商事公报》并以公司章程规定的方式公告通知。

第 743 条

2. 其他职责

    1 清算人应负责了结现务、收取未缴清的股款，如依资产负债表和所申报的债权，可确定公司未陷于债务超过者，清算人尚须负责变卖资产，清偿债务。

    2 如确定公司陷于债务超过，清算人应立即向法院报告；法院应宣告公司破产。

    3 清算人应代表公司实施以清算为目的的一切法律行为，得代表公司进行诉讼、实行和解、缔结仲裁契约，并在清算所必要的限度内，从事新的交易行为。

    4 除股东会另有指示外，清算人得采用公开拍卖以外的方式变卖公司资产。

    5 清算需持续一年以上者，清算人应每一年度编制期中资产负债表。

    6 公司对清算人在执行清算事务时因不许行为[2]所致之损害，应负责任。

---

[1] 依 1991 年 10 月 4 日的联邦法律第 Ⅰ 项修正，自 1992 年 7 月 1 日起生效。

[2] 不许行为，原文 unerlaubte Handlung，瑞士官方英译为 unauthorised act。——译注

第 744 条

3. 对债权人的
保护

¹ 已确知的债权人未申报其债权时，应按其债权额，向法院为提存。

² 对于未届清偿期的和有争议的债权，应按其数额，向法院为提存，但债权人已受足额担保，或者在该债权受清偿前不分配公司财产者，不在此限。

第 745 条

4. 财产的分配

¹ 除章程另有规定外，已解散的公司的财产，在清偿公司债务后，按出资比例和特种股份的优先权，分配于各股东。[1]

² 财产分配，仅得在自第三次催告债权人申报债权的公告发出之日起届满一年后为之。

³ 经有资质的审计专家确认，公司已清偿其债务，且依情事可认为分配财产不会损及第三人利益者，仅须届满三个月后，即可分配财产。[2]

第 746 条

IV. 商事登记簿
的涂销

清算结束后，清算人应向商事登记局声请办理商号的涂销登记。

Art. 747 [3]

V. 股东名簿、
公司营业账

¹ 股东名簿、公司营业账册、第 697l 条规定的名册及该名册所依据的各项文件，在股份有限公司被涂销后，

---

〔1〕 依 1991 年 10 月 4 日的联邦法律第 I 项修正，自 1992 年 7 月 1 日起生效。

〔2〕 依 2005 年 12 月 16 日的联邦法律（有限责任公司法，以及关于股份有限公司法、合作社法、商事登记簿法和商号法的修正案，GmbH-Recht sowie Anpassungen im Aktien-, Genossenschafts-, Handelsregister- und Firmenrecht）第 I 3 项修正，自 2008 年 1 月 1 日起生效。

〔3〕 依 2014 年 12 月 12 日《关于执行金融行动特别工作组 2012 年修正之建议的联邦法律》（Bundesgesetz vom 12. Dez. 2014 zur Umsetzung der 2012 revidierten Empfehlungen der Groupe d'action financière）第 I 2 项修正，自 2015 年 7 月 1 日起生效。

册和名册
的保存

仍须保存于安全地点，保存期限为十年。

² 股东名簿和名册，须以在瑞士境内能随时获取的方式，
保存之。

第 748 条至第 750 条[1]

C. 无清算的
　解散

I. ……

第 751 条

II. 公法团体承
　受公司财产

¹ 股份有限公司的财产，由联邦、州，或者由受州担保
的区、镇承受者，经股东会同意，得不对公司进行
清算。

² 股东会的决议，应依关于公司解散的规定作出，并应
声请登记于商事登记簿。

³ 股东会的决议经登记于商事登记簿后，公司财产及债
务的移转即告完成，公司名称应予以涂销。

第六节　责　任

第 752 条[2]

A. 责任

I. 对招股说明
　书应负的责
　任

在公司成立时，或者在发行股票、债券或其他证券时，任
何人故意或过失，在招股说明书或类似通告中发布不真
实的信息，或者发表误导性或不合法的言论，致证券持
有人受有损害者，应负责任。

---

〔1〕　依 2003 年 10 月 3 日《兼并法》（Fusionsgesetz vom 3. Okt. 2003）附录第 2 项废止，自 2004
年 7 月 1 日起失效。

〔2〕　依 1991 年 10 月 4 日的联邦法律第 I 项修正，自 1992 年 7 月 1 日起生效。

第 753 条[1]

II. 发起人的
    责任

发起人、董事会成员，以及参与公司创立的人，有下列情
形之一者，对公司、股东和公司债权人，应负赔偿责任：

1. 在公司章程或公司成立报告或增资报告中，就
   实物出资、财产受让、给与股东或其他人的特
   别优先权等事项，故意或过失发布不真实或有
   误导性的信息，或者故意或过失隐瞒或混淆其
   事实情况，或者在批准上述事项时有其他不法
   行为者；

2. 故意或过失以含有不真实信息的契据或证书，
   促成公司登记于商事登记簿者；

3. 明知认股人无支付能力仍促成其认股者。

第 754 条[2]

III. 管理人、事
     务执行人和
     清算人的责
     任

1 董事会成员、执行公司事务或清算的人，因其故意或
  过失违反义务，致公司、股东、公司债权人受有损害
  者，应负赔偿责任。

2 事务执行人，将其所执行之事务委任他人者，就该他
  人所致之损害，应负责任，但事务执行人证明其在选
  任、指示、和监督方面，已依情事为必要之注意者，
  不在此限。

第 755 条[3]

IV. 审计人的
    责任

1 负责对年度决算和康采恩账册、公司的成立、增资
  或减资进行审计的人，因其故意或过失违反义务，
  致公司、股东、公司债权人受有损害者，应负赔偿
  责任。

---

[1] 依 1991 年 10 月 4 日的联邦法律第 I 项修正，自 1992 年 7 月 1 日起生效。
[2] 依 1991 年 10 月 4 日的联邦法律第 I 项修正，自 1992 年 7 月 1 日起生效。
[3] 依 1991 年 10 月 4 日的联邦法律第 I 项修正，自 1992 年 7 月 1 日起生效。

² 公共审计局或其受雇人作为审计人时，相关的公权力机关应负责任。公权力机关得依公法规定，向审计执行人追偿。[1]

第 756 条[2]

B. 公司的损害

I. 破产程序外的请求权

¹ 除公司外，股东亦得就公司所受之损害诉请赔偿。股东应请求向公司给付赔偿。

² ……[3]

第 757 条[4]

II. 破产程序中的请求权

¹ 公司破产时，公司债权人亦得就公司所受之损害，请求向公司赔偿。但破产管理人得首先主张股东和公司债权人的请求权。

² 破产管理人不主张其请求权时，股东或公司债权人得主张之。所取得的赔偿，应依 1889 年 4 月 11 日《关于债务追索和破产的法律》[5]的规定，首先用于清偿诉请赔偿的债权人的债权。如有剩余，应在诉请赔偿的股东中，依其在公司中的持股比例进行分配；仍有剩余时，应归入破产财团。

³ 公司得依 1889 年 4 月 11 日《关于债务追索和破产的法律》第 260 条的规定，让与其请求权。

---

〔1〕 依 2005 年 12 月 16 日的联邦法律（有限责任公司法，以及关于股份有限公司法、合作社法、商事登记簿法和商号法的修正案，GmbH-Recht sowie Anpassungen im Aktien-, Genossenschafts-, Handelsregister- und Firmenrecht）第 I 3 项增订，自 2008 年 1 月 1 日起生效。

〔2〕 依 1991 年 10 月 4 日的联邦法律第 I 项修正，自 1992 年 7 月 1 日起生效。

〔3〕 依 2008 年 12 月 19 日《民事诉讼法》（Zivilprozessordnung vom 19. Dezember 2008）附录一第 II 5 项废止，自 2011 年 1 月 1 日起失效。

〔4〕 依 1991 年 10 月 4 日的联邦法律第 I 项修正，自 1992 年 7 月 1 日起生效。

〔5〕 Bundesgesetz vom 11. April 1889 über Schuldbetreibung und Konkurs.

第 758 条[1]

Ⅲ. 免责决议的
效力

1 股东会作出的免责决议，仅在已公开之事实的范围内，且仅对公司、表决同意该决议的股东和在知悉其决议后取得股份的股东，有效。

2 其他股东的诉权，自免责决议作出后，经过六个月消灭。

第 759 条[2]

C. 连带责任和
求偿权

1 数人对同一损害均负赔偿责任时，各人依其对损害的过错程度和可归责的事由负其责任，但该数人对请求权人应负连带责任。

2 原告得诉请数人对全部损害共同承担责任，并得请求法院在同一诉讼程序中确定各被告的赔偿数额。

3 数人相互间的求偿权，由法院在衡量具体情事后，决定之。

第 760 条

D. 时效

1 对于上述各条责任人的损害赔偿请求权，自受害人知悉损害和责任人之日起，经过五年而罹于时效，但无论如何，自损害行为发生之日起，已届满十年者，亦罹于时效。

2 损害赔偿之诉，基于犯罪行为而提起者，如刑法就该犯罪行为规定更长时效时，其规定亦适用于民事请求权。

第 761 条[3]

E. 审判籍

---

〔1〕 依 1991 年 10 月 4 日的联邦法律第Ⅰ项修正，自 1992 年 7 月 1 日起生效。

〔2〕 依 1991 年 10 月 4 日的联邦法律第Ⅰ项修正，自 1992 年 7 月 1 日起生效。

〔3〕 依 2000 年 3 月 24 日《审判籍法》（Gerichtsstandsgesetz vom 24. März 2000）附录第 5 项废止，自 2001 年 1 月 1 日起失效。

第七节　公法团体的参与

第 762 条

1 公法团体，例如联邦、州、区或镇，对股份有限公司具有公共利益时，公司章程得规定，公法团体有权在董事会或外部审计人中委派其代表人，公法团体纵非股东，亦同。[1]

2 在前款所称公司和公法团体以股东身份参与的公私资本合营企业中，由公法团体委派到董事会或外部审计人中的代表人，只能由公法团体解任。

3 由公法团体委派到董事会或外部审计人中的代表人，与由股东会选任的董事会成员或外部审计人，有相同的权利和义务。[2]

4 公法团体，对其所委派的代表人，应向公司、股东和公司债权人负责，其依联邦法律和州法律而对于所委派代表人的追偿权，不受影响。

第八节　本法不适用于公营法人

第 763 条

1 对于诸如银行、保险公司或电力公司等依州特别法而成立的并由公权力机关参与管理的公司或法人，如州为其债务承担从属的补充责任时，其全部或部分资本虽被分成股份并向私人募集，仍不适用本法关于股份有限公司的规定。

---

〔1〕　依 1991 年 10 月 4 日的联邦法律第 I 项修正，自 1992 年 7 月 1 日起生效。

〔2〕　依 1991 年 10 月 4 日的联邦法律第 I 项修正，自 1992 年 7 月 1 日起生效。

² 对于 1883 年 1 月 1 日前依州特别法成立的并由公权力机关参与管理的公司或法人，州虽未为其债务承担从属的补充责任，仍不适用本法关于股份有限公司的规定。

第二十七章　股份有限合伙[1]

第764条

A. 定义

1　股份有限合伙，指全部资本分为股份，其合伙人中有一人或数人，与普通合伙的合伙人样，对合伙债权人承担无限连带责任的合伙。

2　除另有规定外，股份有限合伙适用关于股份有限公司的规定[2]。

3　股份有限合伙的资本，未分为股份，但分为若干部分，且完全以此确定各合伙人出资比例者，适用关于有限合伙的规定[3]。

第765条[4]

B. 董事会

I. 选任和权限

1　股份有限合伙的董事会，由无限责任合伙人组成。无限责任合伙人，享有股份有限合伙的事务执行权和代表权。无限责任合伙人应记载于章程。

2　董事会成员和有代表权的人，其姓名、住所、出生地[5]

---

〔1〕　股份有限合伙，原文 Kommanditaktiengesellschaft，瑞士官方英译为 partnership limited by shares。——译注

〔2〕　关于股份有限公司的规定，见第620条以下。——译注

〔3〕　关于有限合伙的规定，见第594条以下。——译注

〔4〕　本条中，董事会，原文 Verwaltung，瑞士官方英译为 directors；无限责任合伙人，原文 die unbeschränkt haftenden Mitglieder，瑞士官方英译为 the partners with unlimited liability；董事会成员，原文 die Mitglieder der Verwaltung，瑞士官方英译为 directors。——译注

〔5〕　出生地，原文 Heimatort，瑞士官方英译为 places of origin。在瑞士法律中，Heimatort 指享有公民权的地方。关于瑞士公民权所在地的确定，参见《瑞士民法典》第22条。——译注

和职权，应登记于商事登记簿。[1]

³ 无限责任合伙人的变更，须经现有合伙人同意，并修改章程。

第 766 条

II. 对合伙人会议之决议的同意

合伙人会议[2]作出的变更合伙宗旨、扩大或限缩合伙营业范围、延长章程所规定的合伙期限的决议，须经董事会成员同意。

第 767 条

III. 执行权和代表权的剥夺

¹ 对于董事会成员的执行权和代表权，得按关于在普通合伙之情形剥夺执行权和代表权的规定[3]，剥夺之。

² 董事会成员，其执行权和代表权被剥夺者，对于在剥夺后所发生的合伙债务，不承担无限责任。

第 768 条

C. 监事会
I. 设立和权限

¹ 对股份有限合伙的监管，以及对合伙事务执行情况的继续性监督，由监事会负责之；监事会尚得依章程规定，行使其他职权。

² 董事会成员，对监事会的选任，无表决权。

³ 监事会成员应登记于商事登记簿。

第 769 条

II. 责任之诉

¹ 监事会得以股份有限合伙的名义，追究董事会成员的责任，并得提起诉讼。

---

〔1〕 依 2005 年 12 月 16 日的联邦法律（有限责任公司法，以及关于股份有限公司法、合作社法、商事登记簿法和商号法的修正案，GmbH-Recht sowie Anpassungen im Aktien-, Genossenschafts-, Handelsregister- und Firmenrecht）第 I 3 项修正，自 2008 年 1 月 1 日起生效。

〔2〕 合伙人会议，原文 Generalversammlung，瑞士官方英译为 general meeting。——译注

〔3〕 关于在普通合伙之情形剥夺执行权和代表权的规定，见第 565 条、第 557 条和第 539 条。——译注

² 董事会成员对股份有限合伙有恶意行为时，监事会得提起诉讼，合伙人会议纵有反对之决议，亦同。

第 770 条

D. 解散

¹ 股份有限合伙，因其无限责任合伙人全体退出公司、死亡、丧失行为能力或破产而终止。

² 除前款规定外，对股份有限合伙的解散，适用关于股份有限公司解散的规定[1]；章程所规定的存续期限届满前，股东会决议提前解散合伙者，须经董事会同意。

³ ……[2]

第 771 条

E. 通知终止

¹ 无限责任合伙人，享有与普通合伙中的合伙人相同的通知终止权。[3]

² 两名或两名以上的无限责任合伙人中，有一人通知退出合伙时，除合伙章程另有规定外，股份有限合伙得由其他无限责任合伙人继续之。

---

〔1〕 关于股份有限公司解散的规定，见第736条。——译注

〔2〕 依2003年10月3日《兼并法》（Fusionsgesetz vom 3. Okt. 2003）废止，自2004年7月1日起失效。

〔3〕 关于普通合伙中合伙人通知终止权的规定，见第574条第1款和第546条。——译注

第二十八章　有限责任公司[1]

第一节　一般规定

第772条

A. 定义

¹ 有限责任公司，指由两个或两个以上自然人或商事组织成立的、具有独立法律人格的资合公司。其股本[2]，由公司章程规定。有限责任公司仅以公司财产为限，对公司债务承担责任。

² 每一股东[3]至少须持有一个股份[4]。公司章程得规定股东有追加出资和履行从给付的义务。

第773条

B. 股本

股本，不得少于两万瑞士法郎。

---

〔1〕 依2005年12月16日的联邦法律（有限责任公司法，以及关于股份有限公司法、合作社法、商事登记簿法和商号法的修正案，GmbH-Recht sowie Anpassungen im Aktien-, Genossenschafts-, Handelsregister- und Firmenrecht）第I2项修正，自2008年1月1日起生效。

〔2〕 股本，原文Stammkapital，瑞士官方英译为nominal capital。——译注

〔3〕 股东，原文Gesellschafter，瑞士官方英译为company member。值得特别说明的是，在《瑞士债务法》中，单纯合伙（einfache Gesellschaft）、普通合伙（Kollektivgesellschaft）、有限合伙（Kommanditgesellschaft）、股份有限合伙（Kommanditaktiengesellschaft）和有限责任公司（Gesellschaft mit beschränkter Haftung）的成员，均被称作Gesellschafter。但在瑞士官方英译本中，除将有限责任公司的成员（Gesellschafter）译作company member外，其他情形均译作partner或member of the partnership。——译注

〔4〕 股份，原文Stammanteil，瑞士官方英译为capital contribution。——译注

第 774 条

C. 出资

¹ 股份的面值，不得少于一百瑞士法郎。公司重整时，得减值为一个瑞士法郎。

² 股东不得以低于股份的面值，缴纳其出资。

第 774a 条

D. 享益证券

章程得规定设立享益证券；关于享益证券，准用股份有限公司法的规定[1]。

第 775 条

E. 股东

有限责任公司，得由一个或数个自然人或法人或其他商事组织，成立之。

第 776 条

F. 章程

I. 绝对必要记载事项

公司章程应记载下列事项：

　　1. 公司的名称和住所；

　　2. 公司的宗旨；

　　3. 股本总额及股份的数量和面值；

　　4. 公司发布公告的形式。

第 776a 条

II. 相对必要记载事项

¹ 下列事项，非经记载于章程，不生效力：

　　1. 使股东负担追加出资义务和从给付义务的理由和条件；

　　2. 股东或公司行使股份的认股权、先买权或购买权的理由和条件；

　　3. 股东的竞业禁止义务；

　　4. 违反法定义务或章程义务的违约金；

---

〔1〕　股份有限公司法中关于享益证券的规定，见第 657 条以及第 1157 条。——译注

5. 某一种类股份的优先权（优先权股份）；

6. 股东对于股东会[1]决议的否决权；

7. 表决权的限制，股东代表指定权的限制；

8. 享益证券；

9. 章程规定的储备金；

10. 股东会被授与法定权限以外的权利；

11. 股东会对事务执行人[2]决定的批准；

12. 作为股东的法人或其他商事组织委任自然人行使其事务执行权时，股东会同意其委任的必要条件；

13. 事务执行人委任行政主管、经理人及其他商事代理人的权限；

14. 事务执行人的盈余份额[3]的支付；

15. 建设股息的支付；

16. 审计人的组织与职责，但其已为法律所明确规定者，不在此限；

17. 依章程规定享有退股权的情形，退股权的行使条件和出资的返还；

18. 公司开除股东的特别事由；

19. 法定解散事由以外的公司解散事由。

² 有限责任公司关于下列事项的规定，与法律规定不同者，非经记载于章程，不发生效力：

1. 嗣后发行新的优先权股份的决议；

2. 股份的转让；

3. 股东会的召集；

---

〔1〕 股东会，原文 Gesellschafterversammlung，瑞士官方英译为 members' general meeting。——译注

〔2〕 事务执行人，原文 Geschäftsführer，瑞士官方英译为 managing director。——译注

〔3〕 事务执行人的盈余份额，原文 Tantiemen an die Geschäftsführer，瑞士官方英译为 shares of profits to the managing director。——译注

4. 股东表决权的计算；

5. 股东会的决议；

6. 事务执行人的决定；

7. 事务的执行和代表；

8. 事务执行人的竞业禁止义务。

第 777 条

G. 公司的成立

I. 设立证书

¹ 有限责任公司，因发起人以公证书声明设立有限责任公司而成立，公证书中应包括已制定的章程和组织机构的设置。

² 发起人须在设立证书中，认购股份，并声明：

    1. 全部股份已被有效认购；

    2. 股份与其发行价格相符；

    3. 出资的缴纳符合法律和章程所规定的必要条件；

    4. 发起人承担章程所规定的追加出资义务和从给付义务。

第 777a 条

II. 股份的认购

¹ 股份认购书，为使其有效，应记载股份的数量、面值、发行价格，必要时，并应记载股份的种类。

² 章程中关于下列事项的规定，应记载于股份认购书中：

    1. 追加出资义务；

    2. 从给付义务；

    3. 股东的竞业禁止义务；

    4. 股东或公司的认股权、先买权和购买权；

    5. 违约金。

第 777b 条

Ⅲ. 设立文件 | ¹ 在设立证书中，公证人应逐一记明各项设立文件，并确认设立文件已被呈交于其本人和发起人。

² 下列文件应附载于设立证书中：

1. 章程；
2. 成立报告；
3. 审核认定书；
4. 金钱出资已交存的证书；
5. 实物出资契约；
6. 已订立的受让财产的契约。

第 777c 条

Ⅳ. 出资 | ¹ 公司成立时，每一股份，须按发行价格，缴足出资。

² 此外，对下列事项，准用股份有限公司法的规定[1]：

1. 实物出资、财产受让和特别优先权之记载于公司章程；
2. 实物出资、财产受让和特别优先权之登记于商事登记簿；
3. 出资的缴纳和审核。

第 778 条

H. 登记于商事
登记簿
I. 公司 | 有限责任公司，应登记于其住所所在地的商事登记簿。

第 778a 条

Ⅱ. 分支机构 | 分支机构，应登记于营业所所在地的商事登记簿。

---

〔1〕 股份有限公司法中关于实物出资等事项的规定，见第 628 条、第 633 条至第 635a 条和第 642 条。——译注

第 779 条

J. 法律人格的 取得

I. 取得时间、 欠缺要件

¹ 有限责任公司，在其登记于商事登记簿时，取得法律人格。

² 有限责任公司，在登记时事实上不符合要件者，仍因登记而取得法律人格。

³ 公司不符合法律或章程规定的要件，并因此使债权人或股东利益受重大损害或有受重大损害之虞者，法院得依该债权人或股东的声请，判决解散有限责任公司。

⁴ 前款诉权，自有限责任公司之成立在《瑞士商事公报》公告时起，经过三个月而消灭。

第 779a 条

II. 登记前所发 生的义务

¹ 有限责任公司登记于商事登记簿前，以有限责任公司名义实施行为的人，对其行为，应负个人责任，行为人有数人者，该数人应负连带责任。

² 但有限责任公司在登记后三个月内，明示以有限责任公司名义承受债务者，由有限责任公司单独承担责任，行为人免除责任。

第 780 条

K. 变更章程

股东会变更章程的决议，须经公证，并登记于商事登记簿。

第 781 条

L. 增资

¹ 股东会得决议增资。

² 增资决议，由事务执行人负责执行。

³ 关于增资的认购和缴纳，适用关于有限责任公司成立的规定[1]。关于增资认购书，准用关于股份有限公

---

[1] 关于有限责任公司成立的规定，见第777条以下，特别是第777a条。——译注

司增资的规定[1]。不得以公开方式邀约认购股份。

4 有限责任公司应在股东会作出增资决议后三个月内，声请将该决议登记于商事登记簿，逾期未声请登记者，增资决议失效。

5 此外，对下列事项，准用关于股份有限公司通常增资的规定[2]：

1. 股东会决议的形式和内容；

2. 股东的认股权；

3. 提取自有资本用于增资；

4. 增资报告和对增资报告的审核确认；

5. 章程变更和事务执行人的确定；

6. 增资之登记于商事登记簿、原来认资证书的作废。

第 782 条

M. 减资

1 股东会得决议减资。

2 股本不得被减至低于两万瑞士法郎。

3 为消除因损失所造成的亏损而减资者，仅在股东已缴清章程所规定的全部追加出资后，始得为之。

4 其他方面准用关于股份有限公司减资的规定[3]。

第 783 条

N. 自有股份的
　　取得

1 有限责任公司，仅在其可自由处分的自有资本，达到购买本公司股份所必要的数额时，始得购买本公司的股份，且其持有本公司股份的面值总额，不得超过本公司股本的百分之十。

---

〔1〕 关于股份有限公司增资的规定，见第 652 条第 1 款，以及第 630。——译注

〔2〕 关于股份有限公司通常增资的规定，见第 652 条以下。股东会决议的形式和内容：第 650 条；股东的认股权：第 652b 条；提取自有资本用于增资：第 652d 条；增资报告和增资报告的审核确认：第 652e 条、第 652f 条；章程变更和事务执行人的确定：第 652g 条；增资的登记和原来认资证书的无效：第 652h 条。——译注

〔3〕 关于股份有限公司减资的规定，见第 732 条以下。——译注

² 所购买的股份，属于限制转让的股份、退股股东股份或被开除股东的股份时，其面值总额不得超过本公司股本的百分之三十五。有限责任公司应在两年内，将所持自有股份超过公司股本百分之十的部分转让，或者以减资的方式加以取消。

³ 所要购买的股份，附加有追加出资义务或从给付义务者，其义务，应在取得该股份前被除去。

⁴ 此外，对有限责任公司自有股份的取得，准用关于股份有限公司自有股份的规定[1]。

第二节　股东的权利和义务

第 784 条

A. 股份
I. 证书

¹ 就股份发行证书者，该证书仅作为证据文书或记名证券。

² 公司章程关于股东权利义务的规定，应记载于证书，且其内容，应与股份认购书一致。

第 785 条

II. 移转
1. 转让
a. 形式

¹ 股份的转让，以及转让股份的义务，须采用书面形式。

² 公司章程关于股东权利义务的规定，应记载于转让契约，且其内容，应与股份认购书一致。

第 786 条

b. 须经同意

¹ 股份的转让，须经股东会同意。股东会得不同意转让，且无须说明理由。

---

〔1〕　关于股份有限公司自有股份的规定，见第659条以下。——译注

² 公司章程得背离前款规定，而规定：

1. 股份的转让，无须股东会同意；

2. 不同意转让时，须说明理由；

3. 公司向转让人提出以实际价值受让其股份时，转让人得拒绝同意；

4. 股份不得转让；

5. 转让人是否已履行章程所规定的追加出资义务或从给付义务有疑义，且未按公司要求提供担保时，得不同意其转让。

³ 公司章程规定股份不得转让，或者股东会不同意转让时，股东得基于重大事由，退出有限责任公司。

第 787 条

c. 权利移转

¹ 股份的转让，须经股东会同意者，非经同意，不发生法律效力。

² 股东会未在收到转让声请后六个月内表示拒绝，视为同意转让。

第 788 条

2. 特殊方式的股份取得

¹ 因继承、遗产分配、夫妻财产制或强制执行而取得股份者，无须股东会同意，附属于股份的一切权利和义务，随同移转于股份的取得人。

² 但取得人在行使表决权以及附属于表决权的权利前，须经股东会承认其为有表决权的股东。

³ 股东会，仅在取得人提出承认的声请，而公司向取得人提出以实际价值受让其股份的要约时，始得拒绝承认。公司得为自己之计算，或者为其他股东之计算，或者为第三人之计算，提出以实际价值受让股份的要约。对此要约，取得人未在收到关于实际价值的通知后一个月内表示拒绝者，视为同意。

4 股东会未在取得人请求承认的声请到达后六个月内表
示拒绝者，视为承认。

5 公司章程得规定，无须承认而当然取得表决权。

第 789 条

3. 实际价值的
确定

1 法律或章程规定，须确定股份之实际价值者，当事人
得请求法院确定之。

2 法院得依其裁量，使当事人分担司法程序及估价所需
的费用。

第 789a 条

4. 用益权

1 以股份设定用益权者，准用关于股份转让的规定[1]。

2 公司章程规定股份不得让与者，亦不得以之设定用
益权。

第 789b 条

5. 质权

1 公司章程得规定，以股份设定质权，须经股东会同意。
股东会仅在有重大理由时，始得拒绝同意。

2 公司章程规定股份不得让与者，亦不得以之设定质权。

第 790 条

Ⅲ. 股份登记簿

1 有限责任公司应备置股份登记簿。股份登记簿，须以
在瑞士境内能随时获取的方式，备置之。[2]

2 下列事项，应登记于股份登记簿：

　　1. 股东的姓名和住址；

　　2. 股份的数量和面值，必要时，尚须载明各股东

---

〔1〕　关于股份转让的规定，见第 785 条至第 789 条。——译注

〔2〕　第 1 款第 2 句依 2014 年 12 月 12 日《关于执行金融行动特别工作组 2012 年修正之建议的联邦法律》（Bundesgesetz vom 12. Dez. 2014 zur Umsetzung der 2012 revidierten Empfehlungen der Groupe d'action financière）第 Ⅰ 2 项增订，自 2015 年 7 月 1 日起生效。

　　　　　　　　　　　　所持股份的种类；

　　　　　　　　3. 用益权人的姓名和住址；

　　　　　　　　4. 质权人〔1〕的姓名和住址。

³ 股东，不得行使表决权及附属于表决权之权利者，须作为无表决权的股东，记载于股份登记簿。

⁴ 股东有查阅股份登记簿的权利。

⁵ 登记所依据的各项文件，在被登记人从股份登记簿中被涂销后，仍须保存十年。〔2〕

Art. 790*a*〔3〕

Ⅲ^bis. 将股份的受益所有权人通知公司

¹ 股份的取得人，单独或以与第三人共同协议的方式，取得有限责任公司的股份，并因此使其所持股份之总数，在公司股本或表决权中所占比例，达到或超过百分之二十五之最高限额者，须在一个月内将最后负责实施取得行为的自然人（受益所有权人〔4〕）的姓名及地址，通知有限责任公司。

² 受益所有权人变更其姓名或其地址时，股东应将其变更通知有限责任公司。

³ 参照适用股份有限公司法中关于受益所有权人名册的规定（第 697*l* 条）和关于不履行通知义务的规定（第 697*m* 条）。

---

〔1〕 质权人，原文 Pfandgläubiger。——译注

〔2〕 第 5 款依 2014 年 12 月 12 日《关于执行金融行动特别工作组 2012 年修正之建议的联邦法律》（Bundesgesetz vom 12. Dez. 2014 zur Umsetzung der 2012 revidierten Empfehlungen der Groupe d'action financière）第Ⅰ2 项增订，自 2015 年 7 月 1 日起生效。

〔3〕 依 2014 年 12 月 12 日《关于执行金融行动特别工作组 2012 年修正之建议的联邦法律》（Bundesgesetz vom 12. Dez. 2014 zur Umsetzung der 2012 revidierten Empfehlungen der Groupe d'action financière）第Ⅰ2 项增订，自 2015 年 7 月 1 日起生效。

〔4〕 边标题"股份的受益所有权人"，原文 die an Stammanteilen wirtschaftlich berechtigte Person，瑞士官方英译为 the beneficial owner of the capital contributions；第 1 款括号内"受益所有权人"，原文 wirtschaftlich berechtigte Person，瑞士官方英译为 the beneficial owner。——译注

第 791 条

IV. 登记于商事
　　登记簿

¹ 股东的姓名、住所和出生地及其持有股份的数量和面
值，应登记于商事登记簿。

² 公司应声请办理登记。

第 792 条

V. 股份的共有

股份属于数人共有，且为不可分者，

　　1. 共有人应指定其中一人为代表人；共有人须通过
代表人行使其基于股份而享有的权利；

　　2. 共有人对追加出资义务和从给付义务，负连带
责任。

第 793 条

B. 出资的缴纳

¹ 股东有按股份的发行价缴纳出资的义务。

² 不得请求返还出资。

第 794 条

C. 股东的责任

有限责任公司，对其债务，以公司财产为限承担责任。

第 795 条

D. 追加出资和
　　从给付

I. 追加出资

1. 原则和金额

¹ 章程得规定股东负有追加出资的义务。

² 章程规定追加出资义务者，应规定每一股份应承担追
加出资义务的金额。其金额，不得超过股份面值的
两倍。

³ 股东仅对自己股份的追加出资承担责任。

第 795a 条

2. 追加出资的
　　提出

¹ 追加出资由事务执行人提出。

² 仅在有下列情形之一时，始得提出追加出资：

　　1. 股本和法定储备金数额不足时；

2. 公司如不追加出资即不能正常继续其营业时；

3. 公司因章程所规定的事由需要取得自有资本时。

³ 尚未缴纳的追加出资，因公司被宣告破产而届其清偿期。

第 795b 条

3. 返还

已缴纳的追加出资，仅在可自由使用的自有资本使公司资本得到充实，且经有资质的审计专家作出书面确认后，始得全部或部分返还于股东。

第 795c 条

4. 义务之减轻

¹ 章程所规定的追加出资义务，仅在股本和法定储备金得到充实后，始得减少或废止。

² 准用关于减资的规定〔1〕。

第 795d 条

5. 义务之继续

¹ 退出公司的股东，在其退出后三年内，仍负有缴纳追加出资的义务。股东退出的时间以商事登记簿中记载的时间为准。

² 被除名的股东，仅在公司被宣告破产时，始负履行追加出资的义务。

³ 股东追加出资的义务，在权利继受人已履行的范围内消灭。

⁴ 不得加重被除名股东追加出资的义务。

第 796 条

Ⅱ. 从给付义务

¹ 章程得规定，股东负有从给付义务。

---

〔1〕 关于有限责任公司减资的规定，见第782 条以及第732 条以下。——译注

² 章程规定从给付义务，仅得服务于公司的宗旨、公司独立性的保持或股东共同体的维持。

³ 附属于股份的从给付义务，其客体和范围，以及其他依情事应被认为重要之事项，应在章程中作出明确规定。更为详细的内容，由股东会规定之。

⁴ 章程未就从给付义务规定合理的对待给付，或者从给付义务的提出系以充实自有资本为目的者，对于章程规定的给付金钱或其他财产的义务，适用关于追加出资义务的规定[1]。

第 797 条

Ⅲ. 嗣后的追加
出资义务或
从给付义务

关于追加出资义务或从给付义务，章程未作规定但嗣后提出此种义务，或者章程有规定但嗣后加重此种义务者，须经有关股东的全体同意。

第 798 条

E. 股息、利息
和盈余份额
Ⅰ. 股息

¹ 股息仅得从结算盈余或从以支付股息为目的而设立的储备金中支出。

² 仅在依法律和章程规定提取储备金后，始得决定分配股息。

³ 股息应按股份面值所占的比例，确定之；追加出资已缴纳者，其金额应算入面值，然后确定股息；章程得作出与此不同的规定。

第 798a 条

Ⅱ. 利息

¹ 不得为股本和所缴纳的追加出资支付利息。

² 得支付建设股息。准用股份有限公司法中关于建设股息的规定[2]。

---

[1] 关于追加出资义务的规定，见第 795 条至第 795d 条。——译注
[2] 股份有限公司法中关于建设股息的规定，见第 676 条。——译注

第 798*b* 条

Ⅲ. 盈余份额

章程得就事务执行人盈余份额的支付作出规定。准用股份有限公司法中关于董事会成员盈余份额的规定〔1〕。

第 799 条

F. 优先权股份

关于优先权股份，准用股份有限公司法中关于优先股的规定〔2〕。

第 800 条

G. 给付的返还

关于公司返还于股东、事务执行人及其密切关系人的给付，准用股份有限公司法的相关规定〔3〕。

第 801 条〔4〕

H. 储备金

关于储备金，准用股份有限公司法的相关规定。〔5〕

第 801*a* 条

J. 年度营业报告的寄送

¹ 年度营业报告和审计报告，最迟应在通知召开股东常会时寄送于各股东。

² 各股东得请求，在股东会结束后，向其寄送经表决通过的年度营业报告。

第 802 条

K. 质询权和查阅权

¹ 各股东得请求事务执行人对公司的所有事务作出说明。

² 公司无审计人者，各股东得查阅公司簿册和文件，且不受任何限制。公司有审计人者，仅在确信有利害关

---

〔1〕 股份有限公司法中关于董事会成员盈余份额的规定，见第 677 条至第 679 条。——译注

〔2〕 股份有限公司法中关于优先股的规定，见第 654 条至第 656 条。——译注

〔3〕 关于股份有限公司返还给付的规定，见第 678 条和第 679 条。——译注

〔4〕 依 2011 年 12 月 23 日的联邦法律（账目报告法，Rechnungslegungsrecht）修正，自 2013 年 1 月 1 日起生效。

〔5〕 关于股份有限公司储备金的规定，见第 670 条至第 675 条。——译注

系的限度内，有查阅权。

3 股东有违反公司宗旨滥用其所知信息损害公司利益之虞者，事务执行人得在必要限度内拒绝提供有关信息，并得拒绝股东查阅有关簿册；股东的声请，由股东会决定之。

4 股东会无正当理由拒绝质询或查阅者，法院得依股东声请作出相关命令。

第 803 条

L. 忠实义务和
竞业禁止

1 股东有保守公司营业秘密的义务。

2 凡有害于公司利益的行为，股东不得为之。特别是，股东不得从事为自己取得特别利益而损害公司宗旨的营业。公司章程得规定，股东负有竞业禁止义务。

3 非经全体其他股东的书面同意，股东不得从事违反忠实义务或竞业禁止义务的活动。章程得规定，该同意不由全体其他股东作出，而由股东会作出。

4 事务执行人得就竞业禁止义务作出特别规定。

第三节 公司的组织

第 804 条

A. 股东会
I. 职权

1 有限责任公司的最高机构，为股东会。

2 股东会对于下列事项，有不可移转的职权：

    1. 章程的修改；

    2. 事务执行人的任免；

    3. 审计员[1]和康采恩账册审计人的任免；

---

[1] 审计员，原文 die Mitglieder der Revisionsstelle（审计机关之成员），瑞士官方英译为 the members of the auditor。——译注

4. 公司经营管理情况报告和康采恩账册的批准；[1]

5. 年度决算的批准，关于决算盈余使用的决议，特别是，关于股息以及关于事务执行人的盈余份额的确定；

6. 事务执行人报酬的决定；

7. 事务执行人的解任；

8. 同意转让股份，承认股东有表决权；

9. 章程对股份能否出质未作规定时，决定是否同意以股份出质；

10. 对章程所规定的认股权、先买权或购买权，作出是否同意行使的决议；

11. 授权事务执行人为公司取得公司自有股份，或者批准取得公司自有股份；

12. 按公司章程要求，拟定关于从给付义务的详细规则；

13. 对于事务执行人或股东从事违反忠实义务和竞业禁止义务的活动作出决定，但章程规定须经全体股东同意者，不在此限；

14. 决议是否以重大事由诉请法院开除股东；

15. 按章程所规定的事由开除股东；

16. 解散公司；

17. 依章程规定，事务执行人的营业行为，须经股东会批准者，决议是否批准该营业行为；

18. 对法律或章程保留给股东会决议的事项，以及对事务执行人所提交的公司事务，作出决议。

³ 公司的行政主管、经理人及其他商事代理人，由股东会任命。章程得将该职权授与事务执行人。

---

[1] 依 2011 年 12 月 23 日的联邦法律（账目报告法，Rechnungslegungsrecht）修正，自 2013 年 1 月 1 日起生效。

第 805 条

Ⅱ. 召集和执行

¹ 股东会由事务执行人召集，必要时，由审计人召集。清算人亦有召集权。

² 股东常会每年召集一次，且应在每届营业年度终了后六个月内召集。股东特别会依章程规定或在必要时召集。

³ 股东会的召集，应至少提前二十日通知各股东。章程得规定长于或短于二十日，但不得短于十日。股东全会的召集，不受影响。

⁴ 股东会的决议，以书面方式作出，但股东请求以口头方式讨论的事项，不在此限。

⁵ 此外，关于下列事项，准用股份有限公司法的相关规定〔1〕：

  1. 股东会的召集；

  2. 股东的召集权和提案权；

  3. 待表决的事项；

  4. 议案；

  5. 股东全会；

  6. 股东会的筹备；

  7. 会议记录；

  8. 股东的代表；

  9. 无权出席股东会。

第 806 条

Ⅲ. 表决权

1. 表决权的
　　确定

¹ 股东的表决权，依其股份面值，确定之。各股东，不问出资多寡，至少有一表决权。对于持有多数股份的股东，章程得限制其表决权数。

---

〔1〕　股份有限公司法中关于股东会的有关规定：①股东会的召集：第 700 条；②股东的召集权和提案权：第 699 条第 3 款；③待表决的事项：第 699 条第 3 款；④提案：第 699 条、第 700 条和第 702a 条；⑤综合股东会：第 701 条；⑥股东会的筹备：第 702 条第 1 款；⑦会议记录：第 702 条第 2 款和第 3 款；⑧股东的代表：第 689 条至第 689d 条；⑨无表决权人之出席股东会：第 691 条。——译注

² 章程得规定，表决权与股份的面值无关，每一股份有一表决权。于此情形，股份的最低面值不得低于其他股份面值的十分之一。

³ 以股份的数量确定表决权的办法，不适用于下列事项：

    1. 选任审计员；

    2. 任命审查事务执行情况或个别事务执行情况的专家；

    3. 决议提起责任之诉。

第 806a 条

2. 无表决权

¹ 关于解任事务执行人的决议，参与公司事务管理的人，不问其参与程度，均无表决权。

² 转让股份的股东，在决议由公司受让其自有股份时，无表决权。

³ 决议是否同意股东从事违反忠实义务或竞业禁止义务的活动时，相关当事人无表决权。

第 806b 条

3. 用益权

在股份已设定用益权之情形，用益权人不享有表决权及与表决权有关的权利。用益权人行使用益权时，未合理顾及股份所有人之利益者，应负赔偿责任。

第 807 条

Ⅳ. 否决权

¹ 公司章程得规定，对股东会所作出的决议，股东有否决权。章程应具体规定，得对何种决议行使否决权。

² 否决权的嗣后行使，须经股东全体同意。

³ 否决权不得让与。

第 808 条

V. 决议的通过
1. 一般规定

除法律或章程另有规定外，股东会的决议和选举，须经出席会议的表决权的绝对多数通过。

第 808a 条

2. 决定票

股东会的主席有决定票。章程得作出与此不同的规定。

第 808b 条

3. 重大决议

¹ 股东会的决议涉及下列事项者，须经出席会议的表决权的三分之二以上多数，以及全部——得行使的表决权的——股本的绝对多数，通过：

1. 变更公司的宗旨；
2. 设立有优先表决权的股份；
3. 加重或减轻股份转让的限制，或者禁止股份的转让；
4. 同意股东转让其股份，或者承认股东有表决权；
5. 增加股本；
6. 限制或废止认股权；
7. 对事务执行人的行为表示同意，对股东违反忠实义务或竞业禁止义务的活动表示同意；
8. 以重大事由诉请法院开除股东；
9. 依章程所规定的事由开除股东；
10. 变更公司住所地；
11. 解散公司。

² 公司章程就某些决议的通过，拟规定以大于法律所规定之多数同意为要件者，就该所拟规定本身，仅须以法律所规定之多数，决议之。

第 808c 条

VI. 股东会决议
  的撤销

关于股东会决议的撤销，准用股份有限公司法的相关规
定[1]。

第 809 条

B. 公司事务的
  执行和代表

I. 事务执行人
  的指定和组
  织

1 公司事务由全体股东共同执之。章程得作出与此不同
的规定。

2 仅得指定自然人为事务执行人。公司的股东为法人或
商事组织者，必要时，应指定自然人代其行使职权。
章程得规定，其指定须经股东会同意。

3 公司有两个或两个以上事务执行人时，股东会应设主席。

4 公司有两个或两个以上事务执行人时，依所投表决票
之多数，决议之。主席有决定票。对于事务执行人的
决议，章程得作出与此不同的规定。

第 810 条

II. 事务执行人
  的职责

1 事务执行人负责公司的一切事务，但依法律或依章程
规定，应属于股东会之职责者，不在此限。

2 除另有法律规定外，事务执行人对于下列事项，有不
可移转和不可推卸的职责：

　　1. 全面管理公司，并作出一切必要的指示；

　　2. 在法律和章程所规定的限度内构建公司的组织
机构；

　　3. 在公司管理的必要限度内，建立公司的财会制
度和财务监督规则，拟定公司管理所必要的财
务计划；

　　4. 对受委任执行公司事务的人员进行监督，特别
是，应确保其遵守法律、章程、业务守则和有

---

〔1〕 关于股份有限公司股东会决议的撤销，见第 706 条、第 706a 条、第 691 条第 3 款、第 731
条第 3 款、第 689e 条。——译注

关指示；

    5. 编制营业报告（年度决算、年度营业报告和
康采恩账册）；

    6. 筹备股东会，执行股东会的决议；

    7. 公司陷于债务超过时，向法院报告。

³ 事务执行人有数人时其主席，事务执行人仅一人时该
事务执行人，有下列职权：

    1. 召集和主持股东会；

    2. 向各股东报告公司情况；

    3. 确保有关事项登记于商事登记簿。

第 811 条

Ⅲ. 股东会的批准

¹ 章程得规定，事务执行人：

    1. 须将有关决定提交股东会批准；

    2. 得将具体问题提交股东会批准。

² 股东会的批准，不减轻事务执行人的责任。

第 812 条

Ⅳ. 注意义务和忠实义务；竞业禁止

¹ 事务执行人，以及与事务执行有关系的第三人，应为
一切必要之注意履行其职责，并秉承诚信以维护公司
的利益。

² 事务执行人与股东负相同的忠实义务。

³ 事务执行人不得从事与公司有竞争关系的活动，但章
程另有规定，或者全体其他股东书面同意其此种活动
者，不在此限。章程得规定，其同意不由全体其他股
东作出，而由股东会作出。

第 813 条

Ⅴ. 平等对待

事务执行人，以及与事务执行有关系的第三人，在同等
条件下，应平等对待各股东。

第 814 条

Ⅵ. 代表

¹ 各事务执行人，均有代表公司的权利。

² 章程得规定不同的代表规则，但应至少有一名事务执行人有代表权。具体内容由章程规定。

³ 有限责任公司，应由在瑞士有住所的人，代表之。作为公司的代表人，须为事务执行人或经理人。代表人须有权了解股份登记簿和第 697*l* 条所称受益所有权人之名册中的内容。[1]

⁴ 关于代表权的范围和限制，以及关于有限责任公司与代表人间的契约，准用股份有限公司法的相关规定[2]。

⁵ 对公司有代表权的人，应在公司名称之后附加其签名。

⁶ 公司代表人应登记于商事登记簿。公司代表人应在商事登记局亲笔书写签名，或者依认证方式呈交其签名。

第 815 条

Ⅶ. 事务执行人的免职；代表权的剥夺

¹ 股东会得随时解任其所选任的事务执行人。

² 各股东均得基于重大事由，特别是在事务执行人严重违反其义务或丧失合理执行事务的能力时，诉请法院剥夺或限制其事务执行权或代表权。

³ 事务执行人得随时停止行政主管或其他商事代理人的职务。

⁴ 前款人员由股东会所任命时，应及时召集股东会。

⁵ 被免职或停职之人，其赔偿请求权不受影响。

---

〔1〕 依 2014 年 12 月 12 日《关于执行金融行动特别工作组 2012 年修正之建议的联邦法律》（Bundesgesetz vom 12. Dez. 2014 zur Umsetzung der 2012 revidierten Empfehlungen der Groupe d'action financière）第Ⅰ2 项修正，自 2015 年 7 月 1 日起生效。

〔2〕 关于股份有限公司代表权范围和限制的规定，见第 718*a* 条；关于股份有限公司与代表人间契约的规定，见第 718*b* 条。——译注

第 816 条

Ⅷ. 决议无效　关于事务执行人决议的无效理由，参照适用股份有限公司股东会决议的无效理由[1]。

第 817 条

Ⅸ. 责任　有限责任公司，对于被授与事务执行权或代表权的人在执行职务时实施不许行为[2]所造成的损害，应负责任。

第 818 条

C. 审计人　¹ 关于审计人，准用股份有限公司法的相关规定[3]。

² 负有追加出资义务的股东，得请求对年度决算实行通常审计。

第 819 条

D. 公司组织上的瑕疵　关于有限责任公司组织上的瑕疵，准用股份有限公司法的相关规定[4]。

第 820 条

E. 资本亏损和债务超过　¹ 关于有限责任公司资本亏损、债务超过、破产程序的开始或停止的通知义务，准用股份有限公司法的相关规定。[5]

² 法院得依事务执行人或债权人的声请，停止破产程序，特别是，尚未缴纳的追加出资将会及时得到缴纳且有重整希望时，法院得停止破产程序。

---

〔1〕 股份有限公司股东会决议的无效理由，见第 706b 条、第 714 条。——译注

〔2〕 不许行为，原文 unerlaubte Handlung，瑞士官方英译为 unauthorised act。——译注

〔3〕 关于股份有限公司审计人的规定，见第 727 条、第 727a 条至第 727c 条、第 728a 条至第 728c 条、第 729a 条至第 729c 条、第 730 条至第 730a 条。——译注

〔4〕 关于股份有限公司组织机构瑕疵的规定，见第 731b 条。——译注

〔5〕 关于股份有限公司有资本亏损、债务超过、开始或停止破产程序之情事时的通知义务，见第 725 条和第 725a 条。——译注

第四节　公司的解散和股东的退出

第 821 条

A. 解散

I. 事由

¹ 有下列情形之一者，有限责任公司解散：

    1. 章程所规定的解散事由发生；

    2. 股东会决议解散；

    3. 被宣告破产；

    4. 法律所规定的其他事由发生。

² 股东会决议解散者，其决议须采用公证形式。

³ 股东得基于重大事由诉请法院解散公司。法院得不解散公司，而选择其他恰当的且对于相关当事人均属合理的解决办法，特别是，向诉请解散公司的股东返还股份的实际价值。

第 821a 条

II. 后果

¹ 关于有限责任公司解散的后果，准用股份有限公司法的相关规定[1]。

² 有限责任公司的解散，应登记于商事登记簿。公司因裁判而解散者，法院应及时通知商事登记局。公司因其他事由解散者，由公司向商事登记局声请办理登记。

第 822 条

B. 股东退出公司

I. 退出

¹ 股东得基于重大事由，诉请法院准许其退出公司。

² 章程得规定股东有退出公司的权利和股东退出公司的条件。

---

〔1〕 关于股份有限公司解散的后果，见第738条。——译注

第 822*a* 条

II. 跟从退出

¹ 股东基于重大事由提起退出之诉，或者依章程规定的退出权而声明退出公司时，事务执行人应及时通知其他股东。

² 其他股东在收到前款通知后三个月内，未以重大事由诉请或依章程规定的退出权声明退出公司者，所有退出公司的股东，应按其股份面值之比例，受到平等对待。已缴纳的追加出资，应按其价额，算入面值。

第 823 条

III. 除名

¹ 有重大事由时，公司得诉请法院将股东除名。

² 章程得规定，有重大事由时，股东会得将股东除名。

³ 关于跟从退出的规定，不适用之。

第 824 条

IV. 保全措施

在与股东退出公司的相关程序中，法院得依当事人的声请，命令停止相关股东作为公司成员而具有的各单项权利义务或全部权利义务。

第 825 条

V. 补偿

1. 请求权和
金额

¹ 股东退出公司时，得请求与其股份的实际价值相当的补偿。

² 对于依章程所规定的退出权而退出公司的股东，公司章程得规定与前款不同的补偿办法。

第 825*a* 条

2. 支付

¹ 有限责任公司，有下列情形之一者，补偿金应在股东退出公司时支付，

　　1. 公司备有可自由处分之自有资本者；

　　2. 公司得转让退出股东之股份者；

　　3. 公司得依相关规定减少股本者。

² 可自由处分之自有资本的金额，应由有资质的审计专家确定之。公司的自有资本不足以支付补偿时，审计专家应就可能的减资程度，提出意见。

³ 已退出公司的股东，对于尚未支付部分的补偿金请求权，成为无利息、后顺位的债权。该债权，应在可自由处分之自有资本由年度营业报告确定时，支付。

⁴ 已退出公司的股东，在其补偿金得到全部支付前，得请求公司指定审计人，对年度决算进行通常审计。

第 826 条

C. 清算

¹ 股东得依其股份之面值在股本中所占的比例，参与清算结果的分配。已缴纳的追加出资未返还者，其价额应算入相关股东的股份和公司的股本。章程得作出与此不同的规定。

² 关于有限责任公司解散后的清算，准用股份有限公司法的相关规定[1]。

第五节　责　任

第 827 条

就有限责任公司的发起、事务执行、审计和清算，参与其活动的人，其责任，准用股份有限公司法的相关规定[2]。

---

[1] 关于股份有限公司解散后的清算，见第 739 条至第 747 条。——译注

[2] 股份有限公司法中关于相关当事人之责任的规定，见第 753 条至第 760 条。——译注

第二十九章　合作社

第一节　定义和成立

第 828 条

A. 债务法上的
合作社

¹ 合作社，指由自然人或商事组织组成的，且其成员数量不受限定的，旨在以集体自助的方式，增进或保障其成员特定经济利益的，具有法人人格的社团。

² 不得成立预先确定股本的合作社。

第 829 条

B. 公法上的合
作社

公法上的人合团体，虽以合作社意义上的合作为宗旨，仍适用联邦和州的公法。

第 830 条

C. 设立
I. 要件
1. 一般规定

合作社，在其章程经拟定并经创立会通过后，因登记于商事登记簿而成立。

第 831 条

2. 社员人数

¹ 合作社成立时，其成员不得少于七人。

² 合作社在成立后，其成员不足七人者，准用股份有限公司法中关于公司欠缺必要机构的规定[1]。[2]

---

〔1〕　股份有限公司法中关于欠缺必要机构的规定，见第 731b 条。——译注

〔2〕　依 2005 年 12 月 16 日的联邦法律（有限责任公司法，以及关于股份有限公司法、合作社法、商事登记簿法和商号法的修正案，GmbH-Recht sowie Anpassungen im Aktien-, Genossenschafts-, Handelsregister- und Firmenrecht）第 I 3 项修正，自 2008 年 1 月 1 日起生效。

第 832 条

II. 章程

1. 绝对必要记
   载事项

章程应记载下列各项内容：

    1. 合作社的名称和注册地；

    2. 合作社的宗旨；

    3. 社员所承担的现金给付义务或其他给付义务，以及其他给付义务的种类和数量；

    4. 负责管理事务的机构和负责审计事务的机构、代表权的行使方式；[1]

    5. 合作社发布公告的方式。

第 833 条

2. 其他规定

下列各项内容，非记载于章程，不发生效力：

    1. 以合作社股份（股份证书）的方式筹集合作社的资本；

    2. 非现金出资（实物出资）及其出资种类和估算价额，以及认股人应具备的基本条件；

    3. 合作社成立时所取得的财产、为取得该财产所支付的对价和财产让与人应具备的基本条件；

    4. 就合作社的加入和成员资格的丧失，所设不同于法律规定的条款；

    5. 社员的个人责任和追加出资义务；

    6. 就组织机构、代表、章程的修改和社员大会决议的通过，所设不同于法律规定的条款；

    7. 表决权行使上的限制或扩大；

    8. 合作社净利和清算余额的计算和分配。

---

    [1]　依 2005 年 12 月 16 日的联邦法律（有限责任公司法，以及关于股份有限公司法、合作社法、商事登记簿法和商号法的修正案，GmbH-Recht sowie Anpassungen im Aktien-, Genossenschafts-, Handelsregister- und Firmenrecht）第 I 3 项修正，自 2008 年 1 月 1 日起生效。

第 834 条

Ⅲ. 创立会

¹ 章程应以书面形式拟定，并交由发起人负责召集的创立会审议和批准。

² 此外，发起人尚须就实物出资和拟将取得的财产，向创立会提交书面报告，并由创立会审议。

³ 合作社所必要的组织机构，由创立会委任之。

⁴ 在合作社登记于商事登记簿前，社员资格仅得依章程上的签名认定之。

第 835 条 [1]

Ⅳ. 登记于商事
　　登记簿
1. 合作社

合作社应登记于其住所地的商事登记簿。

第 836 条 [2]

2. 分支机构

分支机构应登记于其所在地的商事登记簿。

Art. 837 [3]

3. 社员名册

¹ 合作社应备置社员名册，社员名册应载明社员的姓名、商号名称及地址。社员名册，须以在瑞士境内能随时获取的方式，备置之。

² 登记所依据的各项文件，在社员被从社员名册中涂销后，仍须保存十年。

---

〔1〕 依 2005 年 12 月 16 日的联邦法律（有限责任公司法，以及关于股份有限公司法、合作社法、商事登记簿法和商号法的修正案，GmbH-Recht sowie Anpassungen im Aktien-、Genossenschafts-、Handelsregister- und Firmenrecht）第 I 3 项修正，自 2008 年 1 月 1 日起生效。

〔2〕 依 2005 年 12 月 16 日的联邦法律（有限责任公司法，以及关于股份有限公司法、合作社法、商事登记簿法和商号法的修正案，GmbH-Recht sowie Anpassungen im Aktien-、Genossenschafts-、Handelsregister- und Firmenrecht）第 I 3 项修正，自 2008 年 1 月 1 日起生效。

〔3〕 依 2014 年 12 月 12 日《关于执行金融行动特别工作组 2012 年修正之建议的联邦法律》（Bundesgesetz vom 12. Dez. 2014 zur Umsetzung der 2012 revidierten Empfehlungen der Groupe d'action financière）第 I 2 项修正，自 2015 年 7 月 1 日起生效。

V. 法律人格的
取得

第 838 条

[1] 合作社,非经登记于商事登记簿,不取得法律资格。

[2] 登记前以合作社名义从事活动的人,应负个人责任和连带责任。

[3] 登记前明示以将来成立的合作社的名义缔结债务,且合作社在其被登记于商事登记簿后三个月内表示承担该债务者,由合作社单独承担责任,行为人免除责任。

第二节　社员资格的取得

第 839 条

A. 原则

[1] 合作社得随时接受新成员入社。

[2] 在遵循不限定成员数量之原则的前提下,章程得具体规定入社的条件;但其规定不得过分加重入社的条件。

第 840 条

B. 入社声明

[1] 入社,须书面声明之。

[2] 依合作社规定,合作社成员除以合作社的财产承担责任外,尚须承担个人责任或追加出资义务者,入社声明应明确记载该责任和义务。

[3] 是否接受新成员入社,由董事会决定之,但依章程规定,仅须入社声明即可入社,或者须经社员大会始得入社者,不在此限。

第 841 条

C. 与保险契约
的结合

[1] 合作社的社员资格以订立保险契约为要件者,保险申请人在主管机关接受其保险申请时,取得社员资格。

² 特许保险合作社与其社员订立的保险契约，与合作社
与第三人订立的保险契约相同，适用 1908 年 4 月 2 日
《联邦保险契约法》[1]的规定。

第三节　社员资格的丧失

第 842 条

A. 退社
I. 退社自由

¹ 合作社决议解散前，社员得自由退出合作社。

² 章程得规定，如依情事，社员退社会造成合作社重大
损害或危及合作社继续存在时，提出退社的社员应支
付相当数额的赔偿金。

³ 章程或契约永久性禁止社员退社，或者所规定的退社
条件过于严苛者，其规定无效。

第 843 条

II. 退社的限制

¹ 章程或契约得规定社员不得退社的期限，但其期限不
得超过五年。

² 在不得退社的期限内，社员仍得因重大事由声明退社。
支付相当数额赔偿金的要件，与自由退社相同。

第 844 条

III. 退社的通知
期限和退社
的日期

¹ 社员仅得在营业年度终了时退社，且须遵守一年的退
社预告期间。

² 章程得规定短于一年的退社预告期间，且允许在营业
年度中退社。

---

[1]　Bundesgesetz vom 2. April 1908 über den Versicherungsvertrag.

第 845 条

IV. 破产和扣押
    时退社权的
    行使

依章程规定，声明退社的社员对合作社财产享有份额者，其退社权，在合作社破产之情形，由破产管理人行使，在其份额被扣押之情形，由债务追索机关[1]行使。

第 846 条

B. 开除

1 章程得规定开除社员的事由。

2 此外，合作社得以重大理由，随时开除其社员。

3 社员的开除，应由社员大会决定之。章程得规定，在被开除的社员有权向社员大会提出申诉之情形，董事会为受理申诉的主管机构。被开除的社员得在三个月内，就其被开除，向法院提起诉讼。

4 对于被开除的社员，合作社得以与自由退社相同的赔偿金要件，请求支付赔偿金。

第 847 条

C. 社员死亡

1 社员资格在社员死亡时消灭。

2 但章程得规定，其继承人当然成为社员。

3 此外，章程得规定，如有继承人或数继承人中之一人的书面声请，合作社须承认其代替已死亡的社员而成为社员。

4 数继承人作为共同体继承社员资格时，应指定共同的代表人作为合作社的社员。

第 848 条

D. 职务、劳务
    关系或契约
    关系的终止

合作社的社员资格以在合作社中担任职务或与合作社有雇佣关系为前提，或者类似于在保险合作社之情形，以具有契约关系为前提者，因其职务、雇佣关系或契约关系的终止而终止。

---

[1] 债务追索机关，原文 das Betreibungsamt，瑞士官方英译为 the debt collection office。——译注

第 849 条

E. 社员资格的
　　移转
I. 一般规定

¹ 合作社股份的让与，不当然使受让人成为社员；就社员资格或合作社股份发给证书时，合作社股份的让与，虽并有证书的交付，仍不当然使受让人成为社员。受让人仅在合作社依法律或章程规定作出接受其为社员的决议后，成为合作社的社员。

² 受让人被接受为合作社的社员前，社员权中非财产性质的权利，仍由让与人行使。

³ 合作社的社员资格以具有契约关系为前提者，章程得规定，社员资格因契约承受而当然移转于承受人。

第 850 条

II. 因不动产所
　　有权或使用
　　权的移转而
　　移转

¹ 章程得规定，合作社社员资格的取得，以对不动产享有所有权或商业性使用权为前提要件。

² 就前款情形，章程得规定，不动产所有权或商业性使用权让与或移转时，社员资格当然随同移转于受让人或继受人。

³ 章程中关于社员资格因不动产让与而移转的规定，非经预告登记于不动产登记簿，对第三人不发生效力。

第 851 条

F. 继受人的
　　退社

在社员资格让与和继承之情形，继受人的退社条件，与原社员相同。

第四节　社员的权利与义务

第 852 条

A. 社员资格的
　　证明

¹ 章程得规定，就社员资格，发给证书。

² 股份证书亦有证明社员资格的效力。

第 853 条

B. 合作社的
　股份

¹ 合作社发行股份证书者，每个社员应至少持有一个股
　份证书[1]。

² 章程得规定，社员得在一定限额内取得数个股份。

³ 股份证书应记载社员姓名。但股份证书，不得作为有
　价证券，而仅得作为证明文件。

第 854 条

C. 法律地位
　平等

除法律另有规定外，所有社员权利义务平等。

第 855 条

D. 权利
I. 表决权

合作社的社员，对于合作社的事务，特别是对于合作社
的经营管理和合作社的发展，通过出席社员大会，或者
在法律规定之情形通过书面投票（书面表决）的方式，
行使其权利。

第 856 条

II. 社员的监
　督权
1. 资产负债表
　的公开

¹ 需通过投票表决的方式以决定能否得到批准的经营管理
　情况报告、康采恩账册和年度决算，应在召开社员大会
　或进行书面表决前，至少提前十天，连同审计报告，备
　置于合作社的住所地，以供合作社社员查阅。[2]

² 章程得规定，社员有权要求合作社提供营业账册和资
　产负债表的复本，费用由合作社承担。

---

〔1〕 股份证书（Anteilscheine）一语在理解上，系指股份。在第 833 条第 1 项中，条文已表示
"合作社股份"（Genossenschaftsanteile）与"股份证书"在同一个意义上使用。此外，本款原文为：
"Bestehen bei einer Genossenschaft Anteilscheine, so hat jeder der Genossenschaft Beitretende mindestens einen
Anteilschein zu übernehmen." 瑞士官方英译为："Where a cooperative has shares, each member joining it
must take at least one." ——译注

〔2〕 依 2011 年 12 月 23 日的联邦法律（账目报告法，Rechnungslegungsrecht）修正，自 2013 年 1
月 1 日起生效。

第 857 条

2. 信息公开

¹ 合作社存在可疑事项时，社员得提请审计人注意，并要求作出必要的解释。[1]

² 合作社的营业账册和商业信函，仅在取得社员大会的明确授权或董事会的决议许可，并在确保不会泄露合作社营业秘密的前提下，始得查阅。

³ 对于营业账册或商业信函中与社员监督权的行使有密切关系的重要事项的信息，法院得命令合作社作成文件并经认证后提供于社员。法院的命令不得有害于合作社的利益。

⁴ 合作社不得通过章程或组织机构的决议，剥夺或限制社员的监督权。

第 858 条[2]

Ⅲ. 净利分享权

1. ……

第 859 条

2. 分配原则

¹ 除章程另有规定外，合作社的营业净利全部归入合作社的财产。

² 合作社依规定向其社员分配净利者，除章程另有规定外，应依合作社各社员使用合作社设施的程度，分配之。

³ 合作社发行股份证书者，以净利支付股份证书的比例，不得超过无特别担保的长期贷款的通常利率。

---

〔1〕 依 2005 年 12 月 16 日的联邦法律（有限责任公司法，以及关于股份有限公司法、合作社法、商事登记簿法和商号法的修正案，GmbH-Recht sowie Anpassungen im Aktien-, Genossenschafts-, Handelsregister- und Firmenrecht）第 I 3 项修正，自 2008 年 1 月 1 日起生效。

〔2〕 依 2011 年 12 月 23 日的联邦法律（账目报告法，Rechnungslegungsrecht）废止，自 2013 年 1 月 1 日起失效。

第 860 条

3. 设立和积累
储备金的义
务

[1] 合作社的净利用于积累合作社财产以外之其他用途者，每年至少应将其中的百分之五用于储备金的积累。储备金的年度积累应持续二十年以上；合作社发行股份证书时，在储备金达到合作社财产的百分之二十前，不得以任何理由停止储备金的积累。

[2] 章程得规定百分之五的储备金积累率。

[3] 在储备金超过合作社其他财产的二分之一前，或者，合作社发行股份证书时，在储备金超过合作社财产的二分之一前，储备金仅得用于弥补损失，或者，在经营困难时期，用于为实现合作社宗旨而采取的措施。

[4] ……〔1〕

第 861 条

4. 信用合作社
的净利

[1] 信用合作社得在章程中，就净利的分配，作出与前条不同的规定，但应设立储备金，并应按前条规定使用储备金。

[2] 信用合作社在其储备金达到合作社资产的十分之一前，每年至少应将其净利的十分之一用于储备金的积累。

[3] 信用合作社提取一定比例的净利，分配于合作社股份的持有人，且其净利分配比例高于无特别担保的长期贷款之通常利率者，应从净利中提取超过通常贷款利率的十分之一的金额，充入储备金。

第 862 条

5. 福利基金

[1] 章程尚得规定，以合作社的净利，设立其他基金，或者为其他基金提供支持，特别是，为合作社的受雇人员和社员设立福利基金，或者为此种基金提供支持。

---

〔1〕 依 2004 年 12 月 17 日《保险监督法》（Versicherungsaufsichtsgesetz vom 17. Dez. 2004）附录第 II 1 项废止，自 2006 年 1 月 1 日起失效。

² ……

³ ……

⁴ ……〔1〕

第 863 条

6. 其他储备金
的设立

¹ 依法律或章程规定而设立的储备金或其他基金，应先从可用于分配的净利中扣除。

² 为确保合作社的可持续发展，且在条件允许的情况下，社员大会得通过决议，设立法律或章程所未规定的储备金，或者高于法律或章程所规定的标准，设立储备金。

³ 合作社亦得提取一定比例的净利，为其受雇人员和社员的福利，设立章程所未规定的福利基金或类似性质的基金，或者为此种基金提供支持；其净利的提取，适用章程中关于福利基金的规定。

第 864 条

Ⅳ. 返还请求权
1. 依章程规定

¹ 章程得规定，退社社员或其继承人对于合作社的财产，是否享有请求权，以及所享有的请求权的种类。退社社员对于合作社财产的请求权，以退社时资产负债表中的净资产为计算基础，但储备金不包括在内。

² 章程得规定，退社社员或其继承人有权请求返还股份证书中所载股份的全部和部分价值，但不得请求返还入社费。章程得规定延期返还，但其延期不得超过社员退社后三年。

³ 不延期返还会导致合作社重大损害或危害合作社存续者，章程虽无关于延期返还的规定，合作社仍得延期返还，但其延期不得超过三年。合作社要求退社社员

---

〔1〕 本条第 2 款至第 4 款依 1958 年 3 月 21 日的联邦法律第Ⅰ目 b 项废止，自 1958 年 7 月 1 日起失效。

支付退社赔偿金的请求权不受影响。

⁴ 退社社员或其继承人的请求权，自其能够向合作社行使权利时起，经过三年而罹于时效。

第 865 条

2. 依法律规定

¹ 章程未规定返还请求权者，退社社员或其继承人不得请求返还。

² 合作社在社员退社或死亡后一年内解散并分配财产者，退社社员或其继承人与合作社解散时的社员，享有相同的请求权。

第 866 条

E. 义务

I. 诚信义务

合作社社员有善意、诚信维护合作社利益的义务。

第 867 条

II. 出资和其他的给付义务

¹ 出资和给付的义务，由章程规定之。

² 社员有义务按所持合作社股份缴纳出资或履行其他给付义务时，合作社得规定相当期限，以挂号信催告社员履行其义务。

³ 第一次催告后，社员不履行义务，且未在第二次催告后一个月内履行义务者，以通过挂号信事先提出警告为限，合作社得声明社员丧失社员权。

⁴ 除章程另有规定外，社员已届清偿期或因被开除而届清偿期的义务，不因其被声明丧失社员权而免除。

第 868 条

III. 责任

1. 合作社的责任

合作社对其债务，应以其全部财产负责。但章程另有规定者，不在此限。

第 869 条

2. 社员的责任
a. 无限责任

¹ 除特许的保险合作社外，合作社章程得规定，以合作社财产清偿债务而仍有不足时，社员应以个人财产负无限责任。

² 在前款情形，债权人因合作社破产而受损失者，合作社社员应以其全部财产，对合作社的全部债务负连带责任。其连带责任，在破产程序终止前，由破产管理人主张之。

第 870 条

b. 有限责任

¹ 除特许的保险合作社外，合作社章程得规定，以合作社财产清偿债务而仍有不足时，对于合作社的债务，社员应在社员费和合作社股份的价值之外，以个人财产负其责任，但其责任限定在一定数额之内。

² 合作社发行股份证书者，其责任额，应依各社员所持的股份数，确定之。

³ 其有限责任，在破产程序终止前，由破产管理人主张之。

第 871 条

c. 追加出资义务

¹ 章程得规定社员负有追加出资以代替承担责任的义务，亦得规定社员在承担责任外负有追加出资的义务，但追加的出资仅得用于弥补资产负债表中的损失。

² 追加出资的义务得不受限制，但亦得限定为一定的数额，或者以社员的出资额或社员所持的合作社股份为计算基础，限定为一定的比例。

³ 对于各社员所应负担的追加出资义务，章程未规定时，依各社员所持的合作社股份，确定其应负担的追加出资义务，合作社未发行股份证书者，按人均数确定之。

⁴ 合作社得随时提出追加出资。合作社破产时，追加出资的权利，由破产管理人行使之。

⁵ 其他方面，适用关于催告履行出资义务和关于社员被声明丧失社员权的规定[1]。

第 872 条

d. 法所不许的
责任限制

章程规定，社员责任仅限定于特定时期或特定义务，或者仅特定范围的社员负担责任者，其规定无效。

第 873 条

e. 破产中的程
序

¹ 合作社破产时，如其社员应负个人责任或追加出资义务，在合作社社员草拟分配方案时，破产管理人应同时拟定各社员个人须暂时承担的责任份额或须暂时给付的追加出资的数额，并催告其履行义务。

² 社员中有不能履行其责任份额或追加出资义务者，由其他社员平均分担之；如有溢额，在作成终局的分配方案后，予以返还。合作社社员相互间的追偿权，不受影响。

³ 对于暂时的责任承担方案和终局的分配方案，得依 1889 年 4 月 11 日《关于债务追索和破产的法律》[2] 的相关规定，诉请撤销之。

⁴ 其程序，由联邦委员会以法令决定之。[3]

第 874 条

f. 责任条款的
变更

¹ 合作社社员的责任或追加出资义务的变更，以及股份证书的减少或废止，仅得以修改章程的方式为之。

---

〔1〕 关于催告履行出资义务和社员被声明丧失社员权的规定，见第 867 条。——译注

〔2〕 Bundesgesetz vom 11. April 1889 über Schuldbetreibung und Konkurs.

〔3〕 依 2008 年 3 月 20 日《关于修正联邦立法的联邦法律》（Bundesgeset vom 20. März 2008 zur formellen Bereinigung des Bundesrecht）第 Ⅱ 10 项修正，自 2008 年 8 月 1 日起生效。

² 股份证书的减少或废止，适用关于股份有限公司减资的规定^[1]。

³ 合作社社员的责任和追加出资义务的减轻，对于章程修改公告前发生的债务，不发生影响。

⁴ 合作社社员的责任和追加出资义务的设定或加重，在其决议被登记于商事登记簿后，发生有利于合作社债权人的效力。

第 875 条

g. 新入社社员
的责任

¹ 合作社，如其社员应负个人责任或追加出资义务，对于合作社的债务，包括其入社前发生的债务，新入社的社员与其他社员负相同的责任。

² 合作社章程的规定或社员相互间的约定与前款规定相反者，无对抗第三人的效力。

第 876 条

h. 社员退社或
合作社解散
时的责任

¹ 无限责任或有限责任的社员，因死亡或其他原因退出合作社者，如合作社在其退社被登记于商事登记簿后一年内或章程规定的更长期限内被宣告破产，对于其退社前发生的债务，仍应负其责任。

² 社员的追加出资义务，以与前款相同的条件和期限，继续存在。

³ 合作社解散后，如合作社在其解散被登记于商事登记簿后一年内或章程规定的更长期限内被宣告破产，其社员，应同于前二款所规定的退社社员，负担责任或履行追加出资的义务。

---

[1]　关于股份有限公司减资的规定，见第 732 条以下。——译注

第 877 条

i. 入社和退社
的登记声请

¹ 合作社社员，对于合作社的债务，应负无限或有限责任或应履行追加出资义务者，董事会应在社员入社或退社后三个月内，向商事登记局声请办理登记。

² 此外，退社社员、被开除的社员及死亡社员的继承人，亦得自行向商事登记局声请办理入社、退社或社员死亡的登记。商事登记局应立即将该登记声请通知合作社的董事会。

³ 特许的保险合作社，无须向商事登记局声请办理关于社员的登记。

第 878 条

k. 责任之时效

¹ 债权人因合作社社员的个人责任而享有请求权者，得在破产程序终结后一年内主张之，但依法律规定，其债权此前已消灭者，不在此限。

² 合作社社员相互间的追偿权，自其因请求而应为支付时起，经过一年而罹于时效。

第五节 合作社的组织

第 879 条

A. 社员大会

I. 职权

¹ 合作社的最高机构，为社员大会。

² 社员大会对于下列事项有不可移转的职权：

    1. 制定和修改章程；

    2. 选举董事会和审计人；[1]

---

〔1〕 依 2005 年 12 月 16 日的联邦法律（有限责任公司法，以及关于股份有限公司法、合作社法、商事登记簿法和商号法的修正案，GmbH-Recht sowie Anpassungen im Aktien-, Genossenschafts-, Handelsregister- und Firmenrecht）第 I 3 项修正，自 2008 年 1 月 1 日起生效。

3. 批准经营管理情况报告和康采恩账册；[1]

4. 解任董事；

5. 对法律或章程保留给社员大会的事项作出决议。

第 880 条

II. 书面表决 合作社，其社员人数超过三百人或其多数社员本身为合作社者，章程得规定，社员大会以社员书面投票（书面表决）的方式，行使其全部或部分的权力。

第 881 条

III. 社员大会的召集

1. 权利和义务

¹ 社员大会，由董事会或章程授权的其他机构，必要时由审计人，召集之。[2] 清算人和债券债权人的代表人亦有召集权。

² 有十分之一以上的社员，社员少于三十人的合作社有三名以上的社员，请求召集社员大会时，应召集社员大会。

³ 董事会未按请求在合理期限内召集社员大会者，法院应依请求人的声请，命令召集社员大会。

第 882 条

2. 形式

¹ 社员大会，应依章程规定的形式召集之，其召集，应在社员大会召开前，至少提前五天为之。

² 社员超过三十人的合作社，社员大会的召集经公告后生效。

---

〔1〕 依 2011 年 12 月 23 日的联邦法律（账目报告法，Rechnungslegungsrecht）修正，自 2013 年 1 月 1 日起生效。

〔2〕 依 2005 年 12 月 16 日的联邦法律（有限责任公司法，以及关于股份有限公司法、合作社法、商事登记簿法和商号法的修正案，GmbH-Recht sowie Anpassungen im Aktien-, Genossenschafts-, Handelsregister- und Firmenrecht）第 I 3 项修正，自 2008 年 1 月 1 日起生效。

第 883 条

3. 决议事项

¹ 召集社员大会，应通知拟要决议的事项，如涉及章程的修改，应通知拟要修改的主要内容。

² 召集通知中未列出的事项，不得决议之，但拟要决议的事项，为提议召集下届社员大会者，不在此限。

³ 不进行表决的提议和事项，无须事先通知。

第 884 条

4. 社员全会

所有社员都出席的社员大会，如无任何异议，得不依关于社员大会召集程序的规定，通过决议。

第 885 条

Ⅳ. 表决权

每一社员，在社员大会或书面表决中，均有一表决权。

第 886 条

Ⅴ. 代表

¹ 社员得委任其他社员代其在社员大会行使表决权，但代表人仅得代表一个社员行使表决权。

² 社员人数超过一千人的合作社，章程得规定，每一社员得代表一个以上九个以下的其他社员行使表决权。

³ 章程得规定，社员的表决权，得由其有行为能力的家属代为行使。

第 887 条

Ⅵ. 无表决权

¹ 关于解任董事会的决议，参与合作社事务管理的人，不问其参与程度，均无表决权。

² ……〔1〕

---

〔1〕 依 2005 年 12 月 16 日的联邦法律（有限责任公司法，以及关于股份有限公司法、合作社法、商事登记簿法和商号法的修正案，GmbH-Recht sowie Anpassungen im Aktien-, Genossenschafts-, Handelsregister- und Firmenrecht）第 I 3 项废止，自 2008 年 1 月 1 日起失效。

第 888 条

VII. 决议的通过
1. 一般规定

1 除法律或章程另有规定外，社员大会，以所投表决票的绝对多数，通过其决议和确定其选举结果。采用书面表决方式进行表决的决议和选举，亦同。

2 解散合作社和修改章程的决议，须经所投表决票的三分之二多数通过。章程得就解散合作社和修改章程的决议，规定更严格的通过条件。[1]

第 889 条

2. 加重社员义务的决议

1 设定或加重社员的个人责任或追加出资义务的决议，非经合作社全体社员的四分之三社员的同意，不得通过。

2 不同意前款决议的社员，如在决议公告后三个月内声明退社，前款决议对其无拘束力。其退社于决议生效之日发生效力。

3 于此情形，退社无须支付退社赔偿金。

第 890 条

VIII. 董事会和审计人的解任[2]

1 社员大会有权解任董事会成员和审计员及其所委任的经理人或商事代理人。[3]

2 有重大理由，特别是，有关当事人懈怠其职责或不能胜任其职务时，经十分之一以上社员的声请，法院得命令解任。于此情形，如有必要，法院应同时命令合作社由其主管机关重新选任相关人员，并应采取适当的临时性措施。

3 因解任而产生的损害赔偿请求权不受影响。

---

〔1〕 依 2003 年 10 月 3 日《兼并法》（Fusionsgesetz vom 3. Okt. 2003）附录第 2 项修正，自 2004 年 7 月 1 日起生效。

〔2〕 依 2005 年 12 月 16 日的联邦法律（有限责任公司法，以及关于股份有限公司法、合作社法、商事登记簿法和商号法的修正案，GmbH-Recht sowie Anpassungen im Aktien-, Genossenschafts-, Handelsregister- und Firmenrecht）第 I 3 项修正，自 2008 年 1 月 1 日起生效。

〔3〕 依 2005 年 12 月 16 日的联邦法律（有限责任公司法，以及关于股份有限公司法、合作社法、商事登记簿法和商号法的修正案，GmbH-Recht sowie Anpassungen im Aktien-, Genossenschafts-, Handelsregister- und Firmenrecht）第 I 3 项修正，自 2008 年 1 月 1 日起生效。

第 891 条

IX. 社员大会决议的撤销

¹ 董事会和合作社社员，对于社员大会或以书面表决方式通过的违反法律或章程的决议，得向法院提起以合作社为被告的撤销之诉。董事会为原告时，法院应为合作社指定代表人。

² 未在决议通过后两个月内提出撤销之诉者，撤销权消灭。

³ 撤销决议的判决，不问其是否有利于社员，均对全体社员发生效力。

第 892 条

X. 代表大会

¹ 合作社，其社员人数超过三百人或其多数社员本身为合作社者，得通过章程，将社员大会的权力全部或部分授与代表大会。

² 代表大会的组成、选举和召集，由章程规定之。

³ 除章程对表决权另有规定外，每一代表在代表大会中有一表决权。

⁴ 此外，对于代表大会，适用关于社员大会的法律规定[1]。

第 893 条

XI. 关于保险合作社的特别规定

¹ 特许的保险合作社，其社员人数超过一千人者，得通过章程，将社员大会的权利全部或部分授与董事会。

² 社员追加出资义务的设定或加重、合作社的解散或合并或分离、合作社法律形式的变更等专属于社员大会的权力，不得被授与董事会。[2]

---

〔1〕 关于合作社社员大会的规定，见第 879 条以下。——译注

〔2〕 依 2003 年 10 月 3 日《兼并法》（Fusionsgesetz vom 3. Okt. 2003）附录第 2 项修正，自 2004 年 7 月 1 日起生效。

第 894 条

B. 董事会
I. 作为董事会
　　成员应具备
　　的条件
1. 社员

¹ 合作社的董事会，由三名以上的成员组成；其成员须多数为合作社的社员。

² 合作社的社员为法人、商事组织者，该法人或商事组织本身不得作为董事会的成员；但其代表人得代替法人或商事组织，担任董事会的成员。

第 895 条[1]

2. 国籍与住所

第 896 条

II. 任期

¹ 董事会成员的每届任期，最长不得超过四年，除章程另有规定外，得连选连任。

² 如为特许的保险合作社，适用关于股份有限公司董事会成员任期的规定[2]。

第 897 条

III. 管理委员会

合作社得通过章程，将董事会的部分义务和权力，授与由董事会选举产生的、由一人或数人组成的管理委员会。

第 898 条[3]

IV. 事务的执行
　　和代表
1. 一般规定

¹ 章程得规定，社员大会或董事会有权将事务执行权和代表权，全部或部分授与一人或数人、一名或数名事务执行人或经理人，且被授权人无须为合作社的社员。

---

〔1〕 依 2005 年 12 月 16 日的联邦法律（有限责任公司法，以及关于股份有限公司法、合作社法、商事登记簿法和商号法的修正案，GmbH-Recht sowie Anpassungen im Aktien-, Genossenschafts-, Handelsregister- und Firmenrecht）第 I 3 项废止，自 2008 年 1 月 1 日起失效。

〔2〕 关于股份有限公司董事会成员任期的规定，见第 710 条。——译注

〔3〕 依 2005 年 12 月 16 日的联邦法律（有限责任公司法，以及关于股份有限公司法、合作社法、商事登记簿法和商号法的修正案，GmbH-Recht sowie Anpassungen im Aktien-, Genossenschafts-, Handelsregister- und Firmenrecht）第 I 3 项修正，自 2008 年 1 月 1 日起生效。

² 合作社，须由在瑞士有住所的人代表之。公司的代表人，须为董事会成员、事务执行人或行政主管。代表人须有权了解第 837 条所称之社员名册中的内容。〔1〕

第 899 条

2. 范围和限制

¹ 对合作社有代表权的人，得以合作社的名义，实施一切符合合作社宗旨的法律上之行为〔2〕。

² 代表权的限制，对善意第三人不生效力；但关于主营业所或分营业所的排他性代表权或共同行使合作社代表权的规定已登记于商事登记簿者，不在此限。

³ 合作社，对于被授权代表合作社或执行合作社事务的人在执行职务时实施不许行为〔3〕所造成的损害，应负责任。

第 899a 条〔4〕

3. 合作社与其代表人订立的契约

合作社通过代表人订立契约，而与之订立契约的相对人为代表人本人者，该契约须采用书面形式。但所订立的契约属于日常交易，且公司因该契约而应为之给付不超过一千瑞士法郎者，不在此限。

---

〔1〕 依 2014 年 12 月 12 日《关于执行金融行动特别工作组 2012 年修正之建议的联邦法律》（Bundesgesetz vom 12. Dez. 2014 zur Umsetzung der 2012 revidierten Empfehlungen der Groupe d'action financière）第 I 2 项修正，自 2015 年 7 月 1 日起生效。

〔2〕 法律上之行为，原文 Rechtshandlung。——译注

〔3〕 不许行为，原文 unerlaubte Handlung，瑞士官方英译为 unauthorised act。——译注

〔4〕 依 2005 年 12 月 16 日的联邦法律（有限责任公司法，以及关于股份有限公司法、合作社法、商事登记簿法和商号法的修正案，GmbH-Recht sowie Anpassungen im Aktien-, Genossenschafts-, Handelsregister- und Firmenrecht）第 I 3 项增订，自 2008 年 1 月 1 日起生效。

第 900 条

4. 签名[1]

对合作社有代表权的人在签名时，应在合作社的名称后，附加其个人签名。

第 901 条

5. 登记[2]

对合作社有代表权的人，应由董事会声请登记于商事登记簿，声请登记时，应呈交相关决议的复本，且所呈交的复本须经认证。当事人应在商事登记局亲笔书写签名，或者依认证方式呈交其签名。

第 902 条

V. 义务

1. 一般规定

[1] 董事会应为一切必要之注意，审慎执行合作社的事务，尽其所能，以实现合作社的宗旨。

[2] 特别是，董事会负有下列义务：

　　1. 预备社员大会的各项事务，执行社员大会的决议；

　　2. 对有事务执行权和代表权的人进行监督，确保其遵守法律、章程、业务守则，定期了解合作社事务的执行情况。

[3] 董事会应妥善保存董事会和社员大会的会议记录、重要账册及社员名册，按法律规定编制营业账册和年度资产负债表并呈交审计人审核，向商事登记局通报社员的入社和退社情况。[3]

---

〔1〕 依 2005 年 12 月 16 日的联邦法律（有限责任公司法，以及关于股份有限公司法、合作社法、商事登记簿法和商号法的修正案，GmbH-Recht sowie Anpassungen im Aktien-, Genossenschafts-, Handelsregister- und Firmenrecht）第Ⅰ3 项修正，自 2008 年 1 月 1 日起生效。

〔2〕 依 2005 年 12 月 16 日的联邦法律（有限责任公司法，以及关于股份有限公司法、合作社法、商事登记簿法和商号法的修正案，GmbH-Recht sowie Anpassungen im Aktien-, Genossenschafts-, Handelsregister- und Firmenrecht）第Ⅰ3 项修正，自 2008 年 1 月 1 日起生效。

〔3〕 依 2005 年 12 月 16 日的联邦法律（有限责任公司法，以及关于股份有限公司法、合作社法、商事登记簿法和商号法的修正案，GmbH-Recht sowie Anpassungen im Aktien-, Genossenschafts-, Handelsregister- und Firmenrecht）第Ⅰ3 项修正，自 2008 年 1 月 1 日起生效。

第 903 条

2. 债务超过和
资本损失时
的通知义务

¹ 有充分理由认为公司陷于债务超过时，董事会应立即依合作社财产的让售价值编制期中资产负债表。

² 上一年度的年度资产负债表和在此基础上经清算而编制的资产负债表显示，或者期中资产负债表显示，合作社的财产不足以清偿合作社债权人之债权时，董事会应立即通知法院。法院应宣布开始破产程序，但具备停止破产程序之条件者，不在此限。

³ 发行股份证书的合作社，如上一年度的年度资产负债表显示，合作社的资本不足半数，董事应及时召集社员大会并通报其情事。

⁴ 社员有追加出资义务的合作社，仅在其资产负债表所显示的亏损无法在三个月内通过社员追加出资得到补足时，始须通知法院。

⁵ 合作社有重整希望者，法院得依董事会或债权人的声请，停止破产程序。于此情形，法院应为保全合作社的财产采取适当措施，例如编制财产目录、委任财产管理人。

⁶ 如为特许的保险合作社，合作社社员基于保险契约而享有的请求权，视为债权人的权利。

第 904 条

VI. 已受给付的
返还

¹ 合作社破产时，董事会成员在破产前三年内，以盈余份额的方式或以其他名目取得的、超过合理报酬的、依经严格编制的资产负债表不应取得的利益，应全部返还于合作社的债权人。

² 依关于不当得利的规定[1]，不得请求返还者，无返还请求权。

³ 法院得在综合考虑各种情事后，依其衡量裁判之。

---

[1] 不当得利法中关于不得请求返还的规定，见第64条。——译注

第 905 条

VII. 停职与解任

　　¹ 董事会得随时解任由其所委任的委员会、事务执行人、行政主管、经理人和其他商事代理人。

　　² 对于由社员大会所委任的经理人和其他商事代理人，以立即召开社员大会为限，董事会得随时停止其职务。

　　³ 因解任或停职而产生的赔偿请求权不受影响。

第 906 条[1]

C. 审计人
I. 一般规定

　　¹ 关于审计人，准用股份有限公司法的相关规定[2]。

　　² 有下列情形之一时，应由审计人对年度决算进行通常审计：

　　　　1. 百分之十的社员请求时；

　　　　2. 占合作社资本百分之十以上的社员请求时；

　　　　3. 应负个人责任或追加出资义务的社员请求时。

第 907 条[3]

II. 社员名册的审核

　　社员应负个人责任或追加出资义务的合作社，审计人应审核社员名册是否正确。合作社无审计人者，董事会应安排有资质的审计师对社员名册进行审核。[4]

---

〔1〕　依 2005 年 12 月 16 日的联邦法律（有限责任公司法，以及关于股份有限公司法、合作社法、商事登记簿法和商号法的修正案，GmbH-Recht sowie Anpassungen im Aktien-, Genossenschafts-, Handelsregister- und Firmenrecht）第 I 3 项修正，自 2008 年 1 月 1 日起生效。

〔2〕　关于股份有限公司审计人的规定，见第 727 条至第 731a 条。——译注

〔3〕　依 2005 年 12 月 16 日的联邦法律（有限责任公司法，以及关于股份有限公司法、合作社法、商事登记簿法和商号法的修正案，GmbH-Recht sowie Anpassungen im Aktien-, Genossenschafts-, Handelsregister- und Firmenrecht）第 I 3 项修正，自 2008 年 1 月 1 日起生效。

〔4〕　条文中两处"社员名册"（Genossenschafterverzeichnis）之用语，由联邦议会和国民议会的联席会议法律起草委员会修正（《联邦议会法》［Parlamentsgesetz, Bundesgesetz über die Bundesversammlung］第 58 条第 1 款）。

第 908 条 [1]

D. 组织瑕疵 关于合作社的组织瑕疵，准用股份有限公司法的相关规定 [2]。

第 909 条和第 910 条 [3]

第六节　合作社的解散

第 911 条

A. 解散事由 合作社，有下列情事之一者，解散：

1. 章程所规定的事由；
2. 社员大会决议解散；
3. 宣告破产；
4. 法律规定的其他情事。

第 912 条

B. 声请登记于 除合作社因破产而解散外，董事会应声请将解散登记于
商事登记簿 商事登记簿。

第 913 条

C. 清算、财产的 [1] 关于合作社的清算，除下列规定外，适用关于股份有
分配 限公司清算的规定 [4]。

---

〔1〕　依 2005 年 12 月 16 日的联邦法律（有限责任公司法，以及关于股份有限公司法、合作社法、商事登记簿法和商号法的修正案，GmbH-Recht sowie Anpassungen im Aktien-, Genossenschafts-, Handelsregister- und Firmenrecht）第 I 3 项修正，自 2008 年 1 月 1 日起生效。

〔2〕　关于股份有限公司组织瑕疵的规定，见第 731b 条。——译注

〔3〕　依 2005 年 12 月 16 日的联邦法律（有限责任公司法，以及关于股份有限公司法、合作社法、商事登记簿法和商号法的修正案，GmbH-Recht sowie Anpassungen im Aktien-, Genossenschafts-, Handelsregister- und Firmenrecht）第 I 3 项废止，自 2008 年 1 月 1 日起失效。

〔4〕　关于股份有限公司清算的规定，见第 739 条至第 747 条。——译注

² 合作社财产在清偿全部债务和返还合作社股份后仍有剩余者，仅在章程有规定将剩余财产分配于社员时，始得向社员分配财产。

³ 在前款情形，除章程另有规定外，应依合作社解散时的社员人数，将剩余财产平均分配于合作社社员或其权利继受人。退社社员或其权利继受人的法定偿还请求权，不受影响。

⁴ 章程未规定将剩余财产分配于社员时，清算后的剩余财产应被利用于实现合作社的宗旨或促进公益事业。

⁵ 除章程另有规定外，前款所称合作社的宗旨和公益事业，由社员大会决定之。

第 914 条〔1〕

D. 兼并

第 915 条

E. 公法团体承受合作社财产

¹ 合作社的财产，由联邦、州，或者由受州担保的区、镇，承受者，经社员大会同意，得不对合作社进行清算。

² 社员大会的决议，应依关于合作社解散的规定作出，并应声请登记于商事登记簿。

³ 合作社的财产及债务，在社员大会的决议登记于商事登记簿时，发生移转；同时应办理合作社名称的涂销。

---

〔1〕 依 2003 年 10 月 3 日《兼并法》（Fusionsgesetz vom 3. Okt. 2003）附录第 2 项废止，自 2004 年 7 月 1 日起失效。

第七节 责 任

第 916 条[1]

A. 对合作社的
责任

在合作社中从事行政管理、事务执行、审计或清算的人故意或过失违反义务，致合作社损害者，应负赔偿责任。

第 917 条

B. 对合作社、
合作社社员
和债权人的
责任

¹ 董事会成员和清算人故意或过失违反法定义务，致合作社陷于债务超过者，应向合作社、合作社的社员和债权人，负损害赔偿责任。

² 合作社的社员和债权人，因合作社遭受损害而间接受到损害，并因此请求损害赔偿者，适用股份有限公司法的相关规定[2]。

第 918 条

C. 连带责任和
求偿权

¹ 数人对同一损害均负赔偿责任时，该数人应负连带责任。

² 数责任人相互间的追偿权，由法院依过错程度裁判之。

第 919 条

D. 时效

¹ 对于上述各条所规定的责任人的损害赔偿请求权，自受害人知悉损害和责任人之日起，经过五年而罹于时效，但无论如何，自损害行为发生之日起，已经过十年者，亦罹于时效。

---

〔1〕 依 2005 年 12 月 16 日的联邦法律（有限责任公司法，以及关于股份有限公司法、合作社法、商事登记簿法和商号法的修正案，GmbH-Recht sowie Anpassungen im Aktien-, Genossenschafts-, Handelsregister- und Firmenrecht）第 I 3 项修正，自 2008 年 1 月 1 日起生效。

〔2〕 关于股份有限公司股东的损害赔偿请求权，见第 756 条、第 758 条。——译注

² 损害赔偿之诉基于犯罪行为而提起者，如刑法就该犯罪行为规定更长的时效，其规定亦适用于民事请求权。

第 920 条

E. 信用合作社和保险合作社

如为信用合作社和特许的保险合作社，适用股份有限公司法关于责任的规定[1]。

第八节 合作社联合会

第 921 条

A. 要件

三个或三个以上的合作社，得成立合作社联合会；合作社联合会，以合作社的方式成立之。

第 922 条

B. 组织机构
I. 代表大会

¹ 除章程另有规定外，合作社联合会的最高机构为代表大会。

² 合作社联合会中的各合作社的代表数由章程规定。

³ 除章程另有规定外，每一代表有一表决权。

第 923 条

II. 董事会

合作社联合会的董事会，除章程另有规定外，由会员合作社的社员组成。

第 924 条

III. 监督、撤销

¹ 联合会的章程得规定，联合会的董事会，对于会员合作社的业务活动，有监督的权利。

---

[1] 股份有限公司法关于责任的规定，见第752条至第760条。——译注

² 联合会的章程得规定，联合会的董事会，对于各会员
合作社所通过的决议，有诉请法院撤销的权利。

第 925 条

IV. 不得增加合
作社社员的
义务

合作社加入联合会，不得使合作社的社员因其加入而负
担法律或合作社章程原本未规定的义务。

第九节　公法团体的参与

第 926 条

¹ 公法团体，例如联邦、州、区或镇，对于合作社具有
公共利益时，合作社章程得规定，公法团体有权在董
事会或审计人中委派其代表人。[1]

² 由公法团体委派的董事会成员或审计员，与合作社选任
的董事会成员或审计员，有相同的权利和义务。

³ 由公法团体委派到合作社董事会或审计人的代表人，
只能由公法团体解任。[2] 公法团体，对其所委派的代
表人，应向合作社、合作社社员和合作社债权人负责，
其依联邦法律和州法律而对所委派代表人的追偿权，
不受影响。

---

〔1〕 依 2005 年 12 月 16 日的联邦法律（有限责任公司法，以及关于股份有限公司法、合作社
法、商事登记簿法和商号法的修正案，GmbH-Recht sowie Anpassungen im Aktien-, Genossenschafts-, Han-
delsregister- und Firmenrecht）第 I 3 项修正，自 2008 年 1 月 1 日起生效。

〔2〕 依 2005 年 12 月 16 日的联邦法律（有限责任公司法，以及关于股份有限公司法、合作社
法、商事登记簿法和商号法的修正案，GmbH-Recht sowie Anpassungen im Aktien-, Genossenschafts-, Han-
delsregister- und Firmenrecht）第 I 3 项修正，自 2008 年 1 月 1 日起生效。

商事登记簿、商号名称和商业会计[1]

---

〔1〕 依 1936 年 12 月 18 日的联邦法律修正，自 1937 年 7 月 1 日起生效。参见《关于第二十四章至第三十三章的最终条款和过渡条款》（Die Schluss- und Übergangsbestimmungen zu den Titeln XXIV-XXXIII）。

第三十章　商事登记簿

第 927 条

A. 宗旨和机构
I. 一般规定

¹ 商事登记簿，由各州设置之。

² 各州得自由决定是否按区设置商事登记簿。

³ 各州应设立负责管理商事登记簿的官方机构，以及州级的监督机关。

第 928 条

II. 责任

¹ 商事登记官及其直接的上级监督机关，对其本人或其所任命的雇员过失所致之一切损害，应负个人责任。

² ……〔1〕

³ 有责任的官员不能赔偿全部损害时，州应负补充责任。

第 929 条

III. 联邦委员会的条例
1. 一般规定〔2〕

¹ 联邦委员会，应就商事登记簿的设置、保管和监督，以及登记的程序、登记的声请、应提交的文件及其审核、登记的内容、登记的费用和登记异议的提出，作出规定。〔3〕

² 登记费，应依被登记的商事组织的经济状况，确定之。

---

〔1〕　依 2008 年 12 月 19 日的联邦法律（成年人保护法、人法和儿童法，Erwachsenenschutz, Personenrecht und Kindesrecht）附录第 10 项废止，自 2013 年 1 月 1 日起失效。

〔2〕　依 2003 年 12 月 19 日《关于电子签名的联邦法律》（Bundesgesetz vom 19. Dez. 2003 über die elektronische Signatur）附录第 2 项修正，自 2005 年 1 月 1 日起生效。

〔3〕　依 2005 年 12 月 16 日的联邦法律（有限责任公司法，以及关于股份有限公司法、合作社法、商事登记簿法和商号法的修正案，GmbH-Recht sowie Anpassungen im Aktien-, Genossenschafts-, Handelsregister- und Firmenrecht）第 I 3 项修正，自 2008 年 1 月 1 日起生效。

第 929a 条[1]

2. 商事登记簿
   的电子化

¹ 联邦委员会，应就使用信息技术管理商事登记簿和商事登记机关相互间的电子数据交换，作出规定。特别是，联邦委员会得要求各州使用信息技术管理商事登记簿、接受电子化的声请文件、以电子方式发布有关文件、传输电子数据。

² 是否以及在何种条件下允许以电子方式向商事登记局呈交商事登记的声请及相关的声请文件，由联邦委员会规定之。联邦委员会得就商事登记声请文件的电子存档作出规定，并要求各州填发依据电子化商事登记簿的内容作成并经认证的摘录。

第 930 条

Ⅳ. 登记的公开

商事登记簿、商事登记的声请及其辅助性文件，应予开。

第 931 条

Ⅴ. 商事公报

¹ 商事登记簿中所登记的内容，除依法律或联邦委员会条例的规定，只能部分或摘要刊登外，应及时、完整地刊登于《瑞士商事公报》。

² 同样，依法律规定应向公众发布的一切公告，均应刊登于《瑞士商事公报》。

²ᵇⁱˢ 联邦委员会尚得以其他方式为公众提供刊登于《瑞士商事公报》的信息。[2]

³ 《瑞士商事公报》的设立，由联邦委员会规定之。

---

〔1〕 依 2003 年 12 月 19 日《关于电子签名的联邦法律》（Bundesgesetz vom 19. Dez. 2003 über die elektronische Signatur）附录第 2 项增订，自 2005 年 1 月 1 日起生效。

〔2〕 依 2003 年 12 月 19 日《关于电子签名的联邦法律》（Bundesgesetz vom 19. Dez. 2003 über die elektronische Signatur）附录第 2 项增订，自 2005 年 1 月 1 日起生效。

第 931*a* 条〔1〕

B. 登记
I. 登记的申请

¹ 法人的最高行政管理机构应声请办理商事登记簿的登记。特别法对于公法团体和公法机构的登记有特别规定者，从其规定。

² 商事登记簿的登记声请，须由法人的最高行政管理机构的两名成员或由一名被授与单独签署权的成员，签署之。其声请，应在商事登记局签署之，或者以向商事登记局呈交经认证的签名的方式为之。

第 932 条

II. 生效时间〔2〕

¹ 登记于商事登记簿的日期，以日记簿中所记载的登记声请日为准。

² 商事登记簿的登记，仅自公告该登记的《瑞士商事公报》发行日之后的第一个工作日起，对第三人发生效力；《瑞士商事公报》的发行日，以该《公报》上记明的发行日为准。以登记的公告之日为起算点的期限，亦自该工作日起算。

³ 特别法中，关于一经登记即发生法律效力，包括一经登记即对第三人发生法律效力的规定，以及关于一经登记即起算期限的规定，不受影响。

---

〔1〕 依 2005 年 12 月 16 日的联邦法律（有限责任公司法，以及关于股份有限公司法、合作社法、商事登记簿法和商号法的修正案，GmbH-Recht sowie Anpassungen im Aktien-, Genossenschafts-, Handelsregister- und Firmenrecht）第 I 3 项增订，自 2008 年 1 月 1 日起生效。

〔2〕 依 2005 年 12 月 16 日的联邦法律（有限责任公司法，以及关于股份有限公司法、合作社法、商事登记簿法和商号法的修正案，GmbH-Recht sowie Anpassungen im Aktien-, Genossenschafts-, Handelsregister- und Firmenrecht）第 I 3 项修正，自 2008 年 1 月 1 日起生效。

第 933 条

Ⅲ. 效力[1]

1 商事登记发生对第三人的效力后，任何人不得以不知该登记为理由，而为抗辩。

2 依规定应为登记的事项而未登记于商事登记簿者，不得以之对抗第三人，但能证明该第三人明知其事项者，不在此限。

第 934 条[2]

Ⅳ.登记于商事登记簿

1. 权利和义务

1 以商事营业的方式，从事贸易、加工制造或其他营业活动的人，应在其主营业所的所在地，将其营业登记于商事登记簿。

2 非必须登记的营业，如有商号，其营业人有权在主营业所的所在地，将其营业登记于商事登记簿。

第 935 条

2. 分营业所的登记

1 主营业所在瑞士的商事组织，其在瑞士的分营业所，应在主营业所办理登记后，在分营业所的所在地办理登记。

2 主营业所在国外的商事组织，其在瑞士的分营业所，与瑞士的商事组织的分营业所相同，应在分营业所的所在地办理登记，但主营业所所在国的法律有不同规定且可予以承认者，不在此限。须为在瑞士的分营业所，委任在瑞士有住所的人作为商事代理人，并授与商事代表权。

---

〔1〕 依 2005 年 12 月 16 日的联邦法律（有限责任公司法，以及关于股份有限公司法、合作社法、商事登记簿法和商号法的修正案，GmbH-Recht sowie Anpassungen im Aktien-, Genossenschafts-, Handelsregister- und Firmenrecht）第 I 3 项修正，自 2008 年 1 月 1 日起生效。

〔2〕 依 2005 年 12 月 16 日的联邦法律（有限责任公司法，以及关于股份有限公司法、合作社法、商事登记簿法和商号法的修正案，GmbH-Recht sowie Anpassungen im Aktien-, Genossenschafts-, Handelsregister- und Firmenrecht）第 I 3 项修正，自 2008 年 1 月 1 日起生效。

第 936 条

3. 施行细则　　关于商事登记义务的更详细的规定，由联邦委员会颁行之。

第 936*a* 条〔1〕

4. 商事组织的
　身份代码

¹ 登记于商事登记簿的独资企业、普通合伙、有限合伙、公司、合作社、社团、财团、分营业所和公法团体，依 2010 年 6 月 18 日《关于商事组织身份代码的联邦法律》取得商事组织的身份代码。

² 商事组织在其存续期间不改变其身份代码，特别是，商事组织不因其住所、组织形态、名称或商号的变更而改变其身份代码。

³ 其施行细则，由联邦委员会颁行之。联邦委员会得规定，商事组织在其信函、订货单和发票中，除标明其商号名称外，得注明其身份代码。

第 937 条

V. 变更〔2〕　　商事登记簿所登记事项的任何更改，均须办理变更登记。

第 938 条〔3〕

VI. 涂销
1. 涂销义务

已登记于商事登记簿的商事组织不复存在或移转于第三人时，原营业主或其继承人，应办理涂销登记。

---

〔1〕 依 2003 年 10 月 3 日《兼并法》（Fusionsgesetz vom 3. Okt. 2003）附录第 2 项增订。依 2010 年 6 月 18 日《关于商事组织身份代码的联邦法律》（Bundesgesetz vom 18. Juni 2010 über die Unternehmens-Identifikationsnummer）修正，自 2011 年 1 月 1 日起生效。

〔2〕 依 2005 年 12 月 16 日的联邦法律（有限责任公司法，以及关于股份有限公司法、合作社法、商事登记簿法和商号法的修正案，GmbH-Recht sowie Anpassungen im Aktien-, Genossenschafts-, Handelsregister- und Firmenrecht）第 I 3 项修正，自 2008 年 1 月 1 日起生效。

〔3〕 依 2005 年 12 月 16 日的联邦法律（有限责任公司法，以及关于股份有限公司法、合作社法、商事登记簿法和商号法的修正案，GmbH-Recht sowie Anpassungen im Aktien-, Genossenschafts-, Handelsregister- und Firmenrecht）第 I 3 项修正，自 2008 年 1 月 1 日起生效。

第 938a 条[1]

2. 依职权涂销

¹ 商事组织停止营业且无可变价的财产时，商事登记官，在三次催告债权人申报债权无结果后，得将公司从商事登记簿中涂销。

² 有限责任公司的股东、股份有限公司的股东、合作社社员或债权人，就商事登记之维持，主张有利益者，由法院裁判之。

³ 其施行细则，由联邦委员会颁行之。

第 938b 条[2]

3. 法人机关和
   代表权

¹ 作为法人机关而被登记于商事登记簿的人离职时，离职人所属法人应及时请求将离职人的姓名从商事登记簿中涂销。

² 离职人本人亦得声请涂销登记。商事登记官应将涂销登记的事实，及时通知法人。

³ 被授与签署权的人的姓名，已被登记于商事登记簿者，关于其姓名的涂销，亦适用前二款的规定。

第 939 条

Ⅶ. 商事组织和
    合作社被宣
    告破产[3]

¹ 商事组织或合作社被宣告破产时，商事登记官在收到宣告破产的正式通知后，应将因宣告破产所必然导致的商事组织或合作社解散的事实，登记于商事登记簿。

---

〔1〕 依 2005 年 12 月 16 日的联邦法律（有限责任公司法，以及关于股份有限公司法、合作社法、商事登记簿法和商号法的修正案，GmbH-Recht sowie Anpassungen im Aktien-, Genossenschafts-, Handelsregister- und Firmenrecht）第 Ⅰ 3 项增订，自 2008 年 1 月 1 日起生效。

〔2〕 依 2005 年 12 月 16 日的联邦法律（有限责任公司法，以及关于股份有限公司法、合作社法、商事登记簿法和商号法的修正案，GmbH-Recht sowie Anpassungen im Aktien-, Genossenschafts-, Handelsregister- und Firmenrecht）第 Ⅰ 3 项增订，自 2008 年 1 月 1 日起生效。

〔3〕 依 2005 年 12 月 16 日的联邦法律（有限责任公司法，以及关于股份有限公司法、合作社法、商事登记簿法和商号法的修正案，GmbH-Recht sowie Anpassungen im Aktien-, Genossenschafts-, Handelsregister- und Firmenrecht）第 Ⅰ 3 项修正，自 2008 年 1 月 1 日起生效。

² 破产宣告如被撤销，商事登记官在收到撤销破产宣告的正式通知后，应将前款登记从商事登记簿中涂销。

³ 破产程序终结后，商事登记官在收到破产程序终结的正式通知后，将商事组织或合作社从商事登记簿中涂销。

第 940 条

VIII. 商事登记官的义务

1. 审查义务[1]

¹ 商事登记官对于声请登记的事项，应审查其是否具备登记的法定要件。

² 在办理法人登记时，商事登记官应特别注意审查，法人章程是否违反强行法，是否具备法律规定的必要内容。

第 941 条

2. 催告、依职权办理登记

商事登记官应催告有登记义务的当事人履行声请登记的义务，必要时，商事登记官得依职权办理法律所规定的登记。

第 941a 条[2]

3. 向法院或监督机构声请

¹ 商事组织欠缺强行法所规定的组织机构时，商事登记官应声请法院采取必要措施。

² 财团欠缺强行法所规定的组织机构时，商事登记官应声请监督机构采取必要措施。

³ 社团违反法律关于审计人的强行性规定时，商事登记官应声请法院采取必要措施。

---

〔1〕 依 2005 年 12 月 16 日的联邦法律（有限责任公司法，以及关于股份有限公司法、合作社法、商事登记簿法和商号法的修正案，GmbH-Recht sowie Anpassungen im Aktien-, Genossenschafts-, Handelsregister- und Firmenrecht）第 I 3 项修正，自 2008 年 1 月 1 日起生效。

〔2〕 依 2004 年 10 月 8 日的联邦法律（《财团法》[Stiftungsrecht]）附录第 1 项增订，自 2006 年 1 月 1 日起生效。又依 2005 年 12 月 16 日的联邦法律（有限责任公司法，以及关于股份有限公司法、合作社法、商事登记簿法和商号法的修正案，GmbH-Recht sowie Anpassungen im Aktien-, Genossenschafts-, Handelsregister- und Firmenrecht）第 I 3 项增订，自 2008 年 1 月 1 日起生效。

第 942 条

IX. 未遵守规定
1. 损害赔偿责
   任[1]

有声请办理商事登记之义务的人，对因其故意或过失不履行义务所致之损害，应负责任。

第 943 条

2. 行政罚款

¹ 依法有声请登记之义务的人，不履行其义务时，商事登记局得依职权对其处以十至五百瑞士法郎的行政罚款。
² 股份有限公司的董事会成员，未按要求向商事登记局提交损益账册和资产负债表者，应处十至五百瑞士法郎的行政罚款。

---

〔1〕 依 2005 年 12 月 16 日的联邦法律（有限责任公司法，以及关于股份有限公司法、合作社法、商事登记簿法和商号法的修正案，GmbH-Recht sowie Anpassungen im Aktien-, Genossenschafts-, Handelsregister- und Firmenrecht）第 I 3 项修正，自 2008 年 1 月 1 日起生效。

第三十一章　商事组织的名称[1]

第 944 条

A. 商号的命名
原则
I. 一般规定

1 商号，除应包括法律规定的必要内容外，可包含具体描述个人信息或表明商事组织性质的文字，亦可包含创意性质的文字，但其名称所反映的内容须真实，不致误解，且不得违反公共利益。

2 联邦委员会得就国名和地名可用于商号的范围及程度作出规定。

第 945 条

II. 独资企业的
名称
1. 必要内容[2]

1 单独一人经营的企业，其名称，须含有企业主的姓，其名，可加入或不加入。

2 ……[3]

3 其名称，不得含有表明独资企业为公司或合伙的文字。

第 946 条

2. 已登记商
号名称的
排他性

1 独资企业的名称登记于商事登记簿后，同一地域内的其他企业主，虽其姓和名与已有的商号中的姓和名相同，亦不得将其姓或名用作企业的名称。

2 于此情形，后设企业的企业主，在命名其商号时，应

---

〔1〕　标题"商事组织的名称"，亦译"商号"，原文 Geschäftsfirmen。——译注

〔2〕　依 2005 年 12 月 16 日的联邦法律（有限责任公司法，以及关于股份有限公司法、合作社法、商事登记簿法和商号法的修正案，GmbH-Recht sowie Anpassungen im Aktien-, Genossenschafts-, Handelsregister- und Firmenrecht）第 I 3 项修正，自 2008 年 1 月 1 日起生效。

〔3〕　依 1991 年 10 月 4 日的联邦法律第 I 项废止，自 1992 年 7 月 1 日起失效。

在其名之后附加后缀，以明显区别于已有的商号。

³ 独资企业的名称在其他地域被人注册时，得依关于反不正当竞争的规定，行使其权利。

第 947 条

Ⅲ. 合伙、公司和合作社的名称

1. 普通合伙、有限合伙和股份有限公司

a. 名称的组成

¹ 普通合伙的名称，不包含所有合伙人的姓时，应至少含有一名合伙人的姓，并附加表明其为普通合伙的后缀。

² 普通合伙的名称，不因新合伙人的入伙而变更。

³ 有限合伙或股份有限合伙的名称，应至少包含一名无限责任合伙人的姓，并附加表明其合伙性质的后缀。

⁴ 不负无限责任的合伙人，其名不得在普通合伙、有限合伙和股份有限合伙的名称中出现。

第 948 条

b. 商号的变更

¹ 其姓作为普通合伙、有限合伙或股份有限合伙名称组成部分的合伙人退出合伙时，不论其本人或其继承人是否同意继续将其姓作为商号的组成部分，均须将其姓从商号中除去。

² 因合伙人间存在亲属关系而得以表明其为合伙的商事组织，如有两名或两名以上负无限责任的合伙人仍存在血亲关系或姻亲关系，且其中一名合伙人的姓作为商号的组成部分时，得例外地不适用前款规定。

第 949 条 [1]

---

[1] 依 2005 年 12 月 16 日的联邦法律（有限责任公司法，以及关于股份有限公司法、合作社法、商事登记簿法和商号法的修正案，GmbH-Recht sowie Anpassungen im Aktien-, Genossenschafts-, Handelsregister- und Firmenrecht）第Ⅰ3 项废止，自 2008 年 1 月 1 日起失效。

第 950 条[1]

2. 股份有限公
司、有限责
任公司和合
作社

股份有限公司、有限责任公司和合作社，得在不违反商
号命名一般规定的前提下，自由决定其名称[2]。其名
称中应标明"股份有限公司"或"有限责任公司"或
"合作社"字样。

第 951 条[3]

3. 已登记的商
号名称的排
他性

[1] 关于已登记的独资企业名称的排除性的规定，亦适用
于普通合伙、有限合伙和股份有限合伙的名称。

[2] 股份有限公司、有限责任公司和合作社的名称，须明
显区别于其他已在瑞士登记的股份有限公司、有限责
任公司和合作社的名称。

第 952 条

IV. 分营业所

[1] 分营业所须与主营业所使用同一商号；但分营业所得在主
营业所的名称中附加能够表明其为独立的分营业所的文字。

[2] 住所在外国的商事组织，其在瑞士的分营业所的名称，
须包含表明其主营业所所在地、分营业所所在地和能
够表明其为独立的分营业所的文字。

第 953 条

V. 营业之承受

[1] 营业的承受人应遵守关于商号的命名和使用的规定。

[2] 经原营业主或其继承人明示或默示同意，承受人得继
续使用原商号，但应标明其承受关系和新营业主。

---

〔1〕　依 2005 年 12 月 16 日的联邦法律（有限责任公司法，以及关于股份有限公司法、合作社
法、商事登记簿法和商号法的修正案，GmbH-Recht sowie Anpassungen im Aktien-, Genossenschafts-, Han-
delsregister- und Firmenrecht）第 13 项修正，自 2008 年 1 月 1 日起生效。

〔2〕　关于商号命名的一般规定，见第 944 条。——译注

〔3〕　依 2005 年 12 月 16 日的联邦法律（有限责任公司法，以及关于股份有限公司法、合作社
法、商事登记簿法和商号法的修正案，GmbH-Recht sowie Anpassungen im Aktien-, Genossenschafts-, Han-
delsregister- und Firmenrecht）第 I 3 项修正，自 2008 年 1 月 1 日起生效。

第 954 条

VI. 姓名的变更

使用于商号中的营业主或合伙人的姓名，被依法或主管机关变更者，商号保持不变。

第 954a 条[1]

B. 商号名称和
其他名称的
使用义务

¹ 商事组织应在信函、订货单、发票及公告中，完整且正确无误地标明其登记于商事登记簿的商号或其他名称。

² 商事组织得在使用商号时，附加使用其简称、徽标、所营商品的名称、营业标识或类似标识。

第 955 条

C. 监督[2]

商事登记官负有依职权监督相关当事人遵守关于商号命名规定的义务。

第 956 条

D. 商号的保护[3]

¹ 独资企业、商事组织或合作社的名称，经登记于商事登记簿并公告于《瑞士商事公报》后，其权利人对其享有专属的使用权。

² 他人未经授权，不法使用其商号，侵害其专属使用权时，权利人得诉请停止使用，对于有过错的不法使用人，得诉请损害赔偿。

---

〔1〕 依 2005 年 12 月 16 日的联邦法律（有限责任公司法，以及关于股份有限公司法、合作社法、商事登记簿法和商号法的修正案，GmbH-Recht sowie Anpassungen im Aktien-, Genossenschafts-, Handelsregister- und Firmenrecht）第 I 3 项增订，自 2008 年 1 月 1 日起生效。

〔2〕 依 2005 年 12 月 16 日的联邦法律（有限责任公司法，以及关于股份有限公司法、合作社法、商事登记簿法和商号法的修正案，GmbH-Recht sowie Anpassungen im Aktien-, Genossenschafts-, Handelsregister- und Firmenrecht）第 I 3 项修正，自 2008 年 1 月 1 日起生效。

〔3〕 依 2005 年 12 月 16 日的联邦法律（有限责任公司法，以及关于股份有限公司法、合作社法、商事登记簿法和商号法的修正案，GmbH-Recht sowie Anpassungen im Aktien-, Genossenschafts-, Handelsregister- und Firmenrecht）第 I 3 项修正，自 2008 年 1 月 1 日起生效。

第三十二章　商业会计和财务报告[1]

第一节　一般规定

第 957a 条

A. 关于会计和财务报告的义务

¹ 下列各条关于会计和财务报告义务的规定，适用于：

　　1. 上一营业年度的营业额在五十万法郎以上的独资企业和合伙；

　　2. 法人。

² 下列组织，仅须就其收支和财产状况，编制账册：

　　1. 上一营业年度的营业额不足五十万法郎的独资企业和合伙；

　　2. 无须登记于商事登记簿的社团和财团；

　　3. 依民法典第 83b 条第 2 款规定无须设立审计人的财团。

³ 关于第 2 款所称之组织，参照适用公认的会计准则。

第 957a 条

B. 会计

¹ 会计是财务报告的基础。会计，应记录用以反映商事组织财产状况、资金状况和收益状况（经济状况）所需要的一切交易情况和事实。

² 会计应遵循公认的会计准则。特别是：

　　1. 对交易情况和事实的记录须完整、真实和

---

〔1〕 依 2011 年 12 月 23 日的联邦法律（账目报告法，Rechnungslegungsrecht）修正，自 2013 年 1 月 1 日起生效。另见《关于 2011 年 12 月 23 日修正案的过渡性条款》（Die Übergangsbestimmungen der Änderung vom 23. Dezember 2011）。

　　　　　　　　　　　有序；

　　　　　　　　2. 各项会计程序均须有书面的凭证；

　　　　　　　　3. 清晰；[1]

　　　　　　　　4. 准确反映商事组织的形式和规模；

　　　　　　　　5. 可审查性。

³ 任何以纸质、电子或类似方式记录的，能事后验证的关于交易情况或事实的文件，均视为会计凭证。

⁴ 会计，须以本国货币或以营业活动所必要的货币为之。

⁵ 会计，须以本国语言和以英语为之。会计，得以书面形式、电子形式或类似形式为之。

第 958 条

C. 财务报告

I. 目的和组成

¹ 财务报告应真实反映商事组织真实的经济状况，使第三人依其财务报告，能够对商事组织作出可靠的判断。

² 财务报告在年度营业报告中提出。年度营业报告包括年度决算（单项财务报表），年度决算由资产负债表、损益表和附注组成。本款规定适用于大型企业和康采恩商事组织。

³ 年度营业报告须在每届营业年度终了后六个月内编制完毕，并提交主管部门或负责人批准。年度营业报告须由最高行政管理机构的主席和商事组织内主管财务报告的负责人签署。

第 958a 条

II. 财务报告的基础

¹ 财务报告的编制，以商事组织在可预见的时期继续营业为基础。

---

〔1〕即会计的清晰性原则。会计的清晰性原则，指会计记录和会计报表都应当清晰明了，便于理解和利用，能清楚地反映企业经济活动的来龙去脉及其财务状况和经营成果。依清晰性原则，会计记录应准确清晰，账户对应关系明确，文字摘要清楚，数字金额准确，手续齐备，程序合理，以便信息使用者准确完整地把握信息的内容，更好地加以利用。——译注

1. 继续营业之
   假定

² 商事组织计划在自资产负债表日起的未来十二个月内
停止全部或部分营业，或者商事组织可能不可避免要
在自资产负债表日起的未来十二个月内停止全部或部
分营业者，财务报告的编制，应以商事组织中相关部
分财产的让售价值为基础。于此情形，应为与停业有
关的支出，预留准备金。

³ 出现与继续营业之假定不同之情事时，应将其情事记
载于有关账册的附注中；并应就其对商事组织经济状
况的影响，作出分析。

第 958*b* 条

2. 按时间和事
   项分别记载

¹ 支出和收益，应按其时间顺序和不同事项，分别记载之。

² 销售商品、提供服务所获得的净收益或财务收入未超
过十万法郎者，得不按时间顺序，而按支出和收益分
别记载。

第 958*c* 条

Ⅲ. 财务报告的
   基本准则

¹ 财务报告尤其应遵循下列各项准则：

    1. 须清晰且易于了解；

    2. 须完整；

    3. 须可靠；

    4. 须涵盖基本信息（基本情况）；

    5. 须审慎记录；

    6. 对事项进行阐述和评价时，须适用同一标准；

    7. 资产与负债、支出与收益不得相互抵充。

² 资产负债表和账册附注中所记载的各单项金额，须能
依财产目录或其他方式，证实之。

³ 财务报告应在不低于法定最低内容的前提下，真实反
映商事组织及其各机构的特色。

第 958d 条

IV. 描述、货币
和语言

[1] 资产负债表和损益表，得以账册或报告的方式，描述之。无实际意义或仅有微小意义的事项，无须单列记录。

[2] 在年度决算中，应在相关的营业年度旁边，记明前一营业年度的相应价值。

[3] 财务报告，以本国货币或以营业活动所必要的货币，为之。非以本国货币结算者，须附加记明换算为本国货币的金额。其换算汇率应在账册的附注中记明，如有必要，应作相应说明。

[4] 财务报告，应使用瑞士的官方语言或使用英语，编制之。

第 958e 条

D. 公开和查阅

[1] 商事组织属于下列情形之一者，应在年度决算和康采恩账册经主管部门批准后，将其与审计报告一同刊登于《瑞士商事公报》，如有人在主管部门批准后一年内提出请求，应为其寄送年度决算、康采恩账册和审计报告的正式文本，费用由请求人负担：

    1. 发行大量债券者；

    2. 其股票已在证券交易所上市交易者。

[2] 其他商事组织，应允许能证明自己具有合法利益的债权人，查阅营业报告和审计报告。有疑义者，由法院裁判之。

第 958f 条

E. 营业账册的
编制和保存

[1] 营业账册和会计凭证，连同营业报告和审计报告，必须保存十年。保存期限自营业年度终了时起算。

[2] 营业报告和审计报告，须作成书面形式，并经签署后提交保存。

3 营业账册和会计凭证，得以纸质、电子或类似方式保存之，但须确保其内容与实际的交易活动及事实一致，且能被随时读取。

4 联邦委员会应就营业账册的编制、编制准则、营业账册的保存和可利用的信息载体，作出规定。

第二节　年度决算

第 959 条

A. 资产负债表
I. 资产负债表
　　的宗旨、编
　　制义务和编
　　制能力

1 资产负债表反映商事组织至资产负债表编制截止日的财产状况和资金状况。资产负债表分为资产和负债。

2 基于既往事实，可处分的财产、有可能流入的现金和能进行可靠估价的财产，应作为资产，记入资产负债表。其他财产不得记入资产负债表。

3 流动资金，以及其他自资产负债表编制截止日起一年内或在通常的营业周期内有可能转化为流动资金的财产，应作为流动资产，记入资产负债表。所有其他的财产，应作为固定资产，记入资产负债表。

4 借入资本和自有资本，应作为资产，记入资产负债表。

5 基于既往事实而发生的债务、可能流入资金的债务和能够可靠估算其金额的债务，应作为借入资本，记入资产负债表。

6 自资产负债表编制截止日起一年内或在通常的营业周期内能够得到清偿的债务，应作为短期债务，记入资产负债表。所有其他的债务，应作为长期债务，记入资产负债表。

7 自有资本的记入方式和分类编排，应与商事组织的法律形式相适应。

第 959a 条

Ⅱ. 最小的分类

¹ 各项资产，至少应按下列项目，并按所规定的顺序，单列记录其流动比率[1]：

    1. 流动资产：

        a. 流动资金、有交易所价格的流动资产，

        b. 基于销售商品和提供服务而应收取的债权，

        c. 其他应在短期内收取的债权，

        d. 库存和不开发票的服务[2]，

        e. 应计收入[3]和预付费用；

    2. 固定资产：

        a. 金融资产，

        b. 股权，

        c. 有形的固定资产，

        d. 无形的固定资产，

        e. 尚未缴纳的股本、合伙人资本或财团资本。

² 各项资产，至少应按下列项目，并按所规定的顺序，单列记录其清偿期：

    1. 短期的借入资本：

        a. 基于销售商品和提供服务而应清偿的债务，

        b. 附利息的短期债务，

        c. 其他的短期债务，

        d. 递延收入[4]和应计费用；

---

   [1]　流动比率，原文 Liquiditätsgrad，瑞士官方英译为 liquidity ratio，指流动资产对流动负债的比率，用来衡量企业流动资产在短期债务到期前，可变为现金用于偿还负债的能力。一般而言，比率越高，说明企业资产的变现能力越强，短期偿债能力亦越强；反之则弱。一般认为，流动比率应在 2∶1 以上。流动比率 2∶1，表示流动资产是流动负债的两倍，于此情形，即使流动资产有一半在短期内不能变现，也能保证全部的流动负债得到偿还。——译注

   [2]　不开发票的服务，原文 nicht fakturierte Dienstleistung，瑞士官方英译为 non-invoiced service。——译注

   [3]　应计收入，指在会计期间终了时已获得或实现，但尚未收到款项和未入账的经营收入，例如应收出租包装物的收入、应收企业长期投资或短期投资收益以及应收银行存款利息的收入和应收出租固定资产的收入。——译注

   [4]　递延收入，亦译递延收益，指尚待确认的收入或收益。——译注

　　　　2. 长期的借入资本：

　　　　　a. 附利息的长期债务，

　　　　　b. 其他的长期债务，

　　　　　c. 准备金和法律规定的类似资本金；

　　　　3. 自有资本：

　　　　　a. 股本、合伙人资本或财团资本，如有可能，依股份类别单列，

　　　　　b. 法定的资本储备金，

　　　　　c. 法定的盈余储备金[1]，

　　　　　d. 任意的盈余储备金[2]或作为缺额项目的累积损失，

　　　　　e. 作为缺额项目的自有资本份额。

³ 其他项目，如其为第三人评估商事组织财产状况或财务状况所必要或为在通常情况下反映商事组织经营活动绩效者，应在资产负债表或账册附注中单列记录。

⁴ 对直接或间接的参与人和管理机构所享有的债权和所负担的债务，对有直接或间接参与人参股的商事组织所享有的债权和所负担的债务，应在资产负债表或账册附注中单列记录。

第 959b 条

B. 损益表，最小的分类

¹ 损益表表明商事组织每一营业年度的收益情况。损益表，得按生产损益表或销售损益表，编制之。

² 如为生产损益表（全部成本的方法），至少应按下列项目，并按所规定的顺序，单列记录之：

　　　1. 由销售商品和提供服务而获得的净收益；

　　　2. 成品和未成品之库存的变动、不开发票之服务的变动；

---

〔1〕　法定的盈余储备金，指依法律规定的比例，从公司盈余中提取的储备金。——译注

〔2〕　任意的盈余储备金，指依公司章程或股东会决议，从公司盈余中提取的储备金。——译注

  3. 原材料成本；

  4. 人员费用；

  5. 其他的经营成本；

  6. 固定资产的折旧和估价调整；

  7. 财务成本和财务收入；

  8. 非经营性成本和非经营性收入；

  9. 临时性的、一次性的或非定期的费用或收入；

  10. 直接税[1]；

  11. 年度盈余或年度亏损。

3 如为销售损益表（销售成本的方法），至少应按下列项目，并按所规定的顺序，单列记录之：

  1. 由销售商品和提供服务而获得的净收益；

  2. 为销售成品或提供服务而支出的购买成本[2]或生产成本；

  3. 管理费用和分销成本；

  4. 财务成本和财务收入；

  5. 非经营性成本和非经营性收入；

  6. 临时性的、一次性的或非定期的费用或收入；

  7. 直接税；

  8. 年度盈余或年度亏损。

4 如为销售损益表，尚须在账册附注中记明人员费用，并分项记明固定资产的折旧和估价调整。

5 其他项目，如为第三人评估商事组织收益状况所必要或为在通常情况下反映商事组织经营活动绩效者，应在损益表或账册附注中单列记录。

---

 〔1〕 直接税，指直接向个人或企业征收的税，包括对所得、劳动报酬和利润的征税。直接税与间接税相对应：间接税是对商品和服务征收的税，因而只是间接地以公众为征税对象。间接税包括销售税，以及对财产、酒类、进口商品和汽油等征收的税。——译注

 〔2〕 购买成本，原文 Anschaffungskost，瑞士官方英译为 acquisition cost。——译注

第 959*c* 条

C. 账目附注

¹ 年度决算的附注，补充和解释年度决算的其他部分。年度决算的附注包括：

1. 对年度决算所适用的、但非由法律规定的准则的说明；

2. 对资产负债表和损益表中所列项目的说明、分析和解释；

3. 已被使用的资产重置储备金和追加的隐性储备金的总额，但以该总额超过——为取得更加明显有利的效果而新设立的——相同类型的储备金的总额为限；

4. 法律所规定的其他说明。

² 下列各项，如未在资产负债表或损益表中显示，应以账目附注的形式予以显示：

1. 商事组织的名称、法律形式和住所；

2. 全职岗位年平均数不超过十个、五十个或二百五十个的声明；

3. 直接或大量间接持有其他商事组织股份时，该其他商事组织的名称、法律形式和住所，以及在该其他商事组织中所持资本股份和表决权股份的数量；

4. 商事组织所持自有股份的数量，以及其他商事组织在本商事组织中所持股份的数量；

5. 自有股份的取得和转让，以及取得和转让自有股份的条件；

6. 因类似于买卖契约的融资租赁关系和其他的融资租赁关系而发生的债务的余额，但其融资租赁关系自资产负债表编制截止日起一年内终止或可能被终止者，不在此限；

7. 对社会保障机构所负的债务；

8. 为第三人债务提供担保的总额；

9. 用于担保自己债务的财产、以所有权保留形式出卖的财产总额；

10. 发生可能性不大的现金流出或金额不能被确切估算的法律上债务或事实上债务（不确定的债务）；

11. 商事组织行政管理机构或受雇人所持股份和股份认购权的数量和价值；

12. 对损益表中临时性、一次性或非定期收支项目的解释；

13. 在资产负债表编制截止日之后发生的重大事件；

14. 审计人提前辞任者，其辞任原因。

³ 独资企业和合伙〔1〕，得免于账目附注，但其依关于大型企业的规定，须编制财务报告者，不在此限。附加信息，依关于资产负债表和损益表最小分类之规定，应分项记明者，如不在账目附注中记明，则应将这些附加信息，直接在资产负债表或损益表中记明。

⁴ 发行债券的商事组织，应表明其所发行债券的数量、利率、到期日及其他有关事项。

第 960 条

D. 估价
I. 原则

¹ 重要或重大的资产和负债，虽属同类，但通常不结合在一起进行估价者，一般应单独估价。

² 估价，应审慎为之，但不得以此为理由，妨碍对商事组织的经济状况进行可靠的评估。

---

〔1〕 合伙，原文 Personengesellschaften，瑞士官方英译为 partnerships。本条款所称合伙，在理解上，包括普通合伙（Kollektivgesellschaft, general partnership）、有限合伙（Kommanditgesellschaft, limited partnership）、股份有限合伙（Kommanditaktiengesellschaft, partnership limited by shares），但单纯合伙（einfache Gesellschaft, simple partnership）不包括在内。另请参见译者对第三分编标题所加的译注。——译注

³ 有具体迹象表明资产被高估或准备金被低估时，应对
其进行审核，并作必要的调整。

第 960a 条

II. 资产

1. 一般规定

¹ 初次对资产记账时，其最高价值，限为购买成本或制
造成本。

² 嗣后对资产的估价，不得高于购买成本或制造成本。
关于各类资产的规定，不受影响。

³ 资产因使用和时间之经过而发生的价值减损，应计算
其折旧费，其他方面的价值减损，应进行估价调整。
折旧费的计算和估价调整，应依公认的商业原则为之。
价值减损，应从各相关的资产中扣除，并记入损益表
中，而不得作为负债记账。

⁴ 基于资产重置和商事组织可持续发展之目的，得实行
附加的折旧和估价调整。基于同样的目的，不再被认
为合理的折旧和价值调整，得不实行之。

第 960b 条

2. 有市场价的
资产

¹ 在嗣后的估价中，对于有证券交易所价格或其他市场
价格的资产，得以资产负债表编制日的交易所价格或
市场价格，估定其价值，交易所价格或市场价格高于
其面值或购买价格者，亦同。行使此项权利的人，须
对所有在资产负债表各相应科目中有市场价格的资产，
以资产负债表编制日的市场价格，估定其价值。在账
目附注中，应记明该估价。相关资产的总价值，应按
有价证券和其他有市场价格的资产，分别显示之。

² 按资产负债表编制日的证券交易所价格或市场价格，
对资产进行估值者，应将价值调整记入损益表，以反
映价格行情的波动情况。但不得以低于购买价格和较
低的市场价格，调整其价值。价格波动储备金的总金
额，应在资产负债表或账目附注中分别记明。

第 960c 条

3. 库存和不开
发票的服务

[1] 在对库存和不开发票的服务进行嗣后估价时，其让售价值，因考虑到其预期费用，在资产负债表编制截止日，低于购买成本或制造成本者，该让售价值应记入账册。

[2] 库存包括原材料、半成品、成品和转销商品。

第 960d 条

4. 固定资产

[1] 固定资产，指以长期使用或长期拥有为目的而取得的资产。

[2] 长期，指长于十二个月的期间。

[3] 控股，指对另一个商事组织的资本长期拥有一定数量的股份，并因此对该商事组织有重大的影响力。所持股份达到百分之二十以上之表决权者，推定具有重大影响力。

第 960e 条

Ⅲ. 负债

[1] 负债应以其面值记账。

[2] 基于已发生的事件，可预期下一营业年度之现金流量者，应编制可能需要的准备金，并应在损益表中记明。

[3] 特别是，得为下列事项，编制准备金：

    1. 因担保义务而发生的定期支出；

    2. 有形固定资产的整修；

    3. 重建；

    4. 商事组织的可持续发展。

[4] 不再有存在之必要的准备金，不得取消之。

第三节　大型企业的财务报告[1]

第 961 条

A. 对年度营业　依法应实行通常审计的大型企业，须：
报告的附加
要求
1. 在年度决算的附注中记明各项附加信息；
2. 编制现金流量报表，并将其作为年度决算的组成部分；
3. 编写经营管理情况报告。

第 961a 条

B. 应在年度决　下列各项附加信息，应在年度决算的附注中记明：
算附注中记
明的附加信
息
1. 对于附有利息的长期债务，按一年至五年内到期的债务和五年后到期的债务，分项记明；
2. 对于应向审计人支付的报酬，按审计服务报酬和其他服务报酬，分项记明。

第 961b 条

C. 现金流量表　现金流量表应分项记明流动资金在经营活动、投资活动和融资活动中的变动情况。

第 961c 条

D. 经营管理情　¹ 经营管理情况报告，指在营业年度终了时，以不同于年
况报告
度决算的角度而编写的反映大型企业和康采恩[2]经营业绩和经济状况的报告。
² 经营管理情况报告尤其应包括下列各项信息：
1. 全职岗位的年平均数；
2. 风险的评估与管理；

---

〔1〕　大型企业，原文 grösseres Unternehmen，瑞士官方英译为 larger undertaking。——译注
〔2〕　康采恩，原文 Kanzern，瑞士官方英译为 corporate group（集团公司）。——译注

3. 职务的委任情况、商事代理权的授权情况；

4. 研发活动；

5. 特别事件；

6. 发展前景。

³ 经营管理情况报告，不得与年度决算所反映的经济状况相抵触。

第 960d 条

E. 因康采恩账册而简化

¹ 大型企业本身或受大型企业控制的法人，依公认的财务报告准则编制康采恩账册者，得不在其年度决算的附注中记载附加信息、不编制现金流量表和经营管理情况报告。

² 下列人，得请求编制本节规定的财务报告：

1. 持有公司百分之十以上股本的有限责任公司股东；

2. 百分之十的合作社社员或百分之二十的社团成员；

3. 对公司负个人责任或负追加出资义务的有限责任公司股东。

第四节　符合公认的财务报告准则的财务报表

第 962 条

A. 一般规定

¹ 下列商事组织，除本章所规定的年度决算外，尚须依公认的财务报告准则，编制财务报表：

1. 股票已在证券交易所上市的公司，证券交易所要求编制财务报表者；

2. 社员人数在两千人以上的合作社；

3. 依法应为通常审计的财团。

² 下列人，得请求编制符合公认的财务报告准则的财务报表：

    1. 持有公司百分之二十以上股本的有限责任公司股东；

    2. 百分之十的合作社社员或百分之二十的社团成员；

    3. 负个人责任或负追加出资义务的有限责任公司股东、合作社社员或社团成员。

³ 已按公认的财务报告准则编制康采恩账册者，不再负担按公认的财务报告准则编制财务报表的义务。

⁴ 商事组织的最高行政管理机关负责决定公认的财务报告准则，但章程、议事规则或财团证书〔1〕另有规定，或者最高行政管理机关对于公认的财务报告准则无决定权者，不在此限。

第 962a 条

B. 公认的财务报告准则

¹ 依公认的财务报告准则编制财务报表者，应在其财务报表中具体注明其准则。

² 所采用的公认准则，应一体适用于整个财务报表。

³ 应由有资质的审计专家审查是否遵守公认准则。财务报表须经通常审计。

⁴ 将年度决算提交最高行政管理机关批准时，应将依公认的会计准则编制的财务报表一并提交于最高行政管理机关，但财务报表无须批准。

⁵ 联邦委员会应就公认准则作出规定。联邦委员会得就公认准则的采用或放弃一项准则而采用另一项准则所应具备的条件，作出规定。

---

〔1〕 财团证书，原文 Stiftungsurkunde，瑞士官方英译为 foundation deed，指设立财团所依据的基础文书。——译注

第五节 康采恩账册

第 963 条

A. 编制义务

¹ 应编制财务报告的法人，控制一个或数个应编制财务报告的商事组织时，应在为所有被控制的商事组织编制年度营业报告时，编制综合的年度决算（康采恩账册）。

² 一个法人控制另一个商事组织，指：

    1. 在另一个商事组织的最高行政管理机关中直接或间接掌握其多数表决权；

    2. 对另一个商事组织最高行政管理机关的多数成员，有直接或间接的任免权；

    3. 基于章程、财团证书、契约或类似的规定，得对另一商事组织施以支配性影响力者。

³ 第 963*b* 条关于公认的财务报告准则的规定，得用于界定由被控制的商事组织组成的集团[1]。

⁴ 社团、财团和合作社，得将其编制康采恩账册的义务，移交于受其控制的某个商事组织，但以该受其控制的商事组织，能通过持有多数表决票或其他方式，将所有其他商事组织置于其统一管理之下，且能证明其具有事实上的支配力为限。

第 963*a* 条

B. 编制义务的免除

¹ 法人，属于下列情形之一者，得不编制康采恩账册：

    1. 其与被控制的商事组织，连续两年未超过下列数值中之两项者：

        a. 资产负债表总值二千万法郎，

        b. 销售收入四千万法郎，

---

    〔1〕 由被控制的商事组织组成的集团，原文 der Kreis der zu konsolidierenden Unternehmen，瑞士官方英译为 the group of undertakings（企业集团）。——译注

c. 全职岗位的年平均数二百五十个；

2. 为——已依瑞士法律或与瑞士法律具有同等效力的外国法律的规定编制康采恩账册，并经通常审核的——商事组织所控制者；

3. 已依第 963 条第 4 款之规定，将编制康采恩账册的义务移交于被控制之商事组织者。

[2] 但有下列情形之一者，仍应编制康采恩账册：

1. 为对经济状况作出尽可能可靠的评估，有必要编制康采恩账册者；

2. 持股百分之二十以上的公司成员或百分之十的合作社社员或百分之十的社团成员要求编制康采恩账册者；

3. 负有个人责任或追加出资义务的公司成员或社团成员要求编制康采恩账册者；

4. 财团的监督机构要求编制康采恩账册者。

[3] 法人依第 1 款第 2 项规定，得不对下一级的康采恩商事组织编制康采恩账册者，须依关于该法人本身年度决算的规定，公开上一级康采恩商事组织的康采恩账册。

第 963b 条

C. 公认的财务
报告准则

[1] 商事组织，属于下列情形之一者，应依公认的财务报告准则，编制康采恩账册：

1. 股票已在证券交易所上市的公司，证券交易所要求编制财务报表者；

2. 社员人数在二千人以上的合作社；

3. 依法律规定须实行通常审计的财团。

[2] 参照适用第 962a 条第 1 款至第 3 款和第 5 款的规定。

[3] 其他商事组织，依公认的财务报告准则，编制康采恩账册。商事组织应在康采恩账册的账目附注中，确定

其估价规则。背离该估价规则时，应在账目附注中记明，并以其他方式提供——使康采恩商事组织的资产、融资和收益的评估情况得以充分显示的——必要信息。

4 但有下列情形之一者，应依公认的财务报告准则，编制康采恩账册：

　　1. 持股百分之二十以上的有限责任公司股东或百分之十的合作社社员或百分之二十的社团成员要求编制康采恩账册者；

　　2. 负有个人责任或追加出资义务的有限责任公司股东或社团成员要求编制康采恩账册者；

　　3. 财团的监督机构要求编制康采恩账册者。

第 964 条[1]

―――――――――――――――

[1]　依 1999 年 12 月 22 日的联邦法律废止，自 2002 年 6 月 1 日起失效。

有价证券[1]

第三十三章　记名证券、无记名证券 和指定式证券[1]

第一节　一般规定

第 965 条

A. 有价证券的
定义

有价证券，指文书所载之权利，与文书如此结合，非以该文书，不得就文书所载之权利为主张或移转于他人的一切文书。

第 966 条

B. 有价证券上
的义务

1 有价证券的债务人，仅在向其交付证券时，始负履行给付的义务。

2 债务人，以其无恶意或重大过失为限，因其在到期日向证券所指示的债权人履行给付而免责。

第 967 条

C. 有价证券的
转让

I. 一般形式

1 记载所有权或限制物权的有价证券，其转让，在任何情形，均须移转有价证券的占有。

2 除前款外，指定式证券的转让，尚须背书，记名证券的转让，尚须书面声明，但其书面声明不以记载于证券为必要。

---

〔1〕　指定式证券，原文 Odrepapier，瑞士官方英译为 instruments to order。另请参见规定于《瑞士债法》第二分编（各种契约）中的指示证券（Anweisung，第 466 条以下）。此外，关于指示证券（Anweisung）与指定式证券（Odrepapier）之不同，参见史尚宽：《债法各论》，荣泰印书馆股份有限公司 1981 年印本，第 754 页以下。——译注

³ 法律或契约得规定，有价证券的转让，须有第三人的参与，特别是债务人的参与。

第 968 条

II. 背书
1. 形式

¹ 背书，在任何情形，均须依关于汇票的规定[1]为之。

² 转让有价证券的形式要件，因完成背书和交付证券，而被充分。

第 969 条

2. 效力

凡属可转让的有价证券，除依其内容或性质可得出相反之结论外，证券中所记载之权利，在证券经背书并交付时，移转于受让人。

第 970 条

D. 转换

¹ 记名证券或指定式证券，非经全体权利人和债务人同意，不得转换为无记名证券。其同意，须在证券中声明之。

² 无记名证券转换为记名证券或指定式证券，适用与前款相同的原则。无记名证券转换为记名证券或指定式证券，未经权利人或义务人同意者，仅在实行转换的债权人与权利的直接继受人间发生效力。

第 971 条

E. 失效之宣告
I. 声请人

¹ 有价证券遗失时，得声请法院宣告其失效。

² 证券上的权利人，在证券遗失或发现遗失时，得声请宣告失效。[2]

---

〔1〕 关于汇票背书的规定，见第 1003 条和第 1085 条。——译注
〔2〕 指依公示催告程序宣告遗失的有价证券无效。——译注

第 972 条

Ⅱ. 程序、效力

¹ 有价证券被宣告失效后，权利人得不提示证券而行使其权利或请求重新签发证券。

² 其他关于宣告失效的程序和效力，适用各种有价证券的相关规定。

第 973 条

F. 特别规定

就有价证券设有特别规定者，特别是关于汇票、支票和不动产担保物权证书[1]的特别规定，从其规定。

第 973*a* 条[2]

G. 集中保管、综合证券和无纸化证券

I. 有价证券的集中保管

¹ 受寄人有权将数寄托人的可代替的有价证券，不加区别地保管，但寄托人明示要求区别保管其有价证券者，不在此限。

² 受寄人受托集中保管可代替的有价证券时，寄托人在其交付有价证券于受寄人时，对于集中保管下的同种类有价证券，按份额，取得共同所有权。其份额，依有价证券的面值，有价证券无面值时，依有价证券的数量，确定之。

³ 寄托人得随时，且无须其他寄托人的协助或同意，请求依其份额，返还集中保管下的有价证券。

―――――――

〔1〕　不动产担保物权证书，亦译抵押权证书，原文 Pfandtitel。关于不动产担保物权证书，另请参见《瑞士民法典》第 849 条、第 850 条、第 853 条、第 855 条、第 860 条、第 861 条、第 862 条至第 865 条，以及尾章第 22 条和第 28 条。——译注

〔2〕　依 2008 年 10 月 3 日《无纸化证券法》（Bucheffektengesetz vom 3. Oktober 2008）附录第 3 项增订，自 2010 年 1 月 1 日起生效。

第 973b 条 [1]

II. 综合证券 [2]

1 以发行条件或公司章程有规定或寄托人同意为限，债务人得发行综合证券，或者以综合证券代替交由同一受寄人保管的多数可代替的有价证券。

2 综合证券，指与为其所证券化之权利具有相同性质的有价证券。综合证券由全体寄托人共有。关于共有人对于综合证券的地位和权利，参照适用第 973 条第 2 款的规定。

第 973c 条 [3]

III. 无纸化证券 [4]

1 以发行条件或公司章程有规定或寄托人同意为限，债务人得发行与有价证券具有相同功能的证券（无纸化证券），或者以无纸化证券代替由同一受寄人保管的可代替的有价证券或综合证券。

2 债务人应就其所发行的无纸化证券设置登记簿，并将其所发行的无纸化证券的数量和面额登记于登记簿。登记簿不对外公开。

3 无纸化证券，因登记于登记簿而产生，并以登记之存续而存续。

4 非无纸化证券的转让，须有书面的转让声明。无纸化证券的出质，适用关于债权出质的规定 [5]。

---

〔1〕 依 2008 年 10 月 3 日《无纸化证券法》（Bucheffektengesetz vom 3. Oktober 2008）附录第 3 项增订，自 2010 年 1 月 1 日起生效。

〔2〕 综合证券，原文 Globalurkunde，瑞士官方英译为 global certificate。——译注

〔3〕 依 2008 年 10 月 3 日《无纸化证券法》（Bucheffektengesetz vom 3. Oktober 2008）附录第 3 项增订，自 2010 年 1 月 1 日起生效。

〔4〕 无纸化证券，原文 Wertrechte，瑞士官方英译为 uncertificated securities。——译注

〔5〕 关于债权出质的规定，见《瑞士民法典》第 899 条以下。——译注

第二节　记名证券

第 974 条

A. 定义

记名证券，指记载特定人姓名，但既不指定，亦不依法表明其为指定式证券的有价证券。

第 975 条

B. 债权人权利
　的证明
I. 一般规定

1 债务人，仅对于证券持有人且证明其为证券上所记载姓名之人本人或其权利继受人，负履行给付的义务。

2 债务人，如向无前款证明之人为给付，对于证明自己为证券权利人的第三人，仍应负给付义务。

第 976 条

II. 具有无记名
　证券性质的
　记名证券

记名证券的债务人，保留——得向证券的任何持有人为给付之——权利者，虽未要求证券持有人证明其享有债权人之权利，仍得因其善意向证券持有人为给付而免除证券债务；但债务人不负必须向证券持有人为给付的义务。

第 977 条

C. 失效之宣告

1 对于记名证券，除另有特别规定外，得依关于无记名证券失效之宣告的规定[1]，宣告其失效。

2 债务人，得在证券中规定——以减少公示催告的次数或缩短公示催告期限为内容的——简化的失效宣告，或者在证券中保留以下权利：在债权人以公证书或认证书的方式声明债务证书无效和债务消灭的情况下，债权人虽未提示证券或宣告证券失效，债务人仍得为有效给付。

---

〔1〕　关于无记名证券失效之宣告的规定，见第981条以下。——译注

第三节 无记名证券

第 978 条

A. 定义

¹ 无记名证券，指依其文句或形式明显可认知各时持有人为权利人的有价证券。

² 法院或警察向债务人发出禁止支付的命令后，债务人不得再为支付。

第 979 条

B. 债务人的抗辩

I. 一般规定

¹ 债务人，仅得以证券无效的抗辩、因证券内容本身而产生的抗辩及其本人对于各时债权人所具有的抗辩，对抗无记名证券上的债权。

² 持有人在取得证券时知其行为有害于债务人者，债务人得以——基于其与前持有人间之直接关系而产生的——抗辩，对抗持有人。

³ 债务人不得以证券进入流通系违反其意思而主张抗辩。

第 980 条

II. 在无记名息票之情形

¹ 债务人不得以本金债务已被清偿，而对无记名息票上的债权为抗辩。

² 但是，债务人在清偿本金债务时，有权保留——相当于未随同债券一并交付的、尚未到期的无记名息票，自该息票将来到期日至适用于该息票的时效届满前所应支付利息额的——金额，但未随同交付的息票已被宣告失效或该金额已受担保者，不在此限。

第 981 条

C. 失效之宣告
I. 一般规定
1. 声请 [1]

[1] 对于无记名证券，诸如股票、债券、享益证券、息票、息票认股权券，但不包括独立息票，权利人得声请法院宣告其失效。

[2] ……[2]

[3] 声请人就其证券之占有及遗失，负举证责任。

[4] 证券，附有息票或认股权证者，其持有人，如遗失息票或认股权券，得仅出示证券，而声请法院宣告其失效。

第 982 条

2. 支付之禁止

[1] 因声请人的请求，得禁止有价证券的债务人清偿其债务，并警告存在双重清偿的危险。

[2] 息票应被宣告失效者，对于在宣告程序期间到期的独立息票，准用关于息票之失效宣告的规定。

第 983 条

3. 公示催告、声请期限

声请人能向法院证明其曾占有证券而其后又遗失证券者，法院应发出公告，要求不知名的持有人在规定的期限内呈交有价证券，并声明，如期限届满仍未呈交，将宣告其失效。其期限，应为六个月以上，自第一次公告之日起算。

第 984 条

4. 公告方式

[1] 催交证券的公告，应在《瑞士商事公报》上刊登三次。

[2] 有特别情事时，法院尚得以其他方式强化其公告。

---

〔1〕 依 2000 年 3 月 24 日《审判籍法》（Gerichtsstandsgesetz vom 24. März 2000）附录第 5 项修正，自 2001 年 1 月 1 日起生效。

〔2〕 依 2000 年 3 月 24 日《审判籍法》（Gerichtsstandsgesetz vom 24. März 2000）附录第 5 项废止，自 2001 年 1 月 1 日起失效。

第 985 条

5. 效力
a. 呈交证券的
   效力

¹ 遗失的无记名证券被呈交者，法院应为声请人规定提起证券返还之诉的期限。

² 声请人未在前款期限内起诉返还者，法院应退还证券，并撤销其禁止支付的命令。

第 986 条

b. 未呈交证券
   的效力

¹ 遗失的有价证券未在规定的期限内被呈交者，法院得宣告证券失效，或者在衡量情事后采取其他措施。

² 无记名证券的失效宣告，应立即公告于《瑞士商事公报》，法院尚得裁定在其他媒体公示其宣告。

³ 证券被宣告无效后，声请人得自己负担费用，请求重新签发证券，证券债务如已到期，得请求履行。

第 987 条

II. 在息票之情形

¹ 遗失的证券为息票者，法院因权利人的声请，应命令立即向法院提存在息票到期时应支付的金额或已到期息票的金额。

² 自息票到期日起三年内无权利人主张其权利者，法院应在期满后命令将所提存的金额交付于声请人。

第 988 条

III. 在银行兑换
    券和类似证
    券之情形

银行兑换券和其他——大量发行的见票即付的——无记名证券，作为金钱之代用而进入流通并记载确定金额者，不得对其为失效之宣告。[1]

---

〔1〕 类似立法例请参见《德国民法典》第 799 条第 1 款第 2 句、我国台湾地区民法典第 728 条。——译注

第 989 条〔1〕

D. 抵押证券　关于无记名抵押证券的特别规定〔2〕，不受影响。

第四节　票　据〔3〕

第一目　票据能力

第 990 条

能依契约负担义务的人，有票据能力。

第二目　汇　票

第 991 条

I. 汇票的签发
和形式

1. 要件

汇票应记载下列各项：

1. 以签发汇票所使用的文字，在汇票主文中表明其为"汇票"的字样；

2. 无条件支付一定金额的指示；

3. 应为付款之人（付款人）的姓名；

4. 到期日；

5. 付款地；

6. 受款人的姓名或其所指定之人的姓名；

7. 出票日和出票地；

8. 出票人的签名。

---

〔1〕　依 2009 年 12 月 11 日的联邦法律（登记式抵押证券及对于物权法的修正，Register-Schuldbrief und weitere Änderungen im Sachenrecht）第 Ⅱ 2 项修正，自 2012 年 1 月 1 日生效。

〔2〕　抵押证券，原文 Schuldbrief，瑞士官方英译为 mortgage certificate。关于抵押证券，《瑞士民法典》于第 842 条以下设有专节规定。关于关于无记名抵押证券的特别规定，见《瑞士民法典》第 865 条。——译注

〔3〕　标题"票据"，指汇票和本票，原文 Wechsel，瑞士官方英译为 Bills and Notes。本节包括第一目"票据能力"（Wechselfähigkeit）、第二目"汇票"（gezogener Wechsel，第 991 条以下）、第三目"本票"（eigener Wechsel，第 1096 条以下）。在本节之后的第五节，其标题为"支票"（Check，第 1100 条以下）。——译注

第 992 条

2. 要件之欠缺

¹ 票据上欠缺前条所述要件之一者，除属于下列各款所述情形外，不视为汇票。

² 汇票未载明付款日期者，视为见票即付的汇票。

³ 汇票未载明特定付款地者，记载于付款人姓名旁的地点，视为付款地，并视为付款人的住所地。

⁴ 汇票未载明出票地者，记载于出票人姓名旁的地点，视为出票地。

第 993 条

3. 汇票的种类

¹ 汇票得以出票人自己为受款人。

² 汇票得以出票人自己为付款人。

³ 汇票得为第三人之计算而签发。〔1〕

第 994 条

4. 付款处所、
担当付款
汇票

付款汇票，得由第三人，在付款人的住所地或其他地点付款。

第 995 条

5. 利息之约定

¹ 在见票即付或见票后定期付款的汇票上，出票人得记载对票据金额支付利息。其他种类汇票上的利息记载，视为无记载。

² 利率应在汇票上载明；未载明者，利息记载视为无记载。

³ 利息自汇票出票日起计算，但载明其他日期者，不在此限。

---

〔1〕 本款原文为 Der Wechsel kann für Rechnung eines Dritten gezogen werden，瑞士官方英译为 A bill of exchange may be drawn for the account of a third party。——译注

第 996 条

6. 汇票金额记
载不一致

¹ 汇票上的金额同时以文字和数字记载，二者不一致时，
以文字记载的金额为准。

² 汇票上之金额以文字或数字记载数次，所载金额不一
致时，以最小金额为准。

第 997 条

7. 无票据能力
人的签名

汇票上载有不能承担汇票责任之人的签名、伪造的签
名、虚拟之人的签名，或者载有因其他理由不能使签
名人或被代签人承担义务的签名时，其签名不影响其
他签名的效力。

第 998 条

8. 无代理权的
签名

无代理权而以他人之代理人签名于汇票的人，应自负票
据上的责任；无权代理人履行汇票上的付款义务后，与
其所声称的被代理人具有相同的权利。本规则亦适用于
越权代理人。

第 999 条

9. 出票人的责任

¹ 出票人就汇票负保证承兑和付款的责任。

² 出票人得排除保证承兑的责任；但任何排除保证付款
责任的记载，均视为无记载。

第 1000 条

10. 空白汇票

出票时填写不完全的汇票，如不按已达成的协议补全，
不得以协议之未被遵守而对抗持票人，但持票人取得汇
票时有恶意或重大过失者，不在此限。

第 1001 条

II. 背书

1. 可转让性

¹ 所有汇票，纵未明示记载可付与指定人，仍得背书
转让。

² 出票人在汇票上记载"不可付与指定人"或具有相同语义之文句者，该汇票仅得依普通债权的让与方式移转，并仅发生普通债权让与的效力。

³ 背书，得对付款人为之，不论付款人是否已承兑汇票，均得对出票人或任何其他的汇票债务人为之。该被背书人得对汇票再背书。

第 1002 条

2. 要件

¹ 背书，不得附条件。背书附条件者，其条件视为无记载。

² 部分背书为无效。

³ 以持票人为被背书人的背书，视为空白背书。

第 1003 条

3. 背书方式

¹ 背书须在汇票或其粘单（附页、附单）上为之。背书须由背书人签名。

² 背书，得不记载被背书人，并得仅由背书人的签名构成（空白背书）。在后一种情形，其背书，须书写于汇票的背面或汇票的附页，始为有效。

第 1004 条

4. 效力

a. 转让效力

¹ 背书，使汇票上的一切权利发生移转。

² 对空白背书，持票人得：

    1. 在空白处填写自己或他人的姓名；

    2. 在汇票上，再背书以空白背书，或者对特定人再背书；

    3. 不填写空白，亦不背书，而径将汇票转让。

第 1005 条

b. 担保效力

¹ 除有相反记载外，背书人负有保证承兑和付款的责任。

² 背书人得禁止对汇票再背书；于此情形，背书人对再
背书的被背书人不负责任。

第 1006 条

c. 持票人权利
的证明

¹ 汇票的持有人，以背书的连续性证明其对于汇票之权
利者，其最后的背书虽为空白背书，仍应视为合法的
持有人。在连续背书中，被涂销的背书，视为无记载。
空白背书后又接另一背书者，应推定：后一背书人系
基于空白背书而取得汇票。

² 不论前持有人在何种情形下遗失汇票，现持有人如能
依前款规定证明其权利，不负返还汇票的义务，但其
以恶意取得汇票或在取得汇票时有重大过失者，不在
此限。

第 1007 条

5. 抗辩

因汇票而被请求付款的人，不得以——基于其与出票人
或前持票人间之直接关系而产生的——抗辩，对抗持票
人，但持票人在取得汇票时知其行为有害于债务人者，不
在此限。

第 1008 条

6. 代理背书

¹ 背书中载有"代收"、"托收"、"代理"或其他明示
仅授与代理权之文句者，持票人得行使汇票上的一切
权利；但仅得以代理人资格，背书转让汇票。

² 在前款情形，汇票债务人仅得以对抗背书人的抗辩，
对抗持票人。

³ 为代理背书而授与的代理权，不因授权人死亡或丧失
行为能力而终止。

第 1009 条

7. 担保背书

¹ 背书中载有"担保金额"、"抵押金额"或其他明示担保之文句者，持票人得行使汇票上的一切权利；但持票人所为之背书，仅具有代理背书的效力。

² 汇票债务人，不得以——基于其与背书人间之直接关系而产生的——抗辩，对抗持票人，但持票人在取得汇票时知其行为有害于债务人者，不在此限。

第 1010 条

8. 到期后背书

¹ 汇票到期后的背书，与到期前的背书具有相同的效力。但其背书，系在拒绝付款证书作成后或在为作成拒绝证书而规定的期限届满后所为者，仅具有普通债权让与的效力。

² 背书，未载明背书日期者，除有反证外，应推定，系在为作出拒绝证书而规定的期限届满前所为。

第 1011 条

Ⅲ. 承兑
1. 提示汇票的权利

汇票的持有人或占有人，得于汇票到期前，在付款人的住所地为承兑之提示。

第 1012 条

2. 强制提示和禁止提示

¹ 出票人得在任何汇票上载明汇票必须提示承兑，并得载明或不载明提示期限。

² 除得在第三人之住所或付款人住所地以外之地点付款的汇票，或者见票后定期付款的汇票外，出票人得在汇票上载明禁止提示承兑。

³ 出票人亦得在汇票上载明于特定日前不得提示承兑。

⁴ 除出票人已在汇票上载明禁止提示承兑外，背书人得在汇票上载明汇票必须提示承兑，并得载明或不载明提示期限。

第 1013 条

3. 非见票即付
的汇票的提
示承兑义务

¹ 见票后定期付款的汇票，须在自出票日起一年内提示
承兑。

² 前款期限，出票人得缩短或延长之。

³ 背书人得缩短提示期限。

第 1014 条

4. 再次提示

¹ 付款人得要求在第一次提示之次日为第二次提示。仅
在该要求被载明于拒绝证书时，有关当事人始得以该
要求之未被遵守，而为抗辩。

² 持票人不负将提示承兑的汇票交由付款人占有的义务。

第 1015 条

5. 承兑方式

¹ 承兑声明，应在汇票上记载之。承兑声明，以"承
兑"或具有相同语义之文句，为之；承兑声明，须由
付款人签名。付款人在汇票正面上的单纯签名，视为
承兑。

² 见票后定期付款的汇票或依特别记载而须在一定期限
内提示承兑的汇票，为承兑声明时，应记载承兑日期，
但持票人要求记明提示日者，不在此限。如未记载承
兑日期，持票人为保全其对背书人和出票人的追索权，
应及时作成拒绝证书以证明其疏漏。

第 1016 条

6. 限制性承兑

¹ 承兑，不得附条件；但付款人得仅承兑汇票金额的一
部分。

² 变更汇票其他内容而为承兑者，视为拒绝承兑。但承
兑人仍应按其承兑时表示的内容承担责任。

第 1017 条

7. 担当付款人
和付款处所

¹ 出票人在汇票上记载以付款人住所地以外的地点为付款地，但未载明由第三人付款者，付款人在承兑时得指定第三人付款。未为此项指定者，承兑人本人有义务在付款地付款。

² 汇票得在付款人本人住所付款者，付款人在承兑时得记明付款地内的某一处所为付款处所。

第 1018 条

8. 承兑的效力
a. 一般规定

¹ 付款人在承兑后有义务在到期时付款。

² 如承兑人到期未付款，持票人纵为出票人，仍得直接基于汇票，请求承兑人给付依第 1045 条和第 1046 条规定所能请求的金额。

第 1019 条

b. 承兑声明被
涂销

¹ 付款人在交还汇票前涂销记载于汇票上之承兑声明者，视为拒绝承兑。除有反证外，应推定，涂销发生于交还汇票之前。

² 但付款人已书面将承兑通知持票人或在汇票上签名之任一当事人者，仍应依承兑时表示的内容，向上述各当事人承担责任。

第 1020 条

IV.汇票的保证
1. 汇票保证人

¹ 对汇票金额，得以汇票保证的方式，担保其全部或部分支付。

² 前款担保，得由第三人为之，纵为已在汇票上签名的人，亦得为之。

第 1021 条

2. 保证方式

¹ 保证声明，应记载于汇票或粘单（附单）。

² 保证声明，应以"作为保证人"或具有相同语义之文
句，表示之；保证声明，须由保证人签名。

³ 汇票正面上的单纯签名，如非为付款人或出票人的签
名，视为保证声明。

⁴ 保证声明须记明被保证人；未记明被保证人者，视为
为出票人保证。

第 1022 条

3. 效力

¹ 汇票保证人与被保证人，负同一责任。

² 保证人所保证的债务，纵为无效，汇票保证人承担义
务的声明仍为有效，但保证人所保证的债务，因形式
瑕疵而无效者，不在此限。

³ 汇票保证人对汇票为付款后，取得被保证人和所有对
被保证人就汇票负有责任的人在汇票上的各项权利。

第 1023 条

V. 到期日

1. 一般规定

¹ 汇票得为：

　　见票即付；

　　见票后定期付款；

　　出票后定期付款；

　　定日付款。

² 指定其他到期日的汇票或连续数个到期日[1]的汇票，
无效。

第 1024 条

2. 见票即付的
　　汇票

¹ 见票即付的汇票在提示时到期。见票即付的汇票须在
出票后一年内提示付款。出票人得指定更短或更长的
提示期限。背书人得缩短提示期限。

---

〔1〕　连续数个到期日，原文 mit mehreren aufeinander folgenden Verfallzeiten，瑞士官方英译为 with
several consective maturity，指定连续数个到期日的汇票，可理解为分期付款的汇票。——译注

² 出票人得在见票即付的汇票中记载，在特定日前不得提示付款。于此情形，提示期限自该特定日起算。

第 1025 条

3. 见票后定期
付款的汇票

¹ 见票后定期付款的汇票，其到期日，自承兑声明中所记载的承兑日期或拒绝证书作成日起算。

² 承兑声明中未记载承兑日期，且又未作成拒绝承兑证书者，应视为：汇票由承兑人在规定的承兑提示期限的最后一日作出承兑[1]。

第 1026 条

4. 期限的计算

¹ 出票日后或见票日后一个月或数个月付款的汇票，以在应付款之月与该日期相当之日为到期日。无相当日者，以该月的最后一日为到期日。

² 出票日后或见票日后一个月半或数个月半付款的汇票，应先计算整月。

³ 汇票上记载以月初、月中、月末为到期日者，应解释为该月的第一日、第十五日或最后一日。

⁴ 词语"八日"或"十五日"，非指一周或两周，而指八个整日或十五个整日。

⁵ 词语"半个月"指十五日。

第 1027 条

5. 日历不同时
的日期计算

¹ 定日付款的汇票，如付款地与出票地的日历不同，到期日以付款地之日历为准。

² 出票后定期付款的汇票，如出票地与付款地的日历不同，以付款地日历相当之日为出票日，并以之计算到期日。

---

[1] 亦即汇票的到期日自该日起算。——译注

^{3} 汇票的提示期限的计算，准用前款规定。

^{4} 汇票上的记载或汇票的内容，表明汇票当事人有其他意图者，不适用上述各款规定。

第 1028 条

VI. 付款

1. 提示付款

^{1} 定日付款、出票后定期付款、见票后定期付款的汇票，其持票人，应在付款日或其后两个营业日内[1]提示付款。

^{2} 向瑞士国家银行承认的票据交换所提交汇票，与提示付款具有相同的法律效力。[2]

第 1029 条

2. 请求交付收据的权利、部分付款

^{1} 付款人在付款时，得要求交付已付讫的汇票。

^{2} 持票人不得拒绝部分付款。

^{3} 在部分付款之情形，付款人得要求在汇票上记明之，并得要求交付收据。

第 1030 条

3. 到期日前付款和到期日付款

^{1} 汇票的持票人不负在到期日前接受付款的义务。

^{2} 付款人在到期日前付款者，应自负责任。

^{3} 付款人在到期日付款者，其责任免除，但其有恶意或重大过失者，不在此限。付款人有义务审查背书的连续性，但对于背书人的签名，不负认定责任。

---

〔1〕 在付款日或其后两个营业日内，原文为 am Zahlungstag oder an einem der beiden folgenden Werktage。——译注

〔2〕 依 2003 年 10 月 3 日《国家银行法》（Nationalbankgesetz vom 3. Okt. 2003）附录第 Ⅱ 2 项修正，自 2004 年 5 月 1 日起生效。

第 1031 条

4. 以外币付款

¹ 表示汇票金额的货币，为付款地所不通用者，得按到
期日的汇率，以付款地的国家货币支付。如债务人迟
延付款，持票人得选择按到期日或付款日的汇率，以
付款地的国家货币支付。

² 外币的价格，依付款地的商业惯例，确定之。但出票
人得在汇票上载明换算应付金额的汇率。

³ 出票人载明以特定货币付款（以特定货币付款的记
载）者，前二款之规定，不适用之。

⁴ 表示汇票金额的货币，如在出票地和付款地，名同价
异者，推定其为付款地的货币。

第 1032 条

5. 汇票金额的
提存

如持票人未在第 1028 条规定的期限内将汇票提示付款，
债务人得将汇票金额提存于主管机关，其危险和费用由
持票人负担。

第 1033 条

Ⅶ.未获承兑和
未获付款时
的追索权

1. 持票人的追
索权

¹ 汇票到期未获付款时，持票人得向背书人、出票人及
其他汇票债务人行使追索权。

² 有下列情形之一时，持票人得在到期日前行使前款
权利：

　　1. 汇票全部或部分被拒绝承兑时；

　　2. 付款人，无论其是否已承兑汇票，被宣告破产
时，或者付款人停止付款时[1]，或者强制执
行付款人的财产而无效果时；

　　3. 禁止提示承兑的汇票的出票人被宣告破产时。

---

〔1〕 付款人停止付款时，原文 wenn der Bezogene auch nur seine Zahlungen eingestellt hat，瑞士官方
英译为 where only payments by the drawee have been suspended。此句在理解上，当指"付款人未经判决宣
告而停止付款时"。另请参照《统一汇票和本票法公约》第 43 条第 2 款第 2 项。——译注

第 1034 条

2. 拒绝证书
a. 期限和要件

[1] 拒绝承兑或拒绝付款，须以公证书（拒绝承兑证书或拒绝付款证书）声明之。

[2] 拒绝承兑证书须在提示承兑期限内作成。在第 1014 条第 1 款所规定之情形，如在期限的最后一日提示承兑汇票，拒绝承兑证书得在次日作成。

[3] 如为定日付款或出票后定期付款或见票后定期付款的汇票，拒绝付款证书须在付款日后两个营业日内作成。如为见票即付的汇票，拒绝付款证书的作成期限，与前款关于拒绝承兑证书规定的期限相同。

[4] 拒绝承兑证书作成后，无须再为付款之提示，亦无须再请求作成拒绝付款证书。

[5] 付款人，不论其是否已承兑汇票，如停止付款，或者强制执行其财产而无效果，持票人仅在向付款人提示汇票请求付款和作成拒绝付款证书后，始得行使追索权。

[6] 付款人，无论其是否已承兑汇票，如被宣告破产，或者禁止提示承兑的汇票的出票人被宣告破产时，持票人仅须提示法院宣告破产的裁决，即可行使追索权。

第 1035 条

b. 作成机关

拒绝证书，须由经特别授权的公证人或官方机构作成之。

第 1036 条

c. 应记载的事项

[1] 拒绝证书应记载：

　　1. 拒绝证书的申请人和被申请人的姓名或名称；

　　2. 虽请求被申请人履行汇票债务但没有效果，或者无法与被申请人取得联系，或者被申请人的营业所或居所无法查寻；

3. 请求履行汇票债务的地点及年月日，或者，设法联系或查寻被申请人而没有效果时，所联系或查寻之地点及年月日；

4. 作成拒绝证书的公证人或官方机构的签名。

² 已部分付款者，应在拒绝证书上载明。

³ 持票人向付款人提示承兑汇票后，付款人要求持票人在次日再次提示时，该事实亦应在拒绝证书上载明。

第 1037 条

d. 形式

¹ 拒绝证书应作成独立文件，并附于汇票之后。

² 同时提示同一汇票的数份复本，或者同时提示汇票的原本和誊本者，作成拒绝证书时，仅须将其附于其中一份复本或汇票原本之后。[1]

³ 但应在其他各份复本或在誊本上载明：在其中一份复本或在原本之后附有拒绝证书。

第 1038 条

e. 部分承兑时的拒绝证书

付款人仅就汇票金额的一部分为承兑，并因之而作成拒绝证书者，应就汇票作成誊本，并在该誊本上作成拒绝证书。

第 1039 条

f. 拒绝证书的相对人有数人

数人对汇票负有付款义务时，仅须作成一份拒绝证书。

第 1040 条

g. 拒绝证书的誊本

¹ 公证人或官方机构应就其所作成的拒绝证书，另外作成誊本。

----

〔1〕 原本、复本和誊本，原文分别为 Urschrift、Ausfertigung 和 Abschrift，瑞士官方英译分别为 origingal instrument、duplicate 和 copy。——译注

² 誊本应记载：

    1. 汇票金额；

    2. 到期日；

    3. 出票日期和地点；

    4. 汇票的出票人、付款人，以及受款人或其所指示的受款人的姓名或名称；

    5. 有付款人以外的人应负付款义务者，其姓名或名称；

    6. 紧急情况时的通讯地址和参加承兑人。

³ 拒绝证书的誊本，应由作成拒绝证书的公证人或官方机构按时间顺序予以存档保管。

第 1041 条

h. 有瑕疵的拒绝证书

拒绝证书，已由适格的公证人和官方机构签字者，虽其作成不符合规定，或者所记载内容不准确，仍为有效。

第 1042 条

3. 通知

¹ 持票人应在拒绝证书作成后四个营业日内，如汇票有"免除作成拒绝证书"^{〔1〕}之记载，应在提示日后四个营业日内，将拒绝承兑或拒绝付款的事实，通知直接前手背书人和出票人。背书人应在收到通知后两个营业日内，将所收到的通知内容，通知其直接前手背书人，并将通知人的姓名和地址通知前手背书人；如此依次通知，直至出票人。其期限，自收到前一通知时起算。

² 依前款规定对于汇票上的签名人为通知时，应将同一通知内容在同一期限内，通知汇票保证人。

---

〔1〕 免除作成拒绝证书，亦译退票时不承担费用或免费返还，原文 ohne Kosten，瑞士官方英文为 No protest。——译注

³ 背书人未记载其地址或其记载不明时，其通知，仅须对背书人的直接前手背书人为之。

⁴ 通知，得以任何方式为之，甚至得仅退回汇票。

⁵ 负有通知义务的人，主张在规定的期限内曾为通知者，应负举证责任。将含有通知内容的信函在规定期限内付邮递送者，视为已遵守通知期限。

⁶ 未在规定期限为通知者，不丧失追索权；但因其怠于通知而发生损害时，应负赔偿责任，但其赔偿金额，以汇票金额为限。

第 1043 条

4. 免除作成拒绝证书

¹ 出票人、背书人或汇票保证人，得在汇票上记载"免除作成拒绝证书"、"无须作成拒绝证书"[1]或具有相同语义之文句，并签名，以免除持票人为行使追索权而须作成拒绝承兑证书或拒绝付款证书的义务。

² 免除作成拒绝证书的记载，不免除持票人按规定期限提示汇票和为必要通知的义务。以该期限未被遵守为由而对抗持票人的人，对于期限之未被遵守，应负举证责任。

³ 免除作成拒绝证书的记载，由出票人所为者，对于所有的汇票债务人，均发生效力；由背书人或汇票保证人所为者，仅对其本人发生效力。免除作成拒绝证书的记载，由出票人所为者，如持票人无视该记载而仍作成拒绝证书时，其费用，由持票人负担。免除作成拒绝证书的记载，由背书人或汇票保证人所为者，如有人无视该记载而仍作成拒绝证书时，其费用，所有的汇票债务人均有义务偿还之。

---

〔1〕 无须作成拒绝证书，原文 ohne Protest。——译注

第 1044 条

5. 汇票债务人
   的连带责任

1 汇票的出票人、承兑人、背书人或保证人，对于持票人，作为连带债务人，负其责任。

2 对于前款汇票债务人，持票人得不依其负担债务之先后，请求其中一人、数人或全体履行汇票债务。

3 汇票债务人，已履行汇票债务者，与持票人享有相同的权利。

4 持票人对于汇票债务人之一人行使权利，不导致其丧失对于其他汇票债务人的权利，亦不导致其丧失对于——已被请求履行汇票债务的债务人的——各后手背书人的权利。

第 1045 条

6. 追索权的范围
a. 持票人的追
   索权

1 持票人行使追索权时，得请求下列金额：

    1. 被拒绝承兑或付款的汇票金额，有约定利息者，其利息；

    2. 自到期日起依百分之六的利率计算的利息；

    3. 作成拒绝证书和通知及其他费用；

    4. 不超过汇票金额百分之一的三分之一的手续费。[1]

2 在汇票到期前行使追索权者，自付款日至到期日前的利息，应由汇票金额内扣除之。其利息，依行使追索权之日持票人住所地官方公布的贴现利率（瑞士国家银行的利率），计算之。

第 1046 条

b. 付款人的追
   索权

已对汇票为付款的人，得向其前手背书人请求以下金额：

    1. 已支付的全部金额；

---

〔1〕 手续费，亦译佣金，原文 Privison，瑞士官方英译为 commission。——译注

2. 前项金额自清偿日起依百分之六的利率计算的
利息;

3. 所支付的费用;

4. 不超过汇票金额千分之二的手续费。

第 1047 条

c. 请求交付汇
票、拒绝证
书和收据的
权利

[1] 被追索或可被追索的汇票债务人,在支付被追索的金
额时,得要求交付汇票、拒绝证书和收据。

[2] 已对汇票为付款的背书人,得涂销自己及其后手背书
人的背书。

第 1048 条

d. 部分承兑时
的追索权

在因部分承兑而行使追索权之情形,对未获承兑之部分
为付款的人,得要求在汇票上记明,并得要求交付收据。
此外,为使其后能行使追索权,持票人尚须交付经认证
的汇票誊本和拒绝证书。

第 1049 条

e. 回头汇票

[1] 除汇票上有相反记载外,有追索权的人,得以如下方
式行使其追索权:以其前手背书人中之一人为付款人,
并以该前手背书人的住所地为付款地,签发新的见票
即付的汇票(回头汇票)。

[2] 回头汇票的金额,除第 1045 条和第 1046 条规定的金
额外,尚包括经纪费和回头汇票的印花费。

[3] 持票人签发回头汇票时,其汇票金额,依原汇票付款
地汇往前手背书人住所地的见票即付汇票的汇率,确
定之。背书人签发回头汇票时,其汇票金额,依其住
所地汇往前手背书人住所地的见票即付汇票的汇率,
确定之。

第 1050 条

7. 追索权的丧失

a. 一般规定

¹ 持票人，

延误见票即付汇票或见票后定期付款汇票之提示期限，或者

延误作成拒绝承兑证书或拒绝付款证书之期限，或者

延误载明"免除作成拒绝证书"汇票之提示付款期限者，

对背书人、出票人及除承兑人以外的所有其他汇票债务人，丧失其权利。

² 持票人，因延误出票人在汇票上所记载的提示付款期限，而被拒绝承兑和被拒绝付款者，丧失其追索权，但汇票上的记载，表明出票人具有仅排除承兑责任之意思者，不在此限。

³ 背书所记载的提示期限，仅该背书人得主张之。

第 1051 条

b. 不可抗力

¹ 持票人因不能克服的障碍（因国家的法律规定或其他不可抗力情事），不能及时提示汇票或及时作成拒绝证书时，应延长其期限。

² 持票人应将不可抗力情事及时通知其直接前手背书人，同时应将通知的内容、日期和地点在汇票或粘单上载明并签名；其他方面，适用第 1042 条的规定。

³ 不可抗力终止后，持票人应立即将汇票提示承兑或付款，如有必要，并应作成拒绝证书。

⁴ 不可抗力情事延至到期日后三十日以外者，持票人得直接行使追索权，无须提示或作成拒绝证书。

⁵ 汇票为见票即付或见票后定期付款者，前款三十日的期限，自持票人将不可抗力情事通知前手背书人之日起算；其通知，得在提示期限届满前为之。汇票为见票后定期付款者，前款三十日的期限，尚须附加汇票上所载明的见票后付款的期限。

⁶ 纯属持票人的个人事由，或者纯属受持票人委托提示汇票或作成拒绝证书之人的个人事由，不视为不可抗力情事。

第 1052 条

c. 不当得利

¹ 汇票的出票人和承兑人，其汇票债务虽因时效或持票人不为法律规定的保全汇票权利的行为而消灭时，在其不当得利而致持票人损害的范围内，仍对持票人负有义务。

² 不当得利请求权，亦得对于付款人、担当付款人和就出票人所签发的汇票应承受其权利义务的个人或商事组织，行使之。

³ 但不得对汇票债务已消灭的背书人行使不当得利请求权。

第 1053 条

Ⅷ. 资金关系的移转

¹ 汇票的出票人被宣告破产时，其基于民法而享有的请求付款人返还已付票款或返还已支付的汇票金额的权利，移转于持票人。

² 出票人在汇票上声明让与其基于资金关系而享有的请求权者，其请求权移转于持票人。

³ 付款人，在破产宣告经公告后，或者在收到让与通知后，得仅向合法持票人付款，并以持票人交付汇票为付款条件。

第 1054 条

Ⅸ. 参加^[1]

1. 一般规定

¹ 出票人、背书人或汇票保证人，得指定预备承兑人或预备付款人。

---

〔1〕 参加，原文 Ehreneintritt，包括参加承兑（Ehrenannahme，第 1055 条以下）和参加付款（Ehrenzahlung，第 1058 条以下）。——译注

² 汇票，得由为被追索的汇票债务人的信誉而参加之人，依下列各条款所规定的要件，承兑或付款。

³ 参加人，得为第三人，亦得为付款人和除承兑人外已对汇票承担义务的人。

⁴ 参加人，就其参加，应在两个营业日内，通知汇票债务人。怠于通知时，对于因其怠于通知而发生的损害，应负赔偿责任，但其赔偿金额，以汇票金额为限。

第 1055 条

2. 参加承兑
a. 要件、持票
人的地位

¹ 持票人得在汇票到期日前行使追索权时，无论如何，均允许参加承兑，但汇票有禁止提示承兑之记载者，不在此限。

² 汇票上已指定付款地的某人为预备承兑人或预备付款人者，持票人仅在其向汇票上所记载的预备承兑人或预备付款人提示承兑，但被拒绝，且已作成拒绝证书时，始得在到期日前，对汇票上所记载的预备付款人及其后手背书人，行使追索权。

³ 在其他参加之情形，持票人得对于参加承兑为拒绝。持票人对于参加承兑为同意者，丧失在到期日前对于被参加承兑人及其后手背书人的追索权。

第 1056 条

b. 形式

参加承兑，应在汇票上记载之；参加承兑，应由参加承兑人签名。在参加承兑声明中，应载明被参加承兑人的姓名；未载明者，视为为出票人参加承兑。

第 1057 条

c. 参加承兑
人的责任、

¹ 参加承兑人，对于持票人和被参加承兑人的后手背书人，与被参加承兑人负同一责任。

对追索权
的影响

² 虽已参加承兑，被参加承兑的汇票债务人及其前手背
书人，仍得按第 1045 条规定的金额向持票人付款，并
得要求持票人交付汇票、拒绝证书和收据。

第 1058 条

3. 参加付款
a. 要件

¹ 参加付款，在持票人于到期日或到期日前得行使追索
权时，均得为之。

² 参加付款，应包括被参加付款的汇票债务人应支付的
全部金额。

³ 参加付款，最迟须在拒绝付款证书作成期限届满之次
日，为之。

第 1059 条

b. 持票人的
义务

¹ 汇票已由在付款地有住所的人参加承兑，或者在付款
地指定有预备付款人者，持票人应先向各该人提示，
如有必要，并应最迟在拒绝付款证书作成期限届满之
次日，就未获参加付款，作出拒绝证书。

² 未在规定的期限内作成拒绝证书者，指定预备付款人
的人或被参加承兑人及后手背书人，免除汇票责任。

第 1060 条

c. 拒绝的后果

持票人拒绝参加付款者，对于任何因参加付款而可获免
除汇票责任的人，丧失追索权。

第 1061 条

d. 请求交付汇
票、拒绝证
书和收据的
权利

¹ 参加付款，须于汇票上作成收据，并载明被参加付款
人。无此项记载者，视为为出票人付款。

² 汇票和拒绝证书，应交付于参加付款人。

第 1062 条

e. 持票人权利
的移转、数
人参加付款

¹ 参加付款人付款后，取得被参加付款人和应向被参加
付款人承担责任的人在汇票上的权利。但参加付款人
不得对汇票再背书。

² 被参加付款人的后手背书人，在参加付款的范围内，
免除汇票责任。

³ 有数人提出参加付款时，能免除最多数汇票债务人之
责任的人，有优先权。任何知悉该事实情况而仍违反
本规定而参加付款的人，对于因此而可获免除汇票责
任的人，丧失追索权。

第 1063 条

X. 就一汇票签
发数份复本
（副本）和
汇票誊本
（汇票抄本）

1. 复本
a. 签发数份复
本的权利

¹ 汇票，得以一式多本（复本）的方式，签发之。

² 汇票的数份复本，应在汇票文本中载明编号；未载明
编号者，视为单独汇票。

³ 汇票上未显示其为单本汇票者，汇票的持票人得自己
负担费用，请求交付数份复本。为此目的，持票人须
向其直接前手背书人请求之，而该直接前手背书人须
再向其直接前手背书人请求之，依此方式直至出票人。
背书人有义务在新签发的数份复本上再为同样的背书。

第 1064 条

b. 数份复本间
的关系

¹ 就复本之一为付款时，各复本上纵未载明在某一复本
已受付款时其他各复本均失效，所有复本上的权利仍
消灭。但付款人，对经其承兑而未收回的复本，仍应
负责。

² 背书人将数份复本分别转让于数人时，背书人及其后
手背书人，对于经其签名而未收回的所有复本，均应
负责。

第 1065 条

c. 承兑之记载

¹ 为提示承兑送出复本之一者，应在其他各复本上载明接收人的姓名。接收人有义务将该复本交付于其他复本的合法持有人。

² 接收人拒绝交付时，持票人非以拒绝证书证明下列事项，不得行使追索权：

　　1. 为提示承兑而送出的复本，虽经其请求，但未被交回；

　　2. 以其他复本提示承兑或付款，但未获承兑或付款。

第 1066 条

2. 誊本

a. 形式和效力

¹ 汇票的持票人有作成汇票誊本（汇票抄本）的权利。

² 誊本应准确誊写原本上的一切内容，包括原本的全部背书和记载。誊本应注明迄于何处为誊写部分。

³ 背书及保证声明，亦得在原本上为之，且与原本上所为之背书和保证声明具有相同的效力。

第 1067 条

b. 原本的交付

¹ 誊本上应记载原本的保管人[1]。原本的保管人有义务向誊本的合法持票人交付原本。

² 保管人拒绝交付原本时，持票人非以拒绝证书证明其曾向保管人请求交付原本但保管人未交付之事实，对于誊本的背书人和在誊本上为保证声明的人，不得行使追索权。

³ 作成誊本前，在原本上的最后一次背书中载明"此后仅誊本上背书有效"或具有相同语义之文句者，此后在原本上的背书无效。

---

〔1〕 保管人，原文 Verwahrer，瑞士官方英译为 custodian。——译注

第 1068 条

XI. 原本的更改[1]

汇票的文本被更改者，更改后汇票上的签名人，依更改后的文本，负其责任。更改前汇票上的签名人，依汇票的原始文本，负其责任。

第 1069 条

XII. 时效

1. 时效期间

[1] 对汇票承兑人的请求权，自到期日起，经过三年而罹于时效。

[2] 持票人对背书人和出票人的请求权，自拒绝证书在规定期限内作成之日起，如汇票有"免除作成拒绝证书"之记载，自到期日起，经过一年而罹于时效。

[3] 背书人相互间的请求权，以及背书人对于出票人的请求权，自背书人付款之日或背书人被诉之日起，经过六个月而罹于时效。

第 1070 条

2. 时效的中断

a. 中断的事由

时效，因起诉、声请强制执行、告知诉讼或声请破产而中断。

第 1071 条

b. 中断的效力

[1] 时效的中断，仅对——与使时效中断之事实有关系的——汇票债务人，发生效力。

[2] 自中断时起，时效以相同的期间重新计算。

第 1072 条

XIII. 失效之宣告

1. 保全措施

[1] 遗失汇票的人，得请求法院向付款人发出禁止对汇票为付款的命令。[2]

---

〔1〕 原本的更改，即票据法上通常所称变造，原文 Änderungen der Urschrift。——译注

〔2〕 依 2000 年 3 月 24 日《审判籍法》（Gerichtsstandsgesetz vom 24. März 2000）附录第 5 项修正，自 2001 年 1 月 1 日起生效。

² 法院发出禁止支付命令时，应同时授权付款人在到期日提存汇票金额，并指定提存地点。

第 1073 条

2. 知悉占有人时

¹ 知悉汇票持有人时，法院应为申请人确定提起汇票返还之诉的合理期限。

² 声请人未在前款期限内提起诉讼时，法院应撤销其向付款人所发出的禁止支付的命令。

第 1074 条

3. 不知占有人时
a. 声请人的义务

¹ 不知汇票持有人时，声请人得请求法院宣告汇票失效。

² 声请宣告汇票失效之人，应就曾持有汇票而后遗失汇票，负举证责任，并应提交汇票誊本或提供汇票的主要内容。

第 1075 条

b. 公示催告

法院如认为声请人关于曾持有汇票而后遗失票据的证明可信，应发出公告，要求汇票持有人在规定的期限内呈交汇票，并声明，如期限届满而仍未呈交，将宣告汇票失效。

第 1076 条

c. 期限

¹ 呈交汇票的期限，最短为三个月，最长为一年。

² 汇票已过期，且将在三个月内罹于时效者，法院得指定短于三个月的呈交期限。

³ 应呈交的汇票，如已过期，其呈交期限，自第一次公告之日起算，如未到期，自到期日起算。

第 1077 条

d. 公告   [1] 催交汇票的公告，应在《瑞士商事公报》上刊登三次。

    [2] 有特别情事时，法院尚得以其他方式强化其公告。

第 1078 条

4. 效力
a. 汇票被呈交时

    [1] 遗失的汇票被呈交时，法院应为声请人指定提起汇票返还之诉的合理期限。

    [2] 声请人未在前款期限内提起诉讼时，法院应返还汇票，并撤销其向付款人所发出的禁止支付的命令。

第 1079 条

b. 汇票未被呈交时

    [1] 遗失的汇票未在规定的期间内被呈交者，法院应宣告汇票失效。

    [2] 汇票被宣告失效后，声请人仍得对于承兑人，行使汇票上的请求权。

第 1080 条

5. 法院的命令

    [1] 法院亦得在宣告汇票失效前，命令承兑人将汇票金额提存，或者命令承兑人以声请人提供担保为条件而向声请人支付汇票金额。

    [2] 前款担保，对于汇票的善意取得人，应负责任。汇票被宣告失效或汇票上的请求权因其他原因消灭时，担保责任免除。

第 1081 条

XIV. 一般规定
1. 关于期限的规定
a. 节假日

    [1] 汇票在周日或其他法定节假日到期者，应在下一个营业日请求付款。其他与汇票有关的一切行为，特别是汇票的提示承兑和拒绝证书的作成，亦仅得在营业日为之。

² 与汇票有关的行为，须在一定期限内为之，而该期限的最后一日为周日或其他法定节假日者，[1] 该期限顺延至下一个营业日。期限中的节假日，应计入期限。

第 1082 条

b. 期限的计算

在计算法律规定的或汇票指定的期限时，期限的起始日不包括在内。

第 1083 条

c. 展期日的排除

法律规定的或法院裁判准许的展期日，不计入期限。

第 1084 条

2. 汇票行为的
   实施地

¹ 提示承兑、提示付款、作成拒绝证书、请求交付汇票复本以及其他须向或须由特定人所为之一切行为，均应在该特定人的营业所为之，无营业所者，应在其居所为之。

² 应勉力查明营业所或居所。

³ 经查询警署或当地邮局而仍不知其营业所或居所者，无须继续查询。

第 1085 条

3. 亲笔签名、
   盲人的签名

¹ 汇票上的声明，均须亲笔签名。

² 亲笔签名，不得以由机械复制的亲笔签名，或者以经认证的画押，或者以公证方式，代替之。

³ 盲人的签名须经认证。

---

[1] 就联邦法律所规定的期限和公权力机关依联邦法律而指定的期限而言，星期六现已视同法定节假日。见 1963 年 6 月 21 日《关于法定期限在星期六届满的联邦法律》第 1 条。

第 1086 条

XV. 法律适用
1. 汇票能力

¹ 关于承担汇票债务的能力，适用其本国法。其本国法规定以他国法律为准据法者，适用该他国法律。

² 依前款法律为无汇票能力的人，如依其签名时行为地国的法律为有汇票能力者，其在汇票上的签名有效，并应负汇票债务。

第 1087 条

2. 汇票声明的
　形式和期限
a. 一般规定

¹ 关于汇票声明的形式，适用为汇票声明时签名地所在国的法律。

² 汇票声明，因其形式不符合签名地所在国的法律而无效，但依在其之后作出的汇票声明签名地所在国的法律，其形式合法，因而有效者，后一汇票声明的效力，不因前一汇票声明的形式瑕疵而受影响。

³ 同样，瑞士人在国外作出的汇票声明，如符合瑞士法律关于汇票形式要件的规定，对于瑞士国内的另一瑞士人，为有效。

第 1088 条

b. 行使和保全
　汇票权利的
　行为

关于拒绝证书的形式和作成拒绝证书的期限，以及关于其他行使或保全汇票权利的行为的形式，适用拒绝证书作成地所在国的法律或行为地所在国的法律。

第 1089 条

c. 追索权的行使

关于追索权的行使期限，对于所有的汇票债务人，均适用出票地的法律。

第 1090 条

3. 汇票声明的
　效力

¹ 关于汇票承兑人和本票出票人所为承担票据债务的声明的效力，适用付款地的法律。

a. 一般规定

² 关于汇票上其他声明的效力，适用声明时签名地所在国的法律。

第 1091 条

b. 部分承兑和部分付款

关于能否仅就汇票金额的一部分为承兑以及持票人是否有义务接受部分付款，适用付款地的法律。

第 1092 条

c. 付款

关于到期日汇票的付款，特别是关于到期日和付款日的计算以及载明给付外国货币的汇票的付款，适用付款地所在国的法律。

第 1093 条

d. 不当得利请求权

对于付款人、担当付款人和为出票人之计算而对汇票为付款的个人或商事组织的不当得利请求权，适用其住所地所在国的法律。

第 1094 条

e. 资金关系的移转

关于汇票的持票人是否基于所由签发汇票的基础关系而取得债权，适用出票地的法律。

第 1095 条

f. 失效之宣告

关于汇票遗失和被盗时所须采取的措施，适用付款地的法律。

第三目　本　票

第 1096 条

1. 要件

本票应记载下列事项：

　　1. 以签发本票所使用的文字，在本票主文中表明其为"本票"的字样；

2. 无条件支付一定金额的承诺；

3. 到期日；

4. 付款地；

5. 受款人的姓名或其指定人的姓名；

6. 出票日和出票地；

7. 出票人的签名。

第 1097 条

2. 要件之欠缺

[1] 欠缺前条所规定的应记载事项之一者，除属于下列各款所规定之情形外，不视为本票。

[2] 本票未记载到期日者，视为见票即付的本票。

[3] 本票未就地点有特别记载者，其出票地，视为付款地和出票人的居住地。

[4] 本票未记载出票地者，记载于出票人姓名旁的地点，视为出票地。

第 1098 条

3. 适用关于汇票的规定

[1] 关于汇票下列事项的规定，与本票之性质不相抵触者，亦适用于本票：

背书（第 1001 条至第 1010 条）；

到期日（第 1023 条至第 1027 条）；

付款（第 1028 条至第 1032 条）；

未获付款时的追索权（第 1033 条至第 1047 条，第 1049 条至第 1051 条）；

参加付款（第 1054 条，第 1058 条至第 1062 条）；

誊本（第 1066 条至第 1067 条）；

更改（第 1068 条）；

时效（第 1069 条至第 1071 条）；

失效之宣告（第 1072 条至第 1080 条）；

节假日、期限的计算、展期日的排除、票据行为的实施地和签名（第 1081 条至第 1085 条）。

[2] 此外，下列关于汇票的规定，亦适用于本票：关于得由第三人在付款人住所地或在付款人住所地以外之地点付款的规定（第 994 条和第 1017 条），关于利息记载的规定（第 995 条），关于汇票金额记载不一致的规定（第 996 条），关于无效签名后果的规定（第 997 条），关于无权代理人或超越代理权人签名效力的规定（第 998 条），关于空白汇票的规定（第 1000 条）。

[3] 同样，关于汇票保证的规定（第 1020 条至第 1022 条）、第 1021 条第 4 款关于汇票保证未载明被保证人时视为为出票人保证的规定，亦适用于本票。

第 1099 条

4. 出票人的责任、为使见票而提示

[1] 本票的出票人，与汇票的承兑人，负相同的责任。

[2] 见票后定期付款的本票，持票人应在第 1013 条规定的期限内向出票人提示见票。其见票，须由出票人在本票上确认之，并载明日期和签名。见票后的期限，自本票上所记载的见票日起算。出票人拒绝在本票上证实见票并载明见票日期时，应作成拒绝证书，以确认见票之事实（第 1015 条）；在此情形，见票后的期限，自作成拒绝证书之日起算。

第五节　支　票

第 1100 条

I. 支票的签发和形式

1. 要件

支票应记载下列事项：

　　1. 以签发支票所使用的文字在支票主文中表明其为"支票"的文字；

2. 无条件支付一定金额的承诺;

3. 应为付款之人（付款人）的姓名;

4. 付款地;

5. 出票日和出票地;

6. 出票人的签名。

第 1101 条

2. 要件之欠缺

¹ 票据欠缺前条所规定的应记载事项之一者，除属于下列各款所规定之情形外，不视为支票。

² 未载明特定付款地者，记载于付款人姓名旁的地点，视为付款地。付款人姓名旁记载有数个地点者，以所记载的第一个地点为付款地。

³ 无前款地点和任何其他记载者，以付款人主要营业所所在地为付款地。

⁴ 未载明出票地者，记载于出票人姓名旁的地点，视为出票地。

第 1102 条

3. 消极的支票能力〔1〕

¹ 付款地在瑞士的支票，仅得以金融业者为付款人。

² 以其他任何人为付款人的支票，仅得视为指示证券〔2〕。

第 1103 条

4. 以存在资金关系为必要

¹ 只有在付款人开设账户并有存款，且依其与付款人间明示或默示之约定，得以支票处分其存款的人，始得签发支票。但未遵守此项规定者，不影响其作为支票的有效性。

---

〔1〕 消极的支票能力，原文 passive Checkfähigkeit，瑞士官方英译为 capacity to act as drawee（付款人的能力）。——译注

〔2〕 关于指示证券（Anweisung），见第 466 条以下。——译注

² 出票人就开设于付款人的账户中的存款，仅对一部分金额有处分权时，付款人有义务就该部分金额为付款。

³ 出票人超出付款人的授信额度而签发支票者，对于支票的持票人，除应赔偿所发生的损害外，尚须就支票上所载金额未付款的部分，支付百分之五的赔偿金。

第 1104 条

5. 承兑之排除

不得对支票为承兑。支票中如有关于承兑的记载，视为无记载。

第 1105 条

6. 受款人的
指定

¹ 支票得指定支付于：

某个特定的人，并得载明或不载明"可付指定人"字样；

某个特定的人，并得记载"不可付指定人"字样或具有相同语义之文句；

持票人。

² 支票指定某个特定的人为受款人，并附有"或持票人"或具有相同语义之文句者，视为以持票人为受款人。

³ 支票未指定受款人者，视为以持票人为受款人。

第 1106 条

7. 关于利息的
记载

支票中如有关于利息的记载，视为无记载。

第 1107 条

8. 付款处所、
担当付款
的支票

支票，得由第三人付款，该第三人如为金融业者，其付款处所，得位于付款人的住所地或其他地点。

第 1108 条

II. 支票的转让
1. 可转让性

¹ 指定向特定人付款的支票，不论其是否明示记载"可付指定人"，均得背书转让。

² 指定向特定人付款的支票，载有"不可付指定人"字样或具相同语义之文句者，仅得依普通债权的让与方式移转，并仅发生普通债权让与的效力。

³ 背书，亦得对出票人或任何其他的支票债务人为之。该被背书人得对支票再背书。

第 1109 条

2. 要件

¹ 背书，不得附条件。背书附条件者，其条件视为无记载。

² 部分背书为无效。

³ 付款人所为之背书，亦为无效。

⁴ 以持票人为被背书人的背书，视为空白背书。

⁵ 以付款人为被背书人的背书，仅视为票款收讫，但付款人有数个营业所，且作为被背书人的营业所，与应为付款的营业所，为不同之营业所者，不在此限。

第 1110 条

3. 持票人权利的证明

依背书转让方式取得支票的人，以背书的连续性证明其对于支票之权利者，其最后的背书虽为空白背书，仍视为合法持票人。在连续的背书中，被涂销的背书，视为无记载。空白背书后又接另一背书者，应推定：后一背书人系基于空白背书而取得支票。

第 1111 条

4. 无记名支票

背书人，如在无记名支票上为背书，应依关于追索权的规定，承担责任，但该支票不因此转换为指定式支票。

第 1112 条

5. 遗失的支票

遗失的支票，为无记名支票或可背书转让的支票时，不论前持有人在何种情况下遗失其支票，支票的现持有人，如能依第 1110 条规定的方式证明其权利，不负返还支票的义务，但其以恶意取得支票或在取得支票时有重大过失者，不在此限。

第 1113 条

6. 基于期后背书而产生的权利

[1] 背书，系在拒绝证书作成后或在具有拒绝语义的声明作成后或在支票的提示期限届满后所为者，仅具有普通债权让与的效力。

[2] 背书，未载明背书日期者，除有反证外，应推定：系在拒绝证书作成前或在具有拒绝语义的声明作成前或在支票的提示期限届满前所为。

第 1114 条

Ⅲ. 支票的保证

[1] 对于支票金额，得以支票保证的方式，担保其全部或部分支付。

[2] 前款担保，得由第三人为之，纵为已在支票上签名的人，亦得为之。

第 1115 条

Ⅳ. 提示和付款

1. 支票的到期

[1] 支票限于见票即付。有相反记载者，视为无记载。

[2] 支票，在支票上所载明的出票日前被提示付款者，得在提示日付款。

第 1116 条

2. 提示付款

[1] 在出票地所在国付款的支票，须在八日内提示付款。

[2] 在出票地所在国以外的国家付款的支票，如出票地与付款地在同一洲，须在二十日内提示付款；如出票地

与付款地不在同一洲，须在七十日内提示付款。

3　出票地在欧洲国家而付款地在地中海沿岸国家的支票，以及出票地在地中海沿岸国家而付款地在欧洲国家的支票，视为在同一洲签发和付款的支票。

4　本条规定的提示付款的期限，自支票上载明的出票日起算。

第 1117 条

3. 日历不同时的日期计算

支票的付款地与出票地的日历不一致时，以付款地的日历相当之日为出票日。

第 1118 条

4. 向票据交换所提交支票

向瑞士国家银行承认的票据交换所提交支票，与提示付款具有相同的法律效力。[1]

第 1119 条

5. 撤回
a. 一般规定

1　支票的撤回，仅得在提示期限届满后为之，否则无效。

2　支票如未被撤回，提示期限虽已届满，付款人仍得付款。

3　主张自己或第三人遗失支票的出票人，得禁止付款人付款。

第 1120 条

b. 在出票人死亡、丧失行为能力、破产之情形

出票人在签发支票后死亡、丧失行为能力或被宣告破产者，不影响支票的效力。

---

　〔1〕　依 2003 年 10 月 3 日《国家银行法》（Nationalbankgesetz vom 3. Okt. 2003）附录第Ⅱ 2 项修正，自 2004 年 5 月 1 日起生效。

第 1121 条

6. 背书之审查

付款人，对于可背书转让的支票为付款时，有义务审查背书的连续性，但对于背书人的签名，不负认定责任。

第 1122 条

7. 以外币付款

[1] 表示支票金额的货币，为付款地所不通用者，得按提示日的汇率，以付款地的国家货币支付。如债务人迟延付款，持票人得选择按提示日或付款日的汇率，以付款地的国家货币支付。

[2] 外币的价格，依付款地的商业惯例，确定之。但出票人得在支票上载明换算应付金额的汇率。

[3] 出票人载明以特定货币付款（以特定货币付款的记载）者，前二款之规定，不适用之。

[4] 表示支票金额的货币，如在出票地和付款地，名同价异者，推定其为付款地的货币。

第 1123 条

V. 划线支票和转账支票

1. 划线支票

a. 定义

[1] 出票人及持票人得在支票上划线，其划线具有第 1124 条规定的效力。

[2] 划线，指在支票正面划两道平行线。划线得为普通划线或特别划线。

[3] 平行线间无任何记载或记载"金融业者"或具有相同语义之文字者，为普通划线。平行线间载明特定金融业者之名称者，为特别划线。

[4] 普通划线得变更为特别划线，但特别划线不得变更为普通划线。

[5] 对于划线或被指定的金融业者名称为涂销者，视为未涂销。

第 1124 条

b. 效力

1 普通划线支票，仅得由付款人向金融业者或付款人的客户付款。

2 特别划线支票，仅得由付款人向被指定的金融业者付款，金融业者本身为付款人时，仅得向其客户付款。但该被指定的金融业者，得委托其他金融业者办理支票托收。

3 金融业者，仅得自其客户或其他金融业者取得划线支票。金融业者，亦仅得为其客户或其他金融业者之计算办理支票托收。

4 支票上有数个特别划线者，仅在不超过两个划线，且其中之一系以托收之目的向票据交换所提交支票所为时，付款人始得对支票为付款。

5 付款人或金融业者违反上述规定者，对于因此而发生的损害，应负赔偿责任，但其赔偿金额，以支票金额为限。

第 1125 条

2. 转账支票
a. 一般规定

1 支票的出票人及持票人，得在支票正面横写"只可转账"或具有相同语义之文句，禁止以现金支付支票。

2 在前款情形，付款人仅得以贷记方式清偿支票债务（汇划、转付、结算）。贷记视为付款。

3 对"只可转账"字样为涂销者，视为未涂销。

4 付款人违反上述规定者，对于因此而发生的损害，应负赔偿责任，但其赔偿金额，以支票金额为限。

第 1126 条

b. 付款人被宣告破产、停

1 但在付款人被宣告破产或付款人停止支付，或者对付款人的财产为强制执行而无效果时，转账支票的持票

止支付、被
强制执行时
持票人的权
利

人得要求付款人对支票为现金支付，如不能获得现金支付，得行使追索权。

² 持票人依 1934 年 11 月 8 日《银行法》[1]规定采取措施，但不能从付款人获得贷记者，前款规定亦适用之。

第 1127 条

c. 贷记或结算
被拒绝时持
票人的权利

此外，转账支票的持票人证明付款人不为无条件贷记，或者支票被付款地的票据交换所宣告为不宜用于结算持票人债务时，亦得行使追索权。

第 1128 条

Ⅵ. 拒绝付款时
的追索权

1. 持票人的追
索权

持票人按规定的期限提示支票，但未获付款，且拒绝付款有下列之一证明时，得对背书人、出票人和其他支票债务人，行使追索权：

1. 公证书（拒绝证书）；
2. 付款人在支票上作成记载声明日期和支票提示日期的书面声明；
3. 在规定的期限内向票据交换所提交而未付款，经该交换所作成声明并记载声明日期。

第 1129 条

2. 拒绝证书的
作成、期限

¹ 拒绝证书或具有相同语义的声明，须在支票提示期限届满前作成。

² 支票系在期限的最后一日提示时，拒绝证书或具有相同语义的声明得在其后一个营业日内作成。

---

[1] Bankengesetz vom 8. November 1934.

第 1130 条

3. 追索权的
范围

持票人行使追索权时，得请求下列金额：

1. 未获支付的支票金额；
2. 自提示日起，依百分之六利率计算的利息；
3. 作成拒绝证书或具有相同语义的声明的费用、通知费用及其他费用；
4. 不超过百分之一的三分之一的手续费。

第 1131 条

4. 发生不可抗
力时的处理

1 持票人因不能克服的障碍（因国家的法律规定或其他不可抗力情事），不能及时提示支票或及时作成拒绝证书或具有相同语义的声明时，应延长其期限。

2 持票人应将不可抗力情事及时通知其直接前手背书人，同时应将通知的内容、日期和地点在支票或粘单上载明并签名；其他方面，适用第 1042 条的规定。

3 不可抗力终止后，持票人应立即将支票提示付款，如有必要，应作成拒绝证书或具有相同语义的声明。

4 不可抗力情事，自持票人在提示期限届满前将不可抗力情事通知前手背书人之日起，经过十五日仍未停止者，持票人得直接行使追索权，无须提示或作成拒绝证书或具有相同语义的声明。

5 纯属持票人的个人事由，或者纯属——受持票人委托提示支票或作成拒绝证书或具有相同语义声明之人的——个人事由，不视为不可抗力情事。

第 1132 条

Ⅶ. 伪造的支票

付款人对于伪造或窜改的支票[1]为付款者，因付款而发生的损害，由付款人承担，但支票的伪造或窜改可归

---

〔1〕　边标题"伪造的支票"，原文 gefälschter Check，条文中"伪造或窜改的支票"，原文 ein falschenr oder verfälschter Check。——译注

责于支票上所记载的出票人的过错，特别是因其疏于妥善保管空白支票簿所致者，不在此限。

第 1133 条

VIII. 就一支票签
发数份复本

除不记名支票[1]外，凡支票，其出票地在一国或一国的海外领地而付款地在另一国，或者其出票地在一国而付款地在一国或一国的海外领地，或者其出票地和付款地在同一国的同一海外领地，或者其出票地和付款地在同一国的不同海外领地者，得签发数份形式相同的复本。支票的数份复本，应在支票文本中载明编号；未载明编号者，视为单独支票。

第 1134 条

IX. 时效

[1] 持票人对于背书人、出票人和其他的支票债务人的追索权，自提示期限届满日起，经过六个月而罹于时效。

[2] 支票债务人相互间的追索权，自债务人清偿支票债务之日或被诉之日起，经过六个月而罹于时效。

第 1135 条

X. 一般规定
1. "金融业者"
的定义

本节所称"金融业者"，指 1934 年 11 月 8 日《银行法》[2]意义上的金融机构。

第 1136 条

2. 关于期间的
规定
a. 节假日

[1] 支票的提示和拒绝证书的作成，仅得在营业日为之。

[2] 与支票有关的行为，特别是支票的提示、拒绝证书或具有相同语义的声明的作成，须在一定期限内为之，

---

[1] 不记名支票，通常又称来人支票。——译注
[2] Bankengesetz vom 8. November 1934.

如该期限的最后一日为周日或其他法定节假日时,[1] 该期限顺延至下一个营业日。期限中的节假日,应计入期限。

第 1137 条

b. 期限的计算

在计算本法[2]所规定的期限时,期限的起始日不包括在内。

第 1138 条

XI.法律适用

1. 消极的支票
   能力[3]

1 关于支票付款人的资格,适用付款地所在国的法律。

2 依本法规定,支票因付款人无支票付款人资格而无效时,如签名地所在国的法律并未将无支票付款人资格作为签名的无效原因,因签名而产生的债务仍为有效。

第 1139 条

2. 支票声明的
   形式和期限

1 关于支票声明的形式,适用为汇票声明时签名地国的法律。但其符合付款地所在国法律者,亦为有效。

2 支票声明,因形式不符合签名地所在国的法律而无效,但依在其之后作出的支票声明签名地所在国的法律,其形式合法,因而有效者,后一支票声明的效力,不因前一支票声明的形式瑕疵而受影响。

3 同样,瑞士人在国外作出的支票声明,如符合瑞士法律关于支票形式要件的规定,对于瑞士国内的另一瑞士人,应为有效。

---

〔1〕 就联邦法律所规定的期限和公权力机关依联邦法律而指定的期限而言,星期六现已视同法定节假日。见 1963 年 6 月 21 日《关于法定期限在星期六届满的联邦法律》第 1 条。

〔2〕 所称"本法",指关于支票的法律规定。——译注

〔3〕 消极的支票能力,原文 passive Checkfähigkeit,瑞士官方英译为 capacity to act as drawee(付款人的资格)。——译注

第 1140 条

3. 支票声明的
效力

a. 出票地法

关于支票声明的效力，适用签名地所在国的法律。

第 1141 条

b. 付款地法

下列事项，适用支票付款地所在国的法律：

1. 支票是否以见票即付为必要，或者能否为见票后定期付款的支票，以及支票上所记载的出票日期迟于实际的出票日期时，支票所具有的效力；

2. 支票的提示期限；

3. 能否对支票为承兑、保付、保兑及签证之记载，以及支票上有此类记载时，其记载所具有的效力；

4. 持票人能否要求部分付款，以及持票人是否应接受部分付款；

5. 支票能否划线或能否载明"只可转账"或具有相同语义之文句，以及支票上的划线、"只可转账"或具有相同语义之文句等记载所具有的效力；

6. 持票人有无基于资金关系的特别权利，如有，其内容；

7. 出票人能否撤销其支票，能否对于付款人清偿支票债务的行为提出异议；

8. 支票遗失或被盗时得采取的措施；

9. 为保全对于背书人、出票人或支票上其他债务人的追索权，是否以作成拒绝证书或具有相同语义的声明为必要。

第 1142 条

c. 住所地法

关于对付款人或担当付款人的不当得利请求权，适用各当事人住所所在国的法律。

第 1143 条

XII. 适用关于汇票的规定

[1] 下列关于汇票的规定，适用于支票：

1. 第 990 条关于票据能力的规定；

2. 第 993 条关于出票人以自己为受款人、以自己为付款人和为第三人之计算而签发汇票的规定；

3. 第 996 条至第 1000 条关于汇票金额记载一致、无票据能力人的签名、无代理权的签名、出票人的责任和空白汇票的规定；

4. 第 1003 条至第 1005 条关于背书的规定；

5. 第 1007 条关于抗辩的规定；

6. 第 1008 条关于由代理背书所产生之权利的规定；

7. 第 1021 条和第 1022 条关于汇票保证的形式和效力的规定；

8. 第 1029 条关于请求交付收据之权利和部分付款的规定；

9. 第 1035 条至第 1037 条和第 1039 条至第 1041 条关于拒绝证书的规定；

10. 第 1042 条关于通知的规定；

11. 第 1043 条关于免除作成拒绝证书的规定；

12. 第 1044 条关于汇票债务人连带责任的规定；

13. 第 1046 条和第 1047 条关于汇票债务清偿人之追索权的规定，以及请求交付汇票、拒绝证书和收据之权利的规定；

14. 第 1052 条关于不当得利请求权的规定；

15. 第 1053 条关于资金关系之移转的规定；

16. 第 1064 条关于数份复本间之关系的规定；

17. 第 1068 条关于更改的规定；

18. 第 1070 条和第 1071 条关于时效中断的规定；

19. 第 1072 条至第 1078 条和第 1079 条第 1 款关于失效之宣告的规定；

20. 第 1083 条至第 1085 条关于展期日之排除、汇票行为实施地和亲笔签名的规定；

21. 第 1086 条、第 1088 条和第 1089 条关于汇票行为能力、行使和保全汇票权利之行为、追索权之行使等法律适用的规定。

² 上述条款中关于汇票承兑的规定，不适用于支票。

³ 第 1042 条第 1 款、第 1043 条第 1 款和第 3 款及第 1047 条的规定，在第 1128 条第 2 项和第 3 项所指的与拒绝证书具有相同语义的声明可代替拒绝证书的意义上，得补充适用于支票。

第 1144 条

XIII. 特别法的
保留

关于邮政支票的特别规定，不受影响。

第六节　类似票据的和其他的指定式证券

第 1145 条

A. 一般规定
I. 要件

有价证券，记载特定之人并附加其人所指定之人为权利人，或者法律规定其为指定式证券者，视为指定式证券[1]。

---

〔1〕 指定式证券，原文 Ordrepapier，瑞士官方英译为 instrument to order。——译注

第 1146 条

II. 债务人的
抗辩

^{1} 债务人〔1〕，仅得以证券无效或基于证券而产生的抗
辩，以及其本人对于债权人所享有的抗辩，对抗指定
式证券的请求权。

^{2} 基于债务人与发行人或前持有人间之直接关系而产生
的抗辩，亦得对抗指定式证券的请求权，但持有人在
取得指定式证券时不知其行为有害于债务人者，不在
此限。

第 1147 条

B. 类似票据的
证券

I. 指定式指示
证券〔2〕

1. 一般规定

证券的文本中虽未载明其为汇票，但明示记载其为指定
式，且在其他方面符合汇票之要件者，该证券视同汇
票。

第 1148 条

2. 无承兑义务

^{1} 指定式指示证券，不得提示承兑。

^{2} 指定式指示证券经提示而被拒绝承兑时，持有人不得
基于该事由而行使追索权。

第 1149 条

3. 承兑的效力

^{1} 指定式指示证券经自愿承兑者，承兑人视同汇票的承
兑人。

^{2} 但指示人被宣告破产时，或者付款人停止付款时，或
者强制执行付款人的财产而无效果时，持有人在指定
式指示证券到期前不得行使追索权。

---

〔1〕　即因指定式证券而被请求给付的人。——译注

〔2〕　指定式指示证券，原文 Anweisung an Ordre，瑞士官方英译为 payment instructions to order。关
于指示证券（Anweisung），见第 466 条以下。——译注

³ 同样，指示人被宣告破产时，持有人在指定式指示证券到期前不得行使追索权。

第 1150 条

4. 不适用汇票
强制执行的
规定

1889 年 4 月 11 日《关于债务追索和破产的法律》关于汇票强制执行的规定，不适用于指定式指示证券。

第 1151 条

II. 指定式支付
承诺〔1〕

¹ 记载支付承诺的证券，在其文本中虽未载明其为本票，但明示记载其为指定式，且在其他方面符合本票之要件者，视同本票。

² 但对于指定式支付承诺，不适用关于参加付款的规定。

³ 对于指定式支付承诺，不适用 1889 年 4 月 11 日《关于债务追索和破产的法律》的规定。

第 1152 条

C. 其他得背书
的证券

¹ 签名人在证券中，载明负担在特定的场所和时间，给付一定金额之金钱或交付一定数量之代替物之义务者，如该证券为指定式时，得以背书转让之。

² 对于前款证券，以及其他可背书转让的证券，如仓单、存货单、运输提单，其背书之形式、持有人权利之证明、失效之宣告及持有人之返还义务，适用汇票法的相关规定〔2〕。

³ 但关于汇票追索权的规定，不适于此类证券。

---

〔1〕 指定式支付承诺，原文 Zahlungsversprechen an Ordre，瑞士官方英译为 promise to pay to order。——译注

〔2〕 汇票法中，关于汇票背书之形式的规定，见第 1003 条，关于汇票持有人权利之证明的规定，见第 1006 条，关于汇票失效之宣告和汇票持有人之返还义务的规定，见第 1072～1080 条。——译注

第七节 货物证券

第 1153 条

A. 要件

仓库营业人或货物运送人以有价证券的形式签发的货物证券，应载明下列各项：

1. 签发的地点和日期及签发人的签名；
2. 签发人的姓名和住址；
3. 存货人或发货人的姓名和住址；
4. 仓储物或运送物的种类、品质、数量和识别标志；
5. 应付或已预付的费用和报酬；
6. 当事人关于货物处理的特别约定；
7. 货物证券复本的份数；
8. 载明处分权人的姓名，或者载明其为指定式货物证券或无记名货物证券。

第 1154 条

B. 担保证券

1 以数份货物证券中之一份用于出质者，该货物证券应载明其为担保证券（质证券）[1]，其他方面须完全符合货物证券的形式。

2 应在货物证券的其他复本上，载明该货物证券系为发行担保证券而作成，并应就每一出质，载明其所担保的债权的金额和到期日。

第 1155 条

C. 形式要件的意义

1 为仓储物或运送物而签发的证券，如不符合法定的货物证券的形式要件，不承认其为有价证券，而仅视为收货凭证或证据文书。

---

〔1〕 担保证券，原文 Pfandschein；质证券，原文 Warrant。——译注

² 未经主管机关授与营业许可的仓库营业人签发的证券，如符合法定的货物证券的形式要件，仍承认其为有价证券。但对于签发证券的仓库营业人，应由州主管机关处以不超过一千法郎的罚款。

第三十四章　债　券^{〔1〕}

第一节　发布募债说明书的义务

第 1156 条

¹　非有募债说明书，不得公开募债，亦不得在证券交易所销售其债券。

²　关于发行新股时的招股说明书的规定^{〔2〕}，准用于募债说明书；此外，募债说明书，应就债券的有关情况，特别是应就债券利息的支付、本金的偿还、为债券所提供的特别担保和债券债权人的代表权等，作出详细的说明。

³　无本条所规定的募债说明书或募债说明书的内容不正确或不符合法定要求而发行债券者，参与债券发行事务的人，如有故意或过失，对于所发生的损害，应负连带赔偿责任。

第二节　债券的债权人共同体^{〔3〕}

第 1157 条

A. 要件　　　¹　在瑞士有住所或营业所的债务人，以统一的募债条

---

〔1〕　债券，原文 Anleihensobligationen，瑞士官方英译为 bonds。——译注

〔2〕　关于发行新股时招股说明书的规定，见第 652a 条。——译注

〔3〕　依 1949 年 4 月 1 日的联邦法律第 I 项修正，自 1950 年 1 月 1 日起生效。参见《关于第三十四章第二节的最终条款》（Die Schlussbestimmungen zum zweiten Abschnitt des XXXIV. Titels）。

件[1]，直接或间接向公众募债而发行债券者，其债
权人依法成立债权人共同体。

² 多次发行债券者，按每次发行的债券成立一个独立的
债权人共同体。

³ 本节规定，不适用于联邦、州、区、镇以及其他公法
团体和机构所发行的债券。

第 1158 条

B. 债券代表人
I. 设立

¹ 除有相反规定外，依募债条件而设立的代表人，视为
债权人共同体和债务人的代表人。

² 债权人大会得选举一人或数人作为债权人共同体的代
表人。

³ 除另有规定外，数代表人应共同行使代表权。

第 1159 条

II. 权限
1. 一般规定

¹ 代表人享有法律、募债条件或债权人大会所授与的
权利。

² 代表人负有下列义务：在条件具备时，要求债务人召
集债权人大会，执行债权人大会的决议，并在其授权
范围内代表债权人共同体。

³ 债权人的权利，已被授与代表人行使者，各债权人不
得独立行使之。

第 1160 条

2. 监督债务人

¹ 在债务人清偿其全部债券债务前，债权人共同体的代表
人均有权要求债务人提供与共同体利益有关的一切情况。

² 债务人为股份有限公司、股份有限合伙、有限责任公
司或合作社时，在其清偿全部债券债务前，债权人共
同体的代表人，有权以顾问人的资格，出席由债务人

---

〔1〕 募债条件，原文 Anleihensobligationen，瑞士官方英译为 bond issue conditions。——译注

议事机构召集的会议，但其会议事项与债券债权人利益无关者，不在此限。

3 债务人议事机构召集前款会议时，应邀请债权人共同体的代表人出席会议，并提前合理期间通知和提供会议拟要讨论的事项及有关文件材料。

第 1161 条

3. 在债券附有
担保物权之
情形

1 债券附有不动产担保物权或动产担保物权者，其债务人和债权人的代表人，与不动产担保物权的担保权人，享有相同的权利。

2 债权人共同体的代表人，应为合理之注意，并以公正无私之立场，保护债权人、债务人和担保物所有人的权利。

第 1162 条

III. 代表权的
终止

1 债权人大会，对其授与代表人的代表权，得随时撤销或变更之。

2 依募债条件而设立的代表人的代表权，债权人共同体得依决议并经债务人同意，随时撤销或变更之。

3 有重大事由时，法院得依债券债权人或债务人的声请，宣告代表权终止。

4 代表权因一定事由而终止时，法院因债券债权人或债务人的请求，应为保护债券债权人和债务人的利益，采取所必要的措施。

第 1163 条

IV. 费用

1 代表人依募债条件而设立者，代表费用应由债券债务人负担。

2 代表人由债权人共同体所选任者，代表费用应从债券债务人所为之给付中支出，并依各债券债权人所持债券的面值，按比例分担之。

第 1164 条

C. 债权人大会
I. 一般规定

1 债权人共同体得在法律准许的范围内，特别是在债务人发生财务困难时，为保护债券债权人的共同利益采取合理的措施。

2 债权人共同体的决议，由债权人大会作出；其决议，在符合法律所规定的一般要件或法律就特定事项所规定的要件时，发生效力。

3 对于已由债权人大会有效决议的事项，各债券债权人不得独立行使其权利。

4 召集和举行债权人大会的费用，由债券债务人负担。

第 1165 条

II. 召集
1. 一般规定

1 债权人大会，由债务人召集之。

2 持有所发行债券资本百分之五的债权人或债券代表人，书面要求召集债权人大会，并说明其目的和理由时，债务人应在二十天内召集债权人大会。

3 债务人未按前款规定召集债权人大会时，法院得授权该申请人自行召集。债务人在瑞士的现在或最后住所地的法院有强制管辖权。[1]

4 债务人在瑞士只有或只曾有分营业所者，该分营业所所在地的法院有强制管辖权。[2]

第 1166 条

2. 停止执行

1 债券债权人已到期的请求权，自出席债权人大会的要求以适当方式进行公告之日起，至和解机关所主持的和解程序终了之日止，在此期间，停止执行。

---

〔1〕 依 2008 年 12 月 19 日《民事诉讼法》(Zivilprozessordnung vom 19. Dezember 2008) 附录一第 II 5 项修正，自 2011 年 1 月 1 日起生效。

〔2〕 依 2008 年 12 月 19 日《民事诉讼法》(Zivilprozessordnung vom 19. Dezember 2008) 附录一第 II 5 项修正，自 2011 年 1 月 1 日起生效。

² 前款停止，不视为 1889 年 4 月 11 日《关于债务追索和破产的法律》[1]意义上的支付停止；未经债务追索，不得声请破产宣告。

³ 在执行停止期间，能因债务追索而中断的时效期间和权利失效期间，为有利于债券债权人已到期的请求权，停止进行。

⁴ 债务人滥用权利从而导致执行之停止者，州的高等和解机关，得因债券债权人的声请，撤销其停止。

第 1167 条

Ⅲ. 召开
1. 表决权

¹ 债券所有人或其代表人有表决权，但债券上已设定用益权者，用益权人或其代表人有表决权。用益权人未合理顾及债券所有人的利益而行使表决权者，对于债券所有人，应负赔偿责任。

² 属于债务人所有的债券或债务人享有用益权的债券，无投票权。但属于债务人所有的债券被出质时，质权人[2]有表决权。

³ 债券债务人对债券享有质权或留置权时，债券所有人的表决权不得被排除。

第 1168 条

2. 代表各债券债权人的代表权

¹ 除依法律规定而有代表权外，非经债券债权人的书面授权，不得代表债券债权人。

² 债务人不得禁止有表决权的债券债权人通过代表人行使其表决权。

---

〔1〕　Bundesgesetz vom 11. April 1889 über Schuldbetreibung und Konkurs.

〔2〕　质权人，原文 Pfandgläubiger。——译注

第 1169 条

Ⅳ. 程序

联邦委员会，应就债权人大会的召集、会议事项的通知、出席会议的资格证明、会议的进行、会议的记录和决议的通知，作出规定。

第 1170 条

D. 共同体决议

Ⅰ. 对债权人权利的干预

1. 许可和必要的多数

a. 仅一个债权人共同体时

[1] 关于下列措施的决议，为使其有效，须经占所发行债券资本额三分之二以上的多数债权人通过：

    1. 利息支付期限不超过五年的延期，以及每次不超过五年的第二次延期；

    2. 放弃七年中不超过五年的利息；

    3. 在最长持续期限不超过十年，延长期限不超过五年的期间内，将募债条件中所规定的利率降低一半，或者将固定利率变更为以营业状况决定的利率；

    4. 以减少每年应付的利息和本金总额的方式，在最长期限不超过十年的期间内，延长分期偿债的期限，或者增加偿债数额，或者在延长期限不超过五年的期间内，暂时停止偿债；

    5. 在最长延期不超过十年，再次延展的期限不超过五年的期间内，对已到期或五年内到期的债券，或者对此种债券的部分金额，延期偿债；

    6. 提前偿还债券资本的授权；

    7. 为公司新募集的资本提供优先担保权，对为债券所设定的担保进行变更，或者全部或部分放弃此种担保；

    8. 同意变更关于债券发行量与股本比例限制的规定；

    9. 同意将全部或部分债券转换为股份。

[2] 前款措施，得合并采用。

第 1171 条

b. 有数个债权
人共同体时

[1] 有数个债权人共同体时，债务人得向各债权人共同体分别提交一项或多项前条规定的措施，只提交一项措施者，仅在全部的债权人共同体均表示接受时，始为有效，提交多项措施者，每项措施，仅在其他各项措施均被接受时，始为有效。

[2] 为采取一定措施而提交的建议，经全部的债权人共同体中占所发行的债券资本额三分之二以上的债权人同意，同时其建议为多数债权人共同体所接受，且经每个债权人共同体占所发行的债券资本额的简单多数的债权人同意时，视为被接受。

第 1172 条

c. 多数之确定

[1] 在确定所发行的债券资本额时，无表决权的债券不计算在内。

[2] 向债权人大会提交的建议不能获得法定票数时，债务人得在会议日之后的两个月内，通过经认证的书面声明的方式，补足所缺票数，并在会议主席处办理登记，以使其成为有效的决议。

第 1173 条

2. 限制

a. 一般规定

[1] 不得以共同体决议的方式，要求债券债权人接受第1170 条所未规定的干预债权人权利的措施，或者要求债券债权人履行募债条件中所未规定和发行债券时所未约定的给付。

[2] 未经债务人同意，债权人共同体不得扩大债权人的权利。

第 1174 条

b. 平等待遇

[1] 任何关于强行性措施的决议，均应平等对待同属一个共同体的债权人，但蒙受不利益的债权人明示同意该措施者，不在此限。

[2] 未经担保物权人[1]同意，不得变更其担保顺位。第1170 条第 7 项[2]的规定，不受影响。

[3] 为使同一债权人共同体中的某个债权人取得优越于其他债权人的地位而作出的允诺或行为，无效。

第 1175 条 [3]

c. 情况报告和资产负债表

采取第 1170 条所规定的干预措施的建议，得由债务人提出，并由债权人大会审议；建议的提出与审议，仅须以在债权人大会日提出的、至会议日止的情况报告为依据，或者以在债权人大会日之前六个月依通常方法编制的资产负债表为依据，如有必要，由审计人确认该资产负债表的真实性。

第 1176 条

3. 主管机关批准

a. 一般规定

[1] 干预债权人权利的决议，在取得州的高等和解机关批准后发生效力，决议生效后，对不同意该决议的债权人亦有约束力。

[2] 债务人应在通过决议后一个月内提请州的高等和解机关批准。

[3] 听证会的日期，应公告之，并告知债券债权人得对决议，以书面方式或在听证会上以口头方式，提出异议。

[4] 批准程序所需的费用，由债务人负担。

---

〔1〕 担保物权人，原文 Pfandgläubiger。——译注

〔2〕 原文如此。经查，此处似应为第 1170 条第 1 款第 7 项。——译注

〔3〕 依 2005 年 12 月 16 日的联邦法律（有限责任公司法，以及关于股份有限公司法、合作社法、商事登记簿法和商号法的修正案，GmbH-Recht sowie Anpassungen im Aktien-, Genossenschafts-, Handelsregister- und Firmenrecht）第 I 3 项修正，自 2008 年 1 月 1 日起生效。

第 1177 条

b. 要件

仅在有下列情形之一者，得拒绝批准：

1. 违反关于债权人大会的召集和决议通过之规定者；
2. 旨在避免债务人发生财务困难而通过决议，且经证明该决议并无必要者；
3. 债券债权人的共同利益未受充分保障者；
4. 以不诚实的方法通过决议者。

第 1178 条

c. 诉请撤销

[1] 债权人大会的决议经批准后，任何不同意该决议的债券债权人，均得在三十日内，以决议违反法律或不适当为理由，诉请联邦法院撤销，在此情形，适用关于债务追索和破产案件的程序。

[2] 同样，拒绝批准的决定，同意决议的债券债权人，或者债务人，亦得诉请撤销。

第 1179 条

d. 撤回

[1] 事后显示债权人大会的决议系以不诚实的方法通过者，州的高等和解机关得因债权人的声请，全部或部分撤回其批准。

[2] 其声请，应在债券债权人知有撤销事由之日起六个月内提出。

[3] 债务人和各债券债权人，均得在三十日内，以所作出的撤回决定违反法律或不适当为理由，诉请联邦法院撤销撤回决定，在此情形，适用关于债务追索和破产案件的程序。同样，拒绝撤回的决定，任何要求撤回的债券债权人，亦得诉请撤销。

第 1180 条

II. 其他决议
1. 债券代表人
   的代表权

¹ 非经占所发行的债券资本额半数以上债权人的同意，不得撤回和变更债券代表人的代表权。

² 为保护全体债券债权人在债务人破产时的权利而向债券代表人授与相关代表权的决议，亦须经占所发行的债券资本额半数以上债权人的同意。

第 1181 条

2. 关于其他事
   务的决议

¹ 债权人大会的决议，既未干预债权人权利，亦未加重债权人给付义务者，其通过，仅须经出席会议的表决权的绝对多数通过，但法律另有规定或募债条件中有更严格规定者，从其规定。

² 前款绝对多数，无论如何，均依出席债权人大会且有表决权的债券的面值，计算之。

第 1182 条

3. 撤销

第 1180 条和第 1181 条意义上的决议，有违反法律或约定者，任何不同意决议的共同体债权人，均得在知其情事后三十日内，诉请法院撤销。

第 1183 条

E. 特别情形
I. 债务人破产

¹ 债务人如陷于破产，破产管理人应及时召集债券债权人大会，并由债权人大会向此前所委任或由本次会议所委任的代表人，授与在破产程序中保护全体债券债权人权利的代表权。

² 未就代表权的授与作成决议时，各债券债权人独立行使其权利。

第1184条

II. 和解契约

1 在和解程序中，债券债权人未能就是否订立和解契约通过特别决议时，对于债券债权人的同意，仅得适用1889年4月1日《关于债务追索和破产的法律》的相关规定，但关于附有担保物权的债券的规定，不受影响。

2 对于附有担保物权的债券债权人，在其作为债权人而享有的权利所受之限制超出和解程序的效力范围时，适用关于债权人共同体的规定。

第1185条

III. 铁路或内河航运企业发行的债券

1 对于铁路或内河航运企业的债券债权人，除本条下列各款有特别规定外，适用本节规定。

2 召集债权人大会的声请，应向联邦法院提出。

3 债权人大会的召集、会议记录、债权人大会决议的批准和执行，由联邦法院管辖。

4 联邦法院在收到关于召集债权人大会的声请后，应作出具有第1166条效力的停止执行的命令。

第1186条

F. 强行法

1 法律所赋与债权人共同体和债券代表人的权利，不得由募债条件或其他的债权人和债务人间之特别约定，排除或限制之。

2 募债条件中就债权人大会决议的通过，有较严格规定者，从其规定。

附　录

附录一　关于 **1911 年 3 月 30 日**联邦法律的过渡性条款

Ⅰ. 民法典尾章修订如下：

……〔1〕

Ⅱ. 本法于 1912 年 1 月 1 日生效。

联邦委员会，依 1874 年 6 月 17 日《关于全民公决联邦法律和联邦决议的规定》〔2〕，公布本法。

---

〔1〕　修正内容，见《联邦法律汇编》第 27 卷第 317 页。

〔2〕　见《经整理汇编的联邦法律和法令（1848～1947）》第 1 卷第 173 页；《联邦法律汇编》1962 年第 789 页第 11 条第 3 款，1978 年第 712 页第 89 条第 2 段。

附录二 关于 1962 年 3 月 23 日修正案的最终条款[1]

第 1 条

A. 破产时的优先受偿权　……[2]

第 2 条

B. 不正当竞争　……[3]

第 3 条

C. 过渡性法律

1 第 226f 条、第 226g 条、第 226h 条、第 226i 条、第 226k 条,[4]对于本法生效前订立的分期付款契约，亦适用之。

2 对于本法生效前订立的先付款契约，仅第 226k 条得适用之。但对于该先付款契约，应在一年内，依第 227b 条作相应修改，逾期未作修改者，先付款契约失其效力，出卖人应向买受人返还全部金额及其利息和所得利益。

第 4 条

D. 生效　本法的生效日期，由联邦委员会决定之。

---

〔1〕 依 1962 年 3 月 23 日的联邦法律增订，自 1963 年 1 月 1 日起生效。

〔2〕 修正内容，见《联邦法律汇编》1962 年第 1047 页。

〔3〕 修正内容，见《联邦法律汇编》1962 年第 1047 页。

〔4〕 这些条文均已废止。

附录三 关于 2005 年 12 月 16 日修正案的过渡性条款[1]

第 1 条

A. 一般规则

1 除下列各条另有规定外，民法典尾章的规定，适用于本法。

2 新法的规定，自其生效起，适用于现有的公司。

第 2 条

B. 修改期限

1 有限责任公司，在本法生效时已登记于商事登记簿，但不符合新法之规定者，须在两年内依新法之规定修改其章程和业务守则。

2 与新法相抵触的章程规定和业务守则，在修改前仍为有效，但最长不超过两年。

3 对于本法生效时已登记于商事登记簿的有限责任公司，第 808a 条和第 809 条第 4 款第 2 句，仅在章程修改期限届满后，适用之。

4 股份有限公司和合作社，在本法生效时已登记于商事登记簿，但其名称不符合新法强行性之规定者，须在两年内依新法之规定修改其名称。未在两年期限内修改者，商事登记局依职权修改之。

---

〔1〕 依 2005 年 12 月 16 日的联邦法律（有限责任公司法，以及关于股份有限公司法、合作社法、商事登记簿法和商号法的修正案，GmbH-Recht sowie Anpassungen im Aktien-, Genossenschafts-, Handelsregister- und Firmenrecht）第Ⅲ项增订，自 2008 年 1 月 1 日起生效。

第 3 条

C. 出资的缴纳

¹ 有限责任公司，在本法生效时已登记于商事登记簿，但其股东未按股份的发行价格缴足其出资者，须在两年内缴足。

² 在股东缴足其全部出资，使有限责任公司的资本达到其股本额前，股东依 1936 年 12 月 18 日版《债务法》[1] 第802 条的规定，负其责任。

第 4 条

D. 参与证书和享益证券

¹ 有限责任公司的股份，标明其面值，并作为应负责任的股份记载于资产负债表，但不享有表决权者（参与证书），届满两年后，视为股份，与股份具有相同的财产权，但该股份在此二年期间被以减资的方式取消者，不在此限。如股份被取消，应向原参与人支付相当于参与证书实际价值的补偿。

² 有限责任公司的章程虽有反对之规定，股东会的重大决议，仍得依出席会议的表决权的绝对多数通过。

³ 有限责任公司的股份，未作为应负责任的股份记载于资产负债表者，在本法生效后，适用关于享益证券的规定，其载明为参与证书者，亦同。此种股份得不载明其面值，但应标明其为享益证券。应在两年内更改关于此种股份的记载，并修改章程。

第 5 条

E. 自有股份

有限责任公司在本法生效前取得自有股份者，应在两年内，将所持自有股份超过公司股本百分之十的部分转让，或者以减资的方式取消。

---

〔1〕 见《联邦法律汇编》第 53 卷第 185 页。

第 6 条

F. 追加出资的义务

^{1} 基于章程规定而应履行的追加出资义务，虽发生于本法生效前且超过股份面值的两倍，仍具有法律效力，且仅得依 795c 条规定的程序，减轻之。

^{2} 其他方面，特别是关于追加出资的提出，在本法生效后，适用新法的规定。

第 7 条

G. 审计人

本法关于审计人的规定，自第一个营业年度起生效，所称第一营业年度，指在本法生效时开始或在本法生效后开始的营业年度。

第 8 条

H. 表决权

^{1} 有限责任公司，其表决权的确定，在本法生效前不以股份的面值为依据者，无须依第 806 条修改章程的相关规定。

^{2} 发行新的股份时，在任何情况下均须遵循第 806 条第 2 款第 2 句的规定。

第 9 条

J. 对章程中多数决规定的修改

有限责任公司单纯依旧法之规定，在其章程中规定，股东会的决议得经特定多数之表决权通过者，股东会得在两年内，经出席会议的表决权的绝对多数同意，对该规定进行修改，以符合新法的规定。

第 10 条

K. 公司重整时之取消股份

股份有限公司或有限责任公司的股本，在本法生效前，为公司重整之目的，先减资为零，随后又增资者，原股东的成员权在本法生效后消灭。

第 11 条

L. 已登记商号
名称的排他
性

商事组织的名称，在本法生效前登记于商事登记簿者，其排他性，仍依 1936 年 12 月 18 日版《债务法》第 951 条，判断之。[1]

---

〔1〕 见《联邦法律汇编》第 53 卷第 185 页。

附录四　关于 2011 年 6 月 17 日修正案的过渡性条款[1]

本修正案的规定，自第一个营业年度起生效，所称第一营业年度，指在本法生效时开始或在本法生效后开始的营业年度。

---

[1]　见《联邦法律汇编》2011 年第 5863 页；《联邦法律公报》2008 年第 1589 页。

附录五 关于 2011 年 12 月 23 日修正案的过渡性条款[1]

第 1 条

A. 一般规定

¹ 除下列各条另有规定外，民法典尾章的规定，适用于本法。

² 2011 年 12 月 23 日法律修正案的规定，自其生效时起，适用于现有的企业。

第 2 条

B. 商业会计和财务报告

¹ 第三十二章的规定，首次适用于本修正案生效两年后开始的营业年度。

² 关于大型企业财务报告的规定，适用于本修正案生效前两年的资产负债表总额、销售收入和全职岗位的年平均数。

³ 关于康采恩账册的规定，首次适用于本修正案生效三年后开始的营业年度。前两个营业年度是免除编制康采恩账册义务的基础。

⁴ 在首次适用关于财务报告之规定时，无须确定前一年的账目数字。第二次适用时，仅须确定前一年的账目数字。前一营业年度的账目数字被确定时，不要求陈述与科目间具有一致性。账册附注中须载明参考账册。

---

[1] 见《联邦法律汇编》2012 年第 6679 页；《联邦法律公报》2008 年第 1589 页。

附录六　关于 **2014 年 12 月 12 日**修正案的过渡性条款[1]

第 1 条

A. 一般规定

¹ 除下列各条另有规定外，民法典尾章第 1 条至第 4 条，适用于本法。

² 2014 年 12 月 12 日修正案的规定，自其生效时起，适用于现有的公司。[2]

第 2 条

B. 章程和业务守则的修改

¹ 公司，在 2014 年 12 月 12 日修正案生效时已登记于商事登记簿，但不符合新法之规定者，应在两年内修改其章程和业务守则，以使符合新法之规定。

² 章程和业务守则中不符合新法的规定，在修改前继续有效，但其最长有效期间不超过两年。

第 3 条

C. 通知义务

¹ 2014 年 12 月 12 日修正案生效时持有不记名股份的人，应履行第 697i 条和第 697j 条所规定的在取得股份时的通知义务。

² 在前款情形，财产权失效（第 697m 条第 3 款）的期间，自 2014 年 12 月 12 日修正案生效后，经过六个月而届满。

---

〔1〕　见《联邦法律汇编》2015 年第 1389 页。

〔2〕　第 1 条第 2 款和第 2 条第 1 款中"公司"一词，原文 Gesellschaft，瑞士官方英译为 company。——译注

附录七 关于第八章和第八章之一
的最终条款[1]

第 1 条

1972 年 6 月 30 日《关于禁止租赁关系中权利滥用的联邦决议》[2] 废止。

第 2 条至第 4 条

......[3]

第 5 条

1 关于住房和营业场所使用租赁和用益租赁的通知终止保护的规定，对于所有在本法生效后被通知终止的使用租赁关系和用益租赁关系，均适用之。

2 终止使用租赁关系或用益租赁关系的通知，在本法生效前作出，但在本法生效后始生效力者，撤销通知的期限和请求延长租赁期间的期限（第 273 条），自本法生效时起算。

第 6 条

1 本法之生效，依选择性公投，决定之。

2 生效日期，由联邦委员会决定之。

---

〔1〕 依 1989 年 12 月 15 日的联邦法律第 II 项增订，自 1990 年 7 月 1 日起生效。

〔2〕 见《联邦法律汇编》1972 年第 1502 页、1977 年第 1269 页、1982 年第 1234 页、1987 年第 1189 页。

〔3〕 修正内容，见《联邦法律汇编》1990 年第 802 页。

附录八　关于第十章的最终条款和
过渡性条款[1]

第1条

债务法的修正　　……[2]

第2条

民法典的修正　　……[3]

第3条

保险契约法
的修正　　　　……[4]

第4条

农业法的修正　　……[5]

第5条

劳动法的修正　　……[6]

---

[1]　依 1971 年 6 月 25 日的联邦法律第 II 项增订，自 1972 年 1 月 1 日起生效。
[2]　修正内容，见《联邦法律汇编》1971 年第 1465 页。
[3]　修正内容，见《联邦法律汇编》1971 年第 1465 页。
[4]　修正内容，见《联邦法律汇编》1971 年第 1465 页。
[5]　修正内容，见《联邦法律汇编》1971 年第 1465 页。
[6]　修正内容，见《联邦法律汇编》1971 年第 1465 页。

第 6 条

联邦法律规
定的废止

下列法律或条款, 在本法生效后, 废止:

1. 《债务法》第 159 条和第 463 条,

2. 1911 年 6 月 13 日《关于疾病和意外伤害保险的联邦法律》[1]第 130 条,

3. 1914 年 6 月 18 日《关于工场雇佣关系的联邦法律》[2]第 20 条至第 26 条, 第 28 条, 第 29 条, 第 69 条第 2 款和第 5 款,

4. 1940 年 12 月 12 日《关于家庭劳务关系的联邦法律》[3]第 4 条, 第 8 条第 1 款、第 2 款和第 5 款, 第 9 条和第 19 条,

5. 1941 年 6 月 13 日《关于旅行推销人雇佣关系的联邦法律》,[4]

6. 1949 年 4 月 1 日《关于兵役期间不得通知终止雇佣关系的联邦法律》,[5]

7. 1951 年 10 月 3 日《农业法》[6]第 96 条和第 97 条,

8. 1952 年 9 月 25 日《关于对因服兵役或履行民防义务丧失个人所得的人员予以补偿的联邦法律》(《所得损失补偿法》)[7]第 32 条,

9. 1956 年 9 月 28 日《关于集体劳务契约具有一般约束力声明的联邦法律》[8]第 19 条,

---

[1] 见《经整理汇编的联邦法律和法令 (1848~1947)》第 8 卷第 281 页。

[2] Bundesgesetz vom 18. Juni 1914 über die Arbeit in den Fabriken.

[3] 见《经整理汇编的联邦法律和法令 (1848~1947)》第 8 卷第 281 页;《联邦法律汇编》1951 年第 1231 页第 14 条第 2 款, 1966 年第 57 页第 68 条;《联邦法律汇编》1983 年第 108 页第 21 条第 3 项。

[4] 见《经整理汇编的联邦法律和法令 (1848~1947)》第 2 卷第 776 页;《联邦法律汇编》1966 年第 57 页第 69 条。

[5] 见《联邦法律汇编》1949 年第 II 卷第 1293 页。

[6] 见《联邦法律汇编》1953 年第 1073 页。

[7] 现为《关于补偿兵役期间和产假期间个人损失的联邦法律》(Bundesgesetz über den Erwerbsersatz für Dienstleistende und bei Mutterschaft [Erwerbsersatzgesetz, EOG])。

[8] Bundesgesetz vom 28. September 1956 über die Allgemeinverbindlicherklärung von Gesamtarbeitsverträgen.

10. 《民防法》[1]第 49 条，

11. 1963 年 9 月 20 日《关于职业培训的联邦法律》[2]第 20 条第 2 款和第 59 条，

12. 1964 年 3 月 13 日《劳动法》[3]第 64 条[4]和第 72 条第 2 款第 a 项。

第 7 条

对旧法所调整的法律关系的修改

1 本法生效时已缔结的劳务契约（个人劳务契约、标准劳务契约和集体劳务契约），须在一年内依本法规定，修改之；期限届满后，本法规定适用于所有劳务契约。

2 本法生效时[5]已有的社会保障机构，最迟应在 1977 年 1 月 1 日前，依本法第 331a 条、第 331b 条和第 331c 条关于修改形式要件的规定，修改其章程或业务守则；自 1977 年 1 月 1 日起，本法规定适用于所有的社会保障机构。[6]

第 8 条

法律的生效

本法的生效日期，由联邦委员会决定之。

---

〔1〕 见《联邦法律汇编》1962 年第 1089 页。

〔2〕 见《联邦法律汇编》1965 年第 321 页、第 428 页，1968 年第 86 页，1972 年第 1681 页，1975 年第 1078 页第Ⅲ项，1977 年第 2249 页第Ⅰ331 项，1979 年第 1687 页第 75 条。

〔3〕 Arbeitsgesetzes vom 13. März 1964.

〔4〕 第 64 条现已废止。

〔5〕 1972 年 1 月 1 日。

〔6〕 依 1976 年 6 月 25 日的联邦法律第Ⅰ项修正，自 1977 年 1 月 1 日起生效。

附录九　关于第十三章第四节的最终条款[1]

第 1 条

A. 过渡性法律

1 第 418d 条第 1 款、第 418f 条第 1 款、第 418k 条第 2 款、第 418o 条、第 418p 条、第 418r 条和第 418s 条，立即适用于新法生效时已缔结的商事代理契约。

2 此外，新法生效时已缔结的商事代理契约，应在两年期限内，依新法修改之。期限届满后，新法亦适用于前所缔结的契约。

3 除有相反约定外，在两年期限届满后，本节之规定亦适用于在新法生效时已缔结的、代理人以商事代理为第二职业的商事代理契约。

第 2 条

B. 破产时之
　　先取特权

……[2]

第 3 条

C. 生效

本法的生效日期，由联邦委员会决定之。

---

〔1〕　依 1949 年 2 月 4 日的联邦法律第 Ⅱ 项增订，自 1950 年 1 月 1 日起生效。

〔2〕　修正内容，见《联邦法律汇编》1949 年第 Ⅰ 卷第 802 页。

附录十 关于第二十章的过渡性条款^[1]

¹ 本法生效后成立的保证，适用新法的规定。

² 本法生效前成立的保证，仅就新法生效后发生的事实，适用新法，且应受下列各项限制：

    1. 新法第 492 条第 3 款、第 496 条第 2 款、第 497 条第 3 款和第 4 款、第 499 条、第 500 条、第 501 条第 4 款、第 507 条第 4 款和第 6 款、第 511 条第 1 款，不适用之。

    2. 新法第 493 条关于形式的规定和第 494 条关于须经配偶同意的规定，仅在保证契约嗣后变更之情形，适用于依旧法而缔结的保证契约。

    3. 依第 496 条第 1 款之规范意旨，主债务人陷于迟延，经催告而无结果或其显然无支付能力时，债权人不仅得在诉请主债务人履行和对不动产担保权为实行前，而且得在对其他担保物权未实行前，诉请保证人履行。

    4. 债权人得依第 505 条第 1 款，在债务人陷于迟延给付届满六个月或在本法生效届满三个月时，为迟延给付之通知。

    5. 第 505 条第 2 款，仅适用于本法生效三个月后发生的破产宣告和本法生效三个月后所达成的和解协议。

---

[1] 依 1941 年 12 月 10 日的联邦法律第 II 项增订，自 1942 年 7 月 1 日起生效。

　　　　6. 第 509 条第 3 款所称的期限，对于依旧法而成
　　　　　立的保证契约，自本法生效时起算。

³ 2005 年 3 月 18 日《海关法》[1]第 77 条至 80 条的规
　定，不受影响。[2]

⁴ 本法的生效日期，由联邦委员会决定之。

---

　〔1〕　Zollgesetzes vom 18. März 2005 vom 18. März 2005.

　〔2〕　依关于 2005 年 3 月 18 日《海关法》（Zollgesetz）附录第 2 项修正，自 2007 年 5 月 1 日起生
效。

附录十一　关于第二十四章至第三十三章的最终条款和过渡性条款[1]

第 1 条

A. 民法典尾章
的适用

民法典尾章的规定，仍适用于本法。

第 2 条

B. 使现有的商
事组织符合
新法的规定

I. 一般规定

1　股份有限公司、股份有限合伙和合作社，在本法生效
时已登记于商事登记簿，但不符合法律规定者，应在
五年内修改其章程，以使符合新法的规定。

2　股份有限公司、股份有限合伙和合作社，其章程与新
规定不一致者，在五年期限内仍适用旧法。

3　期限届满后，如股份有限公司、股份有限合伙和合作
社仍不符合新规定，商事登记局应依职权宣告其解散。

4　对于保险合作社和信用合作社，联邦委员会得依具体
情况，延长适用旧法的期限。延长适用旧法期限的声
请，须在本法生效后三年内提出。

第 3 条

II. 社会保障

股份有限公司、股份有限合伙和合作社，在本法生效前
已为其受雇人或合作社社员建立社会保障者，应在五年

---

〔1〕　依 1936 年 12 月 18 日的联邦法律增订，自 1937 年 7 月 1 日起生效。

内，依第 673 条[1]和第 862 条[2]的规定，调整其社会保障。

第 4 条

......[3]

第 5 条

C. 关于资产负
债表的规定

I. 非常情形时
的例外

1 因非常的经济情事而确有必要时，联邦委员会得作出决议，准许在编制资产负债表时不遵守本法关于编制资产负债表的规定。联邦委员会应公告其决议。

2 适用联邦委员会前款决议而编制资产负债表者，应在资产负债表中记明。

第 6 条[4]

II.

......

第 7 条

D. 合作社社员
的责任要件

1 合作社社员的责任要件因本法规定而发生变更时，其变更，对于本法生效时现有债权人的权利，不产生消极的影响。

2 合作社社员对于合作社的债务，仅负原《债务法》[5]第 689 条所规定之个人责任者，该合作社在五年期间仍适用旧法的规定。

3 在前款五年期间，全部或部分排除个人责任的决议或明示确立个人责任的决议，须经社员大会以表决权的

---

〔1〕 本条现已修正。

〔2〕 本条现已修正。

〔3〕 依 2003 年 10 月 3 日《兼并法》（Fusionsgesetz vom 3. Okt. 2003）附录第 2 项废止，自 2004 年 7 月 1 日起失效。

〔4〕 本条已无规范对象。

〔5〕 见《联邦法律汇编》第 27 卷第 317 页。

绝对多数通过。第 889 条第 2 款关于退出合作社的规定，不适用之。

第 8 条

E. 营业名称

[1] 本法生效时既有的商号名称，不符合本法规定者，得在本法生效后两年内不加变更，而继续使用。

[2] 在前款两年期间，如变更商号名称，应符合现行法的规定。

第 9 条

F. 本法生效前发行的有价证券

I. 记名证券

本法生效前作为记名证券发行的各类存款单和储蓄凭证，适用第 977 条关于债务证书失效宣告的规定，债务人未在债务证书中明确保留——在未出示债务证书或未宣告证券失效时仍得付款之——权利者，亦同。

第 10 条

II. 股份

1. 面值

本法生效前发行的股份，

    1. 其面值低于一百法郎者，得存续之。

    2. 自本法生效后三年内，如公司减少其股本，其面值得减少至低于一百法郎。

第 11 条

2. 未全部缴清出资的无记名股份

[1] 本法生效前发行的无记名股份和临时股份证书，不适用第 683 条和第 688 条第 1 款和第 3 款的规定。

[2] 前款股份的认购人和受让人间的法律关系，适用旧法的规定。

第 12 条

III. 汇票和支票

本法生效前签发的汇票和支票，一律适用旧法。

第 13 条	
G. 债权人共同体	先前已适用 1918 年 2 月 20 日《关于债券债权人共同体的条例》[1]和《联邦委员会的补充法令》[2]的事项，仍适用该条例和法令。

第 14 条[3]

H.

第 15 条

J. 对《关于债务追索和破产的法律》的修正

......[4]

第 16 条

K. 与《银行法》的关系

1934 年 11 月 8 日《银行法》[5]的规定，不受影响。

I. 一般性保留

第 17 条

II. 个别规定的修正

......[6]

---

〔1〕 见《联邦法律汇编》第 34 卷第 231 页，第 35 卷第 297 页，第 36 卷第 623 页、第 893 页。

〔2〕 见《联邦法律汇编》第 51 卷第 673 页，第 53 卷第 454 页，第 57 卷第 1514 页，第 58 卷第 934 页，第 62 卷第 1088 页，第 63 卷第 1342 页。

〔3〕 依 1987 年 12 月 18 日《关于国际私法的联邦法律》（Bundesgesetz über das Internationale Privatrecht vom 18. Dezember, IPRG）附录第 I a 项废止，自 1989 年 1 月 1 日起失效。

〔4〕 修正内容，见《联邦法律汇编》第 53 卷第 185 页。

〔5〕 Bankengesetz vom 8. November 1934.

〔6〕 修正内容，见《联邦法律汇编》第 53 卷第 185 页。

第 18 条

L. 联邦民法的 废止

与本法相抵触的联邦的民事法律规定，特别是《债务法》第三分编（编名为"商事组织、有价证券和营业名称"，1881 年 6 月 14 日《关于债务法的联邦法律》[1]第 552 条至第 715 条和第 720 条至第 880 条），在本法生效时废止。

第 19 条

M. 本法的生效

1 本法自 1937 年 7 月 1 日起生效。

2 但其中一节债券债权人共同体的规定（第 1157 条至 1182 条），不在前款规定的日期生效，其生效日期，由联邦委员会决定之。[2]

3 本法的施行，由联邦委员会负责。

---

　[1]　1881 年 6 月 14 日《关于债务法的联邦法律》（Bundesgesetz vom 14. Juni 1881 über das Obligationenrecht），见《联邦法律汇编》第 5 卷第 653 页，第 11 卷第 490 页；《经整理汇编的联邦法律和法令（1848～1947）》第 2 卷第 784 页第 103 条第 1 款，《经整理汇编的联邦法律和法令（1848～1947）》第 2 卷第 3 页最终条款第 60 条第 2 款。

　[2]　本节规定见于 1949 年 4 月 1 日生效的联邦法律。原始文本见《联邦法律汇编》第 53 卷第 185 页。

附录十二　关于第二十六章的最终条款[1]

第 1 条

A. 民法典尾章

民法典尾章，适用于本法。

第 2 条

B. 依新法作出修改

I. 一般规定

¹ 股份有限公司和股份有限合伙，在本法生效时已登记于商事登记簿，但不符合新法的强行性之规定者，应在五年内修改其章程，以使符合新法的规定。

² 股份有限公司，虽经——刊登于《瑞士商事公报》和州级的官方公报上的——多次督促，仍不在五年内，依新法关于最低资本、最低出资以及参与证书和享益证券的规定，修改其章程者，法院得因商事登记官的声请，宣告其解散。法院得给予不超过六个月的宽限期。1985 年 1 月 1 日前成立的股份有限公司，无须依新法关于最低资本的规定修改其章程。股份有限公司，其参与资本在 1985 年 1 月 1 日已超过其股本两倍者，无须依新法关于法定限制的规定，修改其章程。

³ 章程中其他不符合新法规定的内容，在依新法作出修改前仍为有效，但最长不超过五年。

---

〔1〕　依 1991 年 10 月 4 日的联邦法律第 Ⅲ 项增订，自 1992 年 7 月 1 日起生效。

第 3 条

II. 具体规定

1. 参与证书和享益证券

[1] 第 656a 条、第 656b 条第 2 款和第 3 款、第 656c 条、第 656d 条和第 656f 条，适用于本法生效时已成立的股份有限公司，其章程或证券发行条件与上述规定相抵触者，亦同。上述规定适用于载明面值并作为应负责任之股份记载于资产负债表的参与证书和享益证券。

[2] 股份有限公司，应在五年内，对于前款所称证券的发行条件依第 656f 条在章程中作出规定，并办理关于商事登记簿的必要登记，载明其为流通的且非记明为参与证书的证券。

[3] 第 1 款所称证券以外的证券，纵其被称为参与证书，仍适用新法关于享益证券的规定。对此证券，应在五年内按新法的规定载明其种类，但得不再记明其面值。章程应作相应修改。将其转换为参与证书的权利，不受影响。

第 4 条

2. 记名股份的拒绝

作为第 658d 条第 1 款规定的补充，如同意某人受让上市的记名股份，将会导致公司无法证明已成立联邦法律所要求的股东团体，公司得依其章程规定，拒绝同意某人受让上市的记名股份。

第 5 条

3. 表决权股份

股份有限公司，适用 1936 年 12 月 18 日《关于修正债务法第二十四章至第三十三章的联邦法律的最终条款和过渡性条款》[1]第 10 条且持有面值低于十法郎的表决权股份者，或者，其较大股份的面值为较小股份的面值十倍者，无须依第 693 条第 2 款第 2 句的规定，修改其章

---

〔1〕 见附录十一。

程。但不得发行面值超过较小股份面值十倍以上的新股，亦不得发行面值小于较大股份面值百分之十的股份。

第6条

4. 特定多数　　公司单纯依旧法的规定，在其章程中规定，对于某些事项的决议，得以特定多数之表决权通过者，得在本法生效后一年内，经出席股东会的表决权的绝对多数同意，对章程进行修改，以使符合新法的规定。

第7条

C. 联邦法律的　　……〔1〕
修正

第8条

D. 公投　　　　本法之生效，依选择性公投，决定之。

第9条

E. 生效　　　　生效日期，由联邦委员会决定之。

---

〔1〕 修正内容，见《联邦法律汇编》1992 年第 733 页。

附录十三　关于第三十四章第二节的
最终条款[1]

1. ……[2]

2. ……[3]

3. 依旧法表决通过的共同体决议，在新法生效后仍为有效。

   本法生效后表决通过的共同体决议，适用新法的规定。

   但债权人共同体依旧法表决通过的决议，就债务人的责任，已减轻至第 1170 条所规定之程度或相当之程度者，在适用本规定时，应予以适当考虑。

   其他方面，适用 1936 年 12 月 18 日《关于修正债务法第二十四章至第三十三章的联邦法律》的最终条款和过渡性条款。

4. 与本法相抵触的规定，特别是 1918 年 2 月 20 日《联邦委员会关于债券债权人共同体的条例》,[4]在本法生效时废止。

5. 本法的生效日期，由联邦委员会决定之。

---

〔1〕 依 1949 年 4 月 1 日的联邦法律第 Ⅱ 项增订，自 1950 年 1 月 1 日起生效。

〔2〕 修正内容，见《联邦法律汇编》1949 年第 Ⅰ 卷第 791 页。

〔3〕 修正内容，见《联邦法律汇编》1949 年第 Ⅰ 卷第 791 页。

〔4〕 1918 年 2 月 20 日《联邦委员会关于债券债权人共同体的条例》 （Die Verordnung des Bundesrates vom 20. Februar 1918 betreffend die Gläubigergemeinschaft bei Anleihensobligationen），见《联邦法律汇编》第 34 卷第 231 页，第 35 卷第 297 页，第 36 卷第 623 页、第 623 页。

瑞士债务法
条文细目

第三章　债的消灭

第四章　债之特别关系

第一节　连带之债

第二分编　各种契约

第六章　买卖和互易

第九章　借　贷

第十章　劳务契约

第一节　个人劳务契约

第十六章　运送契约

第十七章　经理权和其他商事代理权

第十八章　指示证券

第十九章　寄托契约

第二十章　保　证

第二十三章　单纯合伙

第二十五章　有限合伙

第三十一章　商事组织的名称

第二节 债券的债权人共同体

附　录

附录十二　关于第二十六章的最终条款

附录十三　关于第三十四章第二节的最终条款

翻译说明

关于所译《瑞士民法典》和《瑞士债务法》，需要说明以下几点：

1. 两部法律，均据瑞士官方网站公布的德语文本译出，网址分别为 https：//www. adm in. ch/opc/de/classified - compilation/19070042/index. html 和 https：//www. admin. ch/opc/de/cla ssified-compilation/19110009/index. html。

2. 关于两部法律的译名，考虑到《瑞士债务法》实为《瑞士民法典》的第五编，故对于前者，不以法典称之。依德语文本，后者名称为 Schweizerisches Zivilgesetzbuch，前者名称为 Bundesgesetz betreffend die Ergänzung des Schweizerischen Zivilgesetzbuches（Fünfter Teil：Obligationenrecht），完整译成中文应为《关于补充瑞士民法典的联邦法律（第五编：债务法）》。

3. 两部法律自生效以来均多有修正，目前的翻译，为修正截止于 2016 年 1 月 1 日的文本。

4. 两部法律在瑞士的官方网站，除以德语、法语和意大利语三种官方语言公布外，还以英语文本公布，网址分别为 https：//www. admin. ch/opc/en/classified - compilation/19070 042/index. html 和 https：//www. admin. ch/opc/en/classified-compilation/19110009/index. html。译者翻译过程中亦时常参考该英语文本。英语非瑞士的官方语言，以英语公布的文本，自然没有法律效力。但不可否认，译者对两部法律的翻译，得益于英语文本者，所在非少。

5. 译文中的脚注有原注和译注两种。原注主要反映法律的修正情况，有助于读者了解两部法律的变动情况，故尽量予以保留而将其译成中文并附必要的原文。译注系译者对所译条文的简单说明。译注仅为少量，并标明译注，以区别于原注。译者在翻译时有不能肯定的地方，也往往附加译注，抄录所译文字的原文，有时并附瑞士官方的相关英译。此外，译注中所指"原文"，为德语文本。

最后，翻译中粗疏舛误难免，敬请读者批评教正（amicusveritatis@ 163. com）。

戴永盛

2016 年 6 月 1 日